15.4.2011

Viel Spaß beim Lesen!

Walter Jen

Die Neue Führungskunst
Projektführung und Projektmanagement
Wie Sie Strategien schlagkräftig umsetzen

www.symposion.de/fuehrung

Herausgegeben von
Lutz Becker, Johannes Ehrhardt, Walter Gora

Mit Beiträgen von
Salvatore Ardito, Lutz Becker, Julia Bertrams, Louise Bielzer,
Saša Boškovic, Norbert Brandstädter, Claudia Deimer, Knut Deimer,
Johannes Ehrhardt, Manfred Fitzner, Walter Gora, Olaf Hinz,
Andreas Kiefer, Magdalena Klein, Thomas Krampert, Rolf Lambertz,
Conny Mayer-Bonde, Bernhard Rosenberger, Thomas Schlereth,
Jens-Peter Toepper, Sylvie Trentzsch

Impressum

Herausgeber
LUTZ BECKER, JOHANNES EHRHARDT,
WALTER GORA

Projektentwicklung
MARKUS KLIETMANN,
Symposion Publishing

Lektorat
FRANK KUKAT

Satz
KAREN FLEMING, MARTINA THORENZ
Symposion Publishing

Druck
dd ag
Frensdorf

Umschlaggestaltung
Karen Fleming, basierend auf einem Entwurf von metadesign, Berlin

Photo
PANTHERMEDIA

ISBN 978-3-939707-54-7
1. Auflage 2009
© Symposion Publishing GmbH,
Düsseldorf

Begleitdienst zu diesem Buch
www.symposion.de/fuehrung

Redaktionelle Post bitte an
Symposion Publishing GmbH
Werdener Straße 4
40227 Düsseldorf

Bibliografische Information der Deutschen Bibliothek:
Die Deutsche Bibliothek verzeichnet diese Publikation in der Deutschen Nationalbibliografie; detaillierte bibliografische Daten sind im Internet über http://www.ddb.de abrufbar.

Das Werk einschließlich seiner Teile ist urheberrechtlich geschützt. Jede Verwertung außerhalb der engen Grenzen des Urheberrechtsgesetzes ist ohne Zustimmung des Verlags unzulässig und strafbar. Das gilt insbesondere für Vervielfältigungen, Übersetzungen, Mikroverfilmungen und die Einspeicherung und Verarbeitung in elektronischen Systemen.

Alle in diesem Buch enthaltenen Angaben, Ergebnisse usw. wurden von den Autoren nach bestem Wissen erstellt. Sie erfolgen ohne jegliche Verpflichtung oder Garantie des Verlages. Er übernimmt deshalb keinerlei Verantwortung und Haftung für etwa vorhandene inhaltliche Unrichtigkeiten.

Die Wiedergabe von Gebrauchsnamen, Handelsnamen, Warenbezeichnungen usw. in diesem Werk berechtigt auch ohne besondere Kennzeichnung nicht zu der Annahme, dass solche Namen im Sinne der Warenzeichen- und Markenschutz-Gesetzgebung als frei zu betrachten wären und daher von jedermann benutzt werden dürften.

Die Neue Führungskunst
Projektführung und Projektmanagement
Wie Sie Strategien schlagkräftig umsetzen

Der deutsche Raketenkonstrukteur Wernher von Braun war davon überzeugt: Alles, von dem sich der Mensch eine Vorstellung machen kann, ist machbar. Aber: Visionen sind immer nur so erfolgreich wie ihre Umsetzung.

In einer sich schnell drehenden Welt entsteht unternehmerischer Erfolg nur dann, wenn innovative Strategien auch taktisch umgesetzt werden können, – und da stoßen herkömmliche Management- und Führungsmethoden allzu oft an ihre Grenzen.
Moderne Organisationen wollen als die Summe ihrer Projekte verstanden und geführt werden. Dieser Band ist deshalb weder klassischer Projektmanagementratgeber noch Kochbuch mit Patentrezepten für Projektmanager. Vielmehr eröffnet er Managern in Wirtschaft, Politik und Verwaltung neue Perspektiven für die Gestaltung der eigenen Projekte.

Das Buch beantwortet unter anderem die folgenden Fragen:
- ⇨ Wie lässt sich eine Strategie mit Hilfe projektbasierter Führung umsetzen?
- ⇨ Was kann Projektmanagement von der römischen Legion lernen?
- ⇨ Wodurch führt man ein Programm-Management zum Erfolg?
- ⇨ Wie lassen sich Methoden des Projektmanagements gewinnbringend einsetzen?
- ⇨ Wann wird ein Projektmanager zu einer echten Führungskraft?

Das Buch wendet sich an Führungskräfte und Führungsnachwuchs sowie an Lehrende und Studierende. Die innovativen und bisweilen quer gedachten Beiträge eröffnen dem Leser neue Horizonte, konkrete Fallbeispiele bieten wertvolle Anregungen für den eigenen Führungsalltag.

Über Symposion Publishing

Symposion ist ein Fachverlag für Management-Wissen und veröffentlicht Bücher, Studien, digitale Fachbibliotheken und Onlinedienste.

Das Programm steht auch zum Download zur Verfügung – über das Verlagsportal kann der Leser nach Kapiteln suchen und diese individuell zusammenstellen. Wissen ist damit blitzschnell verfügbar – jederzeit, praktisch überall und zu einem attraktiven Preis.

www.symposion.de

Die Neue Führungskunst
Projektführung und Projektmanagement
Wie Sie Strategien schlagkräftig umsetzen

Vorwort 11
LUTZ BECKER, JOHANNES EHRHARDT, WALTER GORA

Einführung

Strategische Führung als Projektführung 15
LUTZ BECKER

Vom Projektkult zur Projektkultur 55
ANDREAS KIEFER

Was das Projektmanagement von den alten Römern lernen kann 87
JENS-PETER TOEPPER, KNUT DEIMER

Methoden

Programm-Management 121
THOMAS KRAMPERT

Strategisches Controlling durch Multiprojektmanagement 143
MANFRED FITZNER, SALVATORE ARDITO

Kollegiale Projektberatung 173
OLAF HINZ

Controlling, Reviews und Audits in IT-Projekten 187
CLAUDIA DEIMER, WALTER GORA

Der Projektmanager als Führungskraft

Der Projektmanager als Führungskraft 213
JULIA BERTRAMS

Der Projektleiter als spezialisierter Generalist 245
BERNHARD ROSENBERGER, SYLVIE TRENTZSCH

Führung internationaler Projektteams 285
LOUISE BIELZER

**Lektionen aus Unternehmen,
Politik und öffentlicher Verwaltung**

Projektmanagement in der öffentlichen Verwaltung................................... 309
ROLF LAMBERTZ

Projekthandbuch für ein E-Government-Programm 335
WALTER GORA

Projektmanagement am Beispiel eines kommunalen Call-Centers 377
NORBERT BRANDSTÄDTER

Mit Projektmanagement Wahlkampf führen... 399
CONNY MAYER-BONDE

Projektmanagement im Vertrieb von Personaldienstleistungen................... 415
MAGDALENA KLEIN, SAŠA BOŠKOVIC

Ausblick

Die Projektfirma 433
THOMAS SCHLERETH

Projekte erfolgreich führen –
ein Disput der Herausgeber... 459
LUTZ BECKER, JOHANNES EHRHARDT, WALTER GORA

Stichwortverzeichnis... 471

Herausgeber und Autoren

Herausgeber

Prof. Dr. LUTZ BECKER,
Inscala Consultants (www.inscala.com), ist Professor für Unternehmensführung und internationales Management an der Merkur Internationale FH Karlsruhe und Managementberater. Er hat sich als Autor zahlreicher Buch- und Zeitschriftenveröffentlichungen zu Technologie- und Managementfragen einen Namen gemacht.
E-Mail: lutz.becker@inscala.com

Prof. Dr. JOHANNES EHRHARDT
leitete bis 2005 die Forschungsstelle für Communication Culture Research (CCR) und das Lehrgebiet Bildungstheorie an der Universität Hannover. Kern seiner Arbeit ist neben Führung und Führungslernen die aktive Auseinandersetzung mit den Herausforderungen des wirtschaftlichen, kulturellen und sozialen Übergangs zur globalen Wissensgesellschaft. Er ist Mitbegründer und Partner der Firma Ceres Combicoaching International in Basel.
E-Mail: ehrhardt@magnet.ch

Prof. Dr.-Ing. WALTER GORA
(www.walter-gora.de) ist Geschäftsführer der Valora Management Group. Am Institute of Electronic Business in Berlin und bei der ZfU – International Business School (CH) ist er als Dozent für IT-Strategie und IT-Management tätig. Er war Gründer der Unternehmensberatung Gora, Hecken & Partner und bei EDS als Vice President verantwortlich für den Government-Sektor in EMEA Central.
E-Mail: w.gora@t-online.de

Autoren

SALVATORE ARDITO
ist seit 2002 für die Stadtwerke Düsseldorf tätig. In 2008 übernahm er Aufgaben im Bereich »Projekte und Risikomanagement«. Seine Verantwortung erstreckt sich von der Überwachung von Maßnahmen bis hin zum Controlling von Projekten. Schwerpunkt seiner aktuellen Arbeit ist die Implementierung weiterer Prozesse im Rahmen des strategischen Multiprojektmanagements. Als Ansprechpartner für den Projektleitstand im Unternehmen ist er unter anderem für die weitere Entwicklung und den Ausbau auf methodischer Basis zuständig.
E-Mail: SArdito@swd-ag.de

Dr. JULIA BERTRAMS
studierte an der Universität Bonn Mathematik und Informatik. Nach ihrer Promotion arbeitete sie als Projektmanagerin der Ploenzke AG für diverse Kunden im öffentlichen Sektor. Bis Anfang 2008 verantwortete sie bei CSC den Geschäftsbereich Public Services und Defense.
E-Mail: julia@bertrams-consult.de

Dr. LOUISE BIELZER
ist als Professorin für Messe-, Kongress- und Eventmanagement und -marketing an der Merkur Internationalen Fachhochschule Karlsruhe tätig. Zuvor war sie sechs Jahre lang als Senior Consultant (Leiterin des Geschäftsbereichs »Venues«) bei der SYMBIOS AG, einer Unternehmensberatung mit Fokus auf Veranstaltungsimmobilien und Flughäfen, beschäftigt. Ihr Studium absolvierte sie an der Westfälischen Wilhelms-Universität Münster. Durch ihre wissenschaftliche Beschäftigung mit Italien im Rahmen ihrer Dissertation entstand hier auch ihr besonderes Interesse an Italien, das durch spätere Projekte mit italienischen Auftraggebern (z.B. den Aeroporti di Roma) noch verstärkt wurde.
E-Mail: lbielzer@merkur-fh.org

Herausgeber und Autoren

SAŠA BOŠKOVIC
ist Manager Corporate Development beim Unternehmen Manpower. Sein Werdegang bei Manpower begann 1995. Er arbeitete in Unternehmensniederlassungen, in der IT-Abteilung und in unterschiedlichen Projekten sowie als Trainer und als Projektmanager für größere Organisationsprojekte. Herr Boškovic leistete einen großen Beitrag zum Auf- und Ausbau der Strukturen bei Manpower. Die Projektarbeit der letzten Jahre hat ihn besonders stark geprägt.
E-Mail: BoskovicSasa@manpower.de

NORBERT BRANDSTÄDTER
ist seit 1978 als Beamter bei der Stadt Duisburg beschäftigt. Als Organisator leitete im Jahr 2001 das Projekt für die Einrichtung des kommunalen Call-Centers. Seit der Eröffnung am 1.10.2001 leitet er »Call Duisburg«. Im Dezember 2002 erhielt die Stadt Duisburg von der Deutschen Hochschule für Verwaltungswissenschaften Speyer den Preis im Themenfeld »Bürgerorientierung«. Norbert Brandstädter wurde im Februar 2003 auf der Call Center World zum »Call-Center-Manager des Jahres« ausgezeichnet. Auf der ICCM (International Call Center Management) in Chicago erhielt er im Jahr 2003 die Auszeichnung »Call Center Manager of the year«.
E-Mail: N.Brandstaedter@stadt-duisburg.de

CLAUDIA DEIMER
ist bei den Berliner Verkehrsbetrieben als SAP-Basis-Administratorin angestellt. Im Rahmen ihrer Masterarbeit am Institute of Electronic Business (IEB) in Berlin hat sie sich mit der Thematik des IT-Controllings intensiv beschäftigt.

KNUT DEIMER
Dipl.-Mathematiker (Uni Dortmund), ist seit 1994 bei den Berliner Flughäfen verantwortlich für den IT-Bereich. Ziel seiner Arbeit ist die Konsolidierung der IT-Infrastruktur und die strategische Ausrichtung der IT auf den Single-Flughafen Berlin Brandenburg International (BBI), der Ende 2011 eröffnet werden soll. Ein Schwerpunkt seiner Arbeit: die Bewertung des Potenzials neuer Technologien für die Realisierung und den Betrieb des BBI. Nach seinem Studium war Herr Deimer bei verschiedenen Industrieunternehmen (Akzo, Exxon Chemical, Krupp Atlas Datensysteme, VW-Gedas) tätig. Zunächst arbeitete er in der Software-Entwicklung und System-Administration. Später lag der Schwerpunkt auf der Konzeption und der Realisierung komplexer Steuerungs- und Logistiksysteme und dem Management von Großprojekten. Die Projektteams umfassten dabei bis zu 100 Mitarbeiter.
E-Mail: Knut.Deimer@berlin-airport.de

Dr. MANFRED FITZNER
arbeitet nach einer erfolgreichen Laufbahn als Projektleiter und -manager bei PSI und als Regional- und Niederlassungsleiter bei Unilog-Integrata seit 2003 selbstständig unter dem Label »project biz«. Fokus seiner Beratung ist der methodische Ansatz beim Aufsetzen und bei der Produktion von Projekten unter besonderer Beachtung von Business-Aspekten.
E-Mail: manfred.fitzner@project-biz.de

OLAF HINZ
berät und coacht als Partner von HRD Hamburg (http://www.hrd-hamburg.de/hinz) erfahrene sowie junge Projektleiter. Als bekennender Hanseat unterstützt er seine Kunden dabei, ihre Aufgaben mit seemännischer Gelassenheit zu erfüllen. Gemeint ist damit eine konzentrierte, entspannte und konsequente Haltung den Herausforderungen und der eigenen Mannschaft gegenüber. Vor seiner Selbstständigkeit war Olaf Hinz unter anderem als Büroleiter von Peer Steinbrück, damals Wirtschaftsminister in Schleswig-Holstein, und als Personalmanager/Projektfinanzierer der LB Kiel (heute HSH Nordbank AG) tätig.
E-Mail: hinz@bg-hh.de

ANDREAS KIEFER
ist Vorsitzender der Geschäftsführung bei ADP Employer Services GmbH. In dieser Position sitzt er den Mitgliedern der Ge-

schäftsleitung für Customer Services, Finance, Human Resources, Marketing und Sales vor und verantwortet sämtliche Geschäftsbereiche des weltweit führenden Anbieters von Services und HR-Lösungen im Personalwesen für Deutschland. Andreas Kiefer trat am 1. April 1999 als General Manager Outsourcing Services in das Unternehmen ein. In dieser Position führte er die seit 1995 akquirierten Unternehmen zusammen und baute sie zu einem profitablen Ländergeschäft aus. Seit Juli 2000 ist er Mitglied der Geschäftsleitung und rückte im April 2002 zum Vorsitzenden auf.

Prof. Dr. MAGDALENA KLEIN
unterrichtet seit 2006 Marketing und Allgemeine Betriebswirtschaftslehre an der Merkur Internationale Fachhochschule Karlsruhe, wo sie auch den Studiengang Internationales Marketing und das Praktikantenamt leitet. Nach der Promotion an der Bergischen Universität Wuppertal war sie zunächst als Strategie- und Organisationsberaterin in einer Unternehmensberatung sowie als Projektmanagement-Trainerin tätig. Anschließend arbeitete sie als Projektmanagerin für Strategie- und Organisationsprojekte sowie als Produktmanagerin im nationalen und internationalen Marketing und im Vertrieb eines großen mittelständischen Medizinprodukteherstellers.

THOMAS KRAMPERT
ist Inhaber eines Ingenieurbüros und freiberuflicher Berater mit den Schwerpunkten Projektcontrolling und -management, Risikomanagement (Basel II, KonTraG, Sarbanes Oxley, Cobit) und IT-Sicherheit (ISO 27001, ISO 17799, BSI). Er ist auf Managementebene als Trainer und Coach mit allen relevanten Themen um IT-Security und IT-Risk-Management aktiv. Sein Tätigkeitsfeld umfasst die fachliche Führung und Projektleitung bei Analysen und konzeptionellen Arbeiten, unter anderem zur Erstellung von Sicherheitskonzepten und der Umsetzung von Maßnahmen aus Risikobetrachtungen. Herr Krampert ist operativ verantwortlich für das Programm-Management und unterstützt das Projektcontrolling bei der Einführung des BOS-Digitalfunk in Hessen (Behörden und Organisationen mit Sicherheitsaufgaben). Er ist zudem »leitender ISO-27001-Auditor« und »lizenzierter ISO-27001-Auditor auf Basis von IT-Grundschutz« des Bundesamtes für Sicherheit in der Informationstechnik.
E-Mail: thomas.krampert@t-online.de

ROLF LAMBERTZ
Dipl.-Inform., gründete 2007 zusammen mit Prof. Dr. Gora das Beratungs-Unternehmen »Valora Consulting GmbH«. Nach dem Studium arbeitete er als Software-Entwickler und Projektleiter, zunächst bei der PSI AG. In den vergangenen neun Jahren war er bei der IT-Beratung Accenture als Senior Manager im Bereich »Public Services/Government« tätig.
E-Mail: rolf.lambertz@valora-consulting.com

Prof. Dr. CONNY MAYER-BONDE
ist Professorin für Marketing, PR und Tourismus an der Merkur Internationale FH Karlsruhe. Nach Studium und Promotion an der Universität Mannheim war sie unter anderem im Tourismus und als City-Managerin tätig. Bis 2005 war sie Mitglied des Deutschen Bundestages und Freiburger Wahlkreisabgeordnete.
E-Mail: cmayer-bonde@merkur-fh.org

Dr. BERNHARD ROSENBERGER
ist Geschäftsführender Gesellschafter von »Rosenberger & Rosenberger – Berater für Unternehmensentwicklung« mit den Schwerpunkten Personalführung, Personalmanagement und Personalentwicklung. Seine Mission ist die integrative Begleitung von Veränderungen im Zusammenspiel von Unternehmen, Menschen und Prozessen. Er ist gelernter Journalist und Kommunikationswissenschaftler, hat eine Ausbildung zum systemischen Change-Manager absolviert und war vor seiner Selbstständigkeit als Führungskraft und Personalmanager bei McKinsey&Company, Hubert Burda Media und T-Systems tätig.
E-Mail: bro@rosenberger-beratung.de

Herausgeber und Autoren

THOMAS SCHLERETH
ist Geschäftsführer des Softwareherstellers Can Do GmbH in München. Zuvor war er Vorstand der cando AG, die mit ihrem Produkt den Bereich der Projektmanagementsoftware neu definiert hat. Thomas Schlereth ist Datenverarbeitungskaufmann und Wirtschaftsinformatiker und seit mehr als zehn Jahren im Projektmanagement aktiv. Im Jahr 2008 erhielt Herr Schlereth den Bayerischen Exportpreis.
E-Mail: t.schlereth@candoprojects.com

JENS-PETER TOEPPER
ist seit 1994 bei den Berliner Flughäfen beschäftigt. Zunächst war er IT-Organisator und später Prozessorganisator. In den letzten Jahren lag der Fokus seiner Tätigkeit im Bereich der Unternehmensorganisation. Als Leiter der Organisationsabteilung der Berliner Flughäfen ist Herr Toepper nicht nur für die Aufbau- und Ablauforganisation zuständig, sondern auch für die Koordination der Arbeitssicherheit, die Steuerung der Hochschulkontakte des Unternehmens, Ideen- und Innovationsmanagement, Gestaltung des Intranets usw. Anfang 2008 schloss Herr Toepper ein berufsbegleitendes Masterstudium ab, das durch die Universität der Künste Berlin in Kooperation mit der Universität Sankt Gallen durchgeführt wurde. In seiner Freizeit beschäftigt er sich seit seiner Jugend mit militärhistorischen Themen, wobei vor allem Strategien, Planungen, Strukturen, Gliederungen und Führungsverhalten im Mittelpunkt seines Interesses stehen.
E-Mail: Jens-Peter.Toepper@berlin-airport.de

SYLVIE TRENTZSCH
ist Prozessberaterin, systemischer Coach und Soft-Skills-Trainerin bei der Unternehmensberatung Rosenberger & Rosenberger in Wiesbaden. Ihre Arbeitsschwerpunkte liegen im Bereich Kommunikations- und Verhaltenstraining, Teamentwicklung und Projektmanagement sowie Selbstmanagement und Resilienztraining. Ihr beruflicher Werdegang führte sie nach einem Studium der Musik, Psychologie und Pädagogik zur gymnasialen Lehrtätigkeit und Musiktherapie für geistig behinderte Kinder. Frau Trentzsch absolvierte einen berufsbegleitenden Studiengang Prozessberatung. Sie qualifizierte sich zudem in vielfältigen Bereichen wie NLP (Neurolinguistisches Programmieren), Transaktionsanalyse und Prozesskommunikation.

Vorwort

Mit »Projektführung und Projektmanagement« halten Sie nun schon den vierten Band der Reihe »Die Neue Führungskunst – The New Art of Leadership« in Händen. Projektmanagement mag – je nach Sichtweise – eine der ältesten der Führungskünste sein. Mit Sicherheit ist sie aber eine der modernsten.

In diesem Buch wollen wir gemeinsam mit unseren Mitautoren nicht nur zeigen, wie man im Projekt führt und wie man Projekte und Programme managt, Projektmanagement soll auch als Führungsinstrument für die ganze Organisation verstanden werden. Oder, um es mit den Worten des legendären Managementberaters Tom Peters zu sagen: »All Work is Project Work«.

Das Buch soll Ihnen als erfahrenem oder angehendem Manager die Grundlagen einer projektorientierten Führung vermitteln, und es soll Sie in die Lage versetzen, Ihr Unternehmen mit modernem »Business-Project-Management« zu mehr Effizienz und Flexibilität sowie zu deutlich verbesserter Innovations-, Wandlungs- und Wettbewerbsfähigkeit zu führen.

Auch wenn hier meist von Unternehmen die Rede ist, versetzen die hier beschriebenen Führungsansätze und -prinzipien auch Manager aus Politik, Verwaltung und anderen Non-Profit-Organisationen in die Lage, die Effizienz- und Flexibilitätspotenziale ihrer Organisationen zu erschließen und deren Leistungsfähigkeit dramatisch zu verbessern.

Dies ist kein wissenschaftliches Buch, es ist vielmehr als Fachbuch und Nachschlagewerk für Manager in der täglichen Praxis angelegt, das die Dinge auch einmal kritisch hinterfragt. Zu den Autoren zählen Wissenschaftler und Praktiker aus Wirtschaft, Politik und Verwaltung.

Deshalb empfiehlt sich das Buch nicht nur für Projektmanager, sondern vor allem für Führungskräfte und angehende Führungskräfte aus allen Branchen und Bereichen.

Lutz Becker – Johannes Ehrhardt – Walter Gora

Einführung

Strategische Führung als Projektführung **15**
LUTZ BECKER

Vom Projektkult zur Projektkultur **55**
ANDREAS KIEFER

**Was das Projektmanagement von den alten
Römern lernen kann** **87**
JENS-PETER TOEPPER, KNUT DEIMER

Strategische Führung als Projektführung

Führung im Management bedeutet einerseits Rationalisierung der Arbeitsorganisation und andererseits strategische Positionierung auf heiß umkämpften Märkten. Der Autor erläutert vor diesem Hintergrund die Bedeutung des Projektmanagements und zeigt dessen historische Entwicklung auf.

In diesem Beitrag erfahren Sie:
- weshalb Unternehmensstrategien scheitern und wie projektbasierte Führung das ändern kann,
- wie sich die strategische Führung historisch entwickelt hat und
- wie sich strategische und operative Fragen der Unternehmensführung verbinden lassen.

LUTZ BECKER

Einleitung

»‚Die Welt, mein Sohn' erklärt im Aquarium der Vaterfisch seinem Filius, ‚ist ein großer Kasten voller Wasser!'«
Richard David Precht [1]

Es soll an dieser Stelle nicht darum gehen, weiter zur Flut der Projektmanagement-Rezepte (»Man nehme...«) beizutragen, sondern darum, wie Projektmanagement als Führungsinstrument in einer hochkomplexen, sich schnell drehenden Welt eingesetzt werden kann. Deshalb sollen Projektführung und Projektmanagement in diesem Beitrag als Philosophie einer systemischen Führung [2] von Organisationen und weit weniger aus Sicht der interpersonellen Führung verstanden werden. Es geht in diesem Beitrag auch nicht darum, wie man in Projekten führt, sondern wie man mit Projekten führt. Der Beitrag soll

Projektführung und Projektmanagement mit dem Blick auf das Spannungsfeld von strategischer Führung und operativem Management beleuchten.

Das »Gerade-so-sein« der Unternehmung

Dazu müssen wir uns sehr grundsätzlich überlegen, wie Unternehmen und Organisationen im Einzelfall funktionieren, welche spezifischen Kräfte die einzelne Unternehmung gestalten und welche Rolle Führung dabei spielt. Bereits Erich Gutenberg, Spiritus Rector der deutschen Betriebswirtschaftlehre, sinnierte in seiner Habilitationsschrift von 1929 darüber, dass »sich jede Betriebswirtschaft durch Einmaligkeit, durch ein ganz individuelles Gerade-so-sein charakterisiert. Es gibt kein Unternehmen, das einem anderen in allen seinen Details gliche.« [3]

Während aber der Mensch in Erich Gutenbergs Weltbild eher ein Störfaktor im Getriebe der Unternehmung war, sollte den Ökonomen spätestens seit Hamel und Pralahad [4] bewusst sein, dass es gerade der Mensch in seinem Zusammenwirken mit anderen Menschen ist, der die besondere Qualität der Unternehmungen ausmacht. Die so schwer zu kopierenden Kernkompetenzen, die das Unternehmen einzigartig und wettbewerbsfähig machen, stecken weder in Anteilsscheinen noch in Maschinen, sondern eben in den Menschen und in der Art und Weise, wie diese Menschen zusammenwirken.

Gegen jedes vermeintliche Patentrezept und gegen jede Form des »Über-einen-Kamm-Scherens« spricht allein schon, dass Unternehmen nicht als Ganzes handeln können, sondern sich im Handeln und der Dynamik des Zusammenwirkens der einzelnen Systemmitglieder – dem »Gerade-so-sein« von Management, Mitarbeitern und Stakeholdern – manifestieren. Unternehmen haben nicht einmal einheitliche Ziele oder Absichten. Stattdessen manifestiert sich das Handeln der Unternehmung in den mehr oder weniger kompatiblen Interessen und Handlungsweisen der Beteiligten [5]. Wenn man dann noch über Eigenart und Eigensinn sozio-technischer Systeme nachdenkt und Faktoren wie Umweltabhängigkeit, Nichtlinearität, Emergenz,

Ambiguität und Ungewissheit ins Kalkül zieht, wird deutlich, dass es
das Unternehmen nicht geben kann und nicht geben darf. Dies mag
vor allem Managern mit Ordnungsliebe und Angst vor Kontrollverlusten Sorgenfalten bereiten, aber das »Gerade-nicht-so-sein« wie die
anderen auch und vor allem eine Chance im Wettbewerb, die es zu
sichern und auszubauen gilt. Und genau hier, wo es um Veränderung
und Differenzierung geht, bietet sich die Führung mit Projekten an.

Führung im Spannungsfeld

Unternehmen und andere Organisationen, so eine Ausgangsthese
dieses Beitrages, sind durch zwei wesentliche Merkmale sowie die
Wahrnehmung und Bewertung dieser Merkmale durch die beteiligten
Personen und das daraus resultierende Handeln geprägt. Zum einen
sind es ihre spezifischen situativen Rahmenbedingungen (»constraints«)
[6] – wie etwa politischer und sozialer Rahmen, Markt- und Umweltbedingungen, öffentliche Meinung, aber auch eigene Weltbilder, Fähigkeiten und Ressourcen –, die das »Gerade-so-sein« des Unternehmens prägen. Im Zusammenspiel dieser Faktoren entwickeln sich als
weiteres Merkmal verschiedene Spannungen (»tensions«) [7], die sich
allein schon aus den unterschiedlichen Perspektiven, Interpretationen
und Wirklichkeitskonstrukten der beteiligten Menschen ergeben.
Zum Beispiel Spannungen zwischen verschiedenen Abteilungsinteressen, zwischen gesellschaftlicher Funktion und ökonomischem Erfolgsdruck, Ertrags- und Wachstumsorientierung, Zentralisierung und Dezentralisierung, kurz- und langfristigem Denken, Shareholder-Value
und Mitarbeiterorientierung, strategischer und operativer Brille.

Ein besonderes Spannungsfeld, welches das Wohl und Weh der
Organisation in besonderer Art und Weise beeinflusst, ist das Hin-
und Hergerissensein zwischen Transformation und Stabilisierung. Im
ersten Fall ist das Handeln der Beteiligten darauf ausgerichtet, notwendige oder wünschenswerte Zustände in der Zukunft zu erreichen,
im zweiten Fall geht es im Kern darum, den Status Quo zu sichern.
Nur bedarf es in diesem zweiten Fall offensichtlich keiner besonderen
Führungsanstrengung und -qualität. Schwieriger wird die Führungs-

situation hingegen, wenn es darum geht, dass Menschen Stabilität aufgeben, Ihr Umfeld und sich selbst verändern müssen.

Führung und Management sind immer dann notwendig, wenn man andere Menschen braucht, um Ziele zu erreichen – oder um einen Aphorismus des Ökonomen Frank H. Witt zu zitieren, Führung und Management bedeuten nichts anderes, als »meine Probleme zu denen der anderen zu machen«. Führung heißt in diesem Sinne, Mitarbeiter für die Erreichung übergeordneter Ziele von Person, Institutionen oder Gemeinschaften zu aktivieren, vielleicht auch zu instrumentalisieren. Führung bedarf immer eines aktivierenden Impulses bei gleichzeitiger Kanalisierung von Handlungsspielräumen.

Die Crux liegt darin, dass das Management die komplexen sozialen Folgen seines Handelns nur unvollkommen planen, steuern, kontrollieren oder einfach nur überschauen kann. Die Ziele der Führungsebene und die Mitarbeiterziele können konform gehen, müssen es aber nicht. Mitunter mögen Verharrungsmoment und Widerstand gesunde Selbstheilungsprozesse der Organisation sein, sie können aber auch – und das ist gar nicht so unwahrscheinlich – bis zur Subversion führen. Machen wir uns keine Illusionen: Alles was von der Leitungsebene als Strategie formuliert wird, entwickelt irgendwo und irgendwie Eigendynamik. Es geht in der Organisation durch eine interpretierende Instanz, die in Sprache, Denken und Fühlen der Systemmitglieder verankert ist und die die Welt nach den jeweils eigenen Spielregeln kategorisiert. Diese Spielregeln nennen wir Repräsentationssysteme [8], sozusagen das persönliche Orientierungs- und Positionierungssystem der Beteiligten. Diese Repräsentationssysteme sind von Mensch zu Mensch, von Abteilung zu Abteilung, von Kultur zu Kultur höchst unterschiedlich: Wenn einer »A« meint, so mag der andere das ebenfalls unter »A«, aber auch unter »B« oder »C«, unter »X« oder »Y« einordnen. Wir speichern keine Wörter, Sätze und schon gar keine Bilanzen und Organisationshandbücher in unserem Gehirn, »sondern wir speichern so etwas wie persönliche Essenzen, Bedeutungen, die Dinge für uns haben« [9], und die wiederum bestimmen die Maxime unseres Handelns. Allem, was geschieht, wird ein eigener Wert und ein eigener Sinn zugeordnet. Mehr noch: »Alle Menschen in einer Organisation haben ihre Motive, Interessen, Bedürfnisse, Attitüden, Erfahrungen, Wünsche, Irrtümer, Vorlieben, Sympathien, Emotionen, Antipathien, Freunde und Feinde.« [10] Soll das Unternehmen reibungslos funktionieren, müssen Mitarbeiter die an sie gestellten Erwartungen in ihrem Repräsentationssystem unterbringen können, was nicht immer ohne Friktionen abläuft: Die von der Führungsebene angenommene Zweck-Mittel-Rationalität »wird von allen Menschen permanent unterlaufen, nicht weil sie nicht anders wollen, sondern mindestens, weil sie nicht anders können.« [11]

Es kommt hinzu, dass Kommunikation immer auf vielfältige Art und Weise rückkoppelnd ist, was sich in Organisationen beispielsweise als »Stille Post« oder in Gerüchteküchen äußert. Welcher Manager wäre nicht überrascht worden, mit welcher Wucht kleine Statements oder wichtige Entscheidungen als Bumerang zurückkommen. Die entscheidende Frage ist also weniger, ob und wie eine Strategie oder eine Arbeitsanweisung formuliert wird, sondern, ob es in der Organisation ein konsensuales Verständnis über das gemeinsame Handeln gibt.

Angesichts der Vielfalt der Situationen und Rahmenbedingungen, Sichtweisen, Interessen und Spannungen sowie der daraus resultierenden »Fragilität der organisationellen Einheit« [12] ist das schon eine schwer zu erklimmende Hürde. Zumindest scheint es aus diesem Grunde auch keinen einzigen besten Weg für die Gestaltung von Führung zu geben [13]. Führung bedeutet vor diesem Hintergrund vor allem, in bestimmten Situationen die Kompatibilität der verschiedenen individuellen Handlungen so sicherzustellen, dass sich ein synchronisiertes, zielorientiertes Verhalten ergibt. Oder anders formuliert: Führung ist der ergebnisoffene Versuch des koordinierenden Gestaltens sozio-technischer Systeme.

Hierzu stehen den Führungskräften die Mittel der Kommunikation, also vor allem die Sprache einschließlich verschiedener Instrumente zum Zwecke der Analyse, Strukturierung und Komplexitätsreduktion [14] zur Verfügung. Und genau zu diesen Hilfsmitteln gehören auch Projektführung und Projektmanagement – Konstrukte, die der Synchronisation der einzelnen Akteure sowie der Komplexitätsreduktion dienen sollen und sicherlich auch können. Projektführung und Projektmanagement ist dennoch nicht mehr und nicht weniger als ein Bündel von Werkzeugen und Vorgehensweisen, mit dem verschiedene Gestaltungsinstrumente der Führung zweck- und zielorientiert integriert werden sollen.

Gelebte Praxis 1: Projektportfoliomanagement

Zunächst einmal muss man Projektportfoliomanagement (PPM) und Multiprojektmanagement (MPM) unterscheiden. MPM spiegelt aus der Perspektive der Projektleitung das Management vieler Projekte mit all den daraus resultierenden Problemen und Lösungen wider, während PPM die Summe der Unternehmensprojekte aus der strategischen Perspektive widerspiegelt. Das Projektportfolio ist in diesem Sinne die Konstruktion der Unternehmensziele und -strategien als Summe von Projekten. Aus dieser Philosophie heraus findet auf PPM-Ebene die Deduktion der Unternehmensziele und -strategien in die einzelnen Projekte sowie die Koordination (aufgabenbezogenes Zusammenwirken) und die Synchronisation (zeitbezogenes Zusammenwirken) der Projekte statt, so dass sich am Ende wieder die Konstruktion eines integralen Ganzen ergibt. Die einzelnen Projekte werden so in Beziehung gebracht, dass sich ein relatives Optimum ergibt, zum Beispiel in der Form, dass die alternativen Projekte in Relation gestellt werden, dass strategisch kritische Projekte Ressourcenpriorität bekommen und ziel- oder strategiekompatible Projekte nicht gestoppt werden und dass der Ressourceneinsatz ziel- und strategiebezogen optimiert wird. Im Wesentlichen erfolgt der Aufbau eines Projektportfolios in zwei Phasen [15]:

Phase 1: Gestaltung und Optimierung der Projektpipeline:
- ⇨ Prinzipien zur Gestaltung der Projektvorschläge: Business Case, Wert und strategischer Nutzen;
- ⇨ Risikobetrachtung;
- ⇨ Optimierung der Projektvorschläge in Bezug auf Unternehmensziele und -strategien;
- ⇨ Ressourcenpriorisierung;
- ⇨ Projektranking und -auswahl nach strategischen und projektbezogenen Parametern.

Phase 2: Pflege der Projektpipeline:
- ⇨ Gewährleistung einer strategiebezogenen Informationsbasis;
- ⇨ laufende Repriorisierung von Projekten und Ressourcenzuweisung (»Projectscoring« und Projektmix);
- ⇨ laufende Risikobetrachtung;
- ⇨ »Abschuss« nicht strategischer Projekte.

Der große Vorteil des Denkens in Projekten scheint nun darin zu liegen, dass es den Übersetzungsprozess zwischen den unterschiedlichen Repräsentationssystemen ermöglicht und erleichtert: Es hilft, die Lücke zwischen der Strategieformulierung auf Leitungsebene und der Umsetzung auf der Arbeitsebene zu schließen. Projektmanagement scheint also die Schnittstelle der Wahl zwischen strategischem und operativem Management zu sein.

Der »ideale Lebenszweck« der Unternehmung

Bereits die Frage, welche Ziele und Zwecke ein Unternehmen verfolgt, ist Gegenstand von Situationen und Spannungen. Führen wir uns einmal vor Augen, dass sich unter Bedingungen der Marktwirtschaft bestimmte Unternehmenszwecke – wie Einkommenserzielung, Kapitalverzinsung, Arbeitsplatzsicherheit, Steuerwertschöpfung etc. – nur mittels eines profitablen Wachstums nachhaltig erfüllen lassen, schon werden wir mit einem Spannungsfeld konfrontiert. Zum einen Gewährleistung von Profitabilität als Quotient aus dem Unternehmensertrag und dem investierten Kapital und zum anderen Ertragswachstum als absolute Größe. Eines dieser Ziele nicht zu erreichen, nicht profitabel zu wachsen, bedeutet letztlich Geldverbrennung [16].

Profitabilität sichert man in der Regel durch prozessorientierte Maßnahmen, vor allem dadurch, dass man das Verhältnis von Ressourceneinsatz und Ressourcenergebnis optimiert. Typisch für diese Ansätze sind Arbeitsgestaltung, Kostensenkungs- und Rationalisierungsprogramme. Deshalb gilt Profitabilität als Key-Performance-Indicator (KPI), der die Effizienz und das reibungslose Funktionieren der Wertkette des Unternehmens widerspiegeln soll [17].

Ertrags- oder Profitwachstum lässt sich in der Regel nur durch expansive Maßnahmen – sprich: die Ausweitung des Geschäftes – erzielen. Hier gibt es wiederum zwei Hauptansätze, nämlich Produktinnovation (neue Produkte in bestehenden Märkten) oder Marktinnovation (neue Märkte für bestehende Produkte) oder eine Kombination aus beidem – heute redet man in der Regel von Business-Development.

Profitables Wachstum bedeutet also, dass wir es mit zwei, auf den ersten Blick widersprüchlichen Zielen zu tun haben, nämlich einerseits mit effizienzorientierten und optimierenden »Stellschrauben« und andererseits mit dem Anspruch, durch wachstumsorientierte Faktoren das erfolgreiche Überleben der Unternehmung zu sichern.

Um diese Gedanken ein wenig deutlicher zu machen, wollen wir zunächst einmal die Geschichte des Managementhandelns näher betrachten. Wenn man so will, kann man modernes Management und moderne Führung als Integration zweier historischer Entwicklungsstränge verstehen. Den einen Ursprung wollen wir Effizienzvektor (»wirksame Arbeitsgestaltung«), den anderen Strategievektor (im Sinne von »strategische Führung«) nennen [18].

Von der Arbeitsgestaltung zum operativen Management

Greifen wir um des besseren Verständnisses willen weit zurück in die Geschichte der Menschheit. Am Anfang stand die Gesellschaft der Jäger und Sammler. Hier waren Produktion und Konsum eins, was gesammelt oder gejagt wurde, ging direkt in den Verzehr. Mit der Entwicklung agrarischer Methoden und mit dem Sesshaftwerden der Menschheit überlagerten neue die bestehenden Organisationsformen. Es war nun produktiver, die Arbeit zu teilen. Ein Teil der Sippe ging den agrarischen Verrichtungen auf dem Hof nach, während der andere Teil der Sippe weiterhin jagte und sammelte. Diese Arbeitsteilung sicherte einen effizienteren Umgang mit Ressourcen und verbesserte die Chancen der Reproduktion und des Überlebens.

Mit zunehmender technischer Entwicklung, vor allem nach der Entdeckung der Kupferverhüttung, erwies sich die handwerkliche Arbeitsteilung als vorteilhaft. Ein Teil der Bevölkerung spezialisierte sich auf immer komplexere Verrichtungen, so entstanden etwa das Stellmacher- oder das Schmiedehandwerk. Es bildeten sich Spezialisten und Zünfte. Die Bauern hatten nun nicht nur ihre eigene Sippe, sondern eine stetig wachsende Stadtbevölkerung zu ernähren. Der Austausch der Güter fand nun auf den Märkten statt. Immer mehr Menschen konnten dank der arbeitsteiligen Spezialisierung immer besser ernährt werden, die Reproduktions- und Überlebenschancen wurden abermals verbessert [19].

Technologische Fortschritte – wie etwa Pflugschar und Dreifelderwirtschaft – sowie die arbeitsteilige Bewirtschaftung der Ressourcen sorgten also für eine deutlich verbesserte Ernährungssituation, was wiederum zu einem geradezu explosiven Bevölkerungswachstum führte und die traditionelle handwerkliche Arbeitsteilung an ihre Grenzen stoßen ließ. Gleichzeitig kam es, letztlich in Folge der Aufklärung, zu einem technischen Fortschrittsschub. Wiederum fand eine Überlagerung statt. Mit der industriellen Revolution wandte sich das Interesse vor allem der Strukturierung komplexer arbeitsteiliger Aufgaben zu. Die Arbeitsteilung kam zu Ihrem vorläufigen Höhepunkt – wir sprechen auch von der Sequenzialisierung der Arbeit. Aufgaben, die nicht von einem Individuum wirtschaftlich zu bewältigen waren, wurden arbeitsteilig zergliedert und auf aufeinanderfolgende Verrichtungen und Verrichtende verteilt.

Der Amerikaner Frederick Winslow Taylor (1856 – 1915) [20] entwickelte die Ansicht, dass Arbeiter ähnlichen Gesetzen wie Teile einer Maschine gehorchen und vertrat den Standpunkt, dass man die Produktivität menschlicher Arbeit wie bei einer Maschine mit wissenschaftlichen Methoden optimieren könne. Er gilt deshalb als Begründer des sogenannten Scientific Management.

Im Sinne der Sequenzialisierung werden relativ komplexe Aufgaben in kleine und kleinste Arbeitsschritte zergliedert (Differenzierung), sequentiell abgearbeitet und zum Schluss zu einem Ganzen zusammengeführt (Koordinierung). Da auf der Ebene der einzelnen Verrichtung das Bild für das Ganze fehlte, musste die Zergliederung der Aufgaben und das Zusammenführen von einer übergeordneten Stelle – heute würde man sagen »top down« – geplant, koordiniert und kontrolliert werden. Die daraus resultierenden Probleme erforderten neue Methoden und Expertise im Umgang mit diesen Problemen. Hier liegen die Wurzeln des operativen Managements.

Für Taylor gehörte die Trennung der dispositiven Tätigkeit – des Managements in Form von Planung, Organisation und Kontrolle

– und der ausführenden Arbeit zu den Eckpunkten seines Konzeptes. Eine maximale Arbeitsproduktivität basierte für ihn auf Aufgabenzerlegung, also einer hohen Arbeitsteilung mit möglichst einfachen Verrichtungen und präzisen Anleitungen und bis ins Detail beschriebenen Arbeitsvorgängen. Bezahlung kann so von der messbaren Leistung abhängig gemacht werden, womit Taylor gewissermaßen die Grundlage für das Akkordlohnprinzip und die leistungsabhängige Vergütung der heutigen Zeit gelegt hat. Das Prinzip des Taylorismus fand Eingang in die Fließfertigung Henry Fords. Noch in den 1980er Jahren ebnete Taylors mechanistisches Weltbild, das den Menschen als mehr oder weniger gut funktionierenden Teil einer Maschine betrachtet, der unsäglichen Business-Reengineering-Welle den Boden.

Es war ein Weggefährte Taylors, Henri Gantt, der bereits den Grundstein für den nächsten Schritt legte: die systematische Parallelisierung von Arbeit. Der Maschinenbau-Ingenieur Gantt (1861-1919) gilt neben Taylor als einer der Mitbegründer des Scientific Managements. Gantt, der die Verantwortung für den Bau einer amerikanischen Kriegsflotte innehatte, führte Methoden ein, um die teils sequentiell, teils aber auch parallel erfolgenden Arbeiten an den Schiffen zu koordinieren und zu synchronisieren. Das von ihm entwickelte Balkendiagramm gilt noch heute als wesentliche Grundlage des Projektmanagements und wird beispielsweise in vielfältiger Art und Weise in Softwarelösungen umgesetzt.

Ein entscheidender Impuls für die rasant zunehmende Parallelisierung ist die Beschleunigung (Akzeleration) der wirtschaftlichen Prozesse mittels weltumspannender Transport- und Kommunikationssysteme. Dies wurde im Laufe des 20. Jahrhundert maßgeblich durch die beiden Weltkriege, den Kalten Krieg sowie die rasante Entwicklung des Internets, die Perfektionierung der weltumfassenden Logistiksysteme und die damit einhergehende globale Arbeitsteilung geprägt und verstärkt. Zeit wird zu einem entscheidenden Faktor im Wettbewerb. Während sich die Besetzung neuer Marktoptionen beschleunigt, verkürzen sich die Lebenszyklen für Produkte, Märkte und Absatzwege, und Unsicherheiten verstärken sich weiter. Um komplexe betriebliche

Aufgaben unter Zeitdruck zu erfüllen, werden die Arbeiten nicht mehr (nur) sequentiell, sondern im Sinne eines Parallelisierungs- oder Gleichzeitigkeitsparadigmas möglicherweise auch von verschiedenen Teams an verschiedenen Orten abgearbeitet. Dabei wird nicht nur die Aufgabe selbst parallelisiert und verdichtet, sondern zunehmend auch die Art und Weise wie Aufgaben und Teams gemanagt werden. Planung, Organisation und Kontrolle – und natürlich die Ausführung – finden in zunehmendem Maße gleichzeitig statt. Auch die Managementaufgaben werden radikal verdichtet [21].

Gelebte Praxis 2: Projektmanagementbüro

Für die Umsetzung einer projektbasierten Unternehmensführung bietet sich ein Drei-Instanzen-Modell an. Die Identifikation, Priorisierung und Kontrolle der Strategien mit Hilfe des Projektportfolios ist eine ureigene Leistungsaufgabe. Sofern diese nicht von der Unternehmensführung – direkt vom CEO – wahrgenommen werden kann, wird sie in einer Linienfunktion (Chief-Strategy-Officer) zu institutionalisieren sein. Zwischen der strategischen Führungsinstitution und der Umsetzungsinstanz (Projektmanager und -teams) bietet sich eine Serviceinstanz in Form eines Projektbüros an.

An der Schnittstelle zwischen Strategie und Umsetzung hat sich das Projektmanagementbüro (auch: Projektbüro, Project-Office, Project-Management-Office oder PMO) bewährt. Ziel der Projektmanagementbüros ist es, bestimmte Aufgaben des Projektmanagements zu bündeln sowie – bei größeren Organisationen – eine zentrale Steuerung und Kontrolle des Projektportfolios zu ermöglichen. Projektmanagementbüros sind in der Regel zentrale Servicestellen, die sowohl der Führungsebene als auch den Projektteams bestimmte Dienstleistungen, Methoden und Werkzeuge – wie Berichtswesen und Controlling – zu Verfügung stellen. Vor allem bilden Sie in der hier beschriebenen Philosophie die Schnittstelle zwischen Unternehmensleitung und Projektmanagement, zwischen der vorrangig strategischen und der operativen Managementebene.

Wie ein Projektmanagementbüro gestaltet, mit welchen Aufgaben es betraut wird und welche Kompetenzen und Ressourcen ihm zugewiesen werden, hängt von den Rahmenbedingungen ab. So bietet sich zum Beispiel ein »Shared-Service-Center« an. Typische Aufgaben dabei:
⇨ fachliche, methodische und technologische Unterstützung der Projektleiter und -ressourcen;
⇨ operative Unterstützung von Unternehmensleitung und Projektteams;
⇨ sicherstellen eines einheitlichen Reportings sowie Kosten-, Qualitäts- und Risikomanagements über das gesamte Projektportfolio;
⇨ Gewährleistung einheitlicher Standards für Aktivierung, Planung, Begleitung, Dokumentation und Abschluss der Projekte;
⇨ Weiterentwicklung von internen Projekt-Management-Standards und Methoden (PM-Handbuch);

- ⇨ Bereitstellung einer Projektmanagementinfrastruktur, zum Beispiel Software, Dokumentenvorlagen, Berichtswesen, Risikoanalysen und Dokumentenverwaltung;
- ⇨ Budgetplanung, Kostenüberwachung, Ressourcenplanung, Zeiterfassung, Soll-Ist-Vergleiche etc.;
- ⇨ Change-Request-Management;
- ⇨ Pflege des Projektportfolios und Reporting des Status der Projekte;
- ⇨ Information der Stakeholder und Projektmarketing nach innen wie außen;
- ⇨ Bereitstellung von Projektressourcen (Resource-Pools);
- ⇨ Planung und Organisation von Meilensteinterminen, Projektsitzungen, Lenkungsausschüssen etc., Projektmarketing;
- ⇨ Beratung und Coaching von Projektmanagern und Führungskräften sowie Schulung der mittelbar und unmittelbar beteiligten Mitarbeiter.

Die Genese strategischer Führung

Betrachten wir vor diesem Hintergrund einmal die andere Seite, die strategische Führung. Historisch betrachtet, ging es zunächst um die Kriegsführung als Mittel der Durchsetzung von Macht, um die Verfolgung religiöser, politischer, wirtschaftlicher und militärischer Zwecke mit Hilfe bestimmter »Managementprinzipien und -techniken«, wie wir heute sagen würden [22]. Gemein ist diesen Ansätzen, dass es um die Erreichung konkreter gewünschter Zustände in der Zukunft (»strategische Ziele«) geht. Zur Durchsetzung der Ziele werden Handlungsempfehlungen entwickelt, wie diese Zustände mit Hilfe der gegebenen Ressourcen und über die Allokation dieser Ressourcen bestmöglich erreicht werden können.

Als Vorläufer der modernen strategischen Konzepte gelten die Lehren von Sun-Tzu aus dem 5. Jahrhundert vor Christus. Weitere Vorläufer moderner Managementstrategielehren sind zum Beispiel die Lehren der japanischen Samurai, wie etwa »Das Buch der Fünf Ringe« von Miyamoto Musashi aus dem 17. Jahrhundert, Niccolò Machiavellis »Il Principe« (»Der Zweck heiligt die Mittel«) und Carl Philipp Gottlieb von Clausewitz' »Vom Kriege«.

Meist gingen strategische Konzepte und technologisch-organisatorische Innovation Hand in Hand: Die kompakte Aufstellung der Römer in der »Schildkröte« machte sie schlagkräftig und relativ unverletzlich. Die Strategien von Attilas Hunnen setzten auf das

Überraschungsmoment, ermöglicht durch die Beweglichkeit ihrer Reiterhorden. Die Wikinger wie auch andere große Seefahrernationen profitierten von Innovationen in Navigation und Schiffbau. Die Liste ließe sich nahezu unendlich fortsetzen. Eines ist ihnen gemein, neue Technologien und organisatorische Innovationen änderten das »globale« Machtgefüge und eröffneten Handlungsoptionen, die mit Hilfe strategischer Führungsmethoden zum Zwecke der Zielerreichung umgesetzt werden konnten.

Strategien sind Mittel zum Zweck. Sie sollen Individuen und Organisationen (heute Führungskräften und Unternehmen) entweder einen guten Platz in einer sich neu ordnenden Welt – sprich: unter geänderten Rahmenbedingungen – sichern. Oder sie dienen dazu, bestimmte Vorstellungen von der Neuordnung der Welt (beziehungsweise der Märkte) mit den zur Verfügung stehenden Mitteln konsequent durchzusetzen.

Seit einigen Jahrzehnten versucht die Managementlehre nun, die im Laufe der Jahrhunderte entwickelten strategischen Grundsätze aufzugreifen und im Hinblick auf die Unternehmung verwertbar zu machen. Wobei deutlich gesagt werden muss, dass bei Weitem nicht alles, was in Literatur und Praxis mit »Strategie« betitelt wird, auch nur annähernd mit Strategie zu tun hat. So ist es blanker Unsinn, von »strategischem Projektmanagement« zu sprechen.

Zu den ersten Managementstrategen zählte H. Igor Ansoff (1918-2002), der unter anderem in Pittsburgh sowie San Diego lehrte. Für ihn dienten Strategien vor allem dazu, angemessene Antworten auf eine sich rasch verändernde Unternehmensumwelt zu finden und Reaktionsfähigkeit zu sichern [23].

Im deutschsprachigen Raum zählten unter anderem Aloys Gälweiler und Cuno Pümpin zu den Vordenkern des strategischen Managements. Gälweiler (1922-1984) lehrte nach einer Managementkarriere unter anderem in St. Gallen und an der Technischen Akademie Wuppertal. Er trennt sinnvoll und konsequent die strategische, auf Produkte und Märkte bezogene Führung von der operativen, wobei es für ihn vorrangig um die effiziente Umsetzung strategischer Entscheidungen geht. Als Orientierungsrahmen dienen ihm dabei die von ihm sogenannten geschäftspolitischen Grundsätze, die sich ihrerseits an der aktuellen wie angestrebten Position im Markt orientieren. Der 1939 geboren Pümpin entwickelte ein Führungskonzept, das »Strategische Erfolgspositionen« [24], bewusst aufgebaute dominierende Fähigkeiten, zugrunde legt.

Auch der 1947 geborene Michael Porter [25] darf nicht unerwähnt bleiben. Er befasst sich mit Wettbewerbsanalysen und der Analyse betrieblicher Wertketten auf Handlungsfeldern, auf denen sich das Unternehmen bewegt und wo es bestimmte Kompetenzen und Fähigkeiten entwickeln muss, sowie mit der Positionierung des Unternehmens im Wettbewerb. Für Peter Ulrich (*1948) und Edgar Fluri (*1947) sind dagegen unterm Strich zwei Aspekte wesentlich: erstens der instrumentelle Charakter der Strategie als Mittel zum Zweck der Erreichung übergeordneter Ziele und zweitens der entscheidende, man könnte auch sagen gestaltende Einfluss der Strategie auf das Ganze [26].

Die verschiedenen strategischen Prinzipien, wie man sie im Laufe der Jahrhunderte von der chinesischen Kriegsführung bis zum modernen Management verfolgen kann, lassen sich so zusammenfassen:

⇨ *Ziel- und Situationsorientierung:* Es ist ein wünschenswerter Zustand mit den gegebenen Mitteln – sprich: Ressourcen – in einer bestimmten Situation, also unter vorgegebenen oder zu gestaltenden Rahmenbedingungen, zu erreichen.

⇨ *Konzentration der Kräfte:* Die Ressourcen werden dort allokiert, wo die eigenen Stärken optimal entfaltet und die Schwächen des Gegners ausgenutzt werden können.

⇨ *Prinzip der Nachhaltigkeit:* Die Bedingungen sollen nachhaltig und auf Dauer geändert werden.

⇨ *Holistisches Prinzip:* Es geht immer um das Gesamtsystem und nicht um seine Teile.

⇨ *Wahl des Terrains:* Der Platz der Konfrontation ist so zu wählen, dass die eigenen Stärken optimal ausgenutzt werden können und der Gegner seine Optionen nicht ausspielen kann.

⇨ *Konzeptionelles Vorgehen:* Der Schlachtplan und die konsequente Abstimmung von Zweck, Rahmenbedingungen, Zielen, Strategien und Mitteln sind von essenzieller Bedeutung.
⇨ *Konsequenz und Eindeutigkeit des Handelns:* Organisation und Kommunikation zwischen den Führenden und den ausführenden Organen stellen zielgerichtetes Handeln sicher.
⇨ *Prinzip der Innovation:* Innovation in Bezug auf die technologischen und organisatorischen Mittel und deren Einsatzkonzepte zum Zwecke der Zielerreichung.
⇨ *Früherkennung:* Rahmenbedingungen und Schwache Signale [27] sind sorgfältig zu beobachten.
⇨ *Antizipation:* Gegnerische Schritte oder Veränderungen der Rahmenbedingungen sind zu antizipieren.
⇨ *Reagibilität:* Beweglichkeit sichert Handlungsspielräume und Rückzugsmöglichkeiten – Überraschungsmomente können ausgenutzt werden.

Aus diesen grundlegenden Prinzipien heraus wurden verschiedene moderne Managementstrategeme und strategische Konzepte entwickelt, auf die hier nicht im Einzelnen eingegangen werden soll.

Gelebte Praxis 3: Der Projektmanager
Es gibt zahlreiche Ausbildungen und Zertifizierungen zum Projektmanager. Sicherlich ist die Ausbildung der Hard-Skills im Projektmanagement das eine, das andere sind aber die nur bedingt zu lernenden weichen Faktoren wie Persönlichkeit oder Lernfähigkeit, die einen Projektmanager qualifizieren. Erfahrung ist als weicher Faktor mit Sicherheit äußerst hilfreich. Eng damit verbunden und nicht weniger wichtig ist die Transferfähigkeit, also die Fähigkeit, erworbenes Wissen zu abstrahieren und auf konkrete neuartige Probleme anzuwenden. Oder, um es mit den Worten von Ram Charan zu formulieren: »It's not about skills, it's all about talent«. [28]
Im Projektmanagent spielt die Fähigkeit, Komplexität zu bewältigen, eine zentrale Rolle. Ferner ist die Kommunikationsfähigkeit, die Fähigkeit, mit dem Instrument der geschriebenen und gesprochenen Sprache umzugehen, um Menschen zu informieren, anzuleiten und zu führen, entscheidend. Ob es den »idealen Projektmanager« gibt, sei trotzdem dahingestellt. Jedenfalls sollte der Projektmanager immer ein Generalist, ein »Homo Universale« sein, der in der Lage ist, das Projekt immer wieder aus den unterschiedlichsten Perspektiven

zu beleuchten. Gute Projektmanager sind Nach-, Mit-, Quer- und Vordenker. Sie gehen mit Konsequenz ihren Weg, sind aber auch in der Lage, Argumente aufzunehmen und zur Not das eigene Weltbild umzuwerfen, wenn es denn dem Fortschritt des Projektes dienlich ist.

Voraussetzungen für einen guten Projektmanager sind vor allem:
⇨ analytische Kompetenz;
⇨ Belastbarkeit und Leistungswille;
⇨ betriebswirtschaftliches Basiswissen;
⇨ breit gefächertes Interesse und ausgeprägte Neugier;
⇨ die Bereitschaft zu (hinter-)fragen;
⇨ emotionale Intelligenz;
⇨ Entscheidungsbereitschaft;
⇨ Kommunikationsfähigkeit und -geschick;
⇨ Problemlösungsfähigkeit;
⇨ schnelle Auffassungsgabe;
⇨ strukturiertes Vorgehen;
⇨ Überzeugungskraft, Durchsetzungsfähigkeit, diplomatisches Geschick und so viel selbst durchlebte Erfahrungen wie möglich.

Einerseits sollte der Projektmanager Mikromanagement betreiben können. Er sollte in der Lage sein, einzelne Gewerke im Projekt zu beurteilen. Er sollte den Projektmitarbeitern als Ansprechpartner und Sparringspartner bei der Abschätzung von Aufwand und Risiken dienen und in der Lage sein, die Qualität der einzelnen Gewerke zu beurteilen und darin versteckte Risiken zu erkennen. Andererseits zählt die Fähigkeit, ein Projekt aus einer ganzheitlichen, holistischen Perspektive zu managen. Ein guter Projektmanager ist in der Lage, das große Bild (»The Big Picture«) zu erkennen, ein Projekt aus der übergeordneten Bereichs- und Unternehmensstrategie, aus Sicht der Auftraggeber sowie der verschiedenen Anspruchsgruppen – allen voran die Nutzer und Betroffenen des Projektes – zu beurteilen und zu bewerten.
Diese Anforderungen wird der Projektmanager kaum erfüllen können, wenn er »bis über beide Ohren« im Projekt steckt und maßgeblich an der Realisierung, zum Beispiel an der Programmierung, beteiligt ist. Dieses Risiko wird am einfachsten durch die konsequente Trennung von Leitung und Ausführung zu vermeiden sein. Merke: Führung und Ausführung sind stets zu trennen.

Strategisches und operatives Paradigma: Pest oder Cholera?

Fassen wir noch einmal zusammen: Das, was wir unter Management und Führung verstehen, hat, wenn man so will, zwei Wurzeln, eine arbeitsorganisatorisch rationalisierende und eine strategisch expansive.

Bei der Entwicklung der Arbeitsgestaltung ging und geht es vorrangig darum, effizienter zu sein, das heißt, die bestehenden Prozesse durch solche mit geringerem Zeit- und Ressourceneinsatz beziehungsweise höherem Output zu ersetzen – in einem klassischen Verständnis zu rationalisieren. Wir sprechen von effizienzorientierter Arbeitsgestaltung und von der Optimierung der Strukturen und Prozesse, die zur Aufgabenerfüllung notwendig ist – wir sprechen von »Operational Excellence«, was sich in einer Vielzahl von Werkzeugen und Methoden wie Total-Quality-Management (TQM), Benchmarking, Reengineering, Six Sigma etc. widerspiegelt [29] – und über all dem schwebt das Paradigma des operativen Managements.

Allerdings, und da liegt die Crux, spiegelt sich hier unterm Strich ein defizitäres, symptom- und binnenorientiertes Denkmodell mit spezifischen Chancen, aber auch großen Risiken für die Unternehmung wider. Beispielsweise können diese über verschiedene Wechselwirkungen im Unternehmen und seinem Umfeld allzu leicht in einer Abwärtsspirale beziehungsweise einem Teufelkreis enden [30]. Ein weiteres evidentes Problem der Effizienzsteigerung mit diesen operativen Mitteln liegt in dem, was wir sinkenden Grenznutzen nennen: Während die erste Rationalisierungswelle meist zu guten Ergebnissen führt, sinkt der Erfolg beim nächsten Mal schon beträchtlich. Man hat bei gleichem Aufwand einen weit geringeren Erfolg oder kann das gewünschte Ergebnis nur mit überproportional hohem Aufwand erzielen. Und das setzt sich mitunter fort, bis die Maßnahmen gar keinen Erfolg mehr haben und sogar ins Gegenteil umschlagen können. Irgendwann wird aus den Rationalisierungsversuchen nur noch ein zahnloser Tiger, der allenfalls für Unruhe und Demotivation der Beteiligten sorgt. Dann kommt das Unternehmen in unruhiges Fahrwasser – oft zu erkennen an Fluktuation im Management und immer schneller erfolgenden Strategiewechseln bei gleichzeitigen Ergebnisproblemen.

Die arbeitsorganisatorischen Wurzeln finden sich also in den operativen Paradigmen des Managements wieder. Hier geht es weniger um Neues, sondern um Stabilität, Ordnung und die Grundorientierung am Status Quo. Es geht um Abbau und Ausgleich von Defiziten, um die Neuausrichtung und Optimierung des Ressourceneinsatzes: »Reduziere Deine Optionen so, dass nur noch die mit dem besten

Input-Output-Verhältnis übrig bleibt!« Unter dem Strich geht es also um eine mehr oder weniger simple Input-Output-Rationalität – oder sollte man besser sagen: um die Illusion des einen besten Weges.

Beim strategischen Paradigma hingegen geht es um die prospektive Gestaltung von Bedingungsrahmen, Fähigkeiten und Wettbewerbsvorteilen. Strategisches Denken akzeptiert, dass die alte Ordnung keinen Bestand hat und will sogar die bestehende Ordnung durch eine neue ersetzen. Strategisches Management bedeutet, die Zahl und Qualität der Optionen zu vergrößern, um für sich ändernde Rahmenbedingungen gewappnet zu sein – es geht um die Chance der besten Option. Die Quintessenz strategischen Denkens lässt sich am besten mit den Worten Heinz von Försters beschreiben: »Handle stets so, dass die Anzahl der Möglichkeiten wächst!« [31]

Es ist bei aller Polarität aber auch unzweifelhaft, dass die Grenzen zwischen operativem und strategischem Denken fließend sind, es ist immer ein »Sowohl-als-auch«. So sind Strategiewechsel faktisch immer mit arbeitsorganisatorischen Konsequenzen verbunden. Das Kernproblem aber ist die Integration strategischer Führungsphilosophie und operativen Umsetzungsdenkens. Bereits Ende der 1960er Jahre kritisierte der oben erwähnte Igor Ansoff, dass sich das Top-Management allenfalls periodisch, keinesfalls aber kontinuierlich auf das Strategische fokussiert. Auf relativ kurze Phasen des strategischen Wandels folgen ebenfalls kurze Phasen der Anpassung in den administrativen Strukturen, worauf lange Phasen folgen, in denen sich das Management allein in operativen Problemen verfängt. Zudem gelingt es nach Ansoffs Auffassung vielen Unternehmen nicht, Veränderungen in ihrer Umwelt zu antizipieren, die in Ihrer Konsequenz zu Strategiewechseln führen müssten. Stattdessen sucht man sein Glück in operativen Maßnahmen und Reorganisationen, ohne den geänderten Bedingungen wirklich Rechnung zu tragen. Die Ursache, dass den operativen Maßnahmen Priorität eingeräumt wird, mag unter anderem in den begrenzten Führungsressourcen – sprich: fehlender Zeit und unzureichender Verarbeitungskapazität – liegen, in der Annehmlichkeit der im Unternehmen vorherrschenden Routine, aber auch darin, dass das mittlere Management in den operativen Prozessen sozialisiert wurde und die als besonders dringlich wahrgenommenen operativen Probleme immer wieder auf die Tagesordnung des Topmanagements setzt [32].

Nimmt man aber – wie oben gesehen – an, dass es einen historischen Imperativ in Richtung auf Parallelisierung und Verdichtung von Arbeit und Management gibt, ist eine sequenzielle oder episodische Nachschaltung strategischer, administrativer und operativer Management- und Führungsphasen auf Dauer nicht zielführend. Jedoch lassen sich bei allem Bemühen keine signifikanten Hinweise darauf finden, dass sich die von Ansoff kritisierte Situation in den letzten 50 Jahren grundsätzlich verbessert hätte. Im Gegenteil ist ein immanenter oder auch manifester Konflikt zwischen strategischem Denken – nämlich in Richtung Transformation, Wachstum und radikaler Innovation – sowie operativem Handeln – im Sinne von Stabilisierung oder allenfalls adaptivem Wandel, Effizienz und Binnenorientierung – in der Praxis immer wieder festzustellen. Diese Spannung mag Ursache für viele Paradoxien im Unternehmen sein, dafür, dass, wie wir in dieser Buchreihe gelernt haben, 90 Prozent der geplanten Strategien so nicht umgesetzt werden [33] oder dass ein Schlingerkurs zwischen strategischen und operativen Paradigmen eingeschlagen wird. Obwohl zum Beispiel Umfragen laut McKinsey & Company zeigen, dass Führungskräfte wegen des zunehmenden Wettbewerbs um Talente tief beunruhigt sind, gelingt es den Unternehmen noch ein halbes Jahrhundert nach Ansoffs kritischer Analyse offensichtlich nicht, diesen Aspekt in ihre Strategie zu integrieren. Im Gegenteil werden die strategischen Notwendigkeiten dem operativen Kurzfristdenken untergeordnet. Die Gründe dürften so vielschichtig sein wie die Unternehmenssituation selbst: McKinsey kritisiert unter anderem die Ineffizienz des Linienmanagements sowie den Mangel an Kooperation [34], es mag aber auch an der nicht zu bewältigenden »Komplexität der sozialen Situation« liegen [35].

Obwohl die Erkenntnis um sich greift, dass der »Erfolg einer Strategie mit der Implementierung steht und fällt« [36], vermögen allein schon die Antworten, die Wissenschaft und Praxis auf das Wie der Implementierung, auf den Übergang von der Strategie zum Operativen und umgekehrt haben, nicht wirklich zu überzeugen. Das 7-S-Framework von McKinsey oder das von D. P. Norton und R. S. Kaplan in den 1990er Jahren entwickelte Konzept der Balanced Scorecard (BSC) [37] werden dem Anspruch einer Implementierungshilfe wohl noch am ehesten gerecht. Allerdings liefern diese Tools allenfalls das, was man gemeinhin »Big Picture« nennt. Beide Frameworks sind bei genauer Betrachtung nicht viel mehr als Analysewerkzeuge, die den Anspruch einer beidseitigen Schnittstelle zwischen Strategieentwicklung und Strategieumsetzung, zwischen strategischer Führung und operativem Management kaum erfüllen können.

Ein zentrales Problem dieser Tools lässt sich mit der zugegeben ketzerische Frage beantworten: »Wie lang ist die Küstenlinie von Rügen?« Die richtige Antwort lautet: »Es kommt darauf an« – nämlich auf den Grad der Auflösung. Schaue ich wie der Landesfürst mit einem großen Maßstab auf die Insel, werden die kleinen Buchten und Halbinseln geglättet. Der Strandvogt sieht hingegen das kleinste Detail, weil er es kennen muss. Aus seiner Perspektive ist die Küstenlinie mit allen Buchten, Winkeln und Verzweigungen unendlich viel länger als für den Landesfürsten. Oder nehmen wir das Bild des Strategen: Er sieht vom Feldherrenhügel die großen Bewegungen seines Heeres, der Kohortenführer nimmt kleinste Bewegungen wahr, und der Kämpfer schaut dem Gegner direkt ins Auge. Eine erfolgreiche Implementierung wird immer die unterschiedlichen Perspektiven und Maßstäbe der Beteiligten berücksichtigen müssen, wohingegen die strategischen Ansätze, die wir kennen, die Perspektive vorrangig »von oben nach unten« richten. Mit diesen Tools schaut das Top-Management wie mit dem Brennglas auf ziemlich alleingelassene Implementierungsverantwortliche. Dabei wird übersehen, dass es sich bei der Strategieimplementierung um einen hochgradig rückkoppelnden respektive iterativen Prozess mit zahlreichen Beteiligten handelt, bei dem operative Maßnahmen aus der Strategie abzuleiten sind (Ableitungsfunktion), die aber wiederum Baustein der Strategie selbst sind

(Beitragsfunktion) [38]. Tools wie BSC oder 7-S scheinen mangels eines geeigneten Skalierungs- und Iterationskonzeptes diese Anforderungen nicht zu erfüllen.

Gelebte Praxis 4: Projektmanagement als Rollenspiel

Mit der Übernahme seiner Aufgabe übernimmt der Projektmanager bestimmte Pflichten, erwirbt zugleich aber auch bestimmte Rechte, etwa das Recht, Projektmitgliedern bestimmte Anweisungen zu geben oder die Arbeitspakete der Projektmitglieder zu kontrollieren.
Er »schlüpft« in die Rolle des Projektmanagers. Er spielt seine Rolle gegenüber den verschiedenen Anspruchsträgern, die implizit oder explizit bestimmte unterschiedliche Erwartungshaltungen an sein Verhalten formulieren, die erwarten, dass der Projektmanager bestimmte Handlungen durchführt oder unterlässt.
Diese Erwartungen werden in unterschiedlicher Konsequenz und Dringlichkeit formuliert. Die unterschiedlichen Erwartungen können durchaus komplementär und gleichgerichtet, aber auch konfliktär und unauflösbar sein. Nicht selten gilt, dass derjenige, der am lautesten schreit, auch seine Erwartungen am besten durchsetzt, was aber für das Projekt und die Situation des Projektmanagers nicht optimal sein muss. Darüber muss sich ein Projektmanager hinwegsetzen können. Das ist aber leichter gesagt als getan. Um eigene Erwartungen und Interessen durchsetzen zu können, stehen den verschiedenen Anspruchsträgern positive und negative Sanktionsmöglichkeiten zur Verfügung, mit denen sie erwartete Verhaltensweisen fördern und unerwünschte Verhaltensweisen unterdrücken können [39]. Einerseits wird der Auftraggeber eine eindeutige Ergebnisorientierung einfordern, während andererseits für die Projektmitarbeiter andere Erwartungen – wie Teamspirit oder die Gewährleistung von »Work-Life-Balance« – im Mittelpunkt stehen. Selbst innerhalb einer Gruppe von Anspruchträgern können die Erwartungen weit variieren. Während der eine Mitarbeiter vor allem Freiräume erwartet, mag der andere klare Zielsetzungen, präzise Vorgaben und eine stringente Führung erwarten.
Projektmanager zu sein bedeutet, Rollenkonflikte zu bewältigen, die mitunter wechselnden Erwartungen der verschiedenen Projektmitarbeiter, der Auftraggeber und so weiter gegeneinander aufzuwiegen und mitunter auszugleichen.
Die Integration von Verhaltenserwartungen und Rollenverhalten wird im Idealfall durch den bereits erwähnten konzeptionellen Rahmen ermöglicht, der über gemeinsame Werte, Normen (auch: Unternehmens- beziehungsweise Projektkultur) sowie organisatorische Strukturen und Regeln ein adäquates Verhalten, aber auch angemessene Erwartungshaltungen sicherstellen sollte.
Mitarbeiter wollen wissen, wo sie stehen, wohin der Weg geht und wie dabei ihr persönliches Kosten-/Nutzenverhältnis aussieht: Was müssen sie geben und was bekommen sie dafür zurück? Ein Team ist vor allem dann erfolgreich, wenn es weiß, dass es die Anstrengung wert ist. Als Führungskräfte vermitteln gute Projektmanager ihrem Team immer wieder, dass es sich in die richtige Richtung bewegt. Hieraus folgen drei Anforderungen:

⇨ Projektmanager müssen die Erwartungen ihres Teams erfüllen. Das Team wird einen Projektmanager dann als Alpha-Tier respektieren, wenn er den

Verhaltenserwartungen der Führungsrolle entspricht.
⇨ Das Projektteam sollte den Projektleiter als »Primus inter Pares« akzeptieren. Das bedeutet nicht, dass der Projektmanager mehr Fachwissen benötigt als die Projektmitglieder. Das Gegenteil ist der Fall: Der Projektmanager sollte die individuellen Fachkompetenzen der Projektmitglieder vorbehaltlos anerkennen und fördern. Er muss aber beweisen, dass er es ist, der die Gruppe am besten zusammenhalten und aktivieren kann.
⇨ Ein Projektmanager sollte das Team repräsentieren – die Normen und Werte nach innen und außen darstellen und vorleben, die für die Gruppe wichtig sind. Er sollte die Macht, das Bewusstsein und die Fähigkeit haben, das Wertegerüst zu entwickeln, aber niemals etwas verlangen, was er selbst nicht repräsentiert [40].

Projektführung und Projektmanagement

Aus dem Ingenieurwesen kommend, hat sich die Disziplin des Projektmanagements in den letzten Jahren und Jahrzehnten mit großem Erfolg in andere Bereiche, vor allem in Bereiche, wo es um die Koordination von soziotechnischen beziehungsweise sozialen Systemen geht, hineindifferenziert. Warum hat sich diese noch so junge Disziplin so erfolgreich in Unternehmen und anderen Organisationen durchgesetzt? Ist Projektmanagement die Ultima Ratio des modernen Managements und der moderner Organisation? Hat Tom Peters wirklich Recht, wenn er sagt »All white-collar work is project work« [41]? Gilt die These aus dem ersten Band dieser Reihe, dass man Unternehmen und andere Organisationen in Zeiten wachsender Komplexität und Dynamik idealerweise als Summe ihrer Projekte betrachten und führen sollte?

Bereits Giacomo Casanova (1725-1798) wurde von seinen Zeitgenossen als »Projectenmacher« tituliert, ein damals gängiger Begriff für windige Zeitgenossen, die sich mit gewagten Versprechungen die ideelle und finanzielle Unterstützung ihrer oft zweifelhaften Ideen von Potentaten sichern wollten [42]. Der Begriff »Projekt« wurde bereits vor den 17. Jahrhundert verwendet. Er stammt ursprünglich vom lateinischen projectare (»hinaustreiben, forttreiben«) ab. Iacere bedeutet »werfen«. Der Begriff entwickelte sich schließlich aus dem französischen projecter (»entwerfen«) [43]. Er verdeutlicht die Zukunfts- und Planungsorientierung, das Anstreben einer konkreten Zukunftsvorstellung.

Etwa Mitte der 1950er Jahre tauchte erstmals der Begriff »Project Management« in einem modernen Sinne in den USA auf und wurde einige Zeit später in Deutschland adaptiert. Zunächst verstand man unter Projektmanagement weniger das ganzheitliche Managen von Projekten im heutigen Sinne, sondern die Anwendung immer ausdifferenzierterer Planungsmethoden, vor allem der Netzplantechnik und des bereits erwähnten Gantt-Charts. Schnell reifte jedoch die Erkenntnis, dass mit der weiteren Ausdifferenzierung der Planungs-, Steuerungs- und Kontrollmethoden keine wesentlichen Produktivitätsfortschritte mehr zu machen sind, wenn nicht die sogenannten »weichen« Faktoren – vor allem Führung und Kommunikation – hinreichend ausgeprägt sind.

In den letzten Jahren hat die Disziplin des Projektmanagements den technisch-konstruktiven Bereich weit überschritten und wird heute als Basis einer globalen Führungskonzeption für Unternehmen und öffentliche Organisationen betrachtet [44].

Im Sprachgebrauch werden Projekte, Aufgaben und Tätigkeiten nicht sauber getrennt. In der Regel sprechen wir aus unserer Führungsperspektive [45] von Projektmanagement, wenn sich das zugrunde liegende Vorhaben abseits einer prozessualen Routine und revolvierender Aufgabenstrukturen in dem folgenden Rahmen bewegt:

⇨ *Ziel- und Zukunftsorientierung:* Es ist ein eindeutiges, terminiertes, realistisches und messbares Ziel formuliert.

⇨ *Neuartigkeit, Einmaligkeit:* Es ist keine revolvierende, sich in gleicher oder ähnlicher Weise wiederholende Aufgabe. Es fehlt an bestimmten Stellen an Erfahrungswerten aus der eigenen Organisation, der Branche etc.

⇨ *Kontingenz, Komplexität und Ambiguität:* Es gibt eine Vielzahl von Situationen, Einflussfaktoren, Wirkungszusammenhängen und Abhängigkeiten, die mitunter erst im Projektverlauf deutlich werden und auf die gegebenenfalls Anpassungen in Bezug auf (Teil-)Ziele, Ressourcen, Strukturen und Abläufe erfolgen müssen.

⇨ *Organisatorischer Status:* Projekte finden in der Regel abseits des normalen revolvierenden Geschäftsprozesses und außerhalb der »normalen« Organisation statt – sie sind bereichs- und firmenübergreifend.

⇨ *Interdisziplinarität:* Für die Bewältigung des Projektes sind unterschiedliche Fähigkeiten (Skills) sowie unterschiedliche fachliche Vorgehensweisen erforderlich, die einen Konsens in Bezug auf die einheitliche fachübergreifende Vorgehensweisen erfordern.

⇨ *Wegfall hierarchischer Schwellen:* Da Projekte meist abseits der regulären Organisation ablaufen, gibt es im Normalfall keine hierarchische Über- und Unterordnung, sondern eine Zusammenarbeit auf Basis von (Teil-)Verantwortung und zugewiesenen Kompetenzen.

⇨ *Ungewissheit und Risiko:* Der bestmögliche Weg zum Ziel ist nicht per se bekannt. Sich wandelnde Einflussfaktoren bestimmen Projektergebnis und -erfolg. Es sind Maßnahmen zur Absicherung gegen Risiken und deren Auswirkungen zu treffen.

⇨ *Ressourcenabhängigkeit:* Der Erfolg ist von der zeit- und qualitätsgerechten Verfügbarkeit von finanziellen, Human- und Sachressourcen abhängig. In der Regel besteht zwischen den verschiedenen Projekten und Routineaufgaben im Unternehmen eine Ressourcenkonkurrenz.

⇨ *Definierter Start, definierte Zwischenergebnisse und definiertes Ende:* Projektstart und Projektende sind terminlich festgelegt, das Projektende wird zudem inhaltlich (qualitativ) definiert. Darüber hinaus sind in der Regel terminlich und inhaltlich festgelegte Zwischenergebnisse mit definierten Entscheidungsnotwendigkeiten (Meilensteine) zu erfüllen.

Projektmanagement ist letztlich ein Versuch, die Komplexität der Management- und Führungsaufgaben auf ein erträgliches Maß zu reduzieren. Indem Projekte initiiert werden, entstehen sozusagen sachlich, personell, zeitlich, organisatorisch und budgetär abgegrenzte Subsysteme [46]. Durch die »Kapselung« dieser Subsysteme lassen

sich einerseits Management- und Führungsanteile delegieren, und andererseits entsteht zumindest die Illusion einer geringeren Komplexität des Gesamtsystems.
In Anlehnung an Ekkehard Kappler und Tobias Scheytt [47] kann man Projektmanagement in drei Entwicklungsstufen beschreiben:
⇨ als Technologie beziehungsweise Instrumentarium zur Strukturierung von Aufgaben, insbesondere, wenn keine hinreichenden Erfahrungen zur Verfügung stehen, sowie zur koordinierten Erfüllung sachlich, zeitlich und budgetär definierter Aufgaben (technologisch-instrumentelle Sichtweise);
⇨ als hochkomplexe Sprache, als Versuch einer »Lingua franca«, die einerseits die gewerke-, bereichs-, unternehmens- und branchenübergreifende Koordination ermöglicht und zur Entwicklung einer Expertenkultur herhält (kommunikative Sichtweise);
⇨ als komplexe soziale und institutionelle Praxis innerhalb eines organisatorischen Kontextes (kulturelle Sichtweise).

Wenn man diese drei Ebenen in Betracht zieht, hat das Führen einer Organisation als die Summe Ihrer Projekte drei wesentliche Grundfunktionen:
⇨ *Bewältigung von Komplexität:*
   Projektmanagement dient der (zumindest scheinbaren) Reduktion von Komplexität. Es werden sozusagen Einzelaspekte aus dem Unternehmensgeschehen herausgeschnitten. Diese »Unternehmensausschnitte« oder »Projektinseln« sind durch Projektauftrag und -ziele, den Projektgegenstand sowie Zeit- und Ressourcenbegrenzung definiert.
⇨ *Verständigungsplattform:*
   Führung heißt, Weltbilder und Verhalten der Systemmitglieder unter wechselnden Bedingungen zielorientiert zu synchronisieren. Dazu bedarf es eines Vermittlungs- beziehungsweise Transferprozesses zwischen Zielen und Intentionen der Führungsebene auf der einen sowie den Zielen, Intentionen und Aktivitäten der Systemmitglieder auf der anderen Seite – eines Transfers zwischen

den unterschiedlichen Repräsentations- und Wertsystemen auf Führungs- und Mitarbeiterebene. Die Leistung des Projektmanagements besteht offenichtlich darin, dass es sich mit Hilfe seiner Methoden und Verfahren zu einer Übersetzungsinstanz zwischen den unterschiedlichen Repräsentationssystemen entwickelt hat, die auch – und das scheint wesentlich – unter Komplexitäts-, Dynamik- und Ambiguitätsbedingungen funktionieren kann. Das, was wir als Projektmanagement beziehungsweise als Projekt bezeichnen, ist ein gemeinsames Rahmenwerk, eine geteilte Vorstellung einer spezifischen Wirklichkeit oder besser: der versuchte Konsens über ein Konstrukt. Es bietet auf diese Weise auch Übersetzungshilfen zwischen dem Weltbild der strategischen Führung und dem der operativen Umsetzung, zwischen der holistischen Perspektive (»Big Picture«) und Mikromanagement, zwischen den Unternehmenszielen und den individuellen Zielen der Beteiligten.

⇨ *Selbstähnlicher Führungsrahmen:*
»An der Spitze des Hofstaates herrschte der König, von Gottes Gnaden, ein überirdischer Repräsentant seiner Untertanen, deren Wohl von ihm abhing. Ihm unterstand eine formal stark abgestufte Hierarchie mit einer Fülle bürokratischer Regelungen.« [48] Ähnlich funktionierten Armeen, Kirchen oder Konzerne, bis man erkannte, dass die hierarchischen Kommandostrukturen aufgrund ihrer Entscheidungsengpässe, inneren Trägheit, mangelnden Anpassungsfähigkeit sowie Ineffizienz nicht in eine komplexe, dynamische und recht ungeordnete Welt passen. Daher mussten dispositive Tätigkeiten weiter in die Organisation verlagert und hierarchische Kommandostrukturen durch geeignete Rituale ersetzt oder zumindest überlagert werden: Projektstart und -ende, Meilensteine, Lenkungskreise, Teambesprechungen etc. Gewissermaßen spiegelt sich das Unternehmen in einem selbstähnlichen System aus lauter Programmen, Projekten und Teilprojekten sowie sachlich und zeitlich limitierten Leitungsfunktionen – sprich: Projektmanagement und Projektmanagern – wider.

Gelebte Praxis 5: Baustein Meilensteinkultur [49]

Häufig sieht man Projektpläne, die geradezu von Meilensteinen gepflastert sind. Solche Pläne sind oft ein Hinweis darauf, dass Meilensteine mit Terminen und Deadlines gedankenlos in einen Topf geworfen werden. Ohne Zweifel sind der Termin, eine Sitzung des Lenkungskreises oder eine Deadline wesentliche Merkmale eines Meilensteins, doch ein Meilenstein ist weit mehr als das.

Ein Meilenstein definiert in der Regel einen Phasenübergang, also den Abschluss einer Phase und gegebenenfalls den Start einer Folgephase, verbunden mit einem bestimmten abzunehmenden Zwischenergebnis. Es handelt sich also um eine bestimmte Leistung, die zu einem festgelegten Termin in einer bestimmten Qualität erbracht werden muss.

Der Meilenstein ist somit auch eine definierte Schnittstelle zwischen der autonomen Tätigkeit und Selbstkontrolle im Team und einer Außenkontrolle und -steuerung durch Auftraggeber oder Lenkungsgremium.

Meilensteine sind wesentlich für Projektergebnis und -verlauf und sollten frühzeitig – möglichst im Rahmen des Projektauftrages beziehungsweise -vertrages – festgelegt werden. Zum Zeitpunkt eines jeden Meilensteins gibt es konkrete Verbindlichkeiten (Deliverables) von Projektleitung und -team, die mit dem Meilenstein vom Auftraggeber oder Lenkungsgremium explizit abgenommen werden müssen. Sie müssen also eindeutig, mess- und kontrollierbar sein. Darüber hinaus hat das Lenkungsgremium eine explizite Entscheidung über den weiteren Projektverlauf zu treffen.

Neben den Meilensteinen gibt es den sogenannten Projektstatus. Dieser »kleine Meilenstein« löst nicht automatisch eine Entscheidung aus, gibt aber zu dem vorher bestimmten Zeitpunkt eine verdichtete Information über den Status-Quo des Projektes. Dabei geht es weniger darum, definierte Zwischenergebnisse abzunehmen, wie es im Rahmen des Meilensteines der Fall ist, sondern einen bestimmten Informationsstatus über den Projektablauf zu erlangen. Der Projektstatus dient dazu, dem Projektteam einen Überblick über die verschiedenen »Äste« zu vermitteln sowie Lenkungsausschussmitglieder beziehungsweise Auftraggeber auf eine definierte Art und Weise zu informieren. Diese Information wird in der Regel in Form eines besonderen Projektmeetings, das in einem bestimmten Rhythmus einzuberufen ist, erhoben. Dieses Meeting ist mit bestimmten Berichtspflichten in einer festgelegten Form verbunden. Deshalb Vorsicht: Ein Projektstatus ist kein echter Meilenstein und sollte auch nicht als solcher in den Projektplänen dargestellt werden

Auch Projektkoordinations- und Statussitzungen sind keine Meilensteine, ebensowenig wie Lenkungsausschusssitzungen, die auch nicht in jedem Falle Meilensteine sein müssen.

Merke: Termine sind keine Meilensteine, aber Meilensteine finden zu bestimmten Terminen statt.

Im Rahmen eines Meilensteins gibt es eindeutige, überprüfbare und messbare Kriterien, anhand derer vier Entscheidungsalternativen ausgelöst und Prioritäten getroffen werden, nämlich:
⇨ Freigabe für die nächste Phase;
⇨ Wiederholung der letzten Phase;
⇨ Freigabe der nächsten Phase mit Änderungen/Auflagen (Aktionsplan);

⇨ Projektabbruch.

Diese vier Optionen werden anhand verbindlicher Qualitäts- und Abnahmekriterien vordefiniert, man spricht auch von »Quality-Gates« (Kontrollpunkte im Hinblick auf Qualitätskriterien). Im Prinzip versteht man unter Quality-Gate eine bestimmte Art von Meilenstein, bei dem auf der Basis zuvor definierter Kriterien über die Freigabe des nächsten Projektprozesses entschieden wird. Kriterien und Freigabeprozess eines Quality-Gates müssen zum Projektstart, spätestens aber zu Beginn einer jeweiligen Phase verbindlich vereinbart werden. Im Sinne eines konsequenten Projektmanagements kann es sehr wohl Sinn machen, den Projektabbruch als Standardentscheidung im Rahmen eines Meilensteins vorzugeben. Oft herrscht in Projekten die fatale Neigung, unvollständige oder verspätete Meilensteine hinzunehmen (»Das kriegen wir noch hin«) und so die Projekte bis zum Sankt Nimmerleinstag zu ziehen. Der richtige Zeitpunkt zum Absprung wird schlicht verpasst, aus dem Projekt wird eine Dauerbaustelle. Konsequenter ist es daher, das Projekt mit jedem Meilenstein in Frage zu stellen und alle Budgets und Ressourcen auf Null zu setzen. Dann wird die nächste Phase wieder von Null aufgebaut, neu bewertet und kalkuliert – sprich: Das Projektteam muss seinem Auftraggeber oder Lenkungsgremium mit guten Argumenten »verkaufen«, ob und warum das Projekt weitergeführt werden soll. Der Lenkungsausschuss muss nach Würdigung der Fakten und Argumente explizit Freigabe oder Neustart auslösen.

Auch wenn man diesen sehr stringenten Weg nicht gehen mag, so gehört zur Meilensteinentscheidung zumindest die Verabschiedung eines (revidierten) Aktionsplans für die nächste Phase. Dieser umfasst:

⇨ Deliverables,
⇨ Ressourcen,
⇨ Budgets und
⇨ Termine, insbesondere für den folgenden Meilenstein.

Merke: Meilensteine beinhalten Lieferverpflichtungen der Projektleitung und Entscheidungspflichten der Lenkungsgremien.

Implementierung zwischen Organisationsgestaltung und Kulturwandel

»Unternehmen sind Werte auf Zeit, sie müssen rechtzeitig zerstört und umgebaut werden.« [50] Nach diesem Grundsatz wird eine projektbasierte Unternehmensführung zu implementieren sein. Wenn alle Strategien, Strukturen und Prozesse auf Zeit, nämlich als Projekt oder Programm, implementiert werden, also unter anderem ein definiertes Ergebnis und ein terminiertes Ende haben, werden keine falschen Erwartungshaltungen in Bezug auf Stabilität, Ordnung und Sicherheit geweckt. Die Gefahr des Einkuschelns im Status Quo wird zumindest reduziert, Veränderungen und Wandel werden als

Normalität wahrgenommen. Andererseits dürfen die Projekte auch kein Eigenleben entwickeln, zu Projektinseln, zu Staaten im Staate verkommen. Werden nicht zielführende oder gar kontraproduktive Projekte und Aktivitäten verfolgt, werden auch Ressourcen blockiert, Strategien ausgebremst, Kosten produziert. Wenn dann noch eine bigotte Expertenkultur zuschlägt, werden aus Projekten schnell kleine Herrschaftsinseln mit eigenen Regeln und Gesetzen.

Da die erfolgreiche Umsetzung von Strategien im Zusammenwirken des Gesamtsystems und aller Aktivitäten zu suchen ist, besteht die Kunst der Führung dann darin, die Summe der Projekte zu einem integralen Ganzen zusammenzuführen, »Common Consensus« und »Strategic Fit« [51] herbeizuführen. Mit Projekten zu führen heißt, die Ableitung der einzelnen Projekte aus dem Ganzen und wiederum das Zusammenführen der Projekte zu einem Ganzen sicherzustellen – Projekte aus der Strategie abzuleiten und am Ende des Tages wieder

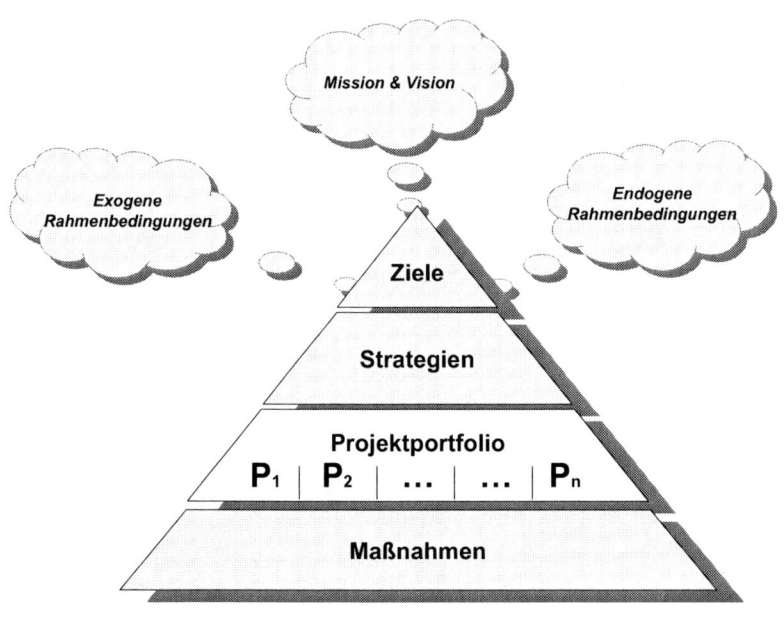

Abb. 1: *Führungskonzeption [52]*

zu einer konsistenten Strategie zusammenzuführen. Das bedeutet in der Konsequenz, dass herkömmliche Vorstellungen von Organisation mit all ihren Organigrammen, Ablaufplänen oder Stellenbeschreibungen nicht mehr viel taugen. Stattdessen muss ein organisatorisches Rahmenwerk geschaffen werden, mit dem die unterschiedlichen Projekte »just-in-time« in Beziehung gesetzt und in Bezug auf ihre Strategieerfüllung bewertet und kontrolliert werden: ein System, um die Gesamtheit der Projekte, das Projektportfolio eines Unternehmens, zu managen.

Doch der Weg dahin ist steinig, oder, wie ein altes angelsächsisches Sprichwort sagt: »A castle has to be built on solid ground!« Denn zunächst müssen geeignete organisatorische Strukturen identifiziert und entwickelt werden. Da mag man zum Beispiel darüber nachdenken, ob ein »Chief-Strategy-Officer« in einer Linienfunktion die Gesamtverantwortung für die Umsetzung der Strategien und das Projektportfolio übernimmt, oder ob ein Projektmanagementbüro als zentrale Serviceeinheit Nutzen stiftet. Gleichgültig welchen Weg man im Einzelnen wählt, projektorientierte Führung setzt einen nicht einfachen Lernprozess in der gesamten Organisation, von der obersten Führungsebene bis zu den mittelbar betroffenen Mitarbeitern und Partnern voraus.

Faktisch – das zeigt langjährige Beratungserfahrung – ist für viele Unternehmen das Management ihres Projektportfolios immer noch Blindflug. Bei vielen Unternehmen erscheint nur ein überraschend kleiner Teil der Projekte auf dem Radar der Führungsebene. Es fehlt nicht selten an Wissen über Projektführung, an Methodenkonsens, an geeigneten und durchgängigen Reportingverfahren, an der richtig implementierten Softwareunterstützung, an geeigneten Organisationsformen, an funktionierendem Risikomanagement und an vielem mehr. Es ist eben nicht mit der Beschaffung von Software, 08/15-Schulungen oder Verfahrenshandbüchern getan. Bei der Implementierung einer projektorientierten Führung geht es weniger um Strukturen und Prozesse, um Dienstanweisungen und Handbücher, um Normen und Standards, als vielmehr um einen grundsätzlichen, tief greifenden kulturellen Wandel – und der beginnt mit dem Wandel der Denkmuster und der Rituale der Führungsebene, vielleicht auch bei der Umgestaltung der Führungsebene selbst.

Gelebte Praxis 6: Das Aufgabenspektrum des Projektmanagers

Die Aufgabenbereiche des Projektmanagers sind vielschichtig. Deshalb ist es durchaus von Vorteil, als Anhang zum Projektauftrag eine detaillierte Aufgabenbeschreibung (»Job Description«) für den Projektleiter und die wichtigen Teammitglieder zu erstellen. Hier werden Aufgaben, Befugnisse und Verantwortung geregelt und abgegrenzt.

Bei sehr komplexen und umfangreichen Projekten kann zudem eine Ausdifferenzierung der Managementfunktion erfolgen. Beim Projektmanagement-Tandem gibt es in der Regel einen kommerziellen Projektmanager (»Projektkaufmann«) und einen technischen Projektmanager (»Projektingenieur«). Beim Projektmanagement-Triplett wird eine Dreierspitze aus leitendem, kommerziellem und technischem Projektmanager gebildet.

Häufig sieht man eine solche Gewaltenteilung im Key-Account-Management. Während der Key-Account-Manager für die kommerziell-vertriebliche Betreuung des Kunden, also die kommerzielle Führung eines oder mehrerer Projekte zuständig ist, zeichnet ein Service-Engineer für die fachlich-technische Realisierung verantwortlich. Entsprechend ist die Verteilung der Aufgaben und Kompetenzen vorzunehmen. Zu den typischen Aufgabe des Projektmanagements zählen:

Führungsaufgaben:
⇨ Zusammenstellung eines Projektteams
⇨ Personalmanagement und Mitarbeiterführung im Projekt
⇨ Teambildung und Motivation
⇨ Eskalation und Konfliktlösung
⇨ Vorbereitung, Einberufung und Protokollierung von Projektsitzungen
⇨ Durchführung von Koordinations- und Kontrollaufgaben im Team
⇨ Sicherstellen der Kommunikation im Team sowie nach außen
⇨ Außendarstellung des Projektes und Projektmarketing

Entscheidung und Entscheidungsvorbereitung:
⇨ Verhandlung und Vereinbarung des Projektauftrages beziehungsweise Projektvertrages
⇨ Vorbereiten von Entscheidungen
⇨ Durchführung von Entscheidungen im Rahmen der Aufgabenbeschreibung
⇨ Projektübergabe und -abschluss

Planung und Organisation des Projektes:
⇨ Strukturieren des Projektinhaltes
⇨ Zergliederung und Zusammenführung von Teilaufgaben
⇨ Erstellen von Projektablauflogiken und -plänen
⇨ Planung und Vorbereitung von Meilensteinen
⇨ Ressourcenplanung (Skills und Kapazitäten)
⇨ Erstellen von Kalkulation, Kostenverlaufs- und Liquiditätsplänen

⇨ Festlegung der Aufgabenverteilung
⇨ Dokumentationsplanung

Steuerung und Kontrolle des Projektes:
⇨ Schaffung von Transparenz
⇨ Kontrolle der Arbeitspakete in sachlicher, zeitlicher, budgetärer und qualitativer Sicht
⇨ Aufbau eines Berichts- und Dokumentationswesens
⇨ Aufbau eines Controllinginstrumentariums
⇨ Überwachung des Vertragswesens
⇨ Zahlungsverkehr
⇨ Genehmigungen und Auslösen von Aufträgen
⇨ Risikoanalyse und -absicherung
⇨ Krisenbewältigung
⇨ Aufbau eines Auftrags- und Abnahmewesens für Unteraufträge

Fazit

Wenn man den Strategen als Kapitän begreift, so kommt dem traditionellen Verständnis von operativem Management die Rolle des Heizers zu. Während der eine den Kurs festsetzt, hat der andere die Ventile nachzusteuern um die Maschine unter Dampf zu halten. Um in unserem Bild zu bleiben, mal legt der Kapitän auf der Brücke den Kurs fest, wobei ihm der Dampf fehlt, mal läuft die Maschine auf vollen Touren, nur dass der Kapitän gerade nicht auf der Brücke ist. Die Kunst der Führung besteht in einer komplexen Welt darin, die Gleichzeitigkeit des Steuerns und Nachsteuerns zu sichern. Das Problem ist aber, dass der Kapitän auf der Brücke den Horizont als Maßstab nehmen wird, der Heizer aber das Spiel seiner Ventile in seinem Maschinenraum. Beide leben in ihrer eigenen Weltsicht und haben somit sehr unterschiedliche Vorstellungen von Prioritäten und besten Wegen, womit wir wieder beim eingangs zitierten »Vaterfisch« angekommen wären. Will dieser seinem Filius erklären, was die Welt ist und wie sie funktioniert, sollte er lernen, das Aquarium auch von außen zu betrachten – und das gilt ebenso für Manager.

Es wäre, wie wir heute wissen, ein Irrsinn, zu erwarten, dass die Aktivitäten in einem Unternehmen von Objektivität oder Rationalität – sprich: Wirklichkeit – geleitet sind oder dass man diese erzeugen könne. Denn die Wirklichkeit ist, um mit Paul Watzlawick zu sprechen, ein Messer ohne Klinge, dem das Heft fehlt. Alles ist unterm Strich ein Spiel aus Wahrnehmung und Kommunikation, aus Psychologie, Macht und Politik.

Genau hier setzt eine Unternehmensführung an, die sich als Summe ihrer Projekte versteht. Sie nutzt verschiedene Verfahren, um Kommunikation und den Austausch von Erwartungen zu ritualisieren. Konsequent eingeführte projektmethodische Führung vermag zwar viele, aber leider bei weitem nicht alle Führungsprobleme und -defizite auszumerzen. Es wäre also vermessen, Projektmanagement in allen Fällen als Ultima Ratio der Führung zu bezeichnen. Es wäre jedoch ebenso verfehlt, Projektmanagement als das übliche betriebswirtschaftliche Pow Wow abzutun. In diesem Sinne sollte man Tom Peters Bonmot »All white-collar work is project work« auch als eine sinnvolle Provokation verstehen, als Anstoß, hergebrachtes mechanistisches Denken, Arbeiten und Führen radikal in Frage zu stellen.

Das »Gerade-so-sein« der Unternehmung verbietet Patentrezepte, trotzdem – oder gerade deshalb – sollte man beim konsequenten Herunterbrechen der Strategien auf eine Projektstruktur und bei der Konzentration der knappen Führungskapazitäten auf das Management des Projektportfolio aufsetzten. Vielleicht findet man so eine erste pragmatische Antwort auf eine komplexe Welt, die sich immer schneller dreht.

Literatur

[1] PRECHT, R. D. (2007); *Wer bin ich und wenn ja, wie viele? Eine philosophische Reise*; München (Goldmann): 28

[2] *Die im Folgenden vorgenommene Differenzierung zwischen dem Begriff des Managements als effizienzorientiertem Problemlösen und der veränderungsorientierten emotional agierenden Führung (»Leadership«) geht im Wesentlichen auf Abraham Zaleznik zurück: Vgl. Zaleznik, A. (1977); Managers and Leaders – Are they different?; in: Harvard Business Revue June/July 1977. Zur Abgrenzung der verschiedenen Führungsbegriffe, vgl. Becker, L. (2008): Führung, Innovation und Wandel; in: Becker, L./Ehrhardt, J./Gora, W. (Hg.): Führung, Innovation und Wandel; Düsseldorf (Symposion). Es versteht sich vor diesem Hintergrund von selbst, dass Projektmanagement an dieser Stelle als integriertes Maßnahmenbündel zur Orientierung des eigensinnigen Verhaltens komplexer sozio-technischer Systeme und nicht in einem engeren funktionalen, technischen oder deterministischen Sinne verstanden wird – vgl. auch ebda.*

[3] GUTENBERG, E. (1929); *Die Unternehmung als Gegenstand betriebswirtschaftlicher Theorie*; Berlin/Wien (Industrieverlag Spaeth & Linde): 26

[4] vgl. HAMEL, G./PRALAHAD, C. K. (1990); *The Core Competence of the Corporation*; in: HBR; 68. Jg.: 79 ff.

[5] vgl. RUSCH, G. (2006); *Konturen konstruktivistischer Ökonomik*; in: ders. (Hg.); *Konstruktivistische Ökonomik*; Marburg (Metropolis): 17 ff.

[6] zum Begriff der Constraints vgl. HILL, W./FEHLBAUM, R./ULRICH, P. (1981): *Orgnisationslehre*; 3. Aufl.: Bern/Stuttgart (UTB – Haupt): 28, 323 f.

[7] zur Begrifflichkeit vgl. DODD, D./FANVARO, K. (2006); *Managing the right tension*; in: Harvard Business Review, 12/2006, Gerhard Rusch spricht von Unternehmen als »Systeme im Ungleichgewicht«: vgl. Rusch, G. (2006); *Konturen konstruktivistischer Ökonomik*; in: ders. (Hg.); *Konstruktivistische Ökonomik*; Marburg (Metropolis): 19

[8] *Unter Repräsentationssystemen verstehen wir hier die individuellen Konstruktionen und Konstruktionsmöglichkeiten der Beteiligten. Vereinfacht gesagt sind unsere Fähigkeiten, die Welt in ihrer Vielfalt zu erfassen, höchst begrenzt. Deshalb ordnen wir unsere Wahrnehmungen mit Hilfe von Operatoren in ein Raster ein, indem wir sie anderen Erfahrungen zuordnen und bewerten, wir haben sozusagen eine voreingestelltes Navigationssystem, eine vordefinierte Landkarte, mit der wir unsere Sinneserfahrungen einordnen, bewerten und in ihrer Komplexität bewältigen können.*

[9] PRECHT, R. D. (2007); *Wer bin ich und wenn ja, wie viele? Eine philosophische Reise*; München (Goldmann): 101

[10] KAPPLER, E./SCHEYTT, T. (2006); *Konstruktion des Controlling – Von der Sekundärkoordination zur Beobachtung zweiter Ordnung*; in: Rusch, G. (Hg.); *Konstruktivistische Ökonomik*; Marburg (Metropolis): 104

[11] KAPPLER, E./SCHEYTT, T. (2006); *Konstruktion des Controlling – Von der Sekundärkoordination zur Beobachtung zweiter Ordnung; in: Rusch, G. (Hg.); Konstruktivistische Ökonomik; Marburg (Metropolis): 104*

[12] RUSCH, G. (2006); *Konturen konstruktivistischer Ökonomik; in: ders. (Hg.); Konstruktivistische Ökonomik; Marburg (Metropolis): 18*

[13] *Zum Kontingenzbegriff vgl. z.B. die Übersicht von Auer-Rizzi, W./Reber, G. (2007); Kontingenztheoretische Betrachtung der Organisationsgestaltung; in: Bertelsmann Stiftung: Auer Rizzi, W./Blazejewski, S./Dorow, W./Reber, G.; Unternehmenskulturen in globaler Interaktion – Analysen, Erfahrungen, Lösungsansätze; Wiesbaden (Gabler/Bertelsmann Stiftung)*

[14] *Hier seien z.B. Organigramme, Bilanzierungswerkzeuge, Key-Performance-Indikator oder Balanced Scorecards genannt.*

[15] *vgl. LEVINE, H. L. (2005); Project Portfolio Management – A Practical Guide to Selecting Projects, Managing Portfolios, and Maximizing Benefits; San Francisco (Jossey-Bass)*

[16] *Zwei Anmerkungen hierzu:*
(1) Wir sprechen hier von wirtschaftenden Unternehmungen. Bei öffentlichen Verwaltungen und Non-Profit-Organisationen verschiebt sich die Zweck-Mittel-Relation. Hier geht es um übergeordnete Ziele, in der Regel die Erfüllung eines bestimmten Auftrages. Nichtsdestotrotz müssen auch solche Organisationen wirtschaften, so dass das hier Gesagte weitestgehend analog anzuwenden ist.
(2) Unternehmungen können durchaus kurzfristig von dem Ziel des profitablen Wachstums abweichen, etwa wenn es darum geht, Wachstum und Marktanteile zu »kaufen«. Dennoch dient der kurzfristige Verzicht auf profitables Wachstum natürlich genau dazu, langfristig profitables Wachstum sicherzustellen.

[17] *Ein anderer Hebel, der in jüngerer Zeit an Bedeutung gewinnt, ist Customer-Relationship-Management, hier versucht man, die Profitabilität auf anderem Wege, nämlich in Bezug auf den einzelnen Kunden zu erhöhen, indem man beispielsweise versucht, einen größeren Anteil des Kundenbudgets auf das eigene Unternehmen zu lenken.*

[18] *Diese Betrachtung soll hier nur zu einer groben Einordnung herhalten. Dem dogmenhistorisch interessierten Leser seien vor allem die Arbeiten unsers Mitautoren dieser Reihe, Frank H. Witt, ans Herz gelegt: Witt, F. H. (1995); Theorietradition der betriebswirtschaftlichen Forschung; Wiesbaden (Gabler).*

[19] *Es muss, ohne hier im Detail auf die historische Forschung eingehen zu wollen und zu können, betont werden, dass es sich historisch um überlagernde Formen der Arbeitsorganisation, also um ein »Sowohl-als-auch«, handelte. So dürften bereits erste vorindustrielle Formen der Arbeitsteilung vor rund 6.500 Jahren in den Zentren der Kupferverhüttung Vorderasiens entstanden sein. Im Zuge der industriellen Revolution des 20. Jahrhunderts gingen einige Gewerke schneller auf industrielle Organisationsformen über als andere. Beispielsweise hinkten die noch lange handwerklich arbeitenden Schleifer in der Industrialisierungsgeschwindigkeit den Schmieden hinterher.*

[20] Zur historischen Übersicht früher Managementlehren und den Biographien der genannten Autoren vgl. z.B. RUDOLPH, F. et al. (1994); Klassiker des Managements – von der Manufaktur zum modernen Großunternehmen; Wiesbaden (Gabler) sowie Eschenbach, R./Kunesch; H. (1994); Strategische Konzepte – Management Ansätze von Ansoff bis Ulrich; Stuttgart (Schäffer-Poeschel). Vgl. Taylor, F. W. (1913); Die Grundsätze wissenschaftlicher Betriebsführung; Berlin

[21] Beispielsweise seien die so genannten »agilen« Methoden erwähnt

[22] Vermutlich liegen die Wurzeln des strategischen Denkens bereits in der Kupferzeit. Es entstanden unter den vorindustriellen Bedingungen große Staatengebilde, soziale Schichtungen, etwa Führungs- und Kriegerkasten, und Ungleichverteilungen von Macht und Reichtum sowie die daraus resultierenden divergierenden Interessenlagen, Begehrlichkeiten und politisch-militärische Konflikte.

[23] vgl. z.B.: ANSOFF, H. I. (1968); Toward a Strategic Theory of the Firm; in: Éconimies et Sociétés; Nr. 3/1968 oder ders. (1970); Corporate Strategy, Harmondsworth (reprint: Penguin Books, Orig. 1965)

[24] vgl. PÜMPIN, C. (1986); Management strategischer Erfolgspositionen – Das SEP-Konzept als Grundlage wirkungsvoller Unternehmensführung; 3. Aufl.: Bern/Stuttgart (Haupt)

[25] PORTER, M. E. (1980); Competitive Strategy; New York et al. (Free Press) sowie Porter, M. E. (1985); Competitive Advantage; New York et al. (Free Press)

[26] vgl. ULRICH, P./FLURI, E. (1995): Management; 7. Auf.: Bern/Stuttgart/Wien (Haupt): 198

[27] vgl. ANSOFF, H. I. (1976); Managing Surprise and Discontinuity – Strategic Response to Weak Signals; in; ZfbF, 28. Jg.: 129 ff.

[28] HARVARD BUSINESS PUBLISHING (EDS.) (2007); Ram Charan on Leadership, in: HBR IdeaCast 27

[29] vgl. PORTER M. E. (1996); What is Strategy?; in: HBR Nov./Dec. 1996

[30] vgl. BECKER, L. (1994); Marketing-Effizienz – Wege zum Lean Marketing; in: Becker, L./Lukas, A. (Hg,): Effizienz im Marketing, Wiesbaden (Gabler): 15 ff. sowie Bergmann G./Meurer, G. (2008): Best Patterns in Management – Erfolgsmuster vitaler Unternehmen, in: Rusch, G. (Hg.) (2006); Konstruktivistische Ökonomik; Marburg (Metropolis): 308. Der Aspekt des Kundenbeziehungsmanagements (CRM) muss an dieser Stelle außen vor gelassen werden, weil noch andere Mechanismen eine Rolle spielen, die hier nicht in epischer Breite behandelt werden können (s. a. o.)

[31] Was als ethischer Imperativ Försters in die Geschichte eingegangen ist: Förster, H.v./Pörksen, B. (2008); Wahrheit ist die Erfindung eines Lügners; 8. Aufl.: Heidelberg (Carl-Auer): 36

[32] vgl. ANSOFF, H. I. (1968); *Toward a Strategic Theory of the Firm; in: Éconimies et Sociétés; Nr. 3/1968*

[33] vgl. AMANN, W. (2007); *Was Internationalisierung für den Unternehmenserfolg bedeutet; in: Becker, L./Ehrhardt, J./Gora, W.; Führungspraxis und Führungskultur, Düsseldorf (Symposion)*

[34] »*Although McKinsey surveys show that business leaders around the world are deeply concerned about the intensifying competition for talent, few companies make it an integral part of a long-term business strategy, and many even try to raise their short-term earnings by cutting talent-development expenditure.*« McKinsey & Company (2008); *Realigning the HR function to manage talent; in: The McKinsey Quarterly Chart Focus Newsletter, August 2008*

[35] vgl. ZYDOREK, CH. (2006); *Instrumente des Strategischen Management; in: Becker, L./Ehrhardt, J./Gora, W. (Hg.): Führungskonzepte und Führungskompetenz; Düsseldorf (Symposion)*

[36] BEA, F. X./HAAS, J. (2005); *Strategisches Management; 4. Aufl: Stuttgart (Lucius / Lucius – UTB): 198*

[37] vgl. PETERS, T./WATERMAN, H. R. (1982): *In search of excellence – Lessons from America's Best-Run Companies, London (Harper Business) sowie Kaplan, R. S. / Norton, D. P. (1992) : The Balanced Scorecard – Measures that Drive Performance, in: Harvard Business Review*

[38] vgl. BECKER, L. (2008): *Führung, Innovation und Wandel; in: Becker, L./Ehrhardt, J./Gora, W. (Hg.): Führung, Innovation und Wandel; Düsseldorf (Symposion)*

[39] vgl. ARBEITSGRUPPE SOZIOLOGIE (1978), *Denkweise und Grundbegriffe der Soziologie; Frankfurt/M./New York (Campus)*

[40] vgl. ARMSTRONG, M./STEPHENS, T;. (2006); *Management and Leadership: A Guide to Managing for Results; repr.: London/Sterling (Kogan Page)*

[41] PETERS, T. (2007); *The Wow Project; in: Fastcompany.com, Dec. 19/2007 (http://www.fastcompany.com/magazine/24/wowproj.html, 22.08.08)*

[42] vgl. SCHELLE, H. (2003); *Projektmanager und ihr Ruf in vergangenen Jahrhunderten; in: ProjektMANAGEMENT aktuell, 14. Jg. Nr. 2*

[43] vgl. KLUGE, F. (1999) *Etymologisches Wörterbuch der deutschen Sprache. 23. Aufl. (bearb. v. Seebold, E.): Berlin/New York (de Gruyter)*

[44] vgl. BECKER., L. (2006); *Unternehmensführung in bewegten Zeiten; in: Becker, L./Ehrhardt, J./Gora, W. (Hg.): Führungskonzepte und Führungskompetenz; Düsseldorf (Symposion)*

[45] Der guten Ordnung halber soll nicht verschwiegen werden, dass laut DIN 69901 ein Projekt als »Vorhaben, das im Wesentlichen durch die Einmaligkeit der Bedingungen in ihrer Gesamtheit gekennzeichnet ist, wie z.B. Zielvorgabe, zeitliche, finanzielle, personelle und andere Begrenzungen, Abgrenzung gegenüber anderen Vorhaben, projektspezifische Organisation« bezeichnet wird. Das PMBoK bezeichnet ein Projekt als »zeitlich begrenztes Vorhaben zur Schaffung eines einmaligen Produktes, einer Dienstleistung oder eines Ergebnisses.« PMI – Project Management Institute (ed.) (2004): A Guide to the Project Management Body of Knowledge: PMBOK Guide, Newton Square, Penn. (Project Management Institute). Laut DIN 69901 ist Projektmanagement die Gesamtheit von Führungsaufgaben, -organisation, -techniken und -mitteln zur Durchführung eines Projektes.

[46] Die Ganzheitlichkeit dieses Ansatzes unterscheidet Projektmanagement wesentlich von den typischen betrieblichen Servicefunktionen wie Forschung, Controlling und Personalwesen, bei denen nur Teilaufgaben ausgegliedert werden.

[47] vgl. KAPPLER, E./SCHEYTT, T. (2006); *Konstruktion des Controlling – Von der Sekundärkoordination zur Beobachtung zweiter Ordnung*; in: Rusch, G. (Hg.); Konstruktivistische Ökonomik; Marburg (Metropolis): 102

[48] WINTER, W. (2006): *Konstruktivismus im Management als Kunst der Reflexion*, in: Rusch, G. (Hg.); Konstruktivistische Ökonomik; Marburg (Metropolis): 189 f.

[49] vgl. BECKER, L. (2008); *IT-Projektmanagement*; in: Gora, W. (Hg.); zfu Fernlehrgang IT-Management, Zürich (zfu Business Publishing)

[50] LÜTZENRATH, TH./WITT, F. H. (2008); *Strategischen Wandel erfolgreich managen – Philips*; in: Becker, L./Ehrhardt, J./Gora, W. (Hg.): Führung, Innovation und Wandel; Düsseldorf (Symposion): 275

[51] vgl. PORTER M. E. (1996); *What is Strategy?*; in: HBR Nov./Dec. 1996

[52] Quelle: Dr. Lutz Becker, www.inscala.com

Zusammenfassung
Dieser einführende Beitrag beschreibt Projektführung und Projektmanagement als Instrument der strategischen Führung von Unternehmungen und anderen Organisationen. Um die strategische Bedeutung von Projektmanagement und Projektführung verstehen und würdigen zu können, soll zunächst ein Beobachterstandpunkt eingenommen und eine zentrale Empfehlung Ram Charans für Führungskräfte umgesetzt werden: »Raise the altitude of your vision« – »Schau Dir das, was Du machst, gefälligst von oben und außen an«. Mit dem Beitrag soll der Tunnelblick der Spezialisten, der sich in vielen Projektmanagement-Kochbüchern widerspiegelt, erweitert werden, damit wir nicht der Kritik Max Horkheimers ins Messer laufen, dass Spezialistentum nur einer der Tricks sei, um das Denken zu verhindern.
Um diese Beobachterrolle sinnvoll einnehmen zu können, werden zwei historische Entwicklungslinien des Managements beschrieben, die wir »Effizienzvektor« und »Strategischer Vektor« nennen. Wir sehen auch, dass zwischen den daraus resultierenden Führungsphilosophien und Managementpraktiken Spannungen entstehen, die es genau so zu lösen gilt wie andere im Beitrag beschriebene Spannungen, etwa die, zwischen notwendiger Innovation auf der einen sowie organisatorischem Verharrungsvermögen auf der anderen Seite. Projektführung – also die Führung der Organisation als Summe und Portfolio ihrer Projekte – bietet sich an, um die oben beschriebenen Spannungen zu lösen und Strategien nachhaltig umzusetzen. Dazu stellt der vorliegende Beitrag exemplarisch auch verschiedene Lösungsansätze wie das Projektportfolio oder das Projektbüro kurz und prägnant dar.

Vom Projektkult zur Projektkultur

Allzu oft erleben wir in den Unternehmen, wie selbst äußerst überschaubare Aktivitäten zum »Projekt« geadelt werden. Projektitis hat jedoch ihren Preis. Welche Projekte tatsächlich die Bezeichnung »Projekt« verdienen und wie es gelingt, Stolpersteine zu überwinden, beschreibt dieser Beitrag.

> **In diesem Beitrag erfahren Sie:**
> - welche Stolpersteine man schon vor Projektbeginn beseitigen sollte,
> - wie man ein kooperatives Projektteam zusammenstellt und
> - welche Kompetenzen das Personal bei interkulturellen Projekten benötigt.

ANDREAS KIEFER

Von der wahnhaften »Projektitis« zum sinnvoll konstruierten Projekt

Wohin wir blicken, sehen wir Projekte. Die Mondgruppe im Kindergarten wird eine Woche lang täglich in den Wald wandern, und die geneigten Eltern können dem Aushang im Kindergartenflur entnehmen, dass den lieben Kleinen ein »Wald-Projekt« gegönnt wird. Die Fünftklässler recherchieren im Internet alles über den Alltag der Neandertaler und haben dann ihr »Urmenschen-Projekt« absolviert. Und die Firma Kleinkram & Söhne will endlich darangehen, ihre vernachlässigten Lager aufzuräumen und nennt das überfällige Unterfangen: Projekt »Clean Up4U«. Und weil sie dieses Projekt schon einige Male mehr schlecht als recht angesteuert hat, soll dann der neue Anlauf »Clean Up4U4ever« heißen – oder so ähnlich.

Natürlich ist das nicht ernst gemeint. Natürlich gibt es Kleinkram & Söhne und seine verramschten Lagerräume nicht. Aber eine allfällige Projektitis, die gibt es. So überwältigend kommt sie daher, dass nicht einmal mehr von Nachbar zu Nachbar besprochen werden kann, ob man sich die nötige Rasenvertikutiermaschine vielleicht zusammen anschaffen sollte. Nein, es heißt dann: Hör mal, sollten wir nicht aus dem Rasenvertikutierer ein Projekt machen? Und dann geht es los – Projektleiter benennen, Teamcreating veranlassen, Teambuilding ansteuern, Situationsanalyse einleiten, Projektcontrolling installieren...

Abgrenzung: Wenn Projekte zu gefräßig werden...

Früher hätten die Nachbarn ihren Wunsch nach Gartenverschönerung in den nächsten Baumarkt getragen, sie hätten ihre Vertikutiermaschine gekauft, sich die Rechnung geteilt, und gut wär es gewesen. Heute macht man daraus ein Projekt. Und das ist längst nicht immer gut so. Denn was Kindergartenkinder und Fünftklässler ganz lustig finden und was die nachbarschaftlichen Beziehungen vielleicht komplizierter macht, ansonsten aber nicht wesentlich beeinträchtigt, das kann sich in Unternehmen zu einer geradezu krankhaften Sucht entwickeln: zum Trend nämlich, die allerkleinste Abweichung vom Tagesgeschäft gleich zum Projekt hochzuhypen. Mit allen Konsequenzen: Eine Leitung wird auserkoren, was zumeist so vonstatten geht, dass sich mindestens drei Kollegen, die nicht zum Zuge kamen, in ihren Karriereerwartungen ernstlich zurückgeworfen sehen.

Und auch wenn das Projektchen, diese aufgehypte Routinearbeit, schon längst beendet oder beerdigt wurde – die drei vergrätzten Kollegen bleiben und tragen dem Unternehmen mehr Schaden ein, als ein auf wackligem Fundament errichtetes Projekt je hätte nutzen können.

Wie geht es weiter in einer von Projektitis befallenen Firma? Ein Team wird zusammengewürfelt, wobei sich mindestens ein Drittel der Teammitglieder beim allerbesten Willen nicht vorstellen kann, wie ein zusätzliches Arbeitspensum zu schaffen sein soll, und die restlichen zwei Drittel so reagieren, dass sie ihre Routinearbeiten in die Ecke schieben – womit nun das in der Ecke liegt, was der Firma Kleinkram & Söhne ihr Auskommen sichert. Was es an freien Reserven in der Firma gab, wandert ins Projekt. Was es an freien Mitteln gab, auch. Und so wandeln sich zumeist völlig überflüssige Projekte in gefräßige Ungeheuer, die Unternehmen Kraft, Manpower und Ressourcen rauben. Und wohlgemerkt, alles fing mit einer kleinen Abweichung vom Tagesgeschäft an, die man wirklich hätte auf Zuruf erledigen können und die es nicht verdient hätte, zum »Projekt« stilisiert zu werden.

Vorsicht also! Es ist vielleicht modern und trendy, sich im Unternehmen von Projekt zu Projekt zu hangeln, aber es kann sich dabei auch um eine wirklich schädliche Entwicklung handeln, deren Nebenwirkung in der völligen Selbstblockade eines Betriebes liegen kann.

Was bedeutet Projektmanagement – und vor allem, was nicht?

Das Wort »Projekt« entstammt dem Lateinischen und bezeichnet einen Plan, einen Entwurf oder eine Absicht. Die Gefahr der »Projektitis« wohnt dem Begriff also bereits inne. Fast alles kann ein Projekt sein.

Im Begriff »Management« steckt das italienische »maneggiare«, etwas machen, etwas mit der Hand machen, etwas anstellen. Die vage Absicht, der nebelhafte Plan also soll »gemacht«, umgesetzt, greifbar werden. Vagheit trifft Handfestes, Nebulöses wird Materie. Das steckt im Projektmanagement. Mit etwas Phantasie erkennt man: Das kann nicht einfach sein, da wird es vor Fallstricken und Tücken nur so wimmeln.

Der Manager unterlegt den Plan oder die Absicht mit einer Vorgehensweise; er trifft eine Wahl über die geeigneten Mittel zur Erreichung seines Zieles, er entscheidet über Aktivitäten, die ihn seinem Ziel näher bringen, er schließt Aktivitäten aus, die ihn von seinem Ziel entfernen. So betrachtet, hat Projektmanagement nun wieder etwas zutiefst Simples. Ich möchte zum Frühstück frische Brötchen (mein Ziel). Ich wähle das Auto als Transportmittel zum Einkaufsort. Ich schließe den Fußweg als allzu zeitaufwendig aus. Ich vergewissere mich, dass ich als notwendige Ressource genügend Geld für den Einkauf bei mir habe – und schon steht einem genüsslichen Frühstück nichts mehr im Weg. Ich bin ein toller Projektmanager!

Anforderungen: Ein bisschen mehr als Brötchenkauf…

Leider ist diese Betrachtung nun doch allzu simpel, und die Wirklichkeit ist komplexer und komplizierter. Das Projektmanagement, beschreibt der Informatiker Markus Meier, »legt die Grenzen eines Projektes fest, unterstützt den Fortschritt und sorgt dafür, dass das Projekt eine positive Entwicklung annimmt und Kosten sowie Termine unter Kontrolle bleiben« [5]. Das Projektmanagement bestätige uns im Gefühl, sinnvolle und wertvolle Arbeit zu leisten, und unterstütze den Aufbau des Selbstwertgefühls, da es eine kontinuierliche Übersicht über die bereits geleistete Arbeit gebe und immer die noch zu leistende Arbeit vor Augen führe. Meier weiter: »Im Weiteren zeigt es dem Auftraggeber jederzeit den Projektfortschritt und gibt ihm eine Vorstellung, wie weit das Projekt fortgeschritten ist und wie groß die Wahrscheinlichkeit nicht termin- und kostengerechter Einführung ist. Es gibt ihm aber auch die Möglichkeit, rechtzeitig notwendige Änderungen oder Korrekturen anbringen zu können.« [5]

Gemessen an dieser Anforderungsbeschreibung, übersteigt Projektmanagement nun deutlich das Anforderungsprofil des Brötchenkaufs zum Frühstück. Zugleich bleibt es aber dabei, dass nicht jede Unterbrechung der Tagesarbeit im Unternehmen Kleinkram & Söhne zum Projekt mit Definition der Ausgangslage, Teamzusammenstellung, Ressourcenmanagement und Controlling mutieren muss.

Was ist vor Projektbeginn zu klären?

Damit die Firma Kleinkram & Söhne – wie jedes andere Unternehmen auch – ein funktionsfähiges Gebilde bleiben kann, muss sie über die notwendige Trennschärfe bei der Beurteilung eines Projektes oder auch nur einer Zusatzaufgabe verfügen:
⇨ Wann wächst sich eine Aufgabe zum Projekt aus?
⇨ Wenn eine Aufgabenstellung das Format eines Projektes hat, in welcher Dimensionierung muss dies angesiedelt sein?

Folgende Fragen müssen als Mindestvoraussetzung beantwortet werden:
⇨ Reicht die Angliederung an eine bestehende Abteilung zur Erfüllung der neuen Aufgabe? Reicht gegebenenfalls auch eine überschaubare Erweiterung einer bestehenden Unternehmenseinheit, die sich nach Projektende leicht wieder reintegrieren lässt?
⇨ Muss eine neue Unternehmenseinheit gebildet werden? Reichen für diese, meist Projektgruppe genannte neue Einheit die vorhandenen Ressourcen – menschliche sowie materielle? Müssen neue Ressourcen akquiriert werden? Neues Personal? Neue Ausstattung?
⇨ Wie genau ist die Ausgangslage? Was muss an der Ist-Situation geändert werden?
⇨ Welcher vorläufige Zeitrahmen ist zu kalkulieren? Welche Kosten fallen voraussichtlich für die Auftragserfüllung an?

Die Liste lässt sich verlängern. Sicher ist aber: Zu einem gehaltvollen und zielführenden Projektmanagement gehören eine detaillierte Analyse der Ausgangslage und ein erstes Reaktionsportfolio, das auf die neue Aufgabe zugeschnitten wird. Unterbleibt das oder wird es nur nachlässig durchgeführt, wird ein Projekt über seine gesamte Laufzeit durch falsche Annahmen und falsche Ausgangsvoraussetzungen belastet.

Die Summe aller Stolpersteine

In Großkonzernen – nicht anders als bei Kleinkram & Söhne – steht am Anfang eines jedes Projektes aufseiten des Auftragnehmers die Frage: Schaffen wir das? Nicht etwa die Frage: Schaffen wir das und lohnt es sich für uns? Diese Frage wäre die bessere. Dass sie nicht gestellt wird, geht zum Teil aufs Konto ganz normaler menschlicher Reaktionen. So wie ein Kleinkind sich freut, wenn man ihm einen Luftballon reicht, freuen wir uns über einen Auftrag oder auch nur eine Auftragsanfrage. Ganz unabhängig von allen ökonomischen Dimensionen, ganz unabhängig davon, ob wir uns rational natürlich darüber im Klaren sind, dass es sich bei der Frage, ob wir Aufträge erhalten oder nicht, um die Überlebensfrage für unser Unternehmen handelt. Wir mögen es einfach, wenn man uns fragt.

Stolperstein 1: Das allzu enge Terminkorsett

Deshalb stößt ohne näheres Besehen jede Auftragsanfrage erst einmal auf eine positive Resonanz. Und sie stößt in einer überwältigenden Mehrheit der Fälle auf die Bereitschaft, Terminzusagen zu machen, die sich später als absolut unrealistisch erweisen. Dabei verschrauben sich die Neigung des Auftraggebers, grundsätzlich zur Eile zu drängen (»Sonst nehmen die uns ja nicht ernst!«) mit der Bereitschaft des Auftragnehmers (»Wir schaffen das!«) zu einer wahren Unheilsspirale. Projekte nämlich, die von vornherein auf Basis zu enger Terminvorgaben vereinbart werden, haben beste Aussichten, zu einem Rattenrennen von minderer Qualität zu werden, an dessen Ende eine gestörte Kundenbeziehung steht – im besseren Fall. Im schlechteren Fall wird das Projekt gar nicht zu Ende gebracht, und an die Stelle eines ordentlichen Bezahlvorganges tritt eine langatmige Prozesshanselei.

Effektivitätskur versus Effizienzkultur

Noch eines begünstigt den Trend zum Rattenrennen bei der Projektabwicklung: Über Branchengrenzen hinweg und quer durch alle Unternehmenstypen haben sich Firmen einer beispiellosen Effektivitätskur unterworfen. Der amerikanische Bestseller-Autor Tom DeMarco spricht vom »Gib-Gas-Mantra«, das in der Unternehmenswelt Einzug gehalten habe: »Zu den Hinterlassenschaften der neunziger Jahre gehört ein gefährlicher Wahn, dem viele Unternehmen bis heute verfallen sind: die Vorstellung, eine Organisation sei nur in dem Maße effektiv, wie alle ihre Mitarbeiter fortwährend ausgelastet sind.« [2]

DeMarco beobachtet: »Jeder, der nicht überarbeitet ist (schwitzt, abends länger bleibt, von einer Aufgabe zur nächsten hetzt, samstags arbeitet, frühestens in drei Wochen Zeit für eine kurze Besprechung findet), wird misstrauisch beäugt.« [2] Es liegt auf der Hand, dass Unternehmen, die einen solchen Tempo-Kurs eingeschlagen haben, auch schnell bei der Hand sind, wenn es darum geht, allzu engen Terminkorsetts für eine Projektierung zuzustimmen.

Gravierender noch: Die »Gib-Gas-Mentalität« fordert Terminnot geradezu heraus. Manager, die ihre Mitarbeiter stets unter Volllast setzen, sehen Termindruck geradezu als Garanten dafür, dass es wirklich niemals zu Leerläufen kommt. Sicher: Wer zu 120 Prozent ausgelastet ist, wird mit einiger Sicherheit nicht dazu kommen, zwei, drei Stunden in der Woche mit Selbstbetrachtung beschäftigt zu sein. Was man sich mit dem übertriebenen Effizienzwahn einhandelt, ist jedoch – ganz anders als erwartet – in Wahrheit eine konstante Leistungsminderung. Aus folgenden Gründen: Schon der auf »Vollast gefahrene« Mitarbeiter wird nicht auf Dauer sein Leistungsniveau halten. Kommt dann noch ein unter Terminzwängen vereinbarter Projektauftrag hinzu, wird der Mitarbeiter oder gleich sein ganzes Projektteam gar nicht anders können, als fehlerhaft und ohne Sorgfalt zu arbeiten und/oder Terminsetzungen platzen zu lassen – allem »Klar, wir schaffen das« zum Trotz.

Ein Plädoyer für Realismus und Spielräume

Es ist ein Gebot der Klugheit, sich auf jeder Ebene allzu engen Terminsetzungen zu entziehen: auf der Ebene des Auftragnehmers gegenüber dem Aufraggeber ebenso wie auf der Ebene des ausgeguckten Projektleiters gegenüber seinem Vorgesetzten. US-Autor DeMarco stellt zutreffend fest, dass eine solche Kultur des Auf-die-Bremsetretens nicht nur rar ist. Sie ist systemimmanent nicht vorhanden. Firmenintern betrachtet, ist »nein« zu sagen ein sicheres Verhütungsmittel gegen jede Form von Karriere. Firmenextern betrachtet – im Kontakt zwischen Auftraggeber und Auftragnehmer – ist »nein« zu sagen gleichbedeutend mit dem Eingeständnis des Scheiterns: »Nein, das schaffen wir nicht.« Das Unwesen des ungefilterten »Wir schaffen das« zu ersetzen durch eine Kultur des »Wir schaffen das unter folgenden Voraussetzungen...«, das wäre ein Weg, durch den viele gegenwärtig ökonomisch erfolglose, abgebrochene oder in den Sand gesetzte Projekte doch noch auf eine gerade Bahn zu setzen wären.

Welchen Lösungsweg kann es geben? Wie kann die Verstrickung gegenseitiger Erwartungen entflochten werden? Wie kann die systemimmanente Terminnot durch Realismus ersetzt werden? Tom De-Marco setzt auf »Spielräume«. Darunter versteht er »Zeiten, in denen wir uns neu erfinden. Sie sind die Zeiten, in denen Sie nicht hundertprozentig damit beschäftigt sind, das operative Geschäft Ihrer Firma zu führen. Spielräume sind Zeiten ohne hektische Betriebsamkeit. Spielräume sind auf allen Ebenen notwendig, damit die Organisation effektiv arbeiten und wachsen kann. Sie sind das Schmieröl des Wandels. Gute Firmen zeichnen sich dadurch aus, dass sie Spielräume kreativ zu nutzen wissen. Schlechte sind davon besessen, sie mit Stumpf und Stil auszurotten.« [2]

In die Praxis transportiert, können DeMarcos »Spielräume« darin bestehen, für das Projektmanagement »atmende« Rahmenbedingungen und Verträge zu entwickeln. Projektleiter geben einen Rahmen für den Abschluss von Projektetappen ab, keine Deadlines. Vorgesetzte lernen es, mit Etappendaten umzugehen und Deadlines hintan zu stellen. Auftragnehmer und Auftraggeber verständigen sich auf der Grundlage von Korridoren. Und bei all dem gebe ein Höchstmaß an Realismus den Ton an. Sofern menschenmöglich, möge auch auf die Rituale des gegenseitigen Machtbeweises verzichtet werden! Sofern menschenmöglich… Dass aber der Mensch im Projekt das größte Problem darstellt, ahnen wir bereits. Und es wundert uns nicht wirklich.

Stolperstein 2: Die falschen Menschen am falschen Ort

Es liegt auf der Hand und birgt doch zugleich die allergrößten Probleme: Ein erfolgreiches Projekt braucht den geeigneten Kopf an der Spitze. Ein Projekt braucht den geeigneten Führer – oder die geeignete Führerin (wobei letztere, das sei beteuert, immer mitgemeint ist, wenn im Folgenden von Führungspersonen die Rede ist). Im Online-Lexikon Wikipedia stellt sich die Frage, was Führung ist, recht übersichtlich dar. Dort heißt es, Führung steht für:
⇨ die Einflussnahme auf die Willensbildung von Individuen innerhalb einer Institution (Individualführung);
⇨ das Einwirken auf eigenes und fremdes Handeln (Menschenführung);
⇨ die Einflussnahme auf die Willensbildung von Gruppen (Teamführung).

Ja, wenn das so einfach wäre! Wie Führung funktioniert und wodurch sich Führungspersönlichkeiten auszeichnen, ist Gegenstand breitester Abhandlungen historischer, soziologischer, psychologischer Fachrichtungen – alle mehr oder weniger klug, interessant, lehrreich und bemerkenswert nutzlos für die betriebliche Praxis.
    Wie kommen Menschen auf der Karriereleiter voran? Was empfiehlt sie für einen Führungsjob? Wie guckt man sich den nächsten Projektleiter aus? Alles Fragen, die für den Erfolg oder Misserfolg eines Projektes (wie auch eines ganzen Unternehmens) von eminenter

Wichtigkeit sind. Umso bemerkenswerter, dass sich die Führungselite in vielen Unternehmen doch als Mischung aus Zufallsfunden oder Glücksfällen darstellt. Es gibt nun einmal kein Patentrezept dafür, wie sich olympiareife Führungseliten zusammenstellen lassen. Und was die Sache noch einmal komplizierter macht: Es gibt keinen omnipotenten Prototypen für die erfolgreiche Führung, weil nicht jeder Typus auf jedem Job, in jedem Unternehmen, in jeder Branche gleich erfolgreich ist!

Zwar unterscheidet die Wissenschaft grundsätzlich nach eher autoritären oder eher konsensuell ausgerichteten Führungstypen. Sie kann aber auch damit nur eine Typenbeschreibung geben, kein Raster dafür, dass grundsätzlich eher die eine oder die andere Führungsform im jeweiligen Projekt reüssiert. Und allem Zeitgeist zum Trotz: Es kann auch einmal der autoritäre Führungsstil sein, der im konkreten Fall erfolgsträchtiger ist – vielleicht nicht über die ganze Dauer einer Projektphase hinweg, aber in einzelnen Kurven, an bestimmten Wechselpunkten öfter als man glaubt.

Der Kopf/die Köpfe an der Spitze

Im Sommer 2007 räumte der Wirtschaftspsychologe Felix Brodbeck gegenüber der »Süddeutschen Zeitung« ein, dass man eigentlich gar nicht so genau wisse, was einen guten Manager ausmacht. Und das sagte der Lehrstuhlinhaber aus München vor dem Hintergrund einer fast einhundertjährigen wissenschaftlichen Führungsforschung, die sich aktuell noch unterfüttern lässt durch die vielzitierte Globe-Studie (Global Leadership and Organizational Behaviour Effectiveness), für die 17.000 Manager der mittleren Führungsebene in 62 Ländern nach den Merkmalen einer guten Führungsmannschaft befragt wurden. Man weiß nicht, was ein guter Manager ist! Wem sollte es also noch gelingen, für ein Projekt die geeignete Leitfigur auszumachen? Wer sollte damit klarkommen, eine Projektgruppe zu führen?

Ersatzweise hat sich aber die Wissenschaft mit der Frage beschäftigt, wie sich Manager eine gute Führungskraft vorstellen. Unterschieden wurde dabei wieder einmal zwischen zwei Verhaltenstypen – dem eher aufgabenorientierten Führungsverhalten, dessen Vertreter möglichst konkrete Ziele aufstellen und durch Anreize und Kontrolle dafür sorgen, dass diese Ziele auch erreicht werden. Der zweite Verhaltenstyp ist nach Brodbeck dem personalorientierten Führungsverhalten zuzuordnen, dessen Vertreter sich eher um die Belange der Mitarbeiter kümmern und diese bei der Aufgabenerledigung unterstützen. Richtig liegt nun, wer die deutschen Manager eher dem ersten Typus zurechnet. Typisch deutsch, dieser »aufgabenorientierte« Führungsstil, aber darum nicht unbedingt besser.

Wirtschaftspsychologe Brodbeck geht davon aus, dass der aufgabenorientierte Führungsstil eher erfolgsträchtig ist, »wenn es in einer Firma nur um kurzfristige Effizienz und Rendite geht« [7]. Für den personalorientierten Führungsstil müsse votieren, wer langfristig handle und »möchte, dass die Mitarbeiter nicht nur Leistung abdrücken, sondern sich entwickeln können, zufrieden sind, weniger unter Stress leiden oder sich ausgebrannt fühlen«.

Die besondere Nachricht der Globe-Studie ist dabei, dass deutsche Manager Humanorientierung noch nicht einmal von einer hervorragenden Führungskraft erwarten. Eine wenig ausgeprägte soziale Kompetenz bei Managern wird in Deutschland weitgehend akzeptiert oder toleriert. »In Deutschland heißt Führen immer noch, hart zu sein in der Sache und hart zu den Beschäftigten«, resümiert Brodbeck – und damit weist er auf ein zentrales Problem bei der Bestellung des Führungspersonals, gerade bei Projekten, hin. Warum? Weil die Leitung von Projekten sich zwar nicht in allen, aber in vielen Facetten von fest etablierten Leitungsfunktionen unterscheidet. Achtung! Projektleiter müssen etwas anders ticken als Führungspersonen auf den normalen Hierarchieebenen eines Unternehmens.

Projektleiter – die ganz besondere Spezies

Natürlich ist Projektleitung nicht gleich Projektleitung. Die Aufgabenstellung variiert je nach Größe und Beschaffenheit des Projektes, je nach Größe der Projektgruppe, je nachdem, ob es sich um eine firmeninterne oder firmenübergreifende Gruppe handelt, je nachdem, ob das Projekt ein nationales oder ein internationales ist. Dennoch gibt es aber Konstanten, in denen die Leitung eines Projektes sich von anderen Führungsaufgaben in Unternehmen unterscheidet.

Denn: Sind Führungsfunktionen fest in der Unternehmenshierarchie verankert, sind sie im Regelfall nicht mit der Erledigung einer speziellen Aufgabe verknüpft. Anders beim Projekt. Die Führungsfunktionen dort sind in der Regel zeitlich befristet und an eine bestimmte Aufgabenstellung gebunden. Die Gruppe, die mit der Abwicklung der Aufgabe betraut ist, wird denn auch in aller Regel immer wieder neu zusammengestellt. Einzelne Gruppenmitglieder mögen miteinander vertraut sein – vor allem, wenn sie aus dem gleichen Unternehmen kommen. In firmenübergreifenden, internationalen oder gar virtuellen Projektgruppen ist aber nicht einmal das der Fall. An den Projektleiter werden deshalb ganz besondere Führungsanforderungen gestellt. Es muss ihm gelingen,

⇨ aus dem Stand heraus seine Führungsrolle gegenüber einem ihm mehr oder weniger unbekannten Team auszufüllen;

⇨ innerhalb kürzester Zeit aus einer Reihe von Einzelindividuen ein Team zu formen;

⇨ schnell jedem Team-Mitglied eine über die Fachfunktion hinausgehende Rolle zuzuweisen – er muss Schlichter, Vermittler, Antreiber, Bedenkenträger (siehe unten – »Wem hilft das Enneagramm«?) ausmachen und entsprechend einsetzen;

⇨ »seinem« Projekt Geltung innerhalb des Gesamtunternehmens zu verschaffen.

Mit Ausnahme der letzten Anforderung, für die eine gewisse Härte – unterfüttert mit dem entsprechenden Machtquantum innerhalb des

Unternehmens – ausschlaggebend sein dürfte, liegt es auf der Hand, dass es für alle drei anderen Anforderungen mehr den personenorientierten Führungsstil braucht und weitaus weniger den aufgabenorientierten.

Gerade für Projektmanager gilt also, dass sie über eine ordentliche Portion solcher Fähigkeiten verfügen sollten, die als Soft Skills bezeichnet werden. Dazu gehören die Fähigkeit zur Motivation anderer, Einfühlungsvermögen und Empathie, eine natürliche Höflichkeit und Freundlichkeit. Aber auch, um das Bild nicht in zu einseitigen Farben zu malen, die auch wesensbestimmend für alle Angehörigen sozialer Berufe sind: Projektmanager müssen zugleich über Selbstständigkeit, Disziplin, Ausdauer und auch Durchsetzungsfähigkeit verfügen. Im Idealbild sind sie also Marathonläufer mit enormer sozialer Kompetenz und darüber hinaus mit eindrucksvoller fachlicher Expertise. Es ist auf den ersten Blick zu erkennen: Die Welt ist voll von solchen Talenten, man stolpert geradezu über derartige Ausnahmepersönlichkeiten!

Nein, ernsthaft gesprochen: Im Kern geht es bei der Besetzung von Projektleitern darum, die besonders in deutschen Unternehmen favorisierte Betonung der Fachkompetenz, flankiert noch durch die Zusatzbewertung, dass da einer alle Qualitäten eines »harten Hundes« hat (eine weibliche Entsprechung dazu gibt es wohl nicht...), nicht vollends zu ersetzen, aber großzügig zu erweitern um die Wesensmerkmale sozialer Kompetenz.

Ein späterer Gedanke kann dann der Frage gelten, ob es nicht an der Zeit ist, den Soft Skills allgemein eine größere Rolle in den Führungsetagen einzuräumen. In einer Unternehmenswelt, die sich zumindest in den industrialisierten Hochlohnländern auf Wissensarbeiter stützen muss, die sich zunehmend vertikal organisieren – in Teams, in Gruppen, in zeitlich begrenzten Zusammenschlüssen –, ist es ein Anachronismus zu erwarten, dass sich dies als permanenter Top-down-Prozess gestalten lässt. In der Konkurrenz um die besten Köpfe haben die Unternehmen mit veralteten Befehls-und-Gehorsams-Strukturen die schlechteren Karten. Man wird sich kasernenhofartige Zustände schon bald nirgendwo mehr leisten können – nicht als Ergebnis höherer Einsicht, sondern schlicht aus ökonomischer Notwendigkeit! Von daher: Projektmanager sollten nicht allzu »deutsch« sein. Ein Eckchen weniger Härte, ein Stückchen mehr Einfühlungsvermögen können überaus hilfreich sein. Und was in diesem Fall ein Richtungshinweis für die Abwicklung von Projekten nationaler Natur ist, ist geradezu ein »Muss« für Projekte, die international angesiedelt sind. Dies als Ratschlag für Entscheider, die sich mit der Auswahl von Projektleitern zu beschäftigen haben.

Das Team – Projektgruppe oder Chaostruppe?

Nimmt man Stellenanzeigen zum Maßstab, dann bestehen Unternehmen samt und sonders aus nichts anderem als Teams. Denn es gibt kaum mehr eine Stellenanzeige, in der nicht an prominentester Platzierung nach Teamorientierung, Teamfähigkeit, Erfahrungen bei der Arbeit im Team verlangt wird. Darüber wird oft vergessen, was eigentlich ein Team ist. Nicht jede funktionelle Abteilung in einem Unternehmen muss nämlich ein Team sein. Nicht jeder Sachbearbeiter ist gleich ein Teamkollege seines Schreibtischnachbarn im Großraumbüro, nur weil der annähernd das gleiche Aufgabenspektrum erledigt.

Es kann Vorteile haben, wenn sich Mitarbeiter mit ähnlichem Betätigungsprofil zu einem Team zusammenfinden. Allerdings nur dann, wenn sich deren Arbeit auch in Gestalt von Teamarbeit organisieren lässt – mit überschneidenden Verantwortlichkeiten, gegenseitiger Zuarbeit, ineinander greifenden Tasks. Wo nicht, dort lasse man bitte Kollegen einfach Kollegen sein und überhöhe nicht jeden gelegentlichen Kegelabend einer Abteilung zum Team-Event. Wo zwanghaft Teams gebildet werden – meist als Top-down-Prozess, auf Anordnung von oben –, durchschaut man schnell die Absicht und ist verstimmt: In solchen Fällen des Teamzwangs geht es in Wahrheit nämlich nur um den Versuch, die letzten, wirklich allerletzten Arbeitspotenziale, die letzten Reserven der Beschäftigten zu mobilisieren über das emotionale Vehikel des Gruppenzwangs: Noch etwas durchhalten, die Kollegen schaffen das auch! Noch etwas zulegen, sonst verfehlen alle gemeinsam ihr Ziel!

Zwanghafte Teambildung, bei der das Betätigungsfeld den emotionalen Implikationen der Teamarbeit nicht entspricht, ist ein Hohlkörper, der weder leistungssteigernd noch motivationsfördernd wirkt. Für die Charakterisierung eines Teams benennt der Informatiker Markus Meier unter anderem folgende Merkmale [5]:

⇨ Teams haben ein direktes und gemeinsames Ziel.
⇨ Teams organisieren sich unter interner oder externer Führung selbst.
⇨ Mit Ausnahme des Teamleaders haben alle die gleichen Rechte und Pflichten.
⇨ Teammitarbeiter können gleichzeitig in verschiedenen Projekten tätig sein.
⇨ Teammitarbeiter ziehen sich gegenseitig zur Verantwortung.
⇨ Teammitarbeiter motivieren sich gegenseitig.
⇨ Die Fähigkeiten einzelner Mitarbeiter ergänzen sich gegenseitig.

Für Projekte, die ja im Regelfall zeitlich befristet sind und für ihre Laufzeit ihren eigenen organisatorischen Plafond erhalten, ist die Gestaltung in Teamarbeit die einzig naheliegende. Entsprechend wichtig ist es, dass die Teams funktionieren.

Teamcreating, Teambuilding

Für die Zusammenstellung eines Projektteams gelten die Regeln des Mannschaftssports – und zwar in verschärfter Ausprägung. Anders als etwa beim Fußball, wo Ersatzspieler auf ihre Chance lauern und während des Spiels aus- und eingewechselt werden können, steht ein Projektteam erst einmal fest. Umbesetzungen, Ein- und Ausgruppierungen sind zwar möglich. Im Regelfall aber und vor allem dann, wenn ein Projekt einen engen Terminplan hat, versucht man, an der

Zusammenstellung eines Teams festzuhalten. Damit kommt den Entscheidungen über die Teamzusammensetzung eine enorme Bedeutung zu.

Wie sucht man aus? Ebenso wie es in der deutschen Unternehmenswelt bei der Auswahl der Projektleiter zur Bevorzugung des führungsorientierten Typs kommt und Soft Skills wenig Berücksichtigung finden, sind auch die Auswahlkriterien für Teammitglieder vielfach zu einseitig auf Fachkompetenz abgestellt. Möglich auch, dass es sich dabei um ein sich selbst befruchtendes System handelt: Der nach »alter«, aufgabenorientierter Denkart ausgewählte Projektleiter wählt seinerseits Teammitglieder aus, für die vor allem ihre Fachkompetenz spricht. Der aufgabenorientierte Teamleiter »alten Typs« wird zwar darauf achten, dass er in sein Team nicht ausschließlich ausgeprägt karriereorientierte Mitglieder einbringt. Das könnte ihm ja letzten Endes selbst gefährlich werden. Er wird aber, getreu seiner eigenen Ausrichtung, seine Mitgliederwahl vor allem nach dem Kriterium der fachlichen Expertise ausrichten. Das ist wichtig – und dennoch falsch!

Im Projektteam müssen fachliche Expertise und Persönlichkeitsstruktur mindestens im Verhältnis ein Drittel zu zwei Dritteln die Auswahl der Teammitglieder bestimmen. Zuweilen wird hier sogar zu einer hälftigen Gewichtung geraten. Kein Team kann funktionieren, wenn es aus lauter Alphatieren besteht. Kein Team kann in Schwung kommen, wenn es lauter passive, abwartende Naturen versammelt. Es gehört zu den ganz wesentlichen Soft Skills für den oder die Teamzusammensteller, dass sie imstande sind, ihre Gruppe mit einer passenden Mischung aus aktiven und passiven Naturen, aus Antreibern und Zauderern, aus Moderatoren und Taktangebern zu versehen.

Es gibt kein Rezept für die Zusammenstellung von Teams, aber eine unendliche Zahl an Rezepturen, einhergehend mit einer schier unüberschaubaren Fülle an Literatur zum Thema, die gründlich abzuhandeln jedes konsumierbare Maß sprengt. Einige Anhaltspunkte seien an dieser Stelle lediglich angerissen.

Der Informatiker Markus Meier unterscheidet Teamcharaktere grundsätzlich in die zwei Typen der »System- und Applikationsunterstützer« und in »Organisator und Manager« – was eine gewisse, nicht ganz glückliche Rangordnung mit sich bringt zwischen Gruppenmitgliedern, die eher Aufträge erteilen, und anderen, die eher Aufträge abarbeiten. Meier betont aber zugleich, dass es keine »Schwarz-weiß-Gruppierungen« gebe und erteilt den generellen Rat: »Das Naturell der einzelnen Mitglieder soll in seinen Grundzügen erkannt werden, um zu entscheiden, wo die Stärken in der Persönlichkeit liegen und welche Art von Betreuung, Verantwortlichkeit und Selbstständigkeit der entsprechenden Person zugeteilt werden kann oder muss.« [5]

Mittlerweile ist es in Großunternehmen, vor allem aus dem US-amerikanischen, aber auch aus dem angelsächsischen Raum zum Spielfeld von externen Beratern geworden, über potenzielle Mitglieder eines Projektteams Persönlichkeitsprofile zu erstellen, die mutmaßlich entstehende Gruppendynamik vorherzusagen oder auch – je nach Branche, Projektgröße und Projektbeschaffenheit – unterschiedliche Prognosen über ein zu wünschendes Zusammenspiel diverser Teamcharaktere zu entwerfen. Es kann durchaus sinnvoll sein, externes Know-how zur Implementierung einer Projektgruppe oder auch zum Controlling eines laufenden Projektes heranzuziehen. Man kann es aber auch übertreiben. Machen wir uns nichts vor: Nicht jede Regung innerhalb einer Gruppe, nicht jedes Zusammenspiel, nicht jede Dynamik ist vorhersehbar oder planbar. Eingedenk der von US-Autor Tom DeMarco eingeforderten »Spielräume«: Seien wir auch bereit, die Menschen machen zu lassen! Kreativität entfaltet sich nicht in vorherbestimmten Bahnen. Motivation entwickelt sich nicht vom Reißbrett aus. Für den Funken, der die Mitglieder eines Teams zusammenschweißt, gibt es keine planbare Initialzündung.

Gleichwohl ist es gerade für durchschnittliche deutsche Unternehmen mit ihrer ausgeprägten »deutschen« Bevorzugung des aufgabenorientierten Führungsstils empfehlenswert, den Kurs neu zu bestimmen: Ein Team soll natürlich die Besten einer Fachrichtung versammeln. Aber in einem schlecht funktionierenden Team können auch die Besten nur mittelgut sein. Fachliche Qualität ist gut und wichtig. Der Faktor Mensch darf darüber aber nicht vergessen werden.

Wem hilft das Enneagramm?

Als Hilfsinstrument für die Zusammenstellung von Teams setzt die Fachliteratur oft auf das sogenannte »Enneagramm«. Der Begriff setzt sich zusammen aus dem griechischen »ennea« (neun) und »gramma« (Buchstabe). Laut Online-Lexikon Wikipedia bezeichnet das Enneagramm ein neunspitziges Symbol, »das als grafisches Strukturmodell neun als grundsätzlich angenommene Qualitäten unterscheiden, ordnen und miteinander in Beziehung setzen soll.«

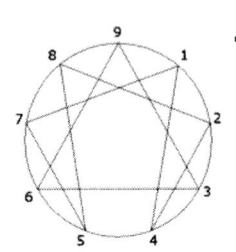

Abb. 1: *Das Enneagramm-Symbol [11]*

Die Wurzeln des Enneagramms sind unbekannt; es werden griechische, jüdische, islamische bis hin zu altbabylonischen und altägyptischen Quellen vermutet. Im europäischen Kulturraum geht die Verbreitung seit 1916 auf den Mystiker Georg Iwanowitsch Gurdjieff zurück, der sich allerdings zu Lebzeiten bereits gegen die Nutzung des Enneagramms zur Persönlichkeitstypisierung wehrte. Vergleichsweise erfolglos, wenn man bedenkt, dass es eben die Zuordnung der verschiedenen Positionen des Enneagramms von eins bis neun zu angeblich unterschiedlichen Persönlichkeitstypen ist, die das neunspitzige Symbol bis in die heutige Zeit für esoterische Kreise wie für Personalentwickler interessant macht. Grob zusammengefasst, besteht die Typisierung des Enneagramms aus folgenden Positionen:
⇨ Position 1 steht für den Perfektionisten,
⇨ Position 2 für einen als »Geber« bezeichneten Helfertypus,
⇨ Position 3 für den erfolgsorientierten Siegertypen,
⇨ Position 4 für den Romantiker,
⇨ Position 5 für den eher passiven Beobachter,
⇨ Position 6 für den Skeptiker,
⇨ Position 7 für den Entdecker,
⇨ Position 8 für den Kontrollfreak,
⇨ Position 9 für den Vermittler [vgl. 5].

Nimmt man sich nun die grafische Darstellung des Enneagramms, setzt die Persönlichkeitstypen auf die entsprechenden Positionen und betrachtet die in den Verbindungslinien wiedergegebenen Beziehungen, dann soll die Darstellung Aufschluss geben über zwischenmenschliche Dynamiken in einer Gruppe sowie eine sinnvolle Verflechtung der verschiedenen Persönlichkeitstypen.
An dieser Stelle soll sich nun kein Urteil angemaßt werden über die ideelle Substanz dieses Gedankengebäudes, das sich, wie erwähnt, bemerkenswerter-

weise sowohl in esoterischen Kreisen wie auch in unterschiedlicher Literatur zur Unternehmens- und Personalführung wiederfindet. Angesichts der auffälligen Beliebtheit des Enneagramms ist es aber sicher sinnvoll zu registrieren, dass es so etwas gibt. Was aber längst nicht heißt, dass man der Verwendung des Enneagramms nicht auch eine gesunde Skepsis entgegenbringen kann, vor allem dann, wenn seine Verwendung dazu führt, dass sich Projektleiter zwanghaft an der Zusammenstellung einer neunköpfigen Truppe abarbeiten, die möglichst über ennegrammtypische Sieger, Perfektionisten, Helfer, Geber und so weiter verfügt. Dass das nicht funktionieren kann, liegt auf der Hand.

Vielleicht aber lässt sich aus dem Enneagramm dennoch die Erkenntnis gewinnen, dass es überhaupt eine Überlegung wert ist, wie sich unterschiedliche Persönlichkeiten in einer Gruppe beflügeln oder lähmen, anfeuern oder behindern, blockieren oder womöglich begeistern – und zu höheren Leistungen befähigen, als es dem Einzelnen möglich ist.

Projektleiter, die solches mitbedenken und umzusetzen wissen, und Manager, die wiederum Projektleiter mit der entsprechenden Soft-Skill-Befähigung etablieren, sind in der Lage, ihr Unternehmen weit zu bringen. Weiter, als es das alte, »aufgabenorientierte« Denken kann.

Zurück auf Los – das internationale Projekt

Alles bereits Gesagte gilt für das Projektmanagement im Allgemeinen sowie für Projekte (sofern es wirklich welche sind) in jeder Größenordnung und jeder Ausprägung. Auf der Hand liegt, dass soziale Kompetenz, kommunikative Befähigung und andere Soft Skills in der Regel umso größeres Gewicht erhalten, je loser, virtueller und sektorenumspannender das Projektmanagement ausfallen muss. Das ist der Fall, wenn Projekte

⇨ mehrere Firmen umfassen,
⇨ aus virtuellen Mitarbeitern bestehen,
⇨ stark in Form von Netzwerken organisiert sind und
⇨ feste Gruppen nur in knappen Sequenzen und für kurze Zeiträume bestehen.

All dies ist in besonderem Maße der Fall, wenn das Projektmanagement international dimensioniert ist. Im Zeichen der Globalisierung, in Zeiten der internationalen Mergers & Acquisitions wächst die Bedeutung der ökonomischen Kooperationsformen über Ländergrenzen und Kontinente hinweg. Als Vorform des internationalen Großkonzerns wie auch innerhalb der Großkonzerne werden diese Kooperationen zumeist in Form von Projekten etabliert. Und auch der Mittelständler wird seine Auslandsaktivitäten im eigenen Unternehmen oder als Kooperation mit einem ausländischen Partner zumeist als Projekt abwickeln – als internationales Projekt.

Zugleich haben Mega-Mergers wie die von Daimler und Chrysler – als Negativbeispiel – oder die der Deutschen Bank und der US-amerikanischen Bankers Trust – auf der Seite der Erfolgsgeschichten – den Blick dafür geschärft, welche enorme ökonomische Bedeutung der Frage zukommt, wie es um die interkulturelle Kompetenz von Unternehmen und deren Mitarbeitern bestellt ist.

Um aber auch den historischen Dimensionen des Geschehens gerecht zu werden: Geschäftsaktivitäten über Ländergrenzen hinweg sind keine Erfindung der Neuzeit. Lange bevor sich der Begriff »Globalisierung« etablierte, war ein Siemens-Konzern schon in mehr als hundert Ländern aktiv. Und ganz entgegen der öffentlichen Wahrnehmung ist auch ein uramerikanisches Unternehmen wie der Flugzeugbauer Boeing längst dazu übergangen, Komponenten, Teile, Knowhow kreuz und quer über den Globus verteilt einzukaufen.

Und um gleich den ganz großen Bogen zu schlagen: War der venezianische Kaufmann Marco Polo auf seinen Handelsreisen durch China nicht bereits ein sehr früher Entrepreneur der Globalisierung (wobei an dieser Stelle bewusst darauf verzichtet wird, zum Diskurs darüber beizutragen, was an den Geschichten des Venezianers Wahrheit und was Dichtung ist).

Kurz: Ökonomische Aktivitäten über Landesgrenzen hinweg sind keine Erfindung der Moderne. Auch wenn manche Schlagzeile der Wirtschaftspresse dies zuweilen nahelegt. Zutreffend ist aber auch, dass die Globalisierung der länderübergreifenden Ökonomie eine neue und bis dahin unbekannte Dynamik verliehen hat. Sicher gibt es Unternehmen, die gut und durchaus zukunftsträchtig ihren nationalen Markt beackern. Und diese wird es auch weiter geben. Vielen Unternehmen werden sich aber, wenn sie wachstumsorientiert sind, Möglichkeiten zur Erweiterung und neue Chancen nur mehr als internationale Player eröffnen. Darauf muss man sich einstellen. Und: Das Spiel muss man kennen und beherrschen.

Das internationale Spiel – wer kennt die Regeln?

Internationale Projekte können durch internationale Lieferanten, internationale Auftraggeber, internationale Kooperationspartner oder durch einen Standort im Ausland gekennzeichnet sein. Sie können innerhalb eines Konzerns angesiedelt sein oder mit der Regierung eines fremden Landes als Kooperationspartner abgewickelt werden [vgl. 10]. Realisierungsformen gibt es viele, und entsprechend unterschiedlich fallen auch die Anforderungen aus, die an das jeweilige Projekt gestellt werden.

Als Konstante für die Erfolgsquote all der unterschiedlichen internationalen Projektformen kann aber gelten, dass die Erfolgschancen im gleichen Maße wachsen, wie es gelingt, die kulturellen Unterschiede und Besonderheit des internationalen Partners beziehungsweise des Partnerlandes bei den eigenen Planungen und Zielsetzungen in Rechnung zu stellen.

Es soll an dieser Stelle kein ausufernder Versuch unternommen werden, einen projektspezifischen neuen Kulturbegriff zu kreieren. Als Anhaltspunkt nur die folgende, allgemein gehaltene Definition:

Im Folgenden soll der Begriff »Kultur« als Sammelbezeichnung dienen für alle den Menschen in seinem Umfeld und seiner Prägung bestimmenden Faktoren – Herkunft, Sprache, Land, Geschichte, Religion, Traditionen.

Was ist Kultur?

»Kultur ist im weitesten Sinn alles, was der Mensch selbst gestaltend hervorbringt, im Unterschied zu der von ihm nicht geschaffenen und nicht veränderten Natur. Kulturleistungen sind alle formenden Umgestaltungen eines gegebenen Materials, wie in der Technik, der Bildenden Kunst, aber auch geistiger Gebilde wie etwa der im Recht, in der Moral, der Religion, der Wirtschaft und der Wissenschaft« [12].

Unternehmen allein in der Welt?

Unternehmen sind nicht allein, wenn es darum geht, ein international dimensioniertes Projekt auf die Beine zu bringen. Es hat sich eine breite Beraterszene mit dem Schwerpunkt des Kulturmanagements etabliert, so dass für jeden Projekttyp auf jedem Punkt des Globus Know-how zu akquirieren ist. Angewandte Kulturwissenschaften mit betriebswirtschaftlicher Orientierung liefern den Unternehmen ein ausreichend breites theoretisches Fundament, um sich auf jede Art des Engagements vorzubereiten und sich zu jeder Projektphase der gewünschten fachlichen Expertise sicher zu sein.

In der Fachliteratur finden sich – je nach Schule in Ansatz und Ausführung – unterschiedliche Kulturtypisierungen, die für eine erste Orientierung gute Dienste leisten. So werden Kulturräume zum Beispiel hinsichtlich ihres Umgangs mit Zeit, des Stellenwerts von Leistung und/oder Herkunft, des Verhältnisses zu Hierarchien, der jeweiligen Emotionalität etc. einer Kategorisierung unterzogen.

Nach diesen Typisierungen zählen etwa Deutschland, die Niederlande, die USA oder Großbritannien zu den Ländern mit monochronem Zeitempfinden – entsprechend hoch ist die Sensibilität für Pünktlichkeit. Arbeit wird hier sequentiell gestaltet. Indien, Indonesien und China gelten als Beispiele für polychrones Zeitempfinden – Termine werden flexibel gestaltet; paralleles Arbeiten wird bevorzugt. Dänemark, die USA und Großbritannien sind Beispiele für Staaten, in denen sich der Status nach Leistung bemisst. Österreich, stärker noch Indien und Südafrika gelten als Staaten, in denen sich der Status nach der Herkunft bemisst. Frankreich wird als Mischform betrachtet mit einem Schwerpunkt auf Leistung; China als Mischform mit einer Tendenz zur Betonung der Herkunft.

Ausgeprägt die USA und Deutschland, schwächer Großbritannien und Polen gelten als Staaten mit universalistischer Denkrichtung (das heißt, Menschen werden nach einheitlichen Regeln behandelt, Verträge sind bindend). Als ausgeprägtes Beispiel für eine partikularistische Grundhaltung gilt Korea (das heißt, Menschen werden der Situation entsprechend behandelt; Vertragsinhalte sind nicht bindend); weniger ausgeprägte Beispiele hierzu sind China und Indien. Japan steht als Mischform zwischen universalistischer und partikularistischer Grundhaltung [vgl. 4]. Diese Schemata, die sich leicht als Gebrauchsanweisung zur Pflege von Vorurteilen missverstehen lassen, können als Orientierungshilfe nützlich sein. Sie fördern den Prozess der Bewusstseinsbildung darüber, wie wenig die eigenen Wertüberzeugungen, Traditionen und Wahrnehmungen demjenigen helfen, der sich auf das Terrain des internationalen Projektmanagements wagt.

Es liegt also auf der Hand, dass ein internationales Projekt unabdingbar entweder einen »Cultural Agent« oder anders organisiertes Know-how zu Kultur, Werten, Traditionen und politischen Verhältnissen des Zielortes benötigt. Die entsprechenden Angebote gibt es auch. Mittlerweile hat sich eine so umfassende Beraterszene etabliert, dass der Heilbronner Kulturwissenschaftler Elias Jammal vor »Karl-May-Effekten« warnt. So wie der Romancier überaus farbige, detailreiche Geschichten über den Orient erzählte, ohne jemals dort gewesen zu sein, gebe es auch Berater, die statt mit fremden Kulturen vertraut zu machen, ihr Geschäft in der Verstetigung von Stereotypen sähen [3]. Da muss also die Spreu vom Weizen getrennt werden, was aber kein Grund sein kann, auf externes Know-how zu verzichten, wenn es im Unternehmen selbst nicht abrufbar ist.

Wohl verweisen altgediente Pioniere auf schwierigen Märkten – Korea, Indonesien, auch Staaten Mittel- und Osteuropas – immer wieder darauf, dass es eine universelle Geschäftssprache des Anstands und der Fairness gebe. Korrektes Geschäftsgebaren werde allerorten auf dem Globus gewürdigt, Verlässlichkeit sorge überall in der Welt für Vertrauen. Sie haben Recht, diese Pioniere, die ein tieferes Eintauchen in die Welt ihres Gegenüber für unnötig halten. Sie haben Recht, wenn sie nur sicherstellen könnten, dass das, was sie als korrektes Geschäftsgebaren verstehen, von ihrem Gegenüber auch so interpretiert wird. Es gibt die universelle Sprache des Anstands und der Fairness, sie muss aber auch verstanden werden – und das kann nur gelingen, wenn sich zwei Projektbeteiligte aus unterschiedlichen Welten auf eine gemeinsame Sprache verständigt haben.

Und, mal ehrlich: Reden wir nicht schon im ganz normalen Leben beständig aneinander vorbei? Wie können wir dann glauben, dass Verständigung über Landesgrenzen und Kulturräume hinweg so ohne Weiteres funktioniert?

Mehr als ein kleiner Unterschied – Projektmanagement zwischen den Kulturen

Kulturelle Unterschiede bilden einen fruchtbaren Nährboden für die Vorurteilspflege: Da sind die Deutschen technokratisch, pünktlich, spaßfrei, die Italiener lebensfroh, unpünktlich, genussfreudig, die Franzosen irgendwie ähnlich, die Briten schrullig, wettbegeistert und leider, sofern im Ausland anzutreffen, schwer erträglich. Von den Asiaten weiß man im Groben, dass es ihnen immer irgendwie um die Gesichtswahrung geht. Und bei Amerikanern, womit man dann die Nordamerikaner meint, ist man sich sicher, dass sie kumpelhaft sind, was uns freut, aber auch unzuverlässig, was uns schon weniger passt. So in etwa sieht die gängige Vorurteilslandschaft aus. Auf dieser Oberflächenebene lässt sich weitgehend unfallfrei vorankommen, unter der Voraussetzung, dass sich die Kontakte zu Franzosen, Italienern etc. auf kurze Urlaubsbegegnungen beschränken. Für gemeinsame Projekte reicht die Oberflächenbetrachtung bei weitem nicht.

Ein interessantes Phänomen ist, dass im gleichen Atemzug, wie in vielen westeuropäischen Gesellschaften über die Grenzen der multikulturellen Integrierbarkeit debattiert wird, es in Unternehmen, zumal in Großunternehmen, zusehends zum guten Ton gehört, kulturelle Vielfalt und Diversität zu betonen. Man gibt sich diesen besonderen Anstrich von Weltläufigkeit und argumentiert, gerade aus der Internationalität des Unternehmens und der Multikulturalität der Mitarbeiter Reservoire für Kraft und Kreativität bilden zu können. Es wäre in der Tat ein schöner Gedanke, wenn in der Unternehmenswelt gelänge, woran Gesellschaften, die sich als pluralistisch, liberal und weltoffen bezeichnen, derzeit noch scheitern. Ein Gedanke, zu schön, um wahr zu sein... Wirklich? Was eigentlich motiviert zu einem solchen Pessimismus?

Womöglich sind sogar die Unternehmen, wenn man sie als Zusammenschluss von Menschen betrachtet, die im ökonomischen Erfolg ihres Unternehmens den Schlüssel zu ihrem persönlichen Wohlstand und ihrem persönlichen Wohlbefinden (zumindest in Teilen) sehen, diejenigen, die eher als staatliche Gemeinwesen in der Lage sind, eine Brücke über kulturelle Diversität zu spannen. Ohne in den Verdacht geraten zu wollen, ein Romantiker zu sein: Warum sollten die Unternehmen denn nicht die wahren Vorreiter in Sachen kultureller Integrationsfähigkeit sein? Warum sollten sie das nicht eher bewerkstelligen als Gesellschaften, in denen es noch längst nicht Konsens ist, wie Mehrheiten und Minderheiten, Altbürger und Neubürger, Einheimische und Migranten miteinander leben wollen. In internationalen Unternehmen gibt es soziale Segregation dieser Art nicht.

Allerdings ist vielen Unternehmen noch längst nicht klar, mit welchem Pfund sie da wuchern könnten. Sie tun es nämlich noch längst nicht oder zumindest nicht in dem Maße, wie es möglich und nötig

---

Beispiel: Sinologen in multinationalen Unternehmen

Es war die traumatische Erfahrung vieler Absolventen von Sinologie-Studiengängen, die ihr Examen Ende der neunziger Jahre absolvierten, zu erleben, dass man in den Zentralen multinationaler Unternehmen zwar den chinesischen Markt wichtig nahm, nicht aber die Hochschulabsolventen, die sich mit der Sprache (beziehungsweise den Sprachen), der Kultur, der Geschichte, den Mentalitäten im Riesenreich der Volksrepublik auskannten. Die Sinologen der Neunziger, erst recht die der Jahre zuvor, hatten schlechte Karten. Das Denken in den Unternehmen war noch nicht so weit. Es herrschte der Eindruck vor, den kulturellen Dialog mit ein paar angeheuerten Dolmetschern führen zu können. Das war ein Irrtum, dem viele Unternehmen zuvor schon unterlegen waren, als sich die Staaten Mittel- und Osteuropas öffneten. Ein Irrtum, für den immer wieder teuer bezahlt wird, sogar im Kontakt mit Nachbarn, bei denen wir eine gleiche oder zumindest sehr ähnliche Werteorientierung vermuten – bei Geschäftspartnern aus Frankreich, den Niederlanden, Großbritannien...

wäre. Allen Bekenntnissen zum Wert der Internationalität und kulturellen Diversität im Unternehmen zum Trotz, wird dies nur selten gelebt. Unternehmen könnten die guten Häfen für gelungene kulturelle Integration sein, sie sind es aber nicht.

Von der Unverzeihlichkeit der Ignoranz

Bemerkenswerterweise gilt nämlich interkulturelle Kompetenz in vielen, auch international agierenden Unternehmen recht wenig. Sie hat keinen hohen Stellenwert. Es mag zum Gegenstand weiterreichender Betrachtungen werden, ob und inwieweit die relative Nichtberücksichtigung sozialer Befähigungen mit der Nichtberücksichtigung kultureller Kompetenz korrespondiert. Wahrscheinlich ist es so, dass eine Geisteshaltung, die vor allem technisch-aufgabenorientierte Fähigkeiten hoch positioniert, Soft Skills sozialer wie auch kultureller Natur nicht übermäßig schätzt. Womit alles bereits Gesagte zur Wichtigkeit sozialer Kompetenz an dieser Stelle ausdrücklich erweitert werden soll um den Appell: Entscheider in den Unternehmen, sofern ihr das internationale Terrain betretet, sichert Euch Mitarbeiter mit interkultureller Kompetenz! Rekrutiert sie, sofern Ihr sie nicht habt! Kauft sie von außen ein, sofern Ihr sie nicht selbst heranbilden könnt!

Sicher, von Hochschulabsolventen, auch wenn sie Betriebswirtschaft oder Maschinenbau studiert haben, erwarten Personalchefs das eine oder andere Auslandssemester. Auch macht es sich gut in der Karriereplanung, einige Berufsetappen im Ausland verbracht zu haben. Personalchefs können bei der Auswahl solcher Kandidaten vielleicht darauf hoffen, dass sie sich mit den Auslandsaufenthalten auch interkulturelle Kompetenz erworben haben. Vielleicht haben sie auch Glück und treffen auf ein paar Naturtalente in Sachen Sensibilität, Beobachtungsfähigkeit und Offenheit. Einen Automatismus darf man da aber nicht erwarten.

Dringend gesucht – die interkulturelle Kompetenz

Was ist unter »interkultureller Kompetenz« zu verstehen? Erst einmal nicht viel mehr als eine grundsätzlich weltoffene Geisteshaltung. So zitiert der Stralsunder Wirtschaftswissenschaftler Jürgen Rothlauf aus einer Fundstelle im Internet: »Interkulturelle Kompetenz setzt (…) das Bewusstsein voraus, dass die eigene Kultur nur eine von vielen ist, dass in jeder Kultur eigene Vorstellungen davon existieren, was ‚real' ist, was Menschen unausgesprochen voneinander erwarten können. Dieses Bewusstsein ist noch kein Wissen um die Unterschiede. Aber es ist eine wesentliche Voraussetzung für die Neugier am Fremden, ohne die jedes Wissen steril bliebe. Dagegen ist interkulturelle Kompetenz mit einer Einstellung, die das Fremde nicht aufmerksam beschreibt, sondern durch an der eigenen Kultur orientierte Bewertungen abtut, unvereinbar.« [1]

Zum interkulturellen Verständnis gehört nach Erfahrung des Ökonomen Rothlauf die grundsätzliche Einsicht, »dass wirtschaftliche und technische Gesetzmäßigkeiten in ihrer Anwendung durch Menschen zwangsläufig in einen spezifischen kulturellen Kontext eingebunden sind und ihre Handlungen beeinflussen«. Das klingt selbstverständlich, ist es aber offenkundig nicht. Jede gescheiterte oder stark hinter den Erwartungen zurückgebliebene internationale Kooperation wird ihre ökonomischen Determinanten haben – das macht schätzungsweise eine Hälfte des Scheiterns aus. Zur anderen Hälfte – diese Behauptung sei gewagt – werden Scheitern und enttäuschte Erwartungen in kulturellen Differenzen, gegenseitiger Fremdheit, nicht gelungener Kommunikation und grundlegenden Missverständnissen darüber zu suchen sein, wer der jeweilige Partner eigentlich ist und was er will.

Um im fremden Umfeld bestehen und erfolgreich agieren zu können, müssen als Mindestvoraussetzungen Offenheit für fremde Kulturen und die grundlegende Bereitschaft vorhanden sein, fremdes Verhalten zu akzeptieren. Auch der Wille zur Anpassung des eigenen Verhaltens ist entscheidend. Das beginnt bei der Sprachbeherrschung

[6], erstreckt sich aber ebenso auf die täglichen Umgangsformen und auf das äußere Erscheinungsbild.

Ein so beschriebenes Anforderungsprofil für interkulturelle Kompetenz macht deutlich, dass dies nicht von jedem Diplom-Betriebswirt oder Bauingenieur mit einigen Semestern Auslandsstudium erfüllt werden kann. Auch stellt sich interkulturelle Kompetenz nicht als Automatismus bei jedem Projektleiter oder Teammitglied ein, das schon mit international dimensionierten Aufgaben befasst war. Nein, die erforderliche Offenheit, die Fähigkeit zur aufmerksamen Registrierung seines Umfeldes, Sensibilität gegenüber dem Fremden und Anpassungsfähigkeit ohne Selbstaufgabe – das sind Soft Skills, die nur bedingt erlernt werden können. Interkulturelle Kompetenz gehört zum Wesenskern einer Persönlichkeit.

Erlernbar ist, hinter der scheinbaren Passivität eines chinesischen Delegationsleiters richtigerweise zu vermuten, dass es eben Ausdruck seiner Höherrangigkeit ist, nicht das Ruder an sich zu reißen. Erlernbar ist es, in Vietnam Visitenkarten nur mit beiden Händen zu überreichen und sich dabei zu verbeugen. Erlernbar ist es auch, bei Verhandlungen im islamischen Raum auf Verzögerungen während des Ramadan Rücksicht zu nehmen. Dabei geht es vor allem darum, dass man seine eigenen kulturell bedingten Gewohnheiten an die Kultur des jeweiligen Gastlandes anzupassen hat, um den Toleranzerwartungen des Gastgebers zu entsprechen, erläutert Jürgen Rothlauf [6]. Dies setzt aber zweierlei voraus:

⇨ Wer mit der Vorlaufphase eines international dimensionierten Projektes betraut ist, muss sicherstellen, dass er das erforderliche Know-how hinsichtlich der Kultur, Mentalität, Traditionen und Werte des Partnerlandes in die Gestaltungsphase einspeist.
⇨ Wer in der Vorphase mit Besetzungsfragen betraut ist, muss sicherstellen, dass er insbesondere in der Leitung eines Projektteams eine Person mit der erforderlichen interkulturellen Kompetenz installiert und diesen Aspekt auch bei der Auswahl der Teammitglieder berücksichtigt. Das macht den Prozess des Teamcreating zugegebenermaßen nicht einfacher.

Aber ohne Fachleute, die zugleich über die erforderlichen Kenntnisse über ihr Partnerland/ihre Partnerländer sowie über das nötige Fingerspitzengefühl und die notwendige Sensibilität und Offenheit verfügen, ist internationales Projektmanagement nicht möglich. Das schließt nicht aus, dass das eine oder andere Auslandsengagement auch einmal ohne alle entsprechende Vorbereitung zu einem Erfolg gebracht werden kann – im Learning-by-doing-Verfahren, als Training-on-the-Job. Zuweilen kann so etwas gut gehen, wenn man es mit vielen glücklichen Zufällen zu tun hat: geduldige, gelassene Partner, irgendwie an allen brenzligen Situationen vorbeigeschrammt, die dicksten Fettnäpfe nur gestreift, keine Konkurrenz am Ort, die es hätte besser machen können... Sicher, auch so kann es machmal klappen. Aber möchten Sie, dass das Motto »Wir sind noch einmal davon gekommen« zu Ihrem Leitmotiv wird?

Bei internationalen Projekten hat es sich zunehmend etabliert, dass sich Unternehmen schon in der Vorphase eines »Cultural Agent« als permanentem Projektbegleiter bedienen. Bewährt hat es sich, einen solchen Experten in allen kulturellen Belangen des Partnerlandes nahe bei der Projektleitung anzusiedeln. Je nach Projektstadium sollte die Konsultation des Cultural Agent verbindlich sein. Ein paar Stunden Fortbildung für das Projektteam auf der Grundlage des Baedekers reichen natürlich nicht aus.

Wie schreibt es die Unternehmensberaterin Anja Walter in einem Fachbuch zum internationalen Projektmanagement: »Internationale Projekte tun weh, weil sie die persönlichen Grenzen sprengen – und sie machen Spaß, weil sie Grenzen sprengen. Für mich besteht eine Ambivalenz zwischen der nervenden Notwendigkeit, immer wieder andere Werte zuzulassen und mich selbst zu hinterfragen, und dem Spaß, den ich mit anderen habe, wenn ich meine Werte durch ihre Einsichten bereichere und mich selbst verändere.« [9]

Schlussbemerkung

Projekte sind das Salz im Unternehmen. Projekte sind die Würze eines jeden Aufgabenbereichs. Projekte sind nur begrenzt planbar,

> **Tipps eines Pariser Kommissars**
>
> Wie handhabte es gleich Fred Vargas' Pariser Kult-Kommissar Jean-Baptiste Adamsberg, als er sein Team auf eine Weiterbildungsreise ins franco-kanadische Quebec vorzubereiten hatte?
> »Die allgemeine Parole lautet: keine Patzer«, begann Adamsberg. »Gehen Sie die Rangabzeichen gründlich durch. Sie werden es mit Gefreiten zu tun haben, mit Sergents, Inspektoren und Surintendants. Verwechseln Sie die Bezeichnungen nicht. Der Verantwortliche, der uns in Empfang nehmen wird, ist der leitende Surintendant Aurèle Laliberté, in einem Wort geschrieben.«
> Es gab ein paar Lacher.
> »Genau das sollten wir vermeiden: Lacher. Ihre Vor- und Nachnamen sind nicht wie unsere. Sie werden auf Ladouceurs (die Sanftheit, Süße), Lafrances (Frankreich) und sogar auf Louiseizes (Ludwig der Sechzehnte) treffen. Keine Lacher. Sie werden Ginettes oder Philiberts treffen, die jünger sind als sie. Auch dann keine Lacher, genausowenig wie über ihren Akzent, über manche ihrer Ausdrücke oder ihre Art zu reden....« [8]
> Die Grande Nation vor ihrer Reise in die mit komplexen kulturellen Vorurteilen belastete Ex-Kolonie – unschwer vorzustellen, dass die solcherart vorbereiteten Pariser Polizisten in Quebec von einem Fettnapf in den anderen stolpern. Und als Tipp noch die dringende Empfehlung, nachzulesen, in welcher Form Krimiautorin Vargas den kanadischen Surintendanten seine Leute auf den Empfang der französischen Kollegen mit dem Überlegenheitssyndrom vorbereiten lässt...

entwickeln sich immer wieder neu, schlagen immer neue Kapriolen. Nie findet man ein Patentrezept. Nie geht man auf dem Königsweg. Nie hat man die Zauberformel. Was einmal funktionierte, kann beim nächsten Mal falsch sein. Was einmal falsch war, kann beim nächsten Mal zum Hebel für den Erfolg werden.

Projekte nerven. Ihr Erfolg kann an vielen kleinen Einzelentscheidungen hängen; ihr Misserfolg an einem einzigen fatalen Irrtum. Perfektionisten hassen Projekte. Improvisateure mögen sie. Projekte brauchen aber, um zu funktionieren, in all dem Getöse ihrer Unwägbarkeiten die Perfektionisten. An allzu viel Improvisation scheitern sie schnell.

Projekte können begeistern. Wenn der Startschuss gelingt, die Vorlaufphase zu Ende gebracht wird, die Realisierung anläuft und läuft und läuft..., bis die Erwartung eines neuen Projektes alles wieder zurück auf Los stellt. Für das Abenteuer Projekt braucht es Menschen, die dieses Abenteuer lieben. Es braucht Vordenker und Antreiber.

Es braucht Menschen des Ausgleichs und des Abwägens. Natürlich braucht es in jedem Fall Exzellenz und fachliche Expertise. Aber damit nicht genug. Es braucht Unternehmen, die darum wissen.

Literatur

[1] CLEMENT, UTE: *Was ist interkulturelle Kompetenz? In: www.uteclement.de, 8.7.2002, zitiert nach: Rothlauf, Jürgen: Interkulturelles Management, München 2006*

[2] DEMARCO, TOM: *Spielräume. Projektmanagement jenseits von Burn-Out, Stress und Effizienzwahn, München, Wien 2001*

[3] *Deutschlandfunk, »Studiozeit«, 10.7.2008*

[4] HOFFMANN, HANS-ERLAND; SCHOPER, YVONNE-GABRIELE; CONOR, JOHN FITZSIMONS: *Internationales Projektmanagement. Interkulturelle Zusammenarbeit in der Praxis, München 2004*

[5] MEIER, MARKUS: *Projektmanagement, Stuttgart 2007*

[6] ROTHLAUF, JÜRGEN: *Interkulturelles Management, München, Wien 2006*

[7] *Süddeutsche Zeitung vom 6.7.2007*

[8] VARGAS, FRED: *Der vierzehnte Stein, Berlin 2007*

[9] WALTER, ANJA: *Eine persönliche Aussage eines jeden Autors. In: Hoffmann, Hans-Erland; Schoper, Yvonne-Gabriele; Conor, John Fitzsimons: Internationales Projektmanagement. Interkulturelle Zusammenarbeit in der Praxis, München 2004*

[10] vgl. WALTER, ANJA: *Was ist anders bei internationalen Projekten? In: Hoffmann, Hans-Erland; Schoper, Yvonne-Gabriele; Fitzsimons, Conor John (Hrsg.): Internationales Projektmanagement, München 2004*

[11] *http://de.wikipedia.org/wiki/Enneagramm*

[12] *http://de.wikipedia.org/wiki/Kultur*

Zusammenfassung

Das Projektmanagement markiert die Grenzen eines Projektes, sorgt für seinen Fortschritt und dafür, dass im Projekt Kosten und Termine kontrollierbar bleiben. Es zeigt dem Auftraggeber jederzeit den Projektfortschritt und gibt ihm die Möglichkeit, rechtzeitig notwendige Änderungen zu verlangen.
Für Projekte, die im Regelfall zeitlich befristet sind und für ihre Laufzeit ihren eigenen organisatorischen Plafond erhalten, ist die Gestaltung in Teamarbeit die einzig nahe liegende. Ein erfolgreiches Projekt braucht einen geeigneten Kopf an der Spitze sowie ein geeignetes Team. Ein solches Team sollte ein direktes und gemeinsames Ziel haben und sich unter interner oder externer Führung selbst organisieren. Mit Ausnahme des Teamleaders haben alle die gleichen Rechte und Pflichten. Teammitarbeiter ziehen sich gegenseitig zur Verantwortung, motivieren und ergänzen sich.
Im Zeichen der Globalisierung wächst die Bedeutung ökonomischer Kooperationsformen über Ländergrenzen und Kontinente hinweg. Großkonzerne und Mittelständler wickeln ihre Auslandsaktivitäten zumeist als Kooperation mit einem ausländischen Partner ab – als internationales Projekt. Wirtschaftliche und technische Gesetzmäßigkeiten sind immer in einen spezifischen kulturellen Kontext eingebunden. Darauf sollten alle Aktivitäten der Teammitglieder eines internationalen Projekts abgestimmt sein.

Was das Projektmanagement von den alten Römern lernen kann

Was haben moderne Wirtschaftsprojekte mit der historischen römischen Legion gemein? Nichts, sollte man meinen. Die genaue Analyse der Organisationsstrukturen in der römischen Armee zeigt jedoch, dass sich überraschend viele ihrer Erfolgskriterien auf moderne Unternehmen übertragen lassen.

In diesem Beitrag erfahren Sie:
- wie die römische Armee organisiert und ausgerüstet wurde,
- welche universellen Erfolgsfaktoren sich daraus ableiten lassen und
- was ein modernes Projektmanagement daraus lernen kann.

Jens-Peter Toepper, Knut Deimer

Einleitung – Ausgangslage

»Das einzig Neue auf der Welt ist die Geschichte, die man noch nicht kennt.« [1], Harry Truman [2]

Die Weiterentwicklung von Technologien, von Märkten und der Einfluss von politischen Systemen setzen wichtige Rahmenbedingungen für die Art und Weise, wie sich Wirtschaftsunternehmen organisieren müssen, um erfolgreich operieren zu können. Im 18. Jahrhundert waren es eine Reihe von Erfindungen, wie zum Beispiel das fliegende Weberschiffchen, die Eisengewinnung mit Koks, die Dampfmaschine und der mechanische Webstuhl, welche die Industrialisierung in Gang brachten. Mit der Fließbandproduktion, die Henry Ford 1913 für die Automobilfertigung einsetzte, war ein maßgeblicher Schritt bei der Durchsetzung industrieller Produktionsformen getan. Die Produktion von ökonomischen Gütern fand nun vorwiegend in Fabriken und Anlagen statt und war, im Gegensatz zur handwerklichen Produktionsform, gekennzeichnet durch die Mechanisierung und Automatisierung von Arbeitsprozessen. Durch Transportmittel wie Eisenbahnen, Dampf- und Motorschiffe, Automobile und Flugzeuge war es möglich geworden, große Waren- und Personenmengen über lange Strecken und schnell an ihre Bestimmungsorte zu transportieren. Seitdem ist es den Unternehmen möglich, Rohstoffe in dem Maße zu beschaffen, wie es für die Produktion notwendig ist. Die produzierten Güter können nun auch an Absatzmärkte verteilt werden, die mit bis dahin üblichen Transportmitteln nicht erreicht werden konnten. In der Folge wurden neue Absatzmärkte erschlossen und auch bis dahin nicht denkbare Industriekomplexe errichtet.

Für die Organisation der Unternehmen hatten diese Entwicklungen signifikante Auswirkungen. Hatten wir es im 18. Jahrhundert noch mit kleinen Handwerksbetrieben zu tun, so entwickelten sich im Zuge der Industrialisierung zunächst Manufakturen und dann große Industrieunternehmen. Die Vielfalt und die Menge der zu leistenden Arbeiten und Aufgaben konnten nur noch durch Spezialisierung und Arbeitsteilung bewältigt werden. Die funktionsorientierte Strukturierung der Unternehmen setzte ein und brachte eine Ausrichtung von Unternehmensbereichen auf bestimmte Tätigkeiten mit sich. So wurden Forschungsabteilungen gegründet. Der Produktionsbetrieb wurde zunehmend gegliedert, um strukturierte und effiziente Arbeitsprozesse zu schaffen. Kaufmännische Bereiche wie Rechnungswesen und Einkauf wurden gebildet, um den Fluss von Waren und Finanzen zu bearbeiten und zu steuern. Personalabteilungen wurden aufgebaut, um für das qualitativ und quantitativ notwendige Personal zu sorgen. Vertriebsabteilungen wurden gegründet und übernahmen die Verantwortung für die Erschließung und Entwicklung von Absatzmärkten. Diese funktionale Vielfalt führte zu einer Reihe von unternehmensinternen Schnittstellen und musste koordiniert und abgegrenzt, aber auch überprüft werden. Diese Aufgabe übernahmen Stabsfunktionen wie die Betriebsorganisation und die Revision. Um die betriebliche Funktionsfähigkeit nachhaltig zu sichern, wurden verschiedene Organisationsformen für die Unternehmen entwickelt. Organisationsformen charakterisieren die Art der Unternehmensorganisation und beschreiben die Aufbau- und die Ablauforganisation. Im Laufe der Zeit wurden die Organisationsformen immer ausgeklügelter, feiner und vielfältiger. So entstanden zum Beispiel die Einlinienorganisation und die Mehrlinienorganisation. Für die Einlinienorganisation ist typisch, dass eine Anweisung an eine Stelle nur von einer übergeordneten Instanz kommen kann. Im Gegensatz dazu kann bei der Mehrlinienorganisation eine untergeordnete Stelle von mehreren übergeordneten Stellen Anweisungen erhalten.

Industrielle Technologien	Neue Märkte	Demokratisierung der Arbeit
(Fließband, Automobile usw.)	(Regionen, Kundengruppen usw.)	(Gewerkschaften, Betriebsräte usw.)

↓ ↓ ↓

Strukturierung der Arbeit

(Organisationsformen, Aufgabenverteilung, Kompetenzen und Zuständigkeiten, Berichts- und Informationswege, Mitarbeiterqualifikationen usw.)

Abb. 1: *Entwicklungen im 20. Jahrhundert*

Die Veränderung der wirtschaftlichen Gegebenheiten zog eine Veränderung der politischen Lage nach sich. Mit dem wirtschaftlichen Erfolg der Industriegesellschaft nahm auch deren politischer Einfluss zu. Feudalistische Systeme wandelten sich allmählich in kapitalistische Systeme, und absolute Regierungsformen hatten zunehmend ausgedient und wurden durch bürgerlich demokratische Regierungsformen ersetzt. Damit einher ging eine zunehmende Verknüpfung von Staat und Industrie. Diese führte unter anderem auch dazu, dass der Staat verstärkt wirtschaftliche Regulierungsfunktionen übernahm und in einigen Bereichen sogar selbst zum Unternehmer wurde und große Industriebetriebe unterhielt.

Die Anforderungen an die Arbeit und somit die Arbeitsorganisation in den Betrieben begannen sich in diesem Kontext dramatisch zu verändern. Der Bedarf an Arbeitskräften in der Industrie stieg rasant, Teile der Bevölkerung verließen das Land und suchten Arbeit in der Industrie. Dort fanden die Arbeitssuchenden neue und häufig auch kompliziertere und spezialisiertere Arbeitsaufgaben als bisher vor. Um diese ausführen zu können, waren die Arbeiter gezwungen, sich vollkommen neue Qualifikationsprofile anzueignen. Dieses zunehmend hohe Bildungsniveau der Arbeiter, gepaart mit der Konzentration von vielen Arbeitern an industriellen Schwerpunkten, führte zu mehr Selbstbewusstsein in der Arbeiterschaft. Seinen Ausdruck fand dieses vermehrte Selbstbewusstsein zunächst in der Gründung von Gewerkschaften und Parteien und äußert sich im heutigen Deutschland vor allem auch in der Mitbestimmung der Arbeitnehmer bei unternehmerischen Entscheidungen. Das betrifft einerseits die Ordnung des Betriebes, die Arbeitsbedingungen und den Umgang des Personals und andererseits auch wirtschaftliche Entscheidungen über Entwicklung und Zukunft des Unternehmens und seine Arbeitsplätze.

Zu Anfang des 20. Jahrhunderts begann sich in Teilen Europas und Asiens ein Gegenmodell zum Kapitalismus zu entwickeln, der Sozialismus/Kommunismus. Sowohl wirtschaftlich als auch politisch wurden dort andere Wege eingeschlagen. Zentralistische Organisationsformen steuerten sowohl die Politik wie auch die Wirtschaft. Der Staat übernahm alle wirtschaftlichen und politischen Funktionen. Anstelle von Eigenverantwortung und Gewinnstreben traten staatliche Vorsorge und verordnete Bedürfnisbefriedigung, soweit die vorhandenen wirtschaftlichen Kapazitäten dies zuließen. Dass sich dieses Gegenmodell zum Kapitalismus über einen längeren Zeitraum in einigen Ländern recht erfolgreich entwickelte, mag zum einen an den umfangreichen Staatsfunktionen gelegen haben, die hier regulierend wirkten, zum anderen aber auch daran, dass viele Menschen ein Gefühl der Berechenbarkeit des Systems und der Sicherheit der eigenen sozialen Lage entwickelten. Das wirtschaftliche und ideologische Wettrennen zwischen Kapitalismus und Sozialismus/Kommunismus band einen Großteil der Ressourcen beider Systeme. Zu Beginn der 90er Jahre des 20. Jahrhunderts war die Entscheidung zugunsten des Kapitalismus gefallen. Die wirtschaftlichen und politischen Schranken zwischen diesen Systemen verschwanden. Demokratie und Marktwirtschaft hatten sich in ganz Europa, und bis auf wenige Ausnahmen auch weltweit, durchgesetzt. In einem sehr kurzen Zeitraum von wenigen Jahren hat sich so das wirtschaftliche und politische Bild der Welt stark verändert.

Dies hatte einen neuen Entwicklungsschub zur Folge. Neue Märkte entstanden beziehungsweise konnten erschlossen werden, und frei werdende wirtschaftliche Ressourcen konnten neu eingesetzt werden. Die Absatzmärkte und die Kundenbedürfnisse entwickeln sich seit dem stetig weiter, sind aber aufgrund ihrer Vielfalt immer schwerer zu kalkulieren. Der Staat ist als Unternehmer diesem Veränderungsprozess zunehmend nicht mehr gewachsen. Er zieht sich auf seine regulierenden Kernkompetenzen wie Gesetzgebung und hoheitliche Aufgaben zurück und privatisiert seine Unternehmen. Hinzu kommt, dass Mitarbeiter und politische Interessengruppen zunehmend höhere Erwartungen an das soziale und gesellschaftliche Engagement der Unternehmen postulieren, während die Shareholder hohe Gewinnmargen erwarten.

Unsere Gegenwart ist durch Globalisierung, Deregulierung, Liberalisierung und Digitalisierung gekennzeichnet. Die Unternehmen sind gezwungen, die Herausforderungen, die sich daraus ergeben, anzunehmen und ständig neue Überlebenskonzepte zu entwickeln, um wirtschaftlich erfolgreich sein zu können. Komplexe und miteinander konkurrierende Anforderungen zwingen die Unternehmen und ihre Mitarbeiter zu einem ständig schnelleren Veränderungsprozess.

Es stellt sich also für alle Unternehmen immer wieder die Frage nach der richtigen Organisationsform, denn diese hat einen maßgeblichen Anteil am Erfolg des jeweiligen Unternehmens. Die gewählte Organisationsform ist dabei nicht nur wesentlich für den wirtschaftlichen Erfolg, sondern gibt auch die Handlungsorientierung für die Gestaltung von Personalstrukturen und IT-Anwendungen vor.

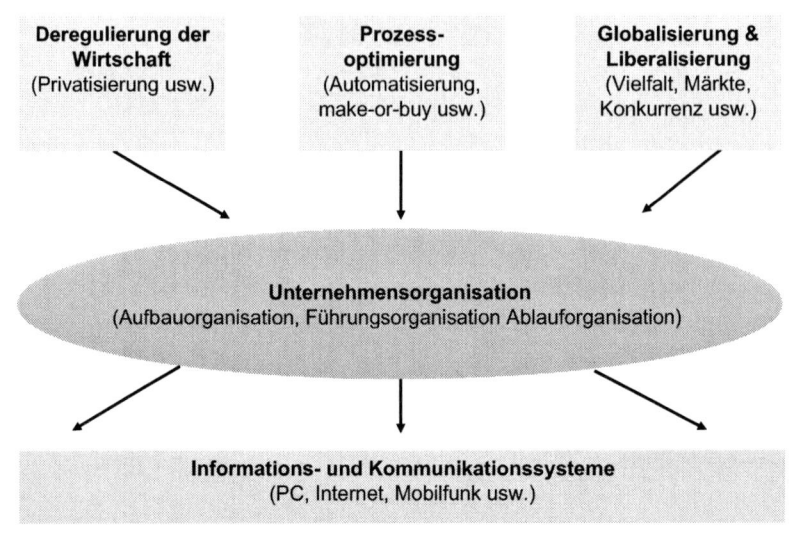

```
┌─────────────────────┐  ┌─────────────────────┐  ┌─────────────────────┐
│ Deregulierung der   │  │    Prozess-         │  │ Globalisierung &    │
│    Wirtschaft       │  │   optimierung       │  │   Liberalisierung   │
│ (Privatisierung usw.)│  │ (Automatisierung,   │  │ (Vielfalt, Märkte,  │
│                     │  │  make-or-buy usw.)  │  │  Konkurrenz usw.)   │
└─────────────────────┘  └─────────────────────┘  └─────────────────────┘
            ╲                     │                      ╱
             ╲                    │                     ╱
          ┌──────────────────────────────────────────────────┐
          │         Unternehmensorganisation                 │
          │ (Aufbauorganisation, Führungsorganisation         │
          │            Ablauforganisation)                   │
          └──────────────────────────────────────────────────┘
             ╱                    │                     ╲
            ╱                     │                      ╲
          ┌──────────────────────────────────────────────────┐
          │    Informations- und Kommunikationssysteme       │
          │       (PC, Internet, Mobilfunk usw.)             │
          └──────────────────────────────────────────────────┘
```

Abb. 2: *Gegenwärtige Entwicklung*

Es gibt allerdings universelle und zeitlose Faktoren, die erfolgreiche Organisationen kennzeichnen und auf die man bei der Entwicklung der eigenen Organisation zurückgreifen kann. Im Folgenden werden wir dies am Beispiel der römischen Legionen verdeutlichen.

Methodisches Vorgehen

Für die Auseinandersetzung mit den verschiedenen Organisationsformen wird zunächst ein Kriterienkatalog entwickelt, der die Einordnung und Bewertung der Organisationsformen nach definierten Erfolgsfaktoren ermöglicht. Die Erfolgsfaktoren werden durch die

Analyse einer erfolgreichen Organisation gewonnen. Bei den Vorbetrachtungen kamen wir zu dem Ergebnis, dass Organisationen, die in besonders extremen Umfeldbedingungen funktionieren müssen, hierfür sehr geeignet sind. Beispiele dafür finden sich häufig im militärischen Bereich. In Militärorganisationen geht es, genauso wie in Wirtschaftsorganisationen, um den Erfolg. Dieser Erfolg drückt sich bei Militärorganisationen in der Verteidigung oder in der Eroberung von Gebieten aus. Es bestehen also durchaus Parallelen zu Wirtschaftsunternehmen, deren Schlachtfeld der Markt ist. Aber der Preis ist bei militärischen Operationen ungleich höher als bei wirtschaftlichen Unternehmungen. In der Wirtschaft wird mit der Währung Geld bezahlt, bei militärischen Auseinandersetzungen mit der Währung Leben!

Im militärischen Bereich treten Extremsituationen auf, für die die Gestaltung exzellenter Organisationsformen und -strukturen geradezu zwingend notwendig sind. Nun gibt es sehr viele erfolgreiche Militärorganisationen in den unterschiedlichsten geschichtlichen Epochen. Sicher zählt das Heer Alexander des Großen ebenso dazu wie die napoleonischen Armeen oder auch deutsche Armeen. Alle diese Militärorganisationen zeichnen sich durch hohe Erfolgsquoten aus, aber oft auch durch eine relativ kurze Blütezeit von nur wenigen Jahren. Nach unserer Auffassung sollte sich eine erfolgreiche Organisation aber auch durch langjährig unter Beweis gestellte Funktionsfähigkeit auszeichnen. Dies sieht man anschaulich bei den römischen Legionen der frühen und mittleren Kaiserzeit, also von 44 v. Chr. bis 333 n. Chr. Die Analyse der Erfolgsfaktoren der römischen Legionen soll Anhaltspunkte und Kriterien liefern, um heutige Organisationsformen besser bewerten und einordnen zu können. Der Bezug auf die historische Organisationsform der römischen Legionen ist für die Organisationslehre ungewöhnlich. Dabei handelt es sich jedoch um ein Forschungsfeld, das eine Fülle von Ideen und Anregungen – auch für die heutige Zeit – bereithält. Anders als in der Organisationslehre arbeitet die moderne Managementlehre schon lange mit historischen Vorbildern. Sie zitiert und adaptiert dabei die Klassiker für Strategie,

Taktik und Führung. Dabei spielen besonders die fernöstlichen Lehren zur Zeit eine große Rolle. Von denen gehören »Hagakure« von Tsunetomo Yamamoto [3], »Bushido« von Inazo Nitobe [4] und »Das Buch der fünf Ringe« von Miyamoto Musashi [5] zu den wichtigsten Werken. Besondere Bedeutung für die heutige Managementlehre hat Sun Tzsu [6] mit seinem Werk »Über die Kriegskunst« erlangt, das immer noch Maßstäbe für strategisches Denken und Handeln gibt. Aber nicht nur die fernöstlichen Klassiker beeinflussen unsere heutigen Managementmethoden stark. Im mittelalterlichen Europa wurde mit »Der Fürst« von Niccolo Machiavelli [7] ein Standardwerk geschaffen, dessen Inhalt ungebrochen bis in die heutige Zeit aktuell ist. Peter Noll und Hans Rudolf Bachmann haben die Ideen Machiavellis mit ihrem Buch »Der kleine Machiavelli« in die heutige Zeit übersetzt und sie so noch zugänglicher für den Leser gemacht. Einen sehr guten Überblick zu den besten Managementbüchern gibt der 1. Band der Handelsblatt Management Bibliothek, der 2005 im Campus Verlag Frankfurt/Main erschienen ist.

Um einen ungewöhnlichen, aber dem antiken Kontext entsprechenden Ansatz zu wählen, wird die Systematisierung der am Beispiel der römischen Legionen herausgearbeiteten Erfolgsfaktoren nach Vitruv [8] vorgenommen.

Eine erfolgreiche Organisation – die römische Legion

Warum die römische Legion?

Wie in der Einleitung bereits dargestellt, kam es besonders darauf an, eine Organisation zu finden, die unter extremen Bedingungen und über einen längeren Zeitraum erfolgreich funktioniert hat. Auf einige Militärorganisationen treffen diese Attribute besonders zu. Ein gutes Beispiel für eine herausragende Militärorganisation sind die römischen Legionen.

Tom Holland [9] beschreibt in seiner Einleitung zum Buch von Jane Penrose »Rom und seine Feinde« Roms Rolle in der antiken Welt wie folgt: »Rom war das größte Raubtier der antiken Welt. In ihrer besitzergreifenden und einschüchternden Art erscheint die Zivilisation der Römer der unseren sowohl gespenstisch ähnlich als auch überraschend fremd.«

Die Zähne des Raubtiers Rom waren seine Legionen. Nicht nur hinsichtlich ihrer großen Erfolge, sondern auch wegen ihres langen Bestehens nehmen die römischen Legionen eine ganz besondere Stellung unter allen Militärorganisationen ein. Mit der Analyse der römischen Legionen sollen allgemeingültige und zeitlose Erfolgsfaktoren ermittelt werden, die dann zur Analyse und Bewertung von heute üblichen Unternehmensorganisationen dienen können.

Kurze Entstehungsgeschichte

Nach der sagenhaften Gründung Roms 753 v. Chr. waren die römischen Legionen (lateinisch: »Auslese«) vor allem ein Heer von Bürgern, die im Kriegsfall die Waffen ergriffen. Bevor Rom die Weltmacht der Antike wurde und zu groß angelegten Expansionen übergehen konnte, kämpfte es zunächst um seine bloße Existenz. Rom war bereits in seiner Frühzeit mit einer Vielzahl von äußeren, aber auch mit inneren Konflikten konfrontiert und musste dabei auch häufig ein hohes Lehrgeld zahlen. So kam es beispielsweise am 2. August des Jahres 216 v. Chr. an dem kleinen Ort Cannae in Apulien zu einer Schlacht, in der die Karthager unter Hannibal [10] das zahlenmäßig weit überlegene Heer der Römer fast vollständig vernichteten.

Das römische Militärwesen ließ sich durch Niederlagen allerdings nicht entmutigen. Es zeichnete sich unter anderem dadurch aus, dass es Fehlschläge analysierte, Lehren daraus zog und sich selbst laufend reformierte. Damit sind bereits Ansätze für eine lernende Organisation zu erkennen, die sich einem ständigen Verbesserungsprozess unterzog.

Der römische Diktator Marius [11] kann als Wegbereiter für die römischen Legionen gesehen werden, wie wir sie heute meist vor

Augen haben und wie sie uns in Filmen und Büchern gezeigt werden. Marius bildet Ende des 2. Jahrhunderts v. Chr. die Legionen von einem Bürgerherr zu einem Berufsheer um, dadurch fand eine Professionalisierung der militärischen Funktionen statt. Waffen und Ausrüstungsgegenstände wurden vereinheitlicht und standardisiert, und es wurden neue klare Führungs- und Organisationsstrukturen für sämtliche Truppenverbände geschaffen. Die so gestalteten Grundstrukturen wurden zwar ständig weiterentwickelt, angepasst und verfeinert, blieben aber im Grundsatz über die nächsten Jahrhunderte bestimmend und entfalteten ihre höchste Wirksamkeit in der frühen und mittleren Kaiserzeit, also von Caesar [12] bis Constantin [13].

Organisationsstruktur

Das römische Heer unterhielt in seiner Blütezeit zirka 30 Legionen mit zirka 160.000 Soldaten. Die Legionen waren im gesamten römischen Herrschaftsgebiet verteilt [14]. Die regionale *Konzentration* der Legionen war abhängig von den *strategischen Schwerpunkten*, die sich aus den jeweiligen Sicherheitslagen ergaben. Regionen, die gerade erst erobert worden waren, banden natürlich mehr Legionen als bereits befriedete Gebiete. Auch an Grenzgebieten zu kriegerischen Völkerschaften wurden mehr Truppen stationiert als im Binnenland. So befanden sich um 50 n. Chr. die Konzentrationsschwerpunkte der Legionen in Gallien (Frankreich) und Britannien (England) mit zusammen fünf Legionen. Die fünf Legionen in Hispanien (Spanien) waren Reserveeinheiten, die disponibel an Schwerpunkten eingesetzt werden konnten. Dies war nötig, da Britannien gerade erst erobert worden war und an den östlichen Grenzen Galliens ständig Scharmützel mit den Germanen stattfanden. Ein weiterer Schwerpunkt war Judäa (Israel). Hier gab es zu diesem Zeitpunkt Aufstände gegen die territorialen Herrscher und gegen die römische Protektionsmacht. Die Konzentration von sechs Legionen auf diesem vergleichsweise kleinen

Gebiet ist ein Indiz für die Schwierigkeit der damaligen Lage. Abbildung 3 zeigt die Verteilung der Legionen im genannten Zeitraum. Als die strategische Einheit des römischen Heeres hatte die Legion einen *hohen Grad an Eigenständigkeit*. Die Legion war *in sich klar gegliedert* und ursprünglich als reine Infanterietruppe ausgelegt. Dem Grundgedanken der Infanterie als Kernkompetenz blieb die römische Militärführung über Jahrhunderte hinweg treu. Das ging sogar so weit, dass die Kernkompetenz Infanterieeinsatz auch auf den Seekrieg übertragen wurde. Rom war keine klassische Seemacht und daher in dieser Art der Kriegsführung nicht versiert. Seeschlachten wurden damals durch gegenseitiges Rammen und Beschießen ausgetragen. *Pragmatisch und erfindungsreich* ging Rom zu Werke. Es änderte einfach diese Taktik, indem eine Enterbrücke (Corvus) auf gegnerische Schiffe heruntergelassen und dort verankert wurde. Über die so geschaffene feste Verbindung marschierten die römischen Legionäre von einem Schiff zum anderen und gingen zum Infanterieangriff über.

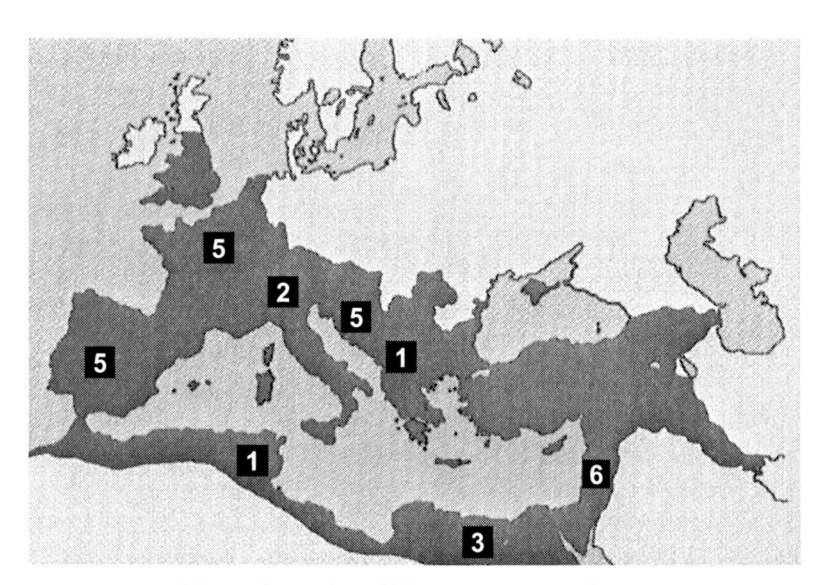

Abb. 3: *Räumliche Verteilung und Anzahl der Legionen um 50 n.Chr.* [15]

Einen großen Anteil am Erfolg der Legionen hatte das ausgeklügelte Gliederungssystem. Dieses wies schon sehr moderne Züge auf und ist gut mit dem heutigen Liniensystem vergleichbar. Die Untereinheiten der Legion waren nach der Heeresreform des Marius die Kohorten, diese bestanden aus Manipeln und diese wiederum aus Centurien. Die *gut organisierten Stabs- und Verwaltungsstrukturen* der Legion stellten die Funktionsfähigkeit der Legion sicher. Nach der Heeresreform des Marius war eine Legion in etwa so gegliedert, wie in Abbildung 4 dargestellt.

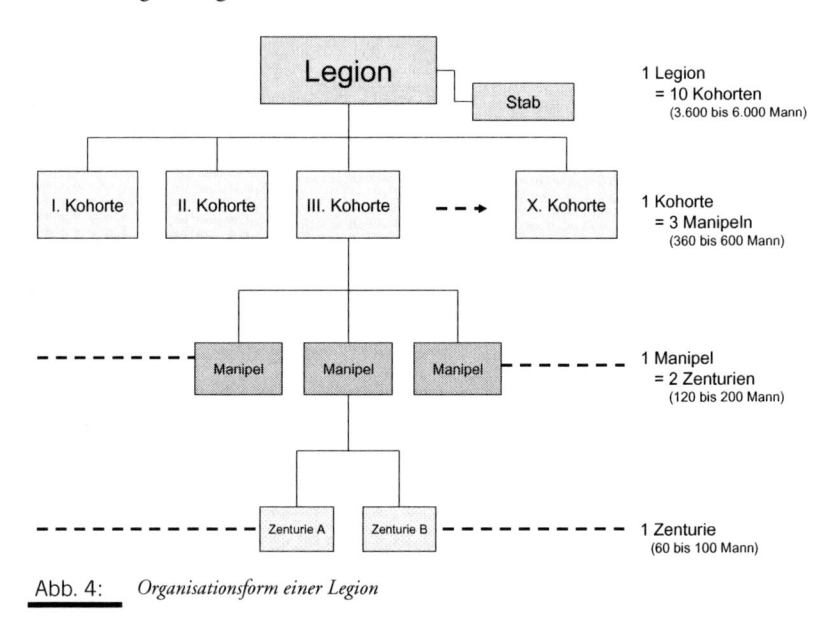

Abb. 4: *Organisationsform einer Legion*

1 Legion = 10 Kohorten (3.600 bis 6.000 Mann)

1 Kohorte = 3 Manipeln (360 bis 600 Mann)

1 Manipel = 2 Zenturien (120 bis 200 Mann)

1 Zenturie (60 bis 100 Mann)

Im Laufe der Zeit wurden einige strukturelle Änderungen vorgenommen. So verloren die Manipel an Bedeutung, dafür wurden aber berittene Verbände integriert und Fremdtruppen – sogenannte Auxiliareinheiten – beigeordnet. Bei den Auxiliareinheiten handelte es sich häufig um *Fremdverbände* von Nichtrömern, die über Spezialfähigkeiten verfügten – wie Bogenschützen, Schleuderer, Reiter und so weiter.

Die Schlagkraft der Legion wurde durch die *Kombination von eigenen infanteristischen Kerntruppen mit fremden Spezialverbänden* stark erhöht. Die Organisationsstruktur einer Legion zeichnete sich also vor allem aus durch:
⇨ Klarheit und Stringenz in der Gliederung der Strukturen;
⇨ Pragmatismus und Erfindungsreichtum;
⇨ Ansätze für eine lernende Organisation;
⇨ gut organisierte und ausgebildete Stabs- und Verwaltungsfunktionen;
⇨ schonender Umgang mit den eigenen Ressourcen (Truppen);
⇨ Flexibilität in der Zusammenstellung der Kräfte, je nach Zweck und Ort;
⇨ schnelle Bildung von strategischen Schwerpunkten für mehr Schlagkraft;
⇨ wirtschaftliche Effizienz durch bedarfsbezogenen Einsatz von Fremdtruppen;
⇨ Professionalisierung durch Konzentration auf das Kerngeschäft – die Infanterie.

Führungsstruktur

Aus der Schaffung einer klaren Organisationsstruktur ergab sich die Notwendigkeit, *ausgefeilte Führungsstrukturen* zu gestalten. Auch hier finden sich Parallelen zu den Kommandostrukturen moderner Armeen und Wirtschaftsunternehmen.

Geführt wurde die Legion von einem Legaten, der dem senatorischen Adel entstammte. Ihm unterstanden mehrere Stabsoffiziere. Diese waren gemeinsam als *die strategische Führungsebene* der Legion zu betrachten. Zu den Stabsoffizieren gehörten sieben Militärtribunen, von denen ebenfalls einer dem senatorischen Adel entstammte, während die übrigen sechs Tribunen dem Ritteradel angehörten, ebenso wie der Lagerpräfekt. Während die Stabsoffiziere des Ritteradels Berufssoldaten waren, taten die Angehörigen des senatorischen

Adels nur vorübergehend Dienst in der Legion, um dann höhere Aufgaben in der Politik, in der Verwaltung oder in der Wirtschaft zu übernehmen, zum Beispiel als Senator oder als Provinzverwalter. Diese Edelpraktikanten waren auf einen aktiven Wissensaustausch mit ihren professionellen soldatischen Berufskollegen angewiesen, um erfolgreich sein zu können. Die höheren Berufssoldaten wiederum profitierten ebenso von diesem *Wissenstransfer*, wurde ihnen doch so im Gegenzug zu ihrem soldatischen Wissen einiges an Information über die aktuellen politischen und wirtschaftlichen Entwicklungen und Zustände in Rom vermittelt. Auf diese Weise entstand eine *hohe Vernetzung zwischen Militär, Verwaltungsbehörden, Wirtschaft und Politik*.

Unterhalb des Legaten und der Tribunen folgten die Centurionen. Innerhalb dieser Offiziersgruppe gab es noch eine Reihe von Abstufungen. Diese waren unter anderem davon abhängig, ob der Centurio eine Kohorte, ein Manipel oder eine Centurie kommandierte. Die Führungsebene der Centurionen bildete die *operative Führungsebene der Legion*.

Nach den Centurionen folgten die Unteroffiziere. Sie waren den Centurionen zur Ausübung der operativen Führungsaufgaben zur Seite gestellt und nahmen verschiedene Aufgaben wahr. Jeder Centurio verfügte über einen *Stellvertreter*, den Optio. Dieser nahm dem Centurio im Garnisonsdienst und im Gefecht eine Reihe von Arbeiten ab. Er erwarb dadurch auch alle *notwendigen Fähigkeiten*, um perspektivisch in den Rang des Centurios aufsteigen zu können. Darüber hinaus war er in der Lage, beim Ausfall eines Centurios diesen zu ersetzen. Außer dem Optio gab es noch einen Signifer (Feldzeichenträger) und einen Cornicines oder Tubicines (Horn- beziehungsweise Tubabläser). Diese Funktionen können mit Fug und Recht als *Kommunikationsfunktionen* angesehen werden. Denn sowohl optische als auch akustische Signale waren so für den Truppeneinsatz möglich. Ein weiterer wichtiger Unteroffizier war der Tesserarii. Dieser organisierte den Wachdienst der Centurie und nahm *Verwaltungsfunktionen* wie das Verwahren der Kasse wahr.

Auf der untersten Stufe folgten die einfachen Legionäre. Auch diese unterschieden sich noch einmal in Milites und Immunes. Die Milites verfügten über keine besonderen fachlichen Kenntnisse und hatten daher Arbeitsdienst zu leisten. Die Immunes hatten spezielle Funktionen, zum Beispiel als Schreiber oder Techniker, und waren vom schweren Dienst befreit. Tabelle 1 gibt noch einmal einen anschaulichen Eindruck der Führungsstrukturen wieder [16]:

Tabelle 1: Führungsstruktur einer Legion		
Funktionsgruppen	Funktionen (Auswahl)	Anzahl
Generäle und Stabsoffiziere	⇨ Legatus (senatorischer Adel)	11
	⇨ Praefectus Castrorum (Ritteradel)	11
	⇨ Tribunus militum Laticlavius (senatorischer Adel)	11
	⇨ Tribuni Angusiclavii (Ritteradel)	66
Offiziere	⇨ Centurio Primipilus (1.Centurie, 1.Kohorte)	1
	⇨ Centurio Primi Ordines (übrige Centurien, 1. Kohorte)	4
	⇨ Centurionen der II. bis X. Kohorte	54
Unteroffiziere	⇨ Aquilifer	1
	⇨ Optiones	59
	⇨ Signifer	59
	⇨ Tessarii	59
	⇨ Cornicines/Tubicines	59
Legionäre	⇨ Immunes (Soldaten mit speziellen Funktionen)	4.800
	⇨ Milites (einfache Soldaten)	

Die Führungsstruktur der Legion war vor allem gekennzeichnet durch:
⇨ klare Aufgabenverteilungen zwischen den Führungsfunktionen;
⇨ Trennung von strategischen und operativen Führungsaufgaben;
⇨ eindeutige Zuordnung von Kompetenzen und Zuständigkeiten;
⇨ Vernetzung von Politik, Wirtschaft, Verwaltung und Militär;

⇨ hohes Maß an Eigenständigkeit und Eigenverantwortung;
⇨ Stellvertreterfunktionen und gegenseitige Ersetzbarkeit;
⇨ Führungskräfteentwicklung;
⇨ Integration von Kommunikations- und Verwaltungsfunktionen;
⇨ Ausbildung von Spezialisten.

Versorgung, Motivation, Ausbildung und Ausrüstung

Neben der Organisations- und Führungsstruktur machen Versorgung, Motivation, Ausbildung und Ausrüstung eine erfolgreiche Organisation aus. Die Organisations- und Führungsstrukturen wirken auf die Effizienz und Funktionalität von Versorgung, Motivation, Ausbildung und Ausrüstung gestaltend ein. Mit den folgenden Betrachtungen soll das Bild der römischen Legion abgerundet werden.

Versorgung

Der wesentliche Anreiz für das Leisten eines Dienstes ist die Vergütung. Die Vergütung beziehungsweise die *Besoldung* war in der Legion *funktionsbezogen festgelegt, verhältnismäßig hoch* und erfolgte *normalerweise pünktlich*. Für die Zeit um 50 n. Chr. wird heute die in Tabelle 2 aufgeführte Gehaltsstruktur angenommen.

Tabelle 2: Gehaltsstrukturen der römischen Legion um 50 n. Chr. [17]				
Funktion:	Legionär	Optio, Tesserarii, Signifer, Cornicines	Tribunus, Centurio	Primipilus, Lagerpräfekt
Betrag in Denare:	900	1.200 bis 1.800	7.500 bis 30.000	60.000

Nach einer Dienstzeit von 20 bis 25 Jahren schieden die Veteranen aus der Legion aus. Beim Ausscheiden erhielt der Legionär in der Regel eine *Pension*. Kriegsversehrte erhielten eine *Invalidenrente,* wenn sie vorzeitig aus dem Dienst ausscheiden mussten, oder sie bekamen andere Aufgaben, zum Beispiel als Schreiber in der Verwaltung. Über-

haupt war die *Krankenversorgung* sehr gut geregelt. Jede Legion verfügte über Lazarette und Ärzte. Bei den Ärzten handelte es sich häufig um Griechen, die damals als die Besten ihres Berufsstandes galten. Für die Versorgung des Personals war besonders von Bedeutung:
⇨ gute, pünktliche und funktionsbezogene Besoldung;
⇨ Pensionsansprüche und Sicherung des Lebensabends;
⇨ Invalidenrente und sehr gute medizinische Versorgung.

Motivation
Neben der materiellen Versorgung waren auch ideelle Gründe Anreize für den Dienst in der Legion. Der Dienst in der Legion galt lange Zeit *als Ehre* und entgegen landläufiger Vorstellungen wurde beileibe *nicht jeder Bewerber genommen*. Ein Indiz für die *starke Verbindung der Soldaten zum römischen Volk und zum Senat (Staat)* und somit mit der Regierung zeigt sich auch in den Standarten, welche die Legion führten. Auf diesen findet sich der Schriftzug *S.P.Q.R.* Dieser bedeutet Senatus Populusque Romanus, also im Deutschen »Der Senat und das römische Volk«. Dieses Hoheitszeichen des antiken Roms ist auch heute immer noch als Wahlspruch Teil des Wappens der Stadt. Die Motivation der Legionäre wurde besonders gefördert durch:
⇨ die Betrachtung des Dienstes in der Legion als Ehre;
⇨ starke emotionale Verbindung zwischen Soldaten, Volk und Senat.

Ausbildung
Ein weiterer wichtiger personeller Aspekt ist die Ausbildung. *Training war das A und O* des Legionärs. Der Legionär hatte komplizierte Abläufe zu beherrschen, um im Kampf die komplexen Manöver durchführen zu können. So wurde von den Legionären erwartet, dass sie am Tag zwischen 30 und 40 Kilometer marschieren konnten. Dabei musste jeder Legionär zirka 30 Kilogramm an Ausrüstungsgegenständen – wie Schwert, Kleidung, Helm etc. – mit sich führen sowie zirka 20 Kilogramm an Marschgepäck – wie Lebensmittel, Kleingeräte und Feldflaschen [18]. Um dies zu erreichen, wurde immer wieder und hart trainiert. So ist auch bekannt, dass Rekruten mit einer hölzernen

Abb. 5:   *Die Ausbildung der Legionäre [20]*

Ausrüstung übten, die erheblich schwerer war als die tatsächlichen Ausrüstungsgegenstände. Die dadurch erworbene größere Ausdauer und Kraft kam den Legionären dann beim Marsch und im Gefecht gegen ihre Feinde zugute [19]. Für die Ausbildung war besonders wichtig:
⇨ die Auswahl der Rekruten nach qualitativen Gesichtspunkten;
⇨ der sehr hohe Stellenwert von Ausbildung und Training im Leben eines Legionärs.

Ausrüstung
Die persönliche Ausrüstung der Legionäre war in einem hohen Grad *standardisiert*. Das erleichterte den Einsatz enorm und erwies sich als großer Beitrag für die Funktionsfähigkeit der Legion. Da die Produktion der Ausrüstung in kleinen Handwerksbetrieben und Manufakturen stattfand, war es für die Legionen wichtig, diesen örtlichen Produzenten *klare und einheitliche Leistungskataloge* vorzugeben, so dass die Form und die Qualität der Ausrüstung gleich und gesichert war, unabhängig davon, ob die Produktion in Rom selbst, in Gallien, in Griechenland oder Judäa erfolgte. Über die Ausrüstung der Legion lässt sich folgendes sagen:

⇨ hoher Grad an Standardisierung;
⇨ klare Leistungs- und Qualitätsvorgaben;
⇨ Best-Practice, Übernahme von erfolgreichen Ausrüstungen und Taktiken;
⇨ konsequente Ausrichtung des Designs auf die Funktionsorientierung;
⇨ einfache Handhabung und Anwendung;
⇨ Kostenreduzierung, aber keine Qualitätsreduzierung;
⇨ Einsatz umfangreicher Technik zur Prozessunterstützung.

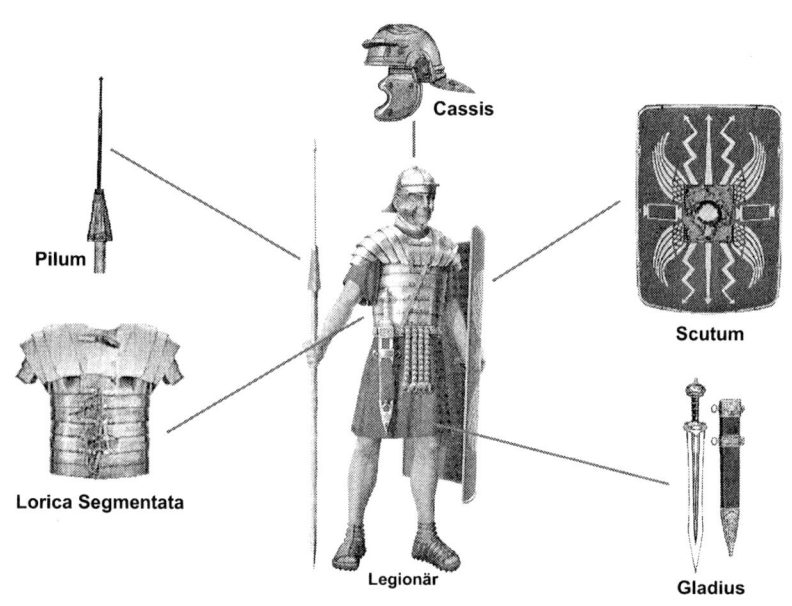

Abb. 6: *Der Legionär und seine Ausrüstung [21]*

Ausrüstungsgegenstände des Legionärs

Hier sollen einige persönliche Ausrüstungsgegenstände des Legionärs genauer betrachtet werden. Das Schwert (Gladius) war nicht als Hieb-, sondern als Stichwaffe konzipiert. Es war daher relativ kurz und vorne spitz zulaufend. Der Gladius war übrigens keine römische Erfindung, sondern wurde von den Spaniern übernommen [22]. Dies ist eines von vielen Beispielen, in denen Rom das Beste an Taktik und Ausrüstung von seinen Feinden übernahm und so bereits in gewisser Weise nach *Best-Practice*-Gesichtspunkten agierte. Beim Speer, dem Pilum, handelt es sich um ein Wurfgerät. Es war hervorragend ausbalanciert. Die Speerspitze musste gegnerische Rüstungen durchdringen und war daher aus gehärtetem Eisen gefertigt. Die Verbindung zwischen hölzernem Schaft und Speerspitze bestand aus weichem Eisen. Diese verbog sich beim Auftreffen zum Beispiel auf dem Schild des Gegners. Dem Gegner war es nun nicht mehr möglich, den Speer zu entfernen, aber auch nicht, mit der zusätzlichen Last zu kämpfen. Daher war er gezwungen, seinen Schild abzulegen und bot so ein wesentlich verwundbareres Ziel [23]. Die *Beschränkung auf funktional Notwendiges und die konsequente Ausrichtung des Designs auf den Zweck,* den das Produkt erfüllen musste, waren die Erfolgsgaranten dieser Ausrüstungsstücke. Ein Ausstattungsstück, das nur die römischen Legionäre trugen, war der Schienenpanzer (Lorica Segmentata). Dieser wurde entwickelt, um Herstellungskosten und Herstellungszeit der bis dahin üblichen Ketten- oder Lammellenpanzer zu optimieren. Für den Schienenpanzer brauchte ein Handwerker ein Drittel *weniger Zeit* und es entstanden bedeutend *weniger Kosten.* Dass dies gelang, *ohne* dass *Abstriche an Qualität* und *Gebrauchseigenschaften* dieses Panzers gemacht werden mussten, ist ein eindrucksvolles Beispiel, wie der Zwang zur Reduzierung der Kostenstrukturen zum Auslöser für geniales Design wird. Der *technische und logistische Ausstattungsgrad* der Legion war für die damalige Zeit *herausragend* und konnte nach dem Untergang Roms lange Zeit nicht mehr erreicht werden.

Was machte die römischen Legionen erfolgreich?

Die römischen Legionen, insbesondere die der frühen und mittleren Kaiserzeit, gelten in der Militärgeschichte als Musterbeispiel für Ordnung, Qualität, Effizienz und Uniformität. Dieser Auffassung sind auch Tony Domin, Jose Sanchez Toledo, Michael Simkins, Ronald Embleton und Jane Penrose in ihren Werken.

Aber gerade in jüngster Zeit werden immer häufiger auch andere und gegenteilige Auffassungen vertreten. Diese gegenteiligen Auffassungen resultieren weniger aus Ausgrabungen oder dem Studium historischer Schriften, Bilder und Fresken, sondern sie sind häufig Erkenntnisse der Reenactment-Bewegungen [24]. Graham Sumner, ein namhafter Reenactor, ist zum Beispiel der Auffassung, dass Ausstattung und Kampfweise der römischen Soldaten sehr vielfältig waren und dem Einfluss der Länder, in denen sie stationiert waren, unterlagen. Sumner hat seine Forschungsergebnisse in seinem gerade erschienenen Buch »Die Römische Armee – Bewaffnung und Ausrüstung« zusammengefasst. Überzeugend waren aber meiner Meinung nach seine Argumente nicht, so dass wir weiterhin der traditionellen Auffassung der meisten Militärhistoriker folgen und die römischen Legionen als ein frühes Musterbeispiel für *Organisation* und *Organisierung* sehen. Die bei der Betrachtung der römischen Legion gewonnenen Erfolgsfaktoren werden somit auch nicht in Frage gestellt und nun noch einmal in einer Zusammenfassung aufgelistet:

Erfolgsfaktoren der römischen Legion

- ⇨ Klarheit und Stringenz in der Gliederung der Strukturen;
- ⇨ Ansätze für eine lernende Organisation;
- ⇨ gut organisierte und ausgebildete Stabs- und Verwaltungsfunktionen;
- ⇨ schonender Umgang mit den eigenen Ressourcen (Truppen);
- ⇨ Pragmatismus und Erfindungsreichtum;
- ⇨ Flexibilität in der Zusammenstellung der Kräfte, je nach Zweck und Ort;
- ⇨ schnelle Bildung von strategischen Schwerpunkten für mehr Schlagkraft;
- ⇨ wirtschaftliche Effizienz durch bedarfsbezogenen Einsatz von Fremdtruppen;
- ⇨ Professionalisierung durch Konzentration auf das Kerngeschäft – die Infanterie;
- ⇨ klare Aufgabenverteilungen zwischen den Führungsfunktionen;
- ⇨ Trennung von strategischen und operativen Führungsaufgaben;
- ⇨ eindeutige Zuordnung von Kompetenzen und Zuständigkeiten;
- ⇨ Vernetzung von Politik, Wirtschaft, Verwaltung und Militär;
- ⇨ hohes Maß an Eigenständigkeit und Eigenverantwortung;
- ⇨ Stellvertreterfunktionen und gegenseitige Ersetzbarkeit;
- ⇨ Führungskräfteentwicklung;
- ⇨ Integration von Kommunikations- und Verwaltungsfunktionen;
- ⇨ Ausbildung von Spezialisten;
- ⇨ gute, pünktliche und funktionsbezogene Besoldung;
- ⇨ Pensionsansprüche und Sicherung des Lebensabends;
- ⇨ Invalidenrente und sehr gute medizinische Versorgung;
- ⇨ Dienst in der Legion wird als Ehre betrachtet;
- ⇨ Rekruten werden nach qualitativen Gesichtspunkten ausgewählt;
- ⇨ starke emotionale Verbindung zwischen Soldaten, Volk und Senat;
- ⇨ Ausbildung und Training hat sehr hohen Stellenwert;
- ⇨ hoher Grad an Standardisierung;
- ⇨ klare Leistungs- und Qualitätsvorgaben;

⇨ konsequente Ausrichtung des Designs auf die Funktionsorientierung;
⇨ Best-Practice, Übernahme erfolgreicher Ausrüstungen und Taktiken von anderen;
⇨ einfache Handhabung und Anwendung;
⇨ Kostenreduzierung, aber keine Qualitätsreduzierung;
⇨ Einsatz umfangreicher Technik zur Prozessunterstützung.

Systematisierung

Systematisierung nach Vitruv

Für die Ermittlung von Erfolgsfaktoren, die zeitlos und allgemeingültig sind und der Bewertung heutiger Organisationsformen dienen können, wollen wir hier wieder bis in die Antike zurückgehen. Die ermittelten Erfolgsfaktoren müssen dann in einem weiteren Schritt systematisiert werden. Um im zeitlichen Kontext der Antike zu bleiben, erfolgt die Systematisierung nach Vitruv. Vitruv hat die Architekturtheorie »Firmitas – Utilitas – Venustas« begründet und lebte im Rom des 1. Jahrhunderts vor Christus. Er war Architekt und Ingenieur unter Cäsar und Augustus und gilt mit seinen zehn Büchern »De architectura« als der erste Verfasser einer Gesamtdarstellung der antiken Architektur.

Nach Vitruv sollte jedes gebaute Werk firm – also fest – sein. Es sollte seinen Benutzern Sicherheit und Schutz bieten. Die Angemessenheit der Gestaltung und ihre Zweckorientierung standen dabei im Vordergrund. Jedes Werk sollte aber auch utilitas – also benutzbar – sein und seinen Benutzern eine optimale Funktion bieten. Venustas bedeutet, dass ein gebautes Werk auch schön und für den Benutzer attraktiv sein soll.

Die adäquate Anwendung dieser architektonischen Gestaltungsprinzipien auf die Gestaltung von Organisationen ist unserer Auffassung nach durchaus vertretbar. Unternehmensorganisationen müssen ebenfalls firm sein – also stabil, beständig, sicher und strukturiert. »Firmitas« weist Parallelen zur Aufbauorganisation unserer heutigen Unternehmen auf und umfasst unter anderem die Organisationsstruktur, die Führungsstruktur und das innerbetriebliche Kontroll- und Regelsystem. Aspekte der Ablauforganisation – wie Funktionalität, Durchlaufeffizienz, Materialeinsatz und Ausrüstung – sind am ehesten »Utilitas« zuzuordnen. Unter »Venustas« können im Sinne der Organisationsgestaltung eher die weichen Faktoren gefasst werden – zum Beispiel die Attraktivität des Unternehmens für die Mitarbeiter, Unternehmensethik und -identität sowie auch die Förderung von sozialen Beziehungen und von Kommunikation.

Die ermittelten Erfolgsfaktoren der römischen Legionen werden nun im Sinne der durch Vitruv in seiner Architekturtheorie formulierten Grundprinzipien »Firmitas – Utilitas – Venustas« geordnet und verdichtet:

Tabelle 3: Systematisierung der Erfolgsfaktoren römischer Legionen nach Vitruv			
Erfolgsfaktoren der römischen Legionen	Firmitas (Festigkeit)	Utilitas (Funktion)	Venustas (Schönheit)
Klarheit und Stringenz in der Gliederung der Strukturen	X		
Ansätze für eine lernende Organisation	X	X	X
gut organisierte und ausgebildete Stabs- und Verwaltungsfunktionen	X		
schonender Umgang mit den eigenen Ressourcen (Truppen)	X		
Pragmatismus und Erfindungsreichtum	X		
Flexibilität in der Zusammenstellung der Kräfte, je nach Zweck und Ort		X	
schnelle Bildung von strategischen Schwerpunkten für mehr Schlagkraft		X	
wirtschaftliche Effizienz durch bedarfsbezogenen Einsatz von Fremdtruppen	X		
Professionalisierung durch Konzentration auf das Kerngeschäft – der Infanterie		X	X
klare Aufgabenverteilungen zwischen den Führungsfunktionen	X		

Tabelle 3: Systematisierung der Erfolgsfaktoren römischer Legionen nach Vitruv (Fortsetzung)

Erfolgsfaktoren der römischen Legionen	Firmitas (Festigkeit)	Utilitas (Funktion)	Venustas (Schönheit)
Trennung von strategischen und operativen Führungsaufgaben	X		
eindeutige Zuordnung von Kompetenzen und Zuständigkeiten	X		
Vernetzung von Politik, Wirtschaft, Verwaltung und Militär	X		
hohes Maß an Eigenständigkeit und Eigenverantwortung	X		
Stellvertreterfunktionen und gegenseitige Ersetzbarkeit	X		
Führungskräfteentwicklung		X	X
Integration von Kommunikations- und Verwaltungsfunktionen	X	X	X
Ausbildung von Spezialisten		X	X
gute, pünktliche und funktionsbezogene Besoldung			X
Pensionsansprüche und Sicherung des Lebensabends			X
Invalidenrente und sehr gute medizinische Versorgung			X
Dienst in der Legion wird als Ehre betrachtet			X
Rekruten werden nach qualitativen Gesichtspunkten ausgewählt			X
starke emotionale Verbindung zwischen Soldaten, Volk und Senat			X
Ausbildung und Training hat sehr hohen Stellenwert		X	X
hoher Grad an Standardisierung		X	
klare Leistungs- und Qualitätsvorgaben		X	
konsequente Ausrichtung des Designs auf die Funktionsorientierung		X	

Tabelle 3: Systematisierung der Erfolgsfaktoren römischer Legionen nach Vitruv (Fortsetzung)			
Erfolgsfaktoren der römischen Legionen	Firmitas (Festigkeit)	Utilitas (Funktion)	Venustas (Schönheit)
Best-Practice, Übernahme von erfolgreichen Ausrüstungen und Taktiken von anderen		X	
einfache Handhabung und Anwendung		X	
Kostenreduzierung, aber keine Qualitätsreduzierung		X	
Einsatz umfangreicher Technik zur Prozessunterstützung		X	

Tabelle 4: Konsolidierung der Firmitas-Erfolgsfaktoren – Firmitas (Festigkeit)	
Erfolgsfaktoren der römischen Legionen	Konsolidierung und Verallgemeinerung
⇨ Klarheit und Stringenz in der Gliederung der Strukturen ⇨ Trennung von strategischen und operativen Führungsaufgaben ⇨ Stellvertreterfunktionen und gegenseitige Ersetzbarkeit	⇨ Die Organisationsstrukturen sind klar definiert, transparent und nachvollziehbar gestaltet.
⇨ eindeutige Zuordnung von Kompetenzen und Zuständigkeiten ⇨ hohes Maß an Eigenständigkeit und Eigenverantwortung ⇨ klare Aufgabenverteilungen zwischen den Führungsfunktionen	⇨ Die hohe Eigenverantwortlichkeit der Unternehmensbereiche ist erreichbar. ⇨ Die Verteilung der Aufgaben und Kompetenzen ist eindeutig.
⇨ Ansätze für eine lernende Organisation ⇨ Pragmatismus und Erfindungsreichtum	⇨ Die strukturelle Flexibilität und Reformfähigkeit der Organisation ist möglich.
⇨ gut organisierte und ausgebildete Stabs- und Verwaltungsfunktionen ⇨ Integration von Kommunikations- und Verwaltungsfunktionen	⇨ Wirkungsvolle Steuerungs- und Kommunikationsstrukturen lassen sich implementieren.
⇨ schonender Umgang mit den eigenen Ressourcen (Truppen) ⇨ wirtschaftliche Effizienz durch bedarfsbezogenen Einsatz von Fremdtruppen	⇨ Die Strukturen ermöglichen wirtschaftliches Arbeiten.

Tabelle 5: Konsolidierung der Utilitas-Erfolgsfaktoren – Utilitas (Funktionalität)	
Erfolgsfaktoren der römischen Legionen	**Konsolidierung und Verallgemeinerung**
⇨ Ansätze für eine lernende Organisation ⇨ Best-Practice, Übernahme von erfolgreichen Ausrüstungen und Taktiken von anderen	⇨ Die kontinuierliche Verbesserung der Unternehmensprozesse kann gewährleistet werden.
⇨ Flexibilität in der Zusammenstellung der Kräfte, je nach Zweck und Ort ⇨ schnelle Bildung von strategischen Schwerpunkten für mehr Schlagkraft	⇨ Flexible Verteilung der Ressourcen nach Schwerpunkten ist möglich.
⇨ Professionalisierung durch Konzentration auf das Kerngeschäft – die Infanterie ⇨ Führungskräfteentwicklung ⇨ Ausbildung von Spezialisten ⇨ Ausbildung und Training hat sehr hohen Stellenwert ⇨ hoher Grad an Standardisierung ⇨ klare Leistungs- und Qualitätsvorgaben ⇨ konsequente Ausrichtung des Designs auf die Funktionsorientierung ⇨ einfache Handhabung und Anwendung ⇨ Kostenreduzierung, aber keine Qualitätsreduzierung	⇨ Effiziente, wirtschaftliche und professionelle Prozesse sind umsetzbar.
⇨ Integration von Kommunikations- und Verwaltungsfunktionen ⇨ Einsatz umfangreicher Technik zur Prozessunterstützung	⇨ Ein hoher Grad an Automatisierung und Digitalisierung der Arbeitsprozesse ist erreichbar.

Tabelle 6: Konsolidierung der Venustas-Erfolgsfaktoren – Venustas (Schönheit)	
Erfolgsfaktoren der römischen Legionen	**Konsolidierung und Verallgemeinerung**
⇨ Ansätze für eine lernende Organisation ⇨ Professionalisierung durch Konzentration auf das Kerngeschäft – die Infanterie ⇨ Führungskräfteentwicklung ⇨ Ausbildung von Spezialisten ⇨ Rekruten werden nach qualitativen Gesichtspunkten ausgewählt ⇨ Ausbildung und Training haben sehr hohen Stellenwert	⇨ Gute Voraussetzungen für eine wirkungsvolle Personalentwicklung und Aus- und Weiterbildung können geschaffen werden.
⇨ gute, pünktliche und funktionsbezogene Besoldung ⇨ Pensionsansprüche und Sicherung des Lebensabends ⇨ Invalidenrente und sehr gute medizinische Versorgung	⇨ Wirkungsvolle Gehalts- und Anreizsysteme lassen sich einrichten und umsetzen.
⇨ Integration von Kommunikations- und Verwaltungsfunktionen	⇨ Die interne Kommunikation zwischen allen Beteiligten kann sichergestellt werden.
⇨ Dienst in der Legion wird als Ehre betrachtet ⇨ starke emotionale Verbindung zwischen Soldaten, Volk und Senat	⇨ Eine gemeinsame Identifikation und hohe Motivation der Mitarbeiter mit dem Unternehmen kann erreicht werden.

Literatur

[1] JAMES BRADLEY MIT RON POWERS, *Die Flaggen unserer Väter,* München/Deutschland 2006; englische Originalausgabe 2000 bei Bantam Books

[2] *Harry Truman wurde am 08. Mai 1884 in Lamar/Missouri geboren und ist am 26. Dezember 1972 in Kansas City gestorben. Er war der 33. Päsident der Vereinigten Staaten von Amerika.*

[3] *Tsunetomo Yamamoto wurde am 13. Juli 1659 in Saga, Japan geboren. Er starb am 30. November 1719. Yamamoto war Samurai. Nach dem Tode seines Fürsten wollte Yamamoto den traditionellen Selbstmord (Seppuku) begehen. Da sein Fürst ihm dies vor seinem Tode verboten hatte, wurde er Mönch und ging in ein Kloster. Dort verfasste er sein Werk Hagakure.*

[4] *Inazo Nitobe wurde am 01. September 1962 in Morika, Japan geboren und starb am 15. Oktober 1933. Er war ein japanischer Christ, Agrarwissenschaftler, Philosoph, Pädagoge, Autor und ein internationaler politischer Aktivist. Nitobe entstammt einem Samurai-Clan.*

[5] *Miyamoto Musashi wurde 1584 in Miyamoto geboren und starb 1645. Er wird als der größte japanische Samurai betrachtet. Musashi, der als Sohn eines Landsamurai geboren wurde, soll mit gerade dreizehn Jahren seinen ersten Gegner erschlagen haben. Nachdem er an sechs Kriegen teilgenommen, etliche Kämpfe ausgetragen und angeblich 60 Duelle für sich entschieden hatte, legte er mit Ende 20 seine Schwerter nieder und widmete sich der Suche nach einer tieferen Bedeutung seiner Schwertkampfkunst.*

[6] *Sun Tzu (auch Sunzi) wurde in China als Sohn einer adeligen Familie im damaligen Reich Qi in Lean geboren, dem heutigen Kreis Huimin in der Provinz Shandong. Er lebte zwischen ca. 534 v. Chr. und ca. 453 v. Chr.. Er war ein chinesischer General und Militärstratege. Sein Buch über die Kriegskunst gilt als das früheste Buch über Strategie.*

[7] *Niccolò Machiavelli wurde am 03. Mai 1469 geboren und starb am 22. Juni 1527 in Florenz. Er war ein italienischer Politiker, Philosoph, Geschichtsschreiber und Dichter. Sein Name wird heute vor allem mit rücksichtsloser Machtpolitik unter Ausnutzung aller (rechtmäßigen) Mittel verbunden. Vor allem aufgrund seines Werkes Il Principe (Der Fürst) gilt er als einer der bedeutendsten Staatsphilosophen.*

[8] *Marcus Vitruvius Pollio (auch: Vitruv oder Vitruvius) war ein römischer Architekt, Ingenieur und Schriftsteller des 1. Jahrhunderts v. Chr.*

[9] JANE PENROSE, *Rom und seine Feinde,* Deutschland/Stuttgart, 2007

[10] *Hannibal Barkas (247 bis 183 v. Chr.) gilt als einer der größten Feldherrn der Antike. Im Zweiten Punischen Krieg (218-201 v. Chr.) brachte er dem Römischen Reich die letzten schweren Niederlagen bei, bevor dieses zur einzigen mediterranen Großmacht aufstieg.*

[11]   Gaius Marius (156 bis 86 v. Chr.) war ein römischer Feldherr und Staatsmann. Berühmt wurde er vor allem durch seine Heeresreform, die er um etwa 107 v. Chr. einleitete. Er war mit einer Tante Julius Cäsars verheiratet.

[12]   Julius Cäsar (100 bis 44 v. Chr.) war ein römischer Staatsmann, Feldherr und Autor. Er eroberte Gallien und führte im anschließenden Bürgerkrieg das Ende der Republik herbei, indem er sich zum Alleinherrscher ausrief.

[13]   Flavius Valerius Constantinus (zirka 272 bis 337), auch bekannt als Konstantin der Große, war von 307 bis 337 römischer Kaiser. Er wurde vor allem als Wegbereiter des Christentums bekannt.

[14]   vgl. TONY DOMIN, Roma Victor - Die römische Legion Legende und Wirklichkeit, Gelnhausen/Deutschland 2003

[15]   Grafik aus: Tony Domin, Roma Victor - Die römische Legion Legende und Wirklichkeit, Gelnhausen/Deutschland 2003

[16]   vgl. JOSE SANCHEZ TOLEDO, Imperium Legionis – Die römische Armee des Kaiserreichs, Berlin/Deutschland, 2004; spanische Originalausgabe, Madrid

[17]   vgl. JOSE SANCHEZ TOLEDO, Imperium Legionis – Die römische Armee des Kaiserreichs, Berlin/Deutschland, 2004; spanische Originalausgabe, Madrid

[18]   vgl. TONY DOMIN, ROMA VICTOR – Die römische Legion Legende und Wirklichkeit, Gelnhausen/Deutschland 2003

[19]   vgl. JOSE SANCHEZ TOLEDO, Imperium Legionis – Die römische Armee des Kaiserreichs, Berlin/Deutschland, 2004; spanische Originalausgabe, Madrid

[20]   Grafik aus: Jose Sanchez Toledo, Imperium Legionis – Die römische Armee des Kaiserreichs, Berlin/Deutschland, 2004; spanische Originalausgabe, Madrid

[21]   Grafiken aus: Tony Domin, Roma Victor - Die römische Legion Legende und Wirklichkeit, Gelnhausen/Deutschland 2003, durch die Autoren bearbeitet und neu zusammengestellt

[22]   vgl. JOSE SANCHEZ TOLEDO, Imperium Legionis – Die römische Armee des Kaiserreichs, Berlin/Deutschland, 2004; spanische Originalausgabe, Madrid

[23]   vgl. JOSE SANCHEZ TOLEDO, Imperium Legionis – Die römische Armee des Kaiserreichs, Berlin/Deutschland, 2004; spanische Originalausgabe, Madrid

[24]   Reenactment bezeichnet eine Art der experimentellen Archäologie. Es handelt sich dabei um die historisch korrekte und detailgetreue Nachstellung von vergangenen Ereignissen wie Schlachten, gesellschaftlich relevanten Begebenheiten oder sogar ganzen Epochen. Die Reenactoren gestalten historische Kostüme und Waffen nach und tragen und benutzen diese.

Zusammenfassung
Die Analyse der römischen Legionen zeigt, dass erfolgreiche Organisationen bereits vor zweitausend Jahren Gestaltungsmerkmale aufwiesen, die sich in die heutige Zeit transferieren lassen. Die so ermittelten Erfolgsfaktoren können als zeitlos gültig angesehen werden, so dass ihre Anwendung auch heute projektbezogen möglich und sinnvoll ist.
Eine Systematisierung, Konsolidierung und Vereinheitlichung der Erfolgsfaktoren der römischen Legion führt zu folgendem Kriterienkatalog, der eine Begutachtung der heute üblichen Organisationsformen ermöglicht:
Firmitas (Festigkeit/Stabilität): klar definierte, transparente und nachvollziehbare Organisationsstrukturen; hohe Eigenverantwortlichkeit der Unternehmensbereiche; eindeutige Verteilung der Aufgaben und Kompetenzen; strukturelle Flexibilität und Reformfähigkeit der Organisation; wirkungsvolle Steuerungs- und Kommunikationsstrukturen; Strukturen ermöglichen wirtschaftliches Arbeiten.
Utilitas (Funktionalität/Prozesseffizienz): kontinuierliche Verbesserung der Unternehmensprozesse; flexible Verteilung der Ressourcen nach Schwerpunkten; effiziente, wirtschaftliche und professionelle Prozesse; hoher Grad an Automatisierung und Digitalisierung der Arbeitsprozesse.
Venustas (Schönheit/Attraktivität): gute Voraussetzungen für eine wirkungsvolle Personalentwicklung, Aus- und Weiterbildung; wirkungsvolle Gehalts- und Anreizsysteme; interne Kommunikation zwischen allen Beteiligten; gemeinsame Identifikation und hohe Motivation der Mitarbeiter mit dem Unternehmen.

Methoden

Programm-Management **121**
Thomas Krampert

Strategisches Controlling durch
Multiprojektmanagement **143**
Manfred Fitzner, Salvatore Ardito

Kollegiale Projektberatung **173**
Olaf Hinz

Controlling, Reviews und Audits in IT-Projekten **187**
Claudia Deimer, Walter Gora

Programm-Management

Projektorientiert arbeitende Organisationen müssen nicht nur den Projektmanagement-Prozess beherrschen, sondern benötigen auch Kompetenzen beim Programm- und beim Projektportfolio-Management. Welche Vorteile bietet Programm-Management gegenüber dem traditionellen Projektmanagement?

> **In diesem Beitrag erfahren Sie:**
> - wie sich modernes von traditionellem Projektmanagement unterscheidet,
> - was Programme als temporäre Organisationen auszeichnet und
> - welche speziellen Herausforderungen das Programm-Management an die Führung stellt.

THOMAS KRAMPERT

Einleitung

Die Komplexität heutiger IT-Systeme stellt IT-Manager vor neue Herausforderungen. Extrem kurze Innovationszyklen, zunehmende Globalisierung, ganzheitliches Lifecycle-Management aus Produktsicht oder die Vielzahl von parallelen Projekten, mit denen sich der IT-Manager gleichzeitig beschäftigen muss, sind nur einige Beispiele dafür.

Die Dimensionen der Managementaufgaben sind in jeder Hinsicht größer geworden. Programm-Management, Portfolio-Management, projektorientierte Organisation – es gilt zu entscheiden, welcher Ansatz am besten geeignet ist, die unternehmens- und projektspezifischen Herausforderungen erfolgreich zu meistern.

Um den Herausforderungen sich stetig wandelnder Märkte erfolgreich zu begegnen und damit im Wettbewerb – sowohl um Kunden als auch um Investoren – nachhaltig bestehen zu können, sehen sich Wirtschaftsunternehmen mit einer zunehmenden Anzahl an Projekten konfrontiert. Eine effektive Auswahl und ein effizientes Durchführen der verschiedenen Projekte – das heißt ein klar auf den unternehmerischen Erfolg ausgerichtetes Multiprojekt-Management – sind daher von zentraler Bedeutung. Dabei sind unter den Begriffen Multiprojekt-Management und Programm-Management Verfahren und Regeln zu verstehen, nach denen das Unternehmen die Projektprioritäten vergibt und die Ressourcen mit dem Ziel steuert, den Gesamtnutzen für das Unternehmen zu optimieren. Neben dem Management des Einzelprojekts ist es ebenso erforderlich, die Gesamtheit aller Projekte, also das Projektportfolio, zu planen und zu realisieren. Diese Definition macht deutlich, dass beim Multiprojekt-Management Aspekte der Unternehmenssteuerung im Vordergrund stehen und inhaltlich eine starke Nähe zum Prozess der Strategieformulierung und -umsetzung besteht. Das Programm-Management orientiert sich daher vor allem an den Belangen der Unternehmensleitung im Sinne einer wertorientierten Steuerung.

Allgemeines und Begriffe

Projektmanagement

Die Norm DIN 69901 definiert Projektmanagement als die »Gesamtheit von Führungsaufgaben, -organisation, -techniken und -mitteln für die Abwicklung eines Projektes«. Es gibt verschiedene Strukturen und Methoden des Projektmanagements, für die teilweise eigene Vorgehensmodelle existieren. Die Wahl der Vorgehensweise zur Durchführung eines Projekts richtet sich meist nach:
⇨ Vorgaben der Organisation oder des Auftraggebers (Richtlinien);
⇨ Größe des Projekts (zum Beispiel Anzahl Personentage, Budget);
⇨ Komplexität des Projekts, wobei man nach technischer und sozialer Komplexität unterscheidet;
⇨ Branche des Projekts, falls ein branchen-/produktspezifisches Vorgehensmodell verwendet wird und

⇨ weitere Kategorisierungen (zum Beispiel Entwicklungsprojekt, Lernprojekt etc.).

Mit der Projektdurchführung können eine einzige, aber auch mehrere tausend Personen befasst sein. Entsprechend reichen die Werkzeuge des Projektmanagements von einfachen To-do-Listen bis hin zu komplexen Organisationen mit ausschließlich zu diesem Zweck gegründeten Unternehmen und massiver Unterstützung durch Projektmanagementsoftware. Daher ist eine der Hauptaufgaben des Projektmanagements vor Projektbeginn die Festlegung, welche Projektmanagement-Methoden beim jeweiligen Projekt angewendet und wie sie gewichtet werden sollen. Eine Anwendung aller Methoden in einem kleinen Projekt würde zur Überadministrierung führen, also das Kosten-/Nutzenverhältnis in Frage stellen. Der Projektmanager bewegt sich dabei zwischen den Größen
⇨ Termine,
⇨ Kosten und
⇨ Qualität
des Projekts (»magisches Dreieck«).

Diese drei Größen werden von den Stakeholdern (zum Beispiel Eigentümer, Manager, Mitarbeiter, Kunden, Lieferanten, Staat) oft unterschiedlich und eventuell widersprüchlich gesehen.

Um den Projekterfolg zu gewährleisten, muss der Projektmanager also zunächst die Interessen der Stakeholder transparent machen und dann gemeinsam mit ihnen eine Projektplanung erstellen. Letztendlich wird mit dem Auftraggeber eine Priorität dieser Größen festgelegt, auf der dann die Projektsteuerung aufgebaut wird. Das Projektreporting beschreibt das Projekt (oder die einzelnen Ergebnistypen des Projekts) dann immer in Bezug auf diese drei Größen.

Wenn die Organisationsform eines Unternehmens Ressourcenkonflikte erwarten lässt (zum Beispiel Matrixorganisation), wird manchmal eine vierte Steuergröße »Personal« beschrieben. Auch wenn Personal sonst ein Teil der Kosten ist (Personalkosten), kann es ent-

Programm-Management

Lieferanten
- gemeinsame Produktentwicklungen
- Outsourcing

Kunden
- Bedarf nach komplexeren Produkten
- Vernetzung mit Lieferanten
- Internationalisierung

Unternehmen

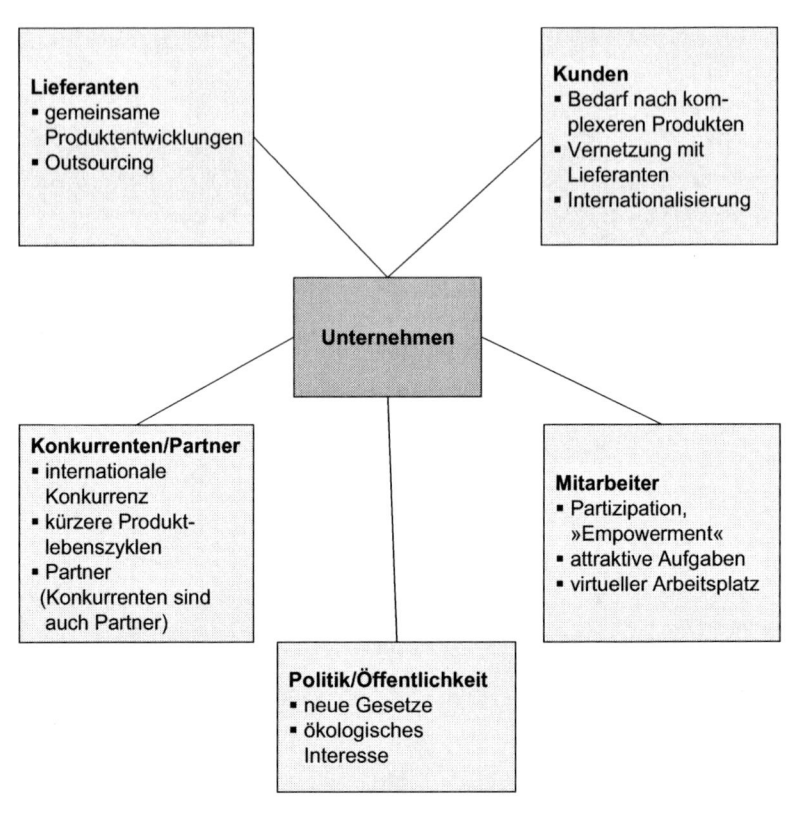

Konkurrenten/Partner
- internationale Konkurrenz
- kürzere Produktlebenszyklen
- Partner (Konkurrenten sind auch Partner)

Mitarbeiter
- Partizipation, »Empowerment«
- attraktive Aufgaben
- virtueller Arbeitsplatz

Politik/Öffentlichkeit
- neue Gesetze
- ökologisches Interesse

Abb. 1: *Stakeholder im Projekt*

scheidend sein, bestimmte Personen im Projekt zu haben. Dies sollte explizit beschrieben und allen Stakeholdern transparent sein. Abweichungen werden im Projektreporting transparent gemacht. Das magische Dreieck (siehe Abb. 3) zeigt auch, dass eine Änderung an einer der Steuergrößen automatisch zu Änderungen an einer oder beiden anderen Größen führt.

Neben dem Projektmanagement wird in der Praxis – insbesondere bei großen und komplexen Projekten – vermehrt vom »Programm-Management« gesprochen. Der Begriff »Programm-Management«

wird bisher von keiner Norm oder Richtlinie verwendet. Die Begriffe »Multiprojekt-Management«, »Programm-Management« und »Projektportfolio-Management« werden derzeit noch überschneidend verwendet, so dass eine eindeutige Abgrenzung noch nicht möglich erscheint. In den aktuellen deutschen Normierungsbestrebungen wird der Versuch einer Abgrenzung unternommen.

Multiprojekt-Management

Werden mehrere Projekte gleichzeitig gesteuert und koordiniert, spricht man von Multiprojekt-Management. Multiprojekt-Management, das häufig – etwa bei großen Baufirmen oder im Anlagenbau – gefragt ist, stellt besondere Herausforderungen an die Beteiligten, weil hier kritische Ressourcen über mehrere, vermeintlich oder tatsächlich voneinander unabhängige und um Ressourcen konkurrierende Projekte hinweg koordiniert werden müssen.

Projektportfolio-Management

Im Projektportfolio-Management werden die Projekte eines Unternehmens (meist rein aus Controlling-Sicht) verwaltet. Das Portfolio-Management wird durch Konsolidierung der Kennzahlen aller Projekte eines Unternehmens dem Informationsbedürfnis des Managements gerecht.

Projektportfolio-Management bewegt sich im Spannungsfeld zwischen operativen und strategischen Entscheidungen. Zum einen gilt es, auf der strategischen Ebene das Projektportfolio »richtig« zusammenzustellen und die »richtigen« Schwerpunkte zu setzen, zum anderen sind die einzelnen Projekte auf der operativen Ebene wirtschaftlich abzuwickeln, Ressourcenkonflikte und zeitlich bedingte Engpässe zu lösen.

Programm-Management

Vom Multiprojekt-Management abzugrenzen ist der Begriff des Programm-Managements. Unter einem »Programm« versteht man in diesem Fall ein Bündel (inhaltlich) zusammengehörender Projekte. Programm-Management ist im Gegensatz zu Multiprojekt-Management aber zeitlich limitiert (ähnlich wie ein Projekt).

Bei der gleichzeitigen Planung, übergreifenden Steuerung und Überwachung mehrerer (untereinander abhängiger) Projekte spricht man von Programm-Management. Viele Autoren (unter anderem PMI/GPM) verstehen unter Programm ein Bündel von Projekten mit inhaltlich zusammenhängender Zielrichtung.

Programm-Management-Projekte innerhalb von Programmen haben gemeinsame Ziele. Für Projektmanager ergeben sich daraus oft eine Vielzahl von Beschränkungen (zum Beispiel terminlich, budgetbezogen, technisch), da ihre Projekte mit den anderen Projekten innerhalb des Programmes koordiniert werden müssen.

Als Programm-Management bezeichnet man eine nicht notwendigerweise zeitlich befristete Managementaufgabe, welche die gestaltende Planung, die übergreifende Leitung und das Controlling (im Sinn von Steuerung, Lenkung) einer definierten Menge inhaltlich zusammengehöriger Projekte umfasst. Programm-Management kann als strategisches Multiprojekt-Management verstanden werden. Es ist die Gestaltung und Leitung eines Programms, verstanden als Menge zusammengehöriger Projekte. Zu den Aufgaben des Programm-Managements gehören in der Regel:

⇨ die Definition von Programmen zur Umsetzung strategischer Ziele;
⇨ die Initiierung von Projekten für diese Programme;
⇨ die Beurteilung von beantragten Projekten;
⇨ die Bewilligung, Zurückstellung und Ablehnung von Projektanträgen;
⇨ die Überwachung von Projekten aus Sicht des Auftraggebers;
⇨ ein gemeinsames Projektmarketing;

⇨ ein projektübergreifendes Informationswesen;
⇨ ein projektübergreifendes Qualitätsmanagement sowie
⇨ weitere projektübergreifende Managementaufgaben.

Das Programm-Management stellt sicher, dass die einzelnen Verbesserungsprogramme aufeinander abgestimmt sind. Die Zielsetzungen der einzelnen Programme müssen sich gegenseitig unterstützen und dürfen sich nicht gegenseitig ausbremsen.

Internationale Projektmanagement-Standards

Nachfolgend sind einige internationale PM-Standards aufgeführt, welche keinen Anspruch auf Vollständigkeit erheben:
⇨ PMBOK Guide: PM-Standard des Projektmanagementverbandes Project Management Institute
⇨ ICB: PM-Standard des Projektmanagementverbandes International Project Management Association IPMA Competence Baseline
⇨ PRINCE2: weit verbreitete Projektmanagementmethode in Großbritannien und den Niederlanden
⇨ Goal Directed Project Management (GDPM)

Projektorientierung

Viele Unternehmen sind aufgrund ihrer dynamischen Grenzen und ihrer dynamischen Umgebungen komplexe Organisationen und bedürfen der Herausforderung einer Projektorientierung. Die Grenzen projektorientierter Unternehmen verändern sich laufend durch die
⇨ variierende Anzahl und Größe jeweils aktueller Projekte und Programme,
⇨ variierende Anzahl von Mitarbeitern,
⇨ variierende Raum- und IT-Infrastruktur und
⇨ variierenden Budgets.

Programm-Management

Unternehmen, die Kundenaufträge in Form von Projekten durchführen, können Schwankungen der Jahresumsätze von 50 bis 100 Prozent unterliegen. Die Umgebungen projektorientierter Unternehmen sind einerseits aufgrund der jeweils projekt- beziehungsweise programmspezifischen Umwelten und andererseits aufgrund der variierenden Kooperationen und strategischen Allianzen besonders dynamisch.

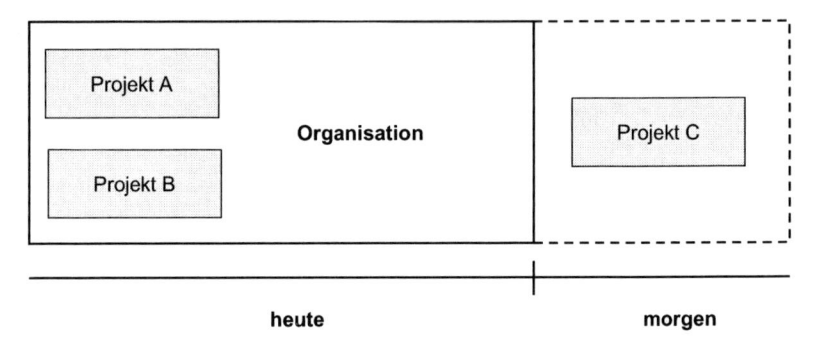

Abb. 2: *Dynamische Grenzen projektorientierter Unternehmen*

Die organisatorische Differenzierung erfolgt durch die Definition von Projekten und Programmen und durch die Förderung der Autonomie dieser Projekte und Programme. Projektorientierte Unternehmen nehmen Projekte und Programme als temporäre Organisationen zur Durchführung komplexer Prozesse, wie zum Beispiel zur Abwicklung eines Kundenauftrags, zur Entwicklung eines Produkts oder zur Reorganisation eines Geschäftsbereichs, wahr.

Unternehmen mit Projektorientierung betrachten Projekte als eine strategische Option zum Design der Unternehmensorganisation. Durch die Anwendung eines »Management by Projects« als Organisationsstrategie sollen folgende Ziele realisiert werden:

⇨ Schaffung organisatorischer Flexibilität durch den Einsatz temporärer Organisationen zusätzlich zur permanenten Stammorganisation,

⇨ Delegation von Managementverantwortung in Projekte und Programme,
⇨ zielorientiertes Arbeiten durch die Definition von Projekt- und Programmzielen und Sicherung des organisatorischen Lernens durch das Monitoren von Projekten und Programmen.

Zur Realisierung der Ziele und Strategien eines projektorientierten Unternehmens sind Maßnahmen zur Integration erforderlich. Spezifische Vorkehrungen zur organisatorischen Integration sind permanente Organisationseinheiten, wie zum Beispiel das PM-Office (PMO) und die Projektportfolio-Gruppe. Die Einführung von Geschäftsprozessen, wie zum Beispiel der Projektmanagement- und der Programm-Management-Prozess, sowie eine Unternehmenskultur, die durch die Umsetzung eines neuen Managementparadigmas charakterisiert ist, sind ebenso erforderlich. Außer dem Projektmanagement-Prozess sind
⇨ der Projektbeauftragungs-Prozess,
⇨ der Programm-Management-Prozess,
⇨ der Projektportfolio-Management-Prozess,
⇨ der Projektcoaching- und der Projektauditing-Prozess sowie
⇨ der Prozess des Projekte-Netzwerkens
spezifische Geschäftsprozesse projektorientierter Unternehmen. Diese Geschäftsprozesse können durch die Beschreibung der zu erfüllenden Funktionen, der dafür zuständigen Organisationseinheiten, der einzusetzenden Methoden sowie der zu erzielenden Ergebnisse definiert werden.

Traditionelles Projektmanagement

Projektmanagement-Ansätze lassen sich nach der Art, wie Projekte wahrgenommen werden, unterscheiden. Traditionelle, methodenorientierte Projektmanagement-Ansätze basieren auf der Wahrnehmung von Projekten als Aufgaben mit besonderen Merkmalen.

Programm-Management

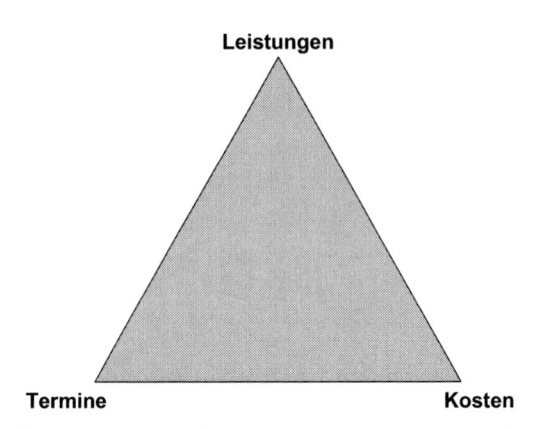

Abb. 3: *Traditionelle Betrachtungsobjekte des Projektmanagements (»Magisches Dreieck«)*

Modernes Projekt- und Programm-Management

Moderne systematische und prozessorientierte Projektmanagement-Ansätze basieren auf der Wahrnehmung von Projekten als temporäre Organisationen und als soziale Systeme. Zu berücksichtigen sind
⇨ Einflüsse der Organisationstheorie auf den Ansatz,
⇨ Einflüsse der sozialen Systemtheorie auf den Ansatz,
⇨ Konstruktion der Projektgrenzen und der Projektumgebung,
⇨ Aufbau und Abbau von Projektkomplexität,
⇨ Management der Projektdynamik,
⇨ Prozessorientierung im Ansatz.

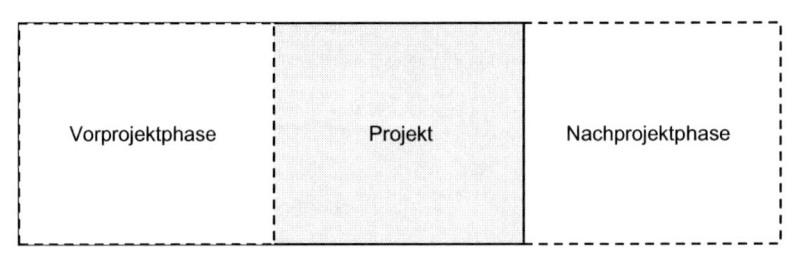

Abb. 4: *Projektphasen*

Der in einem Programm zu realisierende Prozess beinhaltet einerseits komplexe Teilprozesse, die in Projekten durchgeführt werden, und wenig komplexe Teilprozesse, wie zum Beispiel die Erfüllung von Trainingsaufgaben, die als einzelne Arbeitspakete durchgeführt werden.

Ablauforganisatorisch entspricht der Programm-Management-Prozess dem Projektmanagement-Prozess. Der Programm-Management-Prozess ist ein Geschäftsprozess projektorientierter Unternehmen, der die Teilprozesse Programmstart, Programmkoordination, Programmcontrolling, Programmabschluss und eventuell das Management einer Programmdiskontinuität beinhaltet.

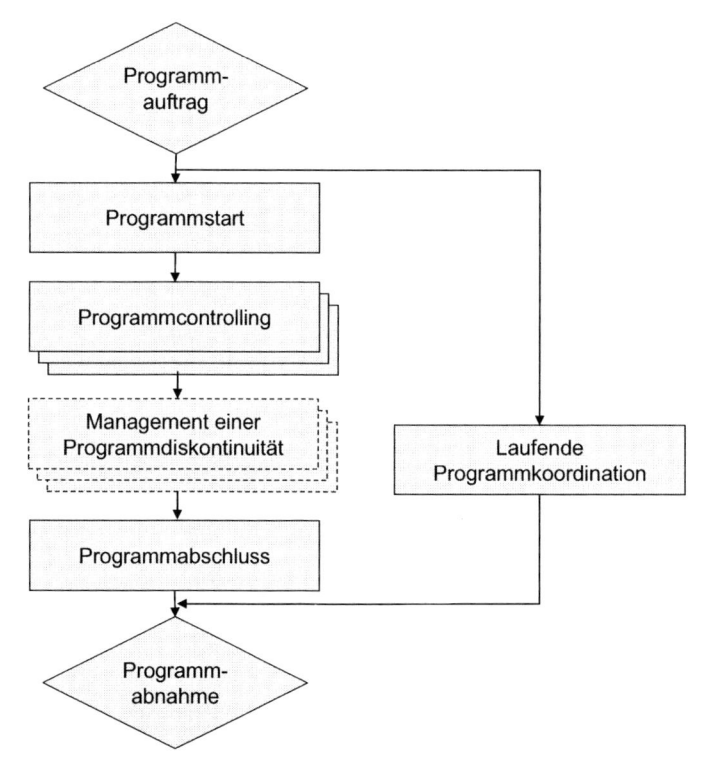

Abb. 5: *Programm-Management-Prozess*

Programme sind temporäre Organisationen

Für die Erfüllung von Prozessen unterschiedlicher Komplexität sind unterschiedliche Organisationen adäquat. Ein Programm ist eine temporäre Organisation zur Erfüllung eines einmaligen Prozesses hoher Komplexität mit mittel- bis langfristiger Dauer.

Tabelle 1: Charakteristika verschiedener Organisationsformen

Charakteristika von Geschäftsprozessen	Ausprägung		
Häufigkeit	oftmalig	einmalig	einmalig
Leistungsumfang	klein	mittel-groß	groß
Bedeutung	gering	mittel-hoch	hoch
Dauer	kurz	kurz-mittel	mittel-lang
Ressourceneinsatz	gering	mittel	hoch
Kosten	gering-mittel	mittel-hoch	hoch
Anzahl Organisationen	wenige	mehrere-viele	viele
	↓	↓	↓
Organisationsform	Permanente Organisation oder Arbeitsgruppe	Projekt	Programm

Programme im organisatorischen Sinn sind zum Beispiel die Entwicklung einer Produktfamilie in einem Dienstleistungsunternehmen, die Implementierung einer komplexen IT-Lösung in einem internationalen Konzern oder die Reorganisation mehrerer Unternehmen in einer Holding.

Ein Programm ist für das durchführende Unternehmen von hoher strategischer Bedeutung, es ist einmalig und es ist zeitlich befristet. Das jährliche Investitionsprogramm eines Unternehmens oder die Ergebnisse der strategischen Unternehmensplanung stellen daher kein Programm im organisatorischen Sinn dar.

Die projektorientierte Organisation hat folgende Merkmale:
⇨ Management-by-Projects ist eine explizite Organisationsstrategie,

⇨ Projekte und Programme werden als temporäre Organisationen eingesetzt,
⇨ Projekt-Netzwerke, Projekt-Ketten und Projektportfolien sind Betrachtungsobjekte des Managements,
⇨ Projektmanagement, Programm-Management und Projektportfolio-Management sind spezifische Geschäftsprozesse,
⇨ die Know-how-Sicherung erfolgt in Expertenpools,
⇨ die Projektmanagement-Kompetenz wird durch ein PM-Office oder von einer Projektportfolio-Gruppe gesichert und
⇨ ein neues Management-Paradigma, das durch Teamarbeit, Prozessorientierung und Empowerment charakterisiert ist, wird angewandt.

Programm-Management ist mehr als das Management eines Großprojekts

Der in einem Programm zu realisierende Prozess beinhaltet einerseits komplexe Teilprozesse, die in Projekten durchgeführt werden, und weniger komplexe Teilprozesse – wie zum Beispiel die Erfüllung von Trainingsaufgaben –, die als einzelne Arbeitspakete durchgeführt werden. Aufbauorganisatorisch kann bei Programmen zwischen Projekten und spezifischen Rollen und Organisationseinheiten – nämlich einem Programm-Auftraggeber, einem Programm-Manager, einer Programm-Koordination und einem Programm-Office – unterschieden werden.

Rollenkonflikt des Projektauftraggeberteams

Mit der Entscheidung für einen Projektauftrag stellt sich die Herausforderung der taktischen Rollen- und Aufgabenzuordnung.
Wird bei der Umsetzung von Projekten und Programmen externe Unterstützung erforderlich, kann zwischen folgenden Arten der Beratung unterschieden werden:
⇨ Training von Personen und von Teams in Projekten und Programmen,

Projektteam

ergebnisbezogene Erwartungen
- Ressourcen, Hilfsmittel
- gute Bezahlung

prozessbezogene Erwartungen
- Zeit für Konfliktlösung, Entscheidungen, Feedback,
- Projektmarketing
- wenige Interventionen
- Umsetzung der Ergebnisse

Projektmanager

ergebnisbezogene Erwartungen
- klare Zielvorgaben
- Vorgabe der Projektstrategie
- laufend Informationen über relevante Aktivitäten, Projekte
- klare Anforderungen bzgl. gewünschter Information, Berichte
- Ressourcen, Hilfsmittel, qualifizierte Teammitglieder, gute Bezahlung

prozessbezogene Erwartungen
- Zeit für Konfliktlösungen, Entscheidungen, Feedback
- Projektmarketing
- wenige Interventionen
- Umsetzung der Ergebnisse
- Stellvertretung bei Abwesenheit

Projektauftraggeberteam

Mitglieder der Stammorganisation

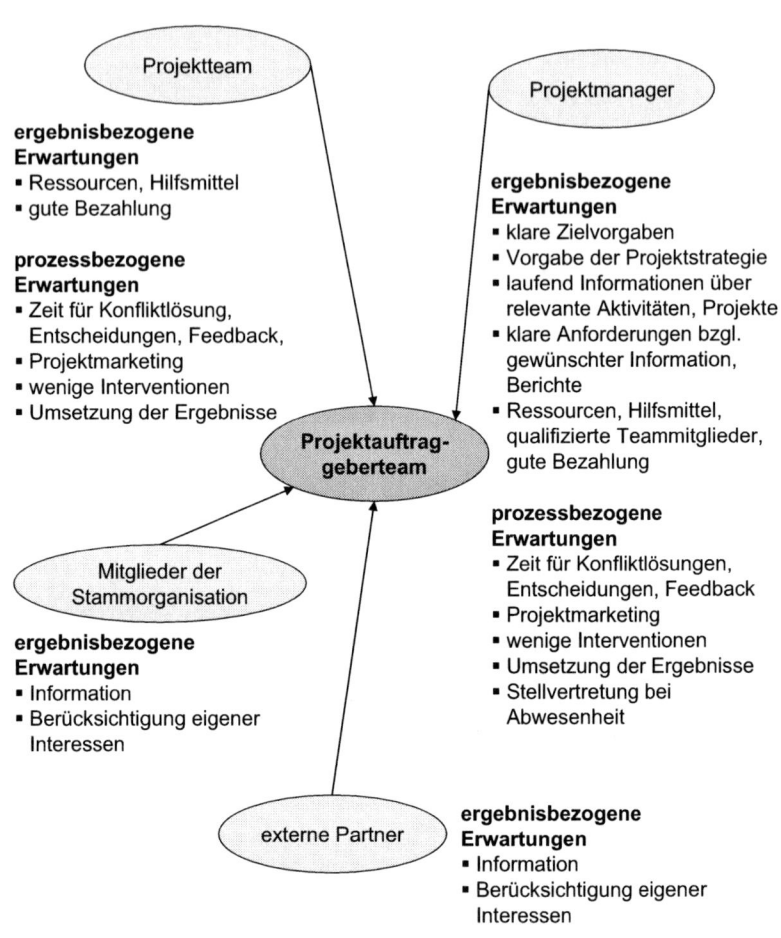

ergebnisbezogene Erwartungen
- Information
- Berücksichtigung eigener Interessen

externe Partner

ergebnisbezogene Erwartungen
- Information
- Berücksichtigung eigener Interessen

Abb. 6: *Rollenkonflikt des Projektauftraggebers*

⇨ Management-Coaching von Personen in Projekten und Programmen,
⇨ Management-Coaching von Teams in Projekten und Programmen,
⇨ Moderation von Kommunikationssituationen in Projekten und Programmen,

⇨ inhaltliche Beratung und Management-Consulting von Projekten und Programmen,
⇨ externes Projekt- und Programm-Management.

Nutzen des Programm-Managements

Beim Programm-Management stehen Aspekte der Unternehmenssteuerung im Vordergrund und es besteht inhaltlich eine starke Nähe zum Prozess der Strategieformulierung und -umsetzung. Das Programm-Management orientiert sich daher vor allem an den Belangen der Unternehmensleitung im Sinne einer wertorientierten Steuerung.

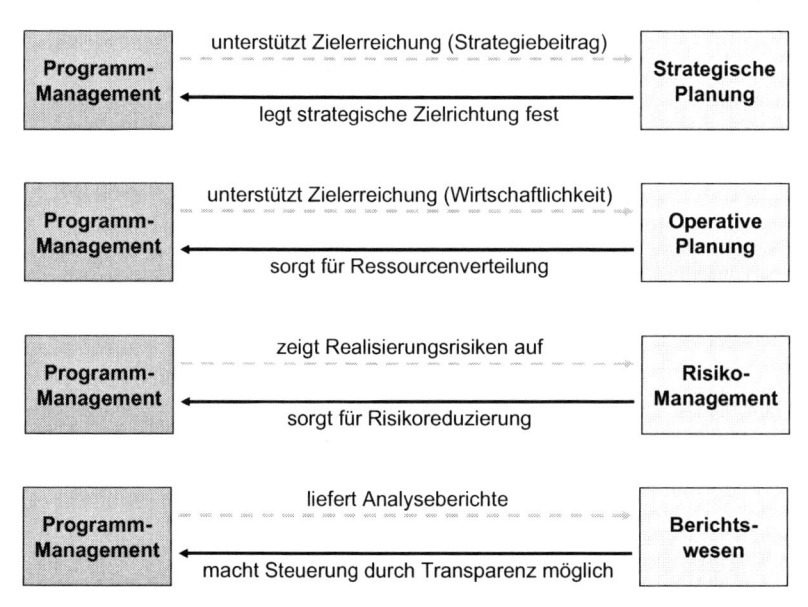

Programm-Management	unterstützt Zielerreichung (Strategiebeitrag) → ← legt strategische Zielrichtung fest	Strategische Planung
Programm-Management	unterstützt Zielerreichung (Wirtschaftlichkeit) → ← sorgt für Ressourcenverteilung	Operative Planung
Programm-Management	zeigt Realisierungsrisiken auf → ← sorgt für Risikoreduzierung	Risiko-Management
Programm-Management	liefert Analyseberichte → ← macht Steuerung durch Transparenz möglich	Berichtswesen

Abb. 7:   *Zusammenhang zwischen Programm-Management und Unternehmenssteuerung*

Beispiel: IT-Projekt Öffentliche Verwaltung

Ich möchte das Programm-Management am Beispiel eines IT-Projektes in der Öffentlichen Verwaltung darstellen. Anlass des Projektes war die Erneuerung einer bundesweiten Kommunikationsplattform, mit dem Ziel, eine organisationsübergreifende, einheitliche und dem Stand der Technik entsprechende Infrastruktur bereitzustellen. Damit wurden die unmittelbaren Voraussetzungen geschaffen, die eine Fülle von organisatorischen, rechtlichen und technischen Maßnahmen notwendig machten. Das Projekt erforderte eine komplexe Aufbauorganisation, da Behörden und Firmen aus den Ebenen Bund, Ländern, Gemeinden beziehungsweise der Wirtschaft eingebunden waren. Insbesondere waren in diesem Fall klare Abgrenzungen zu treffen:

⇨ bei der Definition der Verantwortlichkeiten (Überschneidungsfreiheit);
⇨ beim Aufbau klarer Reportingstrukturen;
⇨ bei der Kommunikation der verschiedenen Organisationseinheiten und
⇨ bei der Einbindung aller relevanten Gremien (zum Beispiel Datenschutzbeaufragte, Personalräte).

Ursprünglich gliederte sich das Projekt in sechs Teilprojekte. Mit dem Fortschritt des Projektes machten es die Komplexität (Einbindung vieler Behörden und Organisationen, Abhängigkeiten der Teilprojekte untereinander, Überschneidung von Tätigkeitsfeldern) und die unterschiedlichen Verantwortlichkeitsbereiche (Projekt beziehungsweise Programm, Regelorganisation, nachgeordnete Behörden, Dienstleister, Subunternehmer) erforderlich, einen Lenkungsausschuss einzusetzen. Dieser steuert und kontrolliert die Einhaltung der projektspezifischen Rahmenbedingungen. Die Teilprojekte gestalteten sich teilweise so umfangreich (Analysen, Konzepte, Lastenhefte, Ausschreibungen, Pflichtenhefte, Realisierung, Tests, Schulungen, Betrieb) und heterogen (Baumaßnahmen, Software-Entwicklung, Hardware-Erweiterung und -Austausch, Parallelbetrieb alter und neuer Technik, Übergang in den laufenden Betrieb und Rückbau der alten Technik), dass für diese Bereiche ein Programm notwendig wurde. Dabei koordinieren die Programme ihre eigenen (Teil-)Projekte.

Eine besondere Herausforderung waren die vielen notwendigen Abstimmungen aller Beteiligten, ohne die Verantwortlichkeiten der Regelorganisation zu untergraben sowie die rechtlichen und beschaffungsspezifischen Rahmenbedingungen zu berücksichtigen. Abbildung 8 zeigt beispielhaft die Organisation des Projektes.

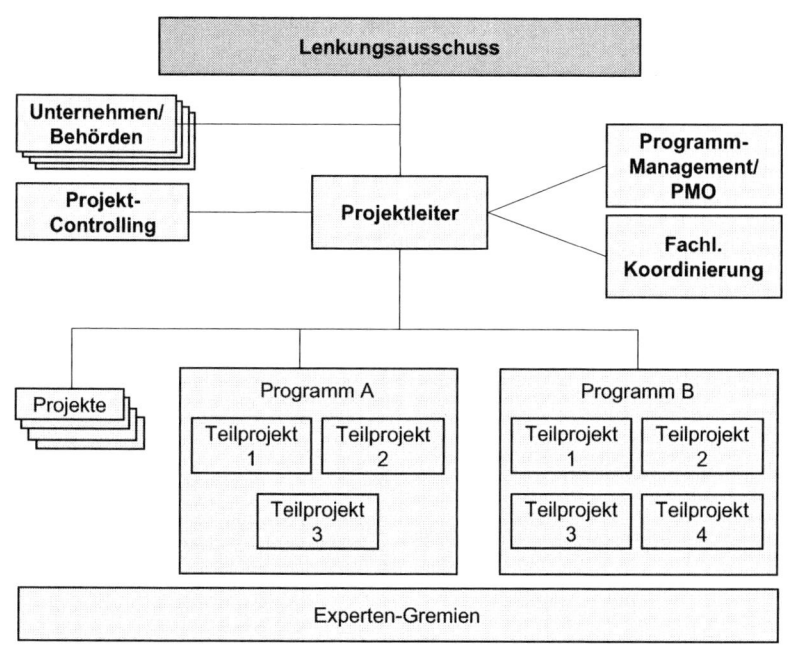

Abb. 8: *Beispiel Projektorganisation*

Die Vielzahl sehr unterschiedlicher Anforderungen an die (Teil-) Projekte/Programme erlaubt keinen durchgängigen Einsatz einer strikten Methode, wie zum Beispiel des V-Modells. Auf Grund dieser Bandbreite ist eine klare Definition von fest umrissenen Arbeitspake-

ten und damit verbundenen Prozessen für die einzelnen (Teil-)Projekte/Programme von großer Bedeutung:
- ⇨ klare Zieldefinitionen für jedes (Teil-)Projekt/Programm;
- ⇨ Definition der Arbeitspakete, insbesondere der genügend kleinen Granularität und der Sicherstellung der Messbarkeit von Fortschritten im Projektverlauf (Meilensteine);
- ⇨ Beziehung von Arbeitspaketen zu konkreten Arbeitsergebnissen;
- ⇨ Controlling der durch die Lieferanten zu verantwortenden Arbeitspakete, Maßnahmen und Ergebnisse, zum Beispiel bei Fortschrittsberichten und Abnahmen;
- ⇨ Einhaltung von vorgegebenen Richtlinien, Standards, Grundsätzen und Vorgehensweisen, zum Beispiel die ITIL-Konformität (Berücksichtigung der ITIL-Prozesse) der Betriebsführung.

Die Programme beziehungsweise (Teil-)Projekte weisen eine gemeinsame Grundstruktur auf. Dabei werden phasenübergreifende und phasenbezogene Aufgaben unterschieden. Phasenübergreifende Aufgaben sind:
- ⇨ Programm-/Projektmanagement,
- ⇨ Qualitätsmanagement,
- ⇨ Konfigurationsmanagement,
- ⇨ Problem- und Änderungsmanagement,
- ⇨ Kostenmanagement und Controlling,
- ⇨ Projektkommunikation.

Phasenbezogene Aufgaben sind:
- ⇨ Projektstart,
- ⇨ Projektdurchführung,
- ⇨ Betriebsintegration,
- ⇨ Abnahme und Freigabe,
- ⇨ Projektabschluss.

Innerhalb der phasenbezogenen Aufgaben wird ein Lastenheft erstellt, welches die Anforderungsspezifikation enthält. Das Lastenheft definiert, was und wofür etwas gemacht werden soll (Fachkonzept). Das Lastenheft ist das Ergebnis der Planungsphase. Der aktuelle Ist-Zustand (Ist-Analyse) wird – abhängig vom Erfordernis im (Teil-)Projekt – analysiert. Das Soll-Konzept beschreibt die aus Sicht des (Teil-)Projektes erforderlichen Deltas zum Ist-Zustand. Das Pflichtenheft wird nach der Vergabe durch den Auftragnehmer erstellt und beschreibt, was und womit etwas realisiert werden soll. Dabei können jeder Anforderung des Lastenhefts eine oder mehrere Leistungen des Pflichtenheftes zugeordnet werden. So wird auch die Reihenfolge der beiden Dokumente im Entwicklungsprozess deutlich: Die Anforderungen werden durch Leistungen erfüllt. Die Vergabe und Realisierung schließen die Realisierungsphase ab. Je nach Ausprägung des (Teil-)Projektes schließen sich die Test-, Abnahme- und Schulungsphase sowie die Übergabe in den Wirkbetrieb an. Abbildung 9 zeigt das darauf basierende Vorgehensmodell.

Bei einem regulären Ende des Projekts – der erfolgreichen Überführung der erstellten Lösung in den Wirkbetrieb – sind verschiedene abschließende Arbeiten erforderlich. Der Projektleiter erarbeitet eine Vorlage für einen Abschlussbericht, die gemeinsam mit dem Auftraggeber geprüft und dann von Auftraggeber und Projektleiter formal unterzeichnet wird. Diese Genehmigung des Abschlussberichts stellt zugleich die formale interne Abnahme des gesamten Projekts und die formale Entlastung des Projektleiters von seinen Aufgaben dar. Gleichzeitig wird das Projekt-Team aufgelöst, die Team-Mitglieder kehren in die Linienorganisation zurück. Durch die interne Abnahme geht die Verantwortung endgültig auf die betriebsführenden Dienststellen über.

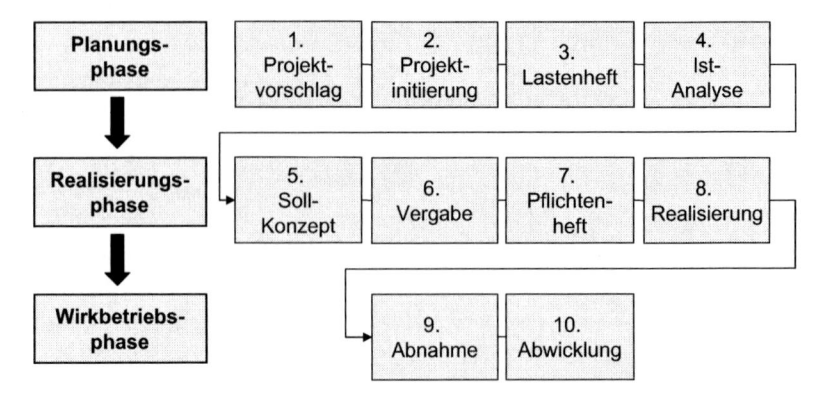

```
┌─────────────┐   ┌──────────┐   ┌──────────┐   ┌──────────┐   ┌──────────┐
│ Planungs-   │   │    1.    │   │    2.    │   │    3.    │   │    4.    │
│   phase     │──▶│ Projekt- │──▶│ Projekt- │──▶│Lastenheft│──▶│   Ist-   │──┐
│             │   │vorschlag │   │initiierung│   │          │   │ Analyse  │  │
└─────────────┘   └──────────┘   └──────────┘   └──────────┘   └──────────┘  │
      │ ┌──────────────────────────────────────────────────────────────────────┘
      ▼ ▼
┌─────────────┐   ┌──────────┐   ┌──────────┐   ┌──────────┐   ┌──────────┐
│Realisierungs│   │    5.    │   │    6.    │   │    7.    │   │    8.    │
│   phase     │──▶│  Soll-   │──▶│ Vergabe  │──▶│ Pflichten│──▶│Realisier-│──┐
│             │   │ Konzept  │   │          │   │   heft   │   │   ung    │  │
└─────────────┘   └──────────┘   └──────────┘   └──────────┘   └──────────┘  │
      │ ┌──────────────────────────────────────────────────────────────────────┘
      ▼ ▼
┌─────────────┐                  ┌──────────┐   ┌──────────┐
│Wirkbetriebs-│                  │    9.    │   │   10.    │
│   phase     │─────────────────▶│ Abnahme  │──▶│Abwicklung│
└─────────────┘                  └──────────┘   └──────────┘
```

<u>Abb. 9:</u>   *Beispiel Vorgehensmodell*

Literatur

[1]   ROLAND GAREIS; *Programm-Management und Projektportfolio-Management: Zentrale Kompetenzen Projektorientierter Unternehmen,* »*Happy Projects!*« *3. Auflage, ISBN: 10: 3-214-08438-0,*

[2]   PROF. DR. MANFRED ESSER; *Projekt- & Programm-Management, Fakultät für Wirtschaftswissenschaften, Lehrstuhl Wirtschaftsinformatik II, Technische Universität Chemnitz; Vorlesungsunterlagen 2005*

[3]   *GPM-Magazin PM aktuell - Heft 4/2007*

[4]   *Projektportfolio- und Programm-Management, Conect Business Academy Österreich, www.conect.at, (Zugriff: Mai 2008)*

[5]   *Technologie-Management-Gruppe Karlsruhe, www.tmg-karlsruhe.de, (Zugriff: Mai 2008)*

Zusammenfassung

Behörden und Unternehmen, die projektorientiert arbeiten, benötigen nicht nur Erfahrungen im Bereich des Projektmanagement-Prozesses, sondern auch Kompetenzen beim Programm- und beim Projektportfolio-Management. Die Gestaltung und Umsetzung eines Programm-Management-Prozesses hängt von den Bedürfnissen und Zielen, den Anforderungen, den eingesetzten Verfahren und der Größe und Struktur der Organisation ab. Diese Faktoren und unterstützenden Systeme ändern sich im Laufe der Zeit. Die Umsetzung des Programm-Management-Prozesses passt sich den Bedürfnissen der Organisation an. Die Ziele, Methoden und organisatorischen Zuständigkeiten zur Ausführung dieser Prozesse sollten klar festgelegt sein und einem periodischen Assessment unterzogen werden. Der prozessorientierte Ansatz beinhaltet auch Wiederholungszyklen für die Einrichtung, Umsetzung, Durchführung, Überwachung, Überprüfung, Aufrechterhaltung und Verbesserung eines organisationseigenen Programms. Zur wirksamen Funktion einer Organisation ist es erforderlich, zahlreiche Aktivitäten zu identifizieren und zu verwalten. Beim prozessorientierten Ansatz für das Management von Programmen und Projekten sind die folgenden Punkte von besonderer Bedeutung:

- ⇨ Verständnis der Anforderungen einer Organisation und die Notwendigkeit, Ziele festzulegen;
- ⇨ Umsetzung und Betrieb von Maßnahmen, um diese im Zusammenhang mit den allgemeinen Geschäftsrisiken der Organisation zu verwalten;
- ⇨ Überwachung und Überprüfung der Leistung und Wirksamkeit des Prozesses;
- ⇨ kontinuierliche Verbesserung auf der Basis objektiver Messungen.

Strategisches Controlling durch Multiprojektmanagement

Das strategische Controlling hat innerhalb des Unternehmens eine besondere Verantwortung. Es muss Investitionen gezielt an strategischen Zielen ausrichten und nachhaltigen Erfolg sichern. Auswahl und Priorisierung von Projekten und das Management des Projektprogramms spielen dabei eine entscheidende Rolle.

> **In diesem Beitrag erfahren Sie:**
> - wie Investitionen über die Auswahl von Projekten an strategischen Zielen ausgerichtet werden,
> - wie man Projekte strategisch bewertet und deren Ergebnisentwicklung verfolgt und
> - welche Rolle ein gezieltes Multi-Projektmanagement dabei spielen kann.

Manfred Fitzner, Salvatore Ardito

Einführung

Unternehmensführung erfordert mehr denn je, dass aktuelle Daten über die Kennzahlen relevanter Bereiche zur Verfügung stehen. Die Einführung zentraler Buchungssysteme – wie zum Beispiel SAP – haben Unternehmen ab einer gewissen Größenordnung längst hinter sich. Damit ist jederzeit der Abruf der finanziellen Kennzahlen möglich. Im Bereich des strategischen Managements kann dagegen eher selten auf ein exaktes Zahlensystem zurückgegriffen werden. Gründe dafür sollen in diesem Beitrag beleuchtet und die konstruktive Basis für Verbesserungen aufgezeigt werden.

Strategie: Die richtigen Projekte aufsetzen

Unternehmensführung und -entwicklung

Die Einordnung von Unternehmensentwicklung in die Unternehmensführung soll hier nicht diskutiert werden. Eines aber ist klar: Die dynamischen Anforderungen an Steuerungsprozesse werden stetig größer. Reaktionen auf Änderungen des Marktes und Zeiträume für das Umsetzen von Innovationen verlangen eine effiziente Unternehmensentwicklung. Wie aber werden Unternehmen entwickelt?

Beginnend mit der Aufstellung der Vision werden strategische Ziele erarbeitet, die wiederum über Projekte und Maßnahmen umgesetzt werden sollen. (Im Folgenden werden die Begriffe »Maßnahme«, »Vorhaben« und »Projekt« synonym verwendet. Die jeweils geltenden unternehmensinternen Abgrenzungen und Unterschiede der Definitionen dieser Begriffe sind für die Kernaussagen dieses Beitrags nicht relevant.)

Projekte erfordern eine Zieldefinition sowie die Ressourcenzuordnung von Budgets wie Kosten, Personal, Betriebsmittel und Zeit. Zu den Hausaufgaben des Managements gehört sicherlich, dass die Umsetzung der Strategie auf die einzelnen Unternehmensbereiche mittels geeigneter Taktik abgebildet wird. (Der Begriff Taktik stammt aus dem Griechischen und bedeutet »Kunst der Anordnung, Aufstellung eines Heeres«.)

Im Ergebnis erhält jeder Hauptabteilungsleiter mehr oder weniger exakte Ziele, die dieser wiederum mit vorgegebenen Budgets zu erreichen sucht. Die eigentliche Umsetzung erfolgt somit über fachliche Entwicklungen in den Hauptabteilungen. Dabei werden die einzelnen Bereiche um Ressourcen konkurrieren. Welche Projekte werden bei Ressourcenkonflikten priorisiert, welche zurückgestellt oder gar abgelehnt?

An dieser Stelle wird deutlich: *Die Unternehmensführung muss die Entwicklung des Unternehmens mit ausgerichteten Projekten (oder auch*

Abb. 1: *Ableitung der Projektziele*

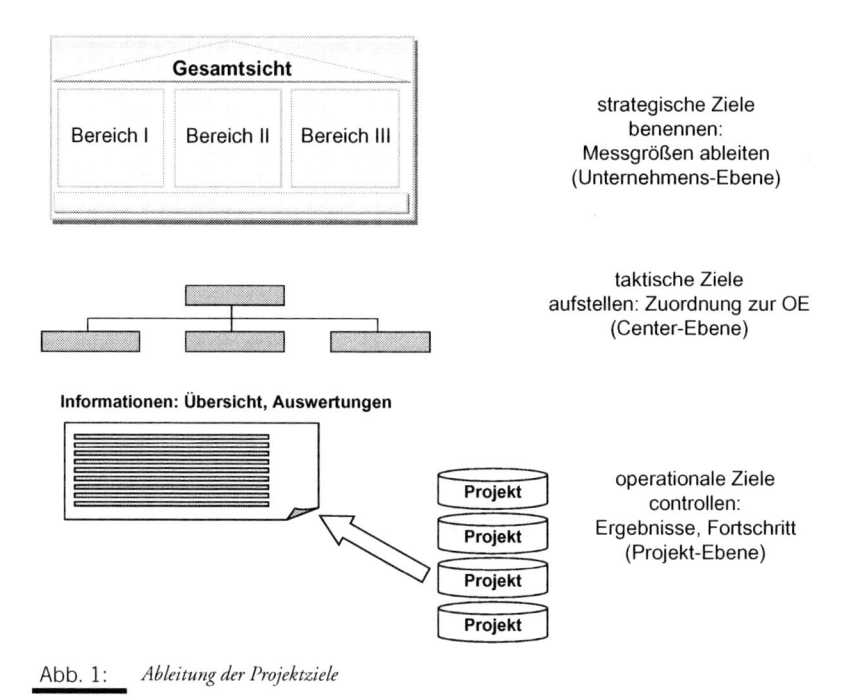

(Diagramm: Gesamtsicht mit Bereich I, Bereich II, Bereich III — strategische Ziele benennen: Messgrößen ableiten (Unternehmens-Ebene); taktische Ziele aufstellen: Zuordnung zur OE (Center-Ebene); Informationen: Übersicht, Auswertungen ← Projekt, Projekt, Projekt, Projekt — operationale Ziele controllen: Ergebnisse, Fortschritt (Projekt-Ebene))

Maßnahmen, Vorhaben) vorantreiben. Hinsichtlich der Ableitung von Projektzielen stellen sich drei Fragen (siehe Abb. 1):
⇨ Auf welchen Säulen steht das Fundament der Unternehmensentwicklung?
⇨ Wie werden die Unternehmensbereiche verpflichtet und aufgestellt?
⇨ Welche Maßnahmen bringen das Unternehmen im Detail weiter?

Basis für strategisches Management

Ein leistungsfähiges strategisches Management kann nur mit Hilfe eines adäquaten Controllings arbeiten. Projekte sollen substanzielle Ergebnisse erbringen und müssen damit den Ressourcenverbrauch rechtfertigen. Das operative Controlling hilft, geplante Ergebnisse zu erreichen. *Davor* allerdings muss das strategische Controlling aufgesetzt werden: Welche Ergebnisse sind denn für das Unternehmen wirklich wichtig, welche Projekte müssen ausgewählt und gestartet werden? Die Aufstellung des Projektprogramms beinhaltet über die Auswahl der Projekte aus strategischen Gesichtspunkten hinaus auch die Entscheidung zum Zurückstellen von Projektanträgen

Am einfachsten können Projekte platziert werden, die einen nachhaltigen wirtschaftlichen Beitrag, wie zum Beispiel eine kurze Rückflussdauer, beitragen. Trotzdem kann es sein, dass ein strategisches Projekt mit hoher Rückflussdauer den Vorzug erhalten muss vor einem guten Einsparungsprojekt, welches aber das Unternehmen strategisch nicht voran bringt. Um strategische Dringlichkeit und Wichtigkeit vergleichen zu können, müssen Bewertungssysteme eingeführt werden. Ein Projektprogramm managen heißt, zu priorisieren. Priorisieren bedeutet vergleichen. Und vergleichen bedeutet messen. Das heißt, Projekte müssen vergleichbar – sprich »messbar« – gemacht werden.

Der strategische Beitrag eines Vorhabens muss anhand eines Unternehmensmaßstabes geplant und gesteuert werden.

Die Operationalisierung der strategischen Ziele

Eine der bisher ungelösten oder zumindest unbefriedigend gelösten Aufgaben der wissenschaftlichen Unternehmensführung ist das Abbilden der Strategie-Scorecards auf der Projekt-Ebene. Um Inhalte beziehungsweise Ziele der Scorecard über Projekte umzusetzen, besteht daher die Aufgabe des Unternehmens darin, eine Analyse mit folgender Zielstellung zu erarbeiten:

⇨ Wie ist der aktuelle Erfüllungsstand der strategischen Zielstellung, wie lautet die Prognose auf Basis laufender Projekte?
⇨ Welche der strategischen Ziele müssen vorrangig über Projekte entwickelt werden?
⇨ Welche Projekte sind bei Engpässen zu priorisieren?

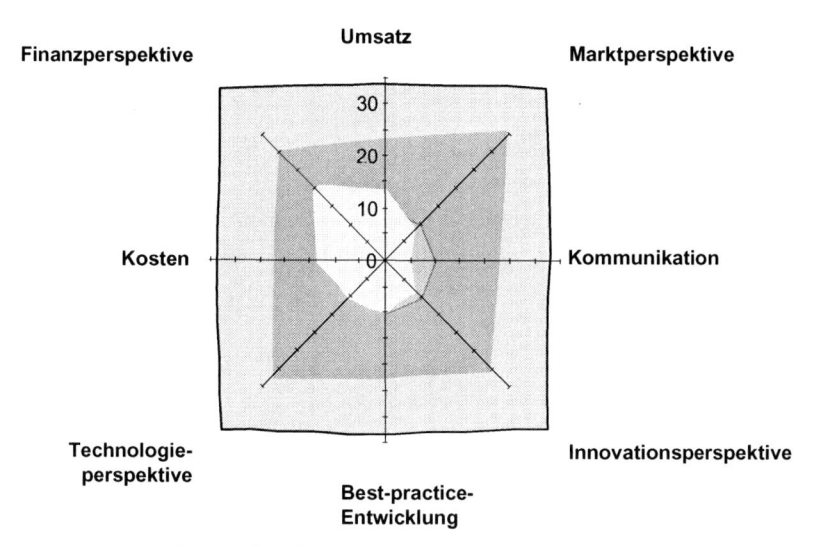

Strategisches Controlling durch Multiprojektmanagement

```
          Umsatz
Finanzperspektive          Marktperspektive
           30
           20
           10
Kosten ────0──── Kommunikation

Technologie-                Innovationsperspektive
perspektive
        Best-practice-
        Entwicklung
```

Abb. 2:   *Beispiel einer Balanced Scorecard*

Objektive und belastbare Aussagen erfordern eine möglichst eindeutige Abbildungsvorschrift der strategischen auf die Projektziele in Form exakter Kennzahlen. Einige gute Beispiele für Kennzahlen sind bekannt und lassen sich einfach anwenden:

⇨ *Finanzperspektive*; Position Kosten; Kennzahl Kostenrentabilität: Die Projekte müssen im Ergebnis die Kosten pro Dienstleistung beziehungsweise Produkt senken.

⇨ *Marktperspektive*; Position Kooperation; Kennzahl Umsatzvolumen der Partner: jedes Kooperationsprojekt ist so auszurichten, dass im Ergebnis ein Umsatzvolumen der avisierten Partner anzugeben ist.

⇨ *Innovationsperspektive*; Position Produkterneuerungsrate; Kennzahl neue Produkte/Produktanzahl gesamt: Projekte zur Technologieentwicklung sind so auszurichten, dass als Ergebnis ein neues Produkt zur Verfügung steht.

⇨ *Innovationsperspektive*; Position Kernkompetenz; Kennzahl Bildungsgrad im Kerngeschäftsfeld: Anzahl der MA mit Abschluss/

Summe Anzahl MA. Diese Kennzahl kann für Personalentwicklungsprojekte oder Assessments Verwendung finden.

Die Erarbeitung aussagekräftiger strategischer Kennzahlen bei der Projektplanung muss vom Top-Management angewiesen werden, denn nicht jedem ist die damit verbundene Transparenz wirklich lieb. Eine qualitative Bewertung wird immer strittig sein, aber auch diese ist besser als keine Planungsaussage zu den strategischen Ergebnissen eines Projektes.

Bewertung von Projekten durch Punktesystem

Die Bewertungen eines Projekts erfolgen häufig über eine »Bepunktung«. Ein Beispiel gibt folgendes Muster:
+ 2 Pkt: Das Projekt ist fokussiert, das aktuelle strategische Ziel umzusetzen.
+ 1 Pkt: Das Projekt trägt positiv zum aktuellen strategischen Ziel bei.
  0 Pkt: Das Projekt hat keinen Einfluss auf das aktuelle strategische Ziel.
- 1 Pkt: Das Projekt hat einen negativen Nebeneffekt auf das aktuelle strategische Ziel.
- 2 Pkt: Das Projekt führt zu eine Beeinträchtigung des strategischen Ziels.

Positionen der Bilanzperspektive lassen sich noch relativ leicht herunterbrechen. Müssen beispielsweise Einsparungen von zehn Millionen erreicht werden, kann dieses Ziel auf einzelne Projekte umgelegt werden. Schwieriger ist es bei Zielen, die indirekt über Projekte unterstützt werden – wie zum Beispiel Positionen der Marktperspektive oder auch der Technologieperspektive.

Sind die Vorschriften für die Bewertung der Projektziele aus strategischer Sicht vorhanden, können die strategischen Ziele vereinfacht als Balkendiagramm dargestellt werden. Die Höhe des Balkens entspricht dem Ziel, der Füllungsstand zeigt den aktuellen Beitrag der geplanten Projekte, Lücken werden deutlich.

Sicherlich ist solch eine schematische Darstellung stark vereinfachend. Trotzdem erhält das Top-Management eine objektive Einschätzung, wo Investitionen sinnvoll konzentriert sind und wo es weiterer Anstrengungen bedarf. Warum ist Objektivierung wichtig? Am Beispiel Weiterbildungsplanung soll dies verdeutlicht werden:

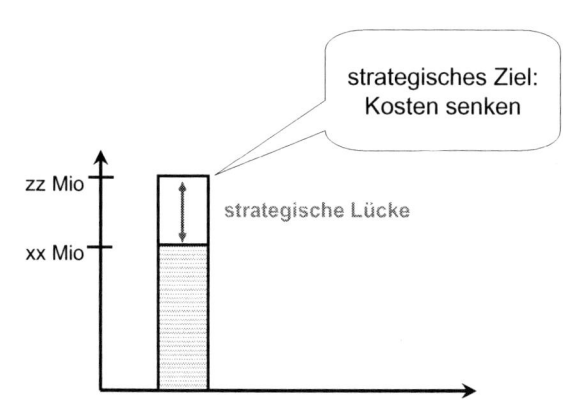

Abb. 3: *Abbildung des Ziels »Kosten senken« als Summenbetrachtung der geplanten Ergebnisse einzelner Projekte*

Ein guter Fachmann wird versuchen, auf seinem Gebiet immer noch besser zu werden, vernachlässigt dabei aber die Ausbildung im Bereich Organisation und Management. Umgekehrt wird ein guter Manager eher methodische Seminare auswählen, ehe er sich in die Fachlichkeit seines Unternehmensgebietes vertiefen wird. Erst eine Visualisierung der Verteilung der Aufwände kann davon überzeugen, auch den jeweils anderen Part anzugehen.

Auch Unternehmenslenker unterliegen subjektiven Einflüssen. Doch gerade hier benötigt ein regulierendes Eingreifen, etwa durch den Aufsichtsrat, die Unterstützung durch ein spezifisches Instrument, welches die Masse an Informationen auf das Wesentliche verdichtet.

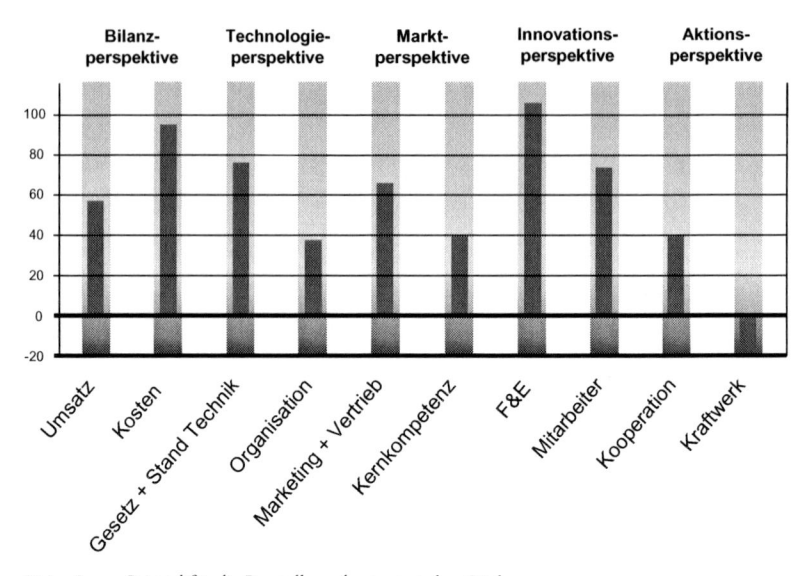

Abb. 4: *Beispiel für die Darstellung der strategischen Säulen*

Zu Abbildung 4: Die Y-Achse stellt den prozentualen Füllstand zur Zielstellung dar. Voraussetzung ist die »Benotung« der Projektergebnisse beziehungsweise die Addition exakter Kennzahlen und die Normierung auf 100 Prozent.

Es ist sinnvoll, zusätzlich zu den Standard-Perspektiven sogenannte Aktionsperspektiven zu verwenden. So können wesentliche aktuelle Ziele abgebildet werden, ohne die Systeme ändern zu müssen. Eine Aktionsperspektive gilt für das/die jeweilige/n Folgejahr/e. In ihr sind strategische Felder beschrieben, die kurzfristig erreicht werden sollen, sich in den vier Standard-Perspektiven abbilden lassen und somit ganzheitlich betrachtet werden müssen. Beispiele: Kraftwerksbau für einen Versorger, konkretes M&E-Ziel, Änderung von Arbeitsverträgen, Produktoffensive etc.

Sollen auch derart kurzfristige Zielstellungen »sauber« durch ein Kennzahlensystem geschleust werden, ist die Vorbereitung von dynamischen Informationsobjekten notwendig.

Operationalisierung und Visualisierung der verabschiedeten Zielstellungen des Projektportfolios hilft, subjektive Einschätzungen und notwendige Entscheidungen zu verbessern.

Basis für das Engpassmanagement

Gehen wir von einem größeren Unternehmen mit mehreren Hauptabteilungen aus. Jeder Hauptabteilungsleiter versucht auf Basis seiner fachlichen Kompetenz, die vorgegebenen Ergebnisse mit zielgerichteten Vorhaben umzusetzen. Dabei benötigt er Unterstützung interner Dienstleistungen – wie zum Beispiel Personalmanagement oder Informationstechnologie – und greift damit auf gemeinschaftlich verfügbare Ressourcen zurück. Diese liegen nicht im eigenen Verantwortungsbereich und sind somit nicht so einfach zu planen wie Kosten und Infrastruktur. Ein weiteres Beispiel soll das Problem verdeutlichen:

Ressourcenkonflikte

Abteilung A plant die Einführung eines neuen Abrechnungssystems, Bereich B die Einführung eines neuen Kundenmanagementsystems. Die Budgets für Lizenzen und Einführung sind genehmigt, die Wirtschaftlichkeit ist nachgewiesen. Beide benötigen Unterstützung des internen IT-Dienstleisters im nächsten Planjahr. Dieser wiederum hat nur begrenzte Ressourcen – sowohl für das Management von externen Dienstleistern als auch für die direkte Unterstützung – und kann somit die Projekte nicht gleichzeitig unterstützen.

Ressourcenplanung

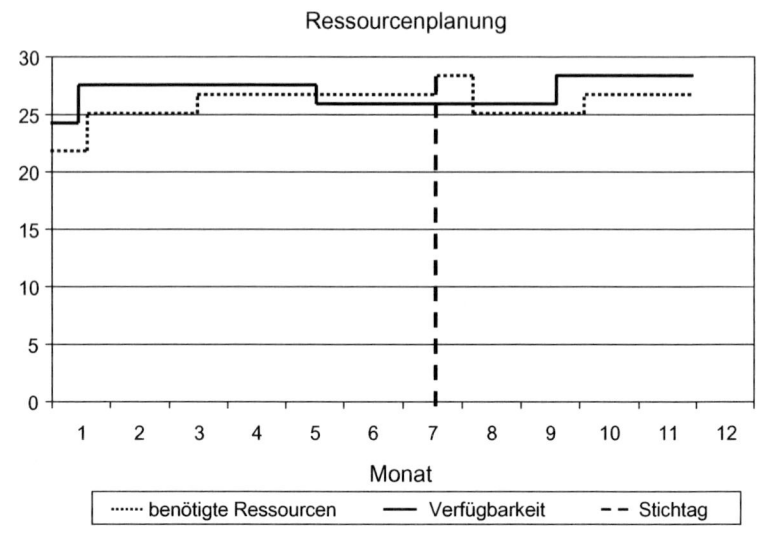

Abb. 5: *Ganglinie: anonymisierte Ressourcenanalyse*

Zu Abbildung 5: Anforderungen werden als Ganglinie über die Zeit dargestellt. Analog wird die Verfügbarkeit abgebildet. Der Ressourcenengpass in der Urlaubszeit wird deutlich. Der Leitstand ermittelt, welche Projekte zum eingestellten Stichtag aktiv sind. Eine Optimierung wird unterstützt.

Die y-Achse gibt die Zahl der geplanten Ressourcen an. Durch ein Informationssystem wird pro Tag die geplante Ressourcenlast berechnet und gegen eine Verfügbarkeitskurve gestellt. Voraussetzung ist das Anlegen eines »Verfügbarkeits-Projektes«. Anpassungen sind fast ohne Aufwand umsetzbar, zum Beispiel das Hinzufügen externer Ressourcen als ein Vorgang mit Start- und Endtermin im Verfügbarkeitsprojekt.

Mögliche Ressourcenkonflikte werden nur in der Verdichtung *aller* Projektanträge zu einem Multiprojekt deutlich. Das bedeutet, dass bereits im Antragsverfahren mit einer Multi-Projektliste gearbeitet werden muss. In Abhängigkeit der Geschäftsfelder des Unternehmens

beinhaltet die Vorab-Planung demzufolge auch die Grobplanung kritischer Unternehmensressourcen. Dies können Labore, Spezialmaschinen, Experten-Know-how oder auch einfach nur Räumlichkeiten sein.
Engpassmanagement verlangt die Zusammenführung der Planung kritischer Unternehmensressourcen schon im Projektantrag.

Die Ermittlung von Ressourcenengpässen

Im vorangegangenen Beispiel wurde davon ausgegangen, dass der Ressourcenengpass »IT« bekannt ist. In der Praxis ist dem oft nicht so. Analysen in Unternehmen zeigen immer wieder, dass die IT-Abteilungen zu 80 Prozent mit den eher kleinen Aufgaben im Tagesgeschäft ausgelastet sind. Eine »kleine«, nicht erledigte IT-Aufgabe kann aber ein ganzes Großprojekt verzögern, wenn zum Beispiel die externe Zertifizierungsberatung zwei Wochen lang keinen Zugang zu den internen Systemen erhält. Aus ganz verschiedenen Gründen können Projekte nicht umsetzbar sein. Selbst wenn die Budgets freigegeben sind, fehlen die erforderlichen Spezialisten – auch Manager gehören dazu –, oder die benötigte Infrastruktur kann nicht bereitgestellt werden. Eine Ressourcenoptimierung durch Verschiebung und Verlagerung muss erarbeitet werden. Allerdings wird sich der in der Praxis erarbeitete und planerisch geglättete Ressourcenengpass durch Veränderungen aktueller Situationen ständig neu darstellen. Verzug in laufenden Projekten oder »eingeschobene« neue Aufgaben bedingen andere Verhältnisse.

Diese Verlagerungen können nur in der dafür zuständigen Organisationseinheit ermittelt werden. Verfügbarkeiten müssen dem Bedarf gegenübergestellt und ständig aktualisiert werden. Das heißt, dass IT-Ressourcen durch die IT gemanagt werden, Spezialmaschinen durch die verantwortliche Infrastruktureinheit und Leistungen des Einkaufs durch denselben. Diese Feststellung trägt erheblich zu den Randbedingungen für das Prozess- und Systemdesign bei, eine Verteilung und Sequentialisierung von Verantwortungen (Workflow) muss unter Beachtung der Abhängigkeiten erfolgen.

Die Ermittlung von möglichen Ressourcenengpässen verlangt, dass die Verantwortlichen der kritischen Ressourcen jeweils eine aktuelle Übersicht über das geplante Unternehmens-Projekt-Portfolio erhalten.

Prozesse

Voraussetzungen: Vor-Planungsprozess

Planungsrisiko

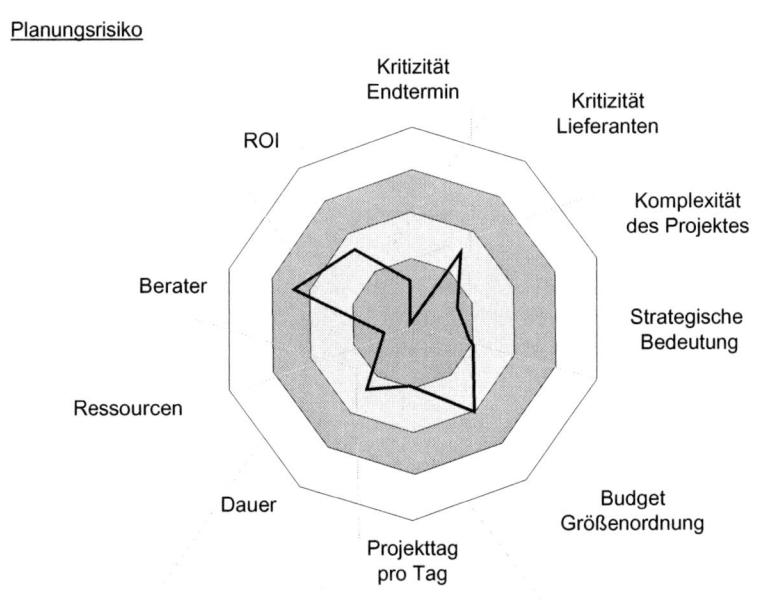

Kritizität Endtermin
Kritizität Lieferanten
ROI
Komplexität des Projektes
Berater
Strategische Bedeutung
Ressourcen
Dauer
Budget Größenordnung
Projekttag pro Tag

Abb. 6: *Planungsrisiko eines Projektes*

Zu Abbildung 6: Für jede Kennzahl wird ein kritischer Unternehmenswert festgelegt. Beispiele: Ein Projekt sollte nicht länger dauern als zwei Jahre, das Budget sollte zehn Millionen Euro nicht überschreiten, es sollten nicht mehr als drei Berater im Projekt arbeiten. Aus den Projekten heraus werden die geplanten Zahlen dann in der

Scorecard abgetragen. Es wird sofort deutlich, wo beim Projekt ein planerisches Risiko besteht beziehungsweise in welchen Punkten es vom »Üblichen« abweicht.

Zumindest in größeren Unternehmen muss die Unternehmensführung einen klar strukturierten und transparenten Antrags- und Freigabeprozess für Projekte installieren, der folgende Aufgaben übernimmt:
⇨ Bewertung der Zielsstellung des Vorhabens aus strategischer Sicht,
⇨ Grobplanung von gemeinsam genutzten Ressourcen (shared Services),
⇨ Grobplanung der Wirtschaftlichkeit,
⇨ Überprüfung der Einhaltung von Budgetgrenzen,
⇨ laufende Aktualisierung der Aussagen der Planung.

In Auswertung der Ergebnisse erfolgt der Aufbau des Projektprogramms beziehungsweise Projektportfolios, welches wiederum ein Mittel zum Ranking und zur Optimierung der Planung liefert.

Eine Grobplanung von strategischen und wirtschaftlichen Ergebnissen sowie Ressourcen (zumindest für die im Unternehmen typischen Engpässe) muss in den Unternehmenseinheiten dezentral installiert sein.

Die Projektidee

Für den Vor-Planungsprozess ist eine einfache Datenstruktur für das Antragsverfahren vorzugeben. Dieser Mechanismus soll als »Projektidee« bezeichnet werden. Eine Projektidee enthält demnach mindestens folgende Informationen zu den beabsichtigen Vorgaben:
⇨ Titel des Vorhabens,
⇨ Kurzinformation,
⇨ Start- und End-Termine,
⇨ Kostenplanung (Aufwand, Invest),
⇨ wirtschaftliche Ziele: Grob-Planung von Einsparungen, Mehr-Umsatz oder Gewinn,
⇨ Grob-Planung der Ressourcen,

⇨ eine strategische Bewertung gemäß Unternehmensmaßstab,
⇨ die Kategorisierung der Verpflichtung zur Maßnahme.

Eine zusammenfassende Darstellung der Projektideen unter verschiedenen Aspekten visualisiert mögliche Konflikte sowie das Portfolio des Projektprogramms. Eine Portfoliodarstellung hilft bei der Straffung der Planung:
⇨ Können mit dem Projekt weitere strategische Punkte gewonnen werden?
⇨ Ist eine Verbesserung der Wirtschaftlichkeit möglich?
⇨ Genaue Überprüfung der strategischen Bewertung.
⇨ Fixierung der von den Verantwortlichen committeten Ziele.

Der Mechanismus »Projektidee« löst natürlich kein Ressourcenproblem. Mögliche Probleme werden aber schneller deutlich und vor allen Dingen kann die Ergebnisorientierung der Vorhaben verbessert werden.

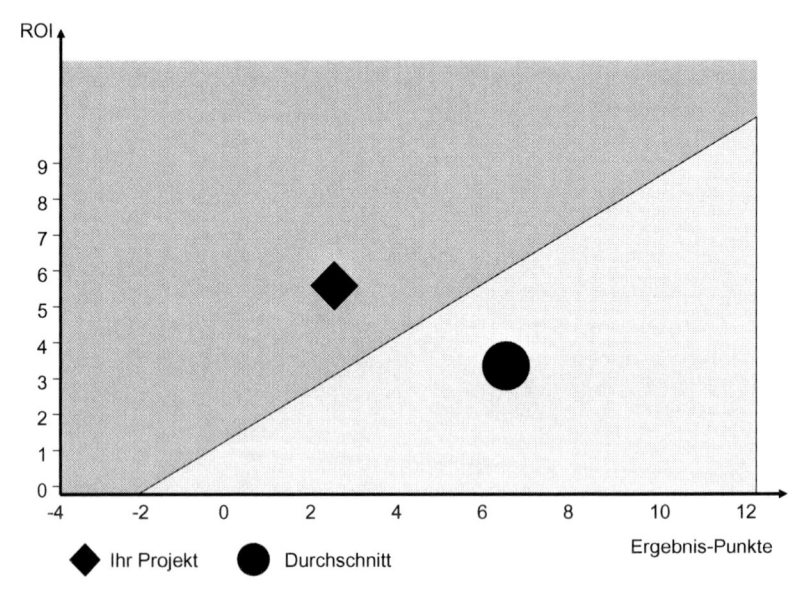

Abb. 7: *Projektidee, Visualisierung des ROI im Verhältnis zum Point of Profit*

Zu Abbildung 7: Der Projektantrag sollte im unteren Bereich liegen und einen hohen strategischen Beitrag bei niedriger Rückflussdauer liefern.
Die Projektidee nimmt die Projektziele der dezentralen Einheiten auf. Commitments zum Ergebnis und zum Ressourcenbedarf werden festgehalten.

Der Freigabeprozess

Der Freigabeprozesse fungiert als Haltepunkt. Mindestens vier Kategorien der Freigabe müssen bearbeitet werden:
⇨ Die Aufnahme eines Vorhabens in das Projektportfolio muss mit dem strategischen Beitrag begründet werden.
⇨ Die Wirtschaftlichkeit muss nachgewiesen sein. Bei Projekten wie Umsetzung gesetzlicher Anforderungen oder IT-System-Releasewechseln ist der Nachweis der Kostenoptimierung zu erbringen. Hier helfen Vergleiche mit anderen Unternehmen.
⇨ Für die geplante Projektlaufzeit wurde die Verfügbarkeit der erforderlichen personellen Ressourcen überprüft.
⇨ Letztendlich müssen die Budgets für Aufwand und Investitionen zur Verfügung stehen.

Abb. 8: Beispiel für einen Freigabeprozess

Fachbereiche: Idee, Idee, Idee, Idee, Idee, Idee, Idee, Idee, Idee, Idee

Controlling: Bewertung (Budgets, Ressourcen, Wirtschaftlichkeit, Strategischer Beitrag)

Projekte: Freigabe & Monitoring

SAP-Schnittstelle

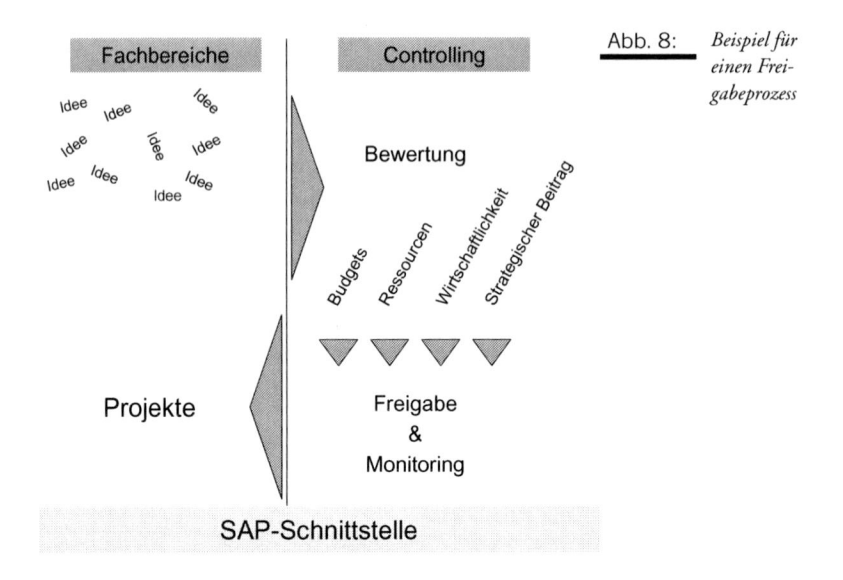

Zu Abbildung 8: Aus den Fachbereichen werden die Projektideen zur Umsetzung der strategischen Ziele initiiert. Die Freigabe kann nur in Auswertung des gesamten Projektprogramms erfolgen. Eine SAP-Schnittstelle sorgt für die Aktualisierung der Ist-Daten, um Rückwirkungen identifizieren zu können.

Die Umsetzungschancen für ein Projekt werden schon bei der Freigabe wesentlich mitbestimmt. Gegenseitige Einflüsse resultieren aus Engpässen in den Rubriken Budget und Personal. Eine verabschiedete Priorität hilft, den Prozess schlank zu halten. Bei Budgetkürzungen müssen eventuell Vorhaben gestrichen oder sogar laufende Projekte gestoppt werden. Ohne die Chance, auf eine eindeutige Datenbasis zurückgreifen zu können, ist eine objektive Priorisierung nicht möglich.

Der Freigabeprozess fasst alle dezentralen Anforderungen an Budgets und Ressourcen sowie die strategischen Commitments zusammen. Das Projektprogramm wird unter Berücksichtigung der unternehmenskritischen Besonderheiten beschlossen.

Fazit Projektauswahl

In der Praxis werden häufig Projekte gestartet, die von vornherein zum Scheitern verurteilt sind. Entweder sind die notwendigen Ressourcen nicht vorhanden, oder dank niedriger Priorität werden Ressourcen immer wieder abgezogen. Oder: Projekte werden viel zu spät gestoppt, obwohl sich herausstellt, dass die geplanten Ergebnisse nicht erreicht werden können oder eine Relevanz für die Unternehmensentwicklung nicht mehr gegeben ist.

Die Einführung beziehungsweise Optimierung eines sauberen Auswahlprozesses, basierend auf der Gegenüberstellung des strategischen Beitrags des Projektes und den benötigten Ressourcen ist unverzichtbarer Bestandteil einer strategischen Unternehmensentwicklung. Die richtigen Projekte aufzusetzen, ist der erste Schritt. Erst danach folgt die Aufgabe, Projekte richtig umzusetzen.

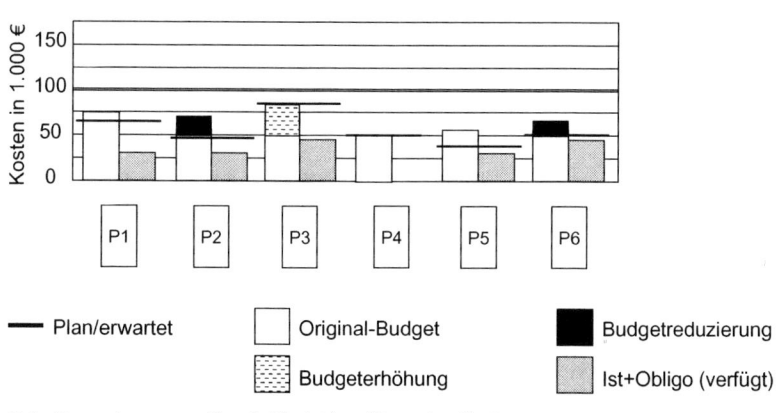

Abb. 9: *Auswertung Plan-Ist-Vergleich auf Basis aktueller Daten*

Daten akquirieren

Die Informationsbasis

Der Erfolg und die Akzeptanz der Aussagen des strategischen Controllings in den Unternehmen hängt unter anderem von der Qualität und Aktualität der Aussagen beziehungsweise Entscheidungsvorlagen ab. Hat der Verantwortliche die Übersicht über die Zusammenhänge im Projektprogramm, sieht er frühzeitig mögliche Engpässe?

So wird die Verschiebung eines Projektes, das Ressourcen blockiert, eventuell das geplante Ergebnis eines weiteren Projektes verhindern. Diese Informationen können nur zentral ausgewertet werden, aber wie werden sie gewonnen? Im ERP-System sind die geplanten Projekte eventuell noch gar nicht eingebucht, Ist-Kosten erscheinen relativ spät, die Plan- beziehungsweise erwarteten Werte werden nicht gepflegt.

Ein strategisches Controlling kann nur funktionieren, wenn aktuelle Plan- und Ist-Daten im strategischen Cockpit zusammengeführt werden.

Das Einzelprojekt

Das System zur Einzelprojekt-Steuerung
Wer eine Zeit lang Verantwortung im Multi-Projektmanagement getragen hat, weiß, dass fast nie aktuelle Daten über die einzelnen Projekte zur Verfügung stehen. Dies funktioniert übrigens auch nicht, wenn SAP implementiert ist.

Der Grund dafür liegt in der Natur der Projekte: Ein Projekt ist ein einmaliges Vorhaben. Ehe die Organisationsstruktur, die fachliche Abbildung und die Kostenstruktur etc. im SAP angelegt werden, sind Wochen oder Monate vergangen, in denen sich der Projektleiter auf andere Systeme eingeschossen hat. Am wenigsten für das Projektcontrolling eignen sich Systeme wie MS-Projekt[(R)], am besten eignet sich offensichtlich Excel[(R)]. Fast jeder Projektmanager pflegt irgend-

Projektidee	Antragsdatum:	<Eintragen>	PSP-Element		Druckdatum:	19.08.2008
	Freigabedatum:		Detailliert:	nein	Version:	0
	Planungsrunde	<Auswahl>				

Projektname	<Eintragen>	Status	Idee

Maßnahmen-Beschreibung	
Projekt-Kurztext	<Eintragen>
Projekt-Langtext	<Eintragen>

Kopfdaten	
Unternehmen	<Auswahl>
Projektleiter	<Eintragen>
Ersteller	<Auswahl>
Anfordernde Kostenstelle	<Auswahl>
Name Anforderer	
Anfordernde OE	
Anforderndes SAP-Profit-Center	
Verantw. Kostenstelle	<Auswahl>
Name Verantwortlicher	
Verantwortliche OE	
Investitions-Ziel	<Auswahl>
Wesentlicher Maßnahmebestandteil	<Auswahl>

Planung				
Projektlaufzeit	Start	<Eintragen>	Ende	<Eintragen>
Projekt-Investitionen [€]	<Eintragen>			
Projekt-Aufwand [€]	<Eintragen>			
Gesamter IS-Anteil an Projektaufwänden [%]	<Eintragen>		IT-Anteil [€]	0
Berater-Anteil an Projektausgaben exkl. IS [%]	<Eintragen>		Berater-Anteil [€]	0
Durchschnitt laufende Kosten pro Jahr [€]	<Eintragen>			
Durchschnitt laufende Einsparungen pro Jahr [€]	<Eintragen>			
Durchschnitt Umsatz-Erlöse pro Jahr [€]	<Eintragen>			

Strategie	
Verpflichtung zum Projekt	<Auswahl>

Projekttexte	
Erläuterung zur Bewertung des Projektleiters	<Eintragen>
Erläuterung zur Bewertung OE 132	
Schnittstellen und Abhängigkeiten	<Eintragen>

berechnete Kennzahlen [Überschlagswert]			
Rückflussdauer [Jahre]			
Projektwert / Tag [€]		Ressourcen / Tag	

Unterschrift Abteilungsleiter _____

©project biz   Version: 001   Status: Idee_1

Abb. 10: *Formular zur Aufnahme der Daten einer Projektidee*

welche Excel-Listen, in denen er mit mehr oder weniger Geschick sein Projekt abgebildet hat. Ein zentraler Zugriff auf diese Art von Informationsbasis ist normalerweise nicht gegeben.

Das System zur Multi-Projektsteuerung
Es ist offensichtlich, dass in einem Multiprojektsystem nur eine Auswahl an Daten aus den einzelnen Single-Projekt-Systemen angezeigt und verdichtet werden kann. Man sollte daher annehmen, dass ein Multiprojektsystem eine Struktur für die Datenerfassung der Einzelprojekte vorgeben wird. Dies ist mehr oder weniger bei allen Multi-Projektsystemen üblich. Wenn diese Struktur dann die organisatorischen, fachlichen und controlling-technischen Probleme des Einzelprojekt-Managers abdeckt, wird er sie auch nutzen. Diese Voraussetzung ist bisher jedoch sehr selten erfüllt. Die Folge: Der Single-Manager arbeitet mit irgendwelchen eigenen Tools, der Multiprojektmanager erhält keine Daten per Automatismus.

Folgen für das strategische Controlling
Im Zusammenhang mit dem Ansatz »strategisches Management« bedeuten die vorab gelisteten Randbedingungen, dass im strategischen Controlling, das sich auf die Daten aus dem Multi-Projektmanagement stützen muss, keine aktuellen Informationen vorliegen.

Somit werden Ressourcenverschiebungen aus Änderungen in Projekten oder Veränderungen in erwarteten Ergebnissen (strategische Punkte) nicht deutlich. Damit kann der Ansatz die an ihn gestellten Erwartungen nicht erfüllen, das strategische Controlling arbeitet abseits vom realen Geschehen. Die Aussagen verlieren an Aktualität und Exaktheit. Als Folge wird die Akzeptanz der Hauptabteilungsleiter gegenüber Aussagen oder Hinweisen aus dem strategischen Controlling schwinden. Das Unternehmen büßt erhoffte Vorteile ein, die mit Einführung eines strategischen Managements erwartet wurden.

Eine sich aus der Einzel-Projektsteuerung heraus selbst aktualisierende Datenbasis im Multiprojektmanagement ist unabdingbare Voraussetzung für ein effizientes strategisches Controlling.

Die Funktion eines SCADA-Systems

Stand der Technik ist es, dass aus zentralen Leitwarten Strom, Gas und Wasser stadtübergreifend beziehungsweise landesweit gesteuert werden. Dabei liefern Verbundleitwarten eine einheitliche Darstellung, zum Beispiel von Alarmen und Warnungen bei Störungen. Die Daten werden dabei von Fernwirkstationen mit ganz unterschiedlicher Systemtechnik über verschiedene Protokolle geliefert.

Eine Zentralabfrage funktioniert so, dass an alle Außenstationen ein Abfragetelegramm gesendet wird, worauf diese mit einem Satz der relevanten Daten antworten. Diese Systeme heißen in der Fachsprache SCADA-Systeme. (Supervisory Control And Data Acquisition. Auf gut Deutsch bedeutet es, dass der aufsichtführende Kontrolleur sich auch um die Datenbeschaffung kümmert.)

Prinzipdarstellung Cockpit

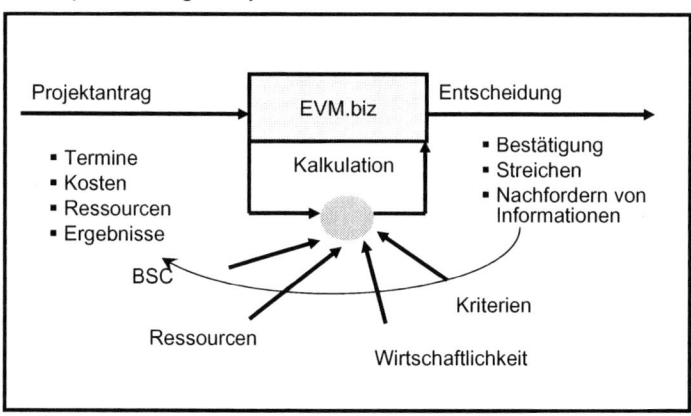

Übersicht und Korrektheit über Projekt-Ranking

Abb. 11: *Cockpitausschnitt*

Unterschiedliche fachspezifische Systeme arbeiten zusammen auf Basis abgestimmter Schnittstellen. Dies funktioniert auch bei kritischen Systemen wie zum Beispiel bei Kernkraftwerken.

Im Multi-Projektmanagement hingegen scheint eine adäquate Lösung bisher selten eingeführt worden zu sein. Immer wieder trifft man auf die Aussage, dass weder die erforderlicher Qualität noch die Aktualität beim Zusammenführen von Projektdaten der Einzelprojekte erreicht werden kann.

In Übernahme des SCADA-Ansatzes für das Multi-Projektmanagement kann eine gemeinsame Informationsbasis aus verschiedenen fachlichen Projekten gewonnen werden. Die Basis liefern dezentrale, hinsichtlich der jeweiligen Projektmanagementaufgabe optimierte Systeme. Die Zusammenführung erfolgt mittels eines abgestimmten Protokolls.

Abgeleitete Methoden aus dem SCADA-Ansatz
An dieser Stelle sollen im Zusammenhang mit dem SCADA-Ansatz verwendete Techniken und Philosophien für das Thema Multiprojektmanagement abgeleitet werden, um wiederum die Basis für ein aktuelles strategisches Controlling liefern zu können. Das System für das Multiprojektmanagement wird nachfolgend als Projektleitstand bezeichnet. Leitstände sind technische Systeme zur Online-Steuerung von Prozessen. Sie werden dort verwendet, wo Menschen schnelle und exakte Entscheidungen auf der Basis vieler verschiedener Informationen treffen müssen. Der Projektleitstand steuert den Projektprozess von der Idee über die Freigabeentscheidung bis zum Abschluss des Projektes.

Fachliche Ausprägung der Daten
Jede Fernwirkstation erfasst fachspezifische Daten. Per vorgegebenem Protokoll werden diese Daten für den Leitstand verständlich geliefert.
Ableitung: Die Fachspezifika aus dem Single-Projektmanagement interessieren den Multiprojektmanager nicht. Aber es interessiert, ob Meilensteine, Kosten, Ergebnisse eingehalten werden. Ein Protokoll der Verständigung zwischen dem Single-Projektmanagement in den einzelnen Unternehmensbereichen und dem zentralen Multiprojektmanagement muss diese Daten enthalten. Erst wenn (Zwischen-)Ergebnisse nicht erreicht werden, wenn Kosten davonlaufen, wenn wiederholt Termine nicht gehalten werden, ist ein fachliches Eingreifen angebracht.
Beispiel: Der Verantwortliche im Tiefbau heißt Bauleiter, im Personalbereich vielleicht Coach, im IT-Bereich Projektleiter und im Vertrieb Account-Manager. Dem Projektleitstand wird für alle fachlichen Ausprägungen das gleiche Datum (zum Beispiel »Project-Manager«) gemeldet.

Dezentrale Eigenverantwortung und zentrales Controlling
Die Fernwirkstation ist selbst dafür verantwortlich, die Daten zu erfassen. Eine permanente Eigendiagnose meldet der Leitwarte bei Auftreten technischer Störungen einen Alarm. Gegebenenfalls fragt die Leitwarte zyklisch ein »Alive«-Signal ab.

Ableitung: Der Projektleiter erfasst seine Daten eigenverantwortlich. Der Projektleitstand meldet automatisch, wenn Daten aus Single-Projekten veraltet sind.
Beispiel: Es kann eingestellt werden, dass das Single-Projekt mindestens alle 14 Tage »angefasst« werden muss. Sonst erhält die Kennzahl »Aktualität« eine rote Markierung.

Die Fernwirkabfrage
Möchte sich das Leitstandspersonal über den aktuellen Zustand seiner Anlagen erkundigen, wird eine sogenannte Generalabfrage eingestellt.
Ableitung: Müssen kurzfristig genaue Auswertungen gefahren werden, können per Sofort-Information (SMS, Mail, Message auf dem Bildschirm) ausgesuchte Projektleiter aufgefordert werden, ihre Daten sofort zu aktualisieren.

Protokoll-Konverter
Leitstände müssen oft mit modernsten Erweiterungen und alter Technik arbeiten. Es werden Protokollkonverter verwendet.
Ableitung: Projektmanagement kann man im Unternehmen nicht auf der grünen Wiese aufbauen. Alt- und Neusysteme müssen reibungsarm zusammenspielen. Dazu ist es notwendig, dass der Projektleitstand offene, online zu customizende Schnittstellen zur Verfügung stellt.

Warnungen, Alarme und das Betriebstagebuch
Ein SCADA-System muss hunderte oder tausende von Input-Daten verwalten. Selbstanalysen verdichten die Daten sowie Abweichungen zu objektbezogenen Warnungen oder Alarme, entsprechende Überschreitungen werden im Betriebstagebuch festgehalten.
Ableitung: Wer die üblicherweise verwendeten Excel-Tapeten mal auf Anzahl von relevanten Daten analysiert, kommt zum Beispiel bei 25 relevanten Kennzahlen und 800 Projekten auf 20.000 Daten. Hierbei werden lediglich die Daten für Start, Ende, Kosten-Aufwand, Kosten-Invest sowie strategisches Ziel 1 bis 6 – jeweils im Plan und im Ist-Zustand – erfasst. Dazu kommen folgende »generische« Daten: Stichtag des letzen Updates des Einzelprojektes sowie Informationen über die aktuelle Ressourcenlast. Sollen zusätzlich Meilensteine etc. im zentralen Controlling überwacht werden, ist eine automatisierte Auswertung unerlässlich.

Der Projektleitstand stützt sich auf die eigenverantwortliche Datenpflege in dezentralen Systemen. Die jeweilige Ausprägung dieser Systeme ist auf die fachlichen Anforderungen optimiert. Der Projektleiter ist selbst für Optimierungen/Anpassungen seines Systems verantwortlich. Die Aktualität der dezentralen Erfassung wird zentral überprüft und aktiviert.

Umsetzung bei den Stadtwerken Düsseldorf – Erfahrungen bei der Einführung eines unternehmensweiten Projektleitstandes

Antworten geben

Stadtwerke stehen aktuell unter einem hohen Druck zwischen Vorversorger, Endkunde und Bundesnetzagentur: Einerseits sind sie gezwungen, die höheren Einkaufskosten der Vorlieferanten für Energie an ihre Kunden weiterzugeben. Andererseits wird gesetzlich vorgegeben, Netznutzungsentgelte zu reduzieren, unter gewissen Bedingungen sogar den Netzbereich auszugründen.
Die Kunden erwarten preisgünstige Angebote bei hundertprozentiger Verfügbarkeit. Die Anteilseigner – ob Kommune oder Aktionäre – erwarten steigende oder zumindest stabile Gewinne und geben dem Management entsprechende Vorgaben. Antworten geben bedeutet hier, Möglichkeiten zu identifizieren, eigene Potenziale besser auszuschöpfen und neue Techniken zu erschließen. Diese Antworten kommen aus Bereichen wie Marketing, Vertrieb, Finanzen und Technik, wo eine Vielzahl von ambitionierten Projekten aufgesetzt wird.

Wie Investitionen gezielt ausrichten?

Die zur Verfügung stehenden Ressourcen sind begrenzt. Entscheidungen zur Freigabe von Projekten müssen nachvollziehbar und zeitnah erfolgen. Ein Controlling der Ergebnisentwicklung soll mögliche Probleme identifizieren, um Fehler zu korrigieren und notfalls Ressourcen umzuschichten bis hin zum Stoppen erfolgloser Projekte. Die Stadtwerke Düsseldorf haben sich entschieden, diesen Prozess methodisch aufzusetzen und den Workflow der Informationen mit Hilfe eines Projektleitstandes zu steuern.

Das Projekt »Projektleitstand«

Folgende Schritte erbrachten die erforderlichen Teilergebnisse:
⇨ *Zieldefinition:*
  – Einführung eines strukturierten Freigabeprozesses für Projekte;
  – Randbedingung: SAP als führendes betriebswirtschaftliches System;
  – die Investitionssteuerung muss einfach, praktisch und flexibel agieren;
  – ein Tool muss leicht anpassbar an sich ändernde Bedingungen sein;
  – das Tool soll multiuserfähig sein, exakte Zahlen ausweisen und einen Workflow unterstützen;
  – das Projekt sollte unter Federführung der Hauptabteilung Strategie und Unternehmensentwicklung erfolgen.
⇨ *Vorstudie:* In einer Marktanalyse wurden Methoden und Tools gesichtet, die in etwa der Zieldefinition entsprachen. Eine Vorauswahl von Anbietern wurde vorgenommen und der Begriff »Projektleitstand« in die Zieldefinition übernommen.
⇨ Mit der *fachlichen Spezifikation* wurde nach einer Ausschreibung eine Unternehmensberatung beauftragt, die auch in der Lage sein sollte, eine Umsetzung anzubieten. Das Fachkonzept wurde unter Führung der Unternehmensberatung erarbeitet, wobei im Projektteam Vertreter der wesentlichen Hauptabteilungen mitarbeiteten. Das Fachkonzept wurde ausgeschrieben.
⇨ Die *Auswahl des Realisierungspartners* erfolgte unter zwei Aspekten: Einerseits ging in die Bewertung – wie üblich – das Preis-Leistungsverhältnis ein, andererseits wurde darauf Wert gelegt, dass das zukünftige System keine aufwendige IT-technische Baustelle eröffnen sollte. Die Wahl fiel auf das System EVM.biz, welches auf der Plattform Microsoft Excel[(R)] aufsetzt, per Customizing konfigurierbar ist, offene Schnittstellen anbietet und ein professionelles Exception-Handling beinhaltet.

⇨ Innerhalb der *Umsetzung* wurde auf die Gebrauchsfähigkeit größten Wert gelegt. Spezielle Anpassungen sicherten die Akzeptanz der Nutzer.
⇨ Eine *Pilotierung* wurde im Bereich Projekte und Risikomanagement vorgenommen. Anpassungen der Layouts, Justierung der Grenzwerte für Ampeln, Gültigkeitslisten und diverse Voreinstellungen wurden mittels Customizing des Systems vorgenommen.
⇨ Die *Einführung* erfolgte nach Einweisung/Schulung für zirka 20 Centerbewirtschafter. Dank der vorhandenen Vertrautheit mit Excel$^{(R)}$ gelangt es, alle wesentlichen Projektanträge (zirka 200) innerhalb von sechs Wochen dezentral zu erfassen.
⇨ Der *Betrieb* ist vom Testsystem getrennt. Funktionserweiterungen werden als geschützte Excel$^{(R)}$-Mappe per Mail ausgeliefert, getestet und als neue Version in die Betriebsumgebung kopiert. Der Aufruf durch die Nutzer erfolgt zentral, die Daten werden nutzerspezifisch abgelegt. Jeder Anwender ist für die Korrektheit der Daten selbst verantwortlich (dezentral), Aktualität und Korrektheit prüft der Leitstandsmanager.

Projekterfahrungen

Eine Herausforderung des Projektes lag in der Vereinheitlichung der Bewertung von Projekten, speziell in der Abstraktion von strategischen Zielen. Ein weiterer Schwerpunkt ist die Verteilung beziehungsweise Zuordnung von Verantwortung: Fachabteilungen müssen jetzt zum Beispiel genauer die erforderlichen IT-Ressourcen planen und dazu eventuell die IT schon frühzeitig mit einbeziehen.

Heute kann per Knopfdruck eine Aktualisierung vorgenommen werden: Alle dezentralen Daten werden neu eingelesen, die Liste der Projekte kann im Cockpit nach verschiedensten Kriterien geprüft werden. Standard-Reports liefern die Basis für Entscheidungen. Aus dem Leitstand heraus können die Centerbewirtschafter über notwendige Aktivitäten informiert werden.

Die dem Leitstand EVM.biz zugrundeliegende Philosophie – dezentrale Eigenverantwortung und zentrales Controlling – hat sich bewährt. Die Umsetzung der Methode »Projektleitstand« birgt im Detail die eine oder andere neue Herausforderung. Das Prinzip wurde jedoch als richtig und wichtig erkannt und soll weiterentwickelt werden. Ein Leitstandsmanager wurde benannt, der zirka 50 Prozent seiner Arbeitszeit den Aufgaben der Leitstandsführung widmet.

Die Systematisierung des strategischen Controllings und die Unterstützung der Prozesse Antrag, Freigabe und Multi-Projektmanagement mit Hilfe des Projektleitstandes führte bei den Stadtwerken Düsseldorf zu einer erhöhten Qualität bei der Ausrichtung von Aufwendungen für die Unternehmensentwicklung.

Fazit

Unternehmen betreiben einen erheblichen Aufwand, um mittels Leitständen ihre Produktion – im weiteren Sinne: Werke (zum Beispiel Fertigungsstraßen), Medien (zum Beispiel Energieversorger), Informationen und Personal (zum Beispiel Feuerwehr oder andere Notdienste) – optimal zu steuern. Die Systeme zur Steuerung der Investitionen sind in Unternehmen dagegen oft recht stiefmütterlich ausgestattet.

Die Einführung eines effizienten strategischen Managements ist ein sowohl methodisches als auch informationstechnisches Vorhaben. Es bedarf der Top-Down-Abbildung beziehungsweise der Zuordnung der strategischen Ziele zu einzelnen Umsetzungsmaßnahmen. Dies wiederum verlangt eine Modellierung der strategischen Vorgaben derart, dass heute genutzte qualitative Einschätzungen von messbaren Kennzahlen abgelöst werden können.

Geplant werden neben den strategischen Punkten eines Vorhabens auch die Ressourcen, die im Unternehmen »shared« genutzt werden und zu Engpässen führen können. Eine erste, grobe Wirtschaftlichkeitsrechnung vervollständigt die Angaben zum Vorhaben, so dass eine Vergleichbarkeit gegeben ist. Ein Freigabeprozess ist zu entwickeln und einzuführen.

Die Plandaten müssen mit den Daten der laufenden Projekte aggregiert werden, um auf gegenseitige Einflüsse bei Abweichungen reagieren zu können.

Beginnend mit der Projektidee, werden alle Daten extern – durch die Einzel-Verantwortlichen – erfasst. Ist-Daten können aus den zentralen Systemen (zum Beispiel SAP) abgerufen werden. Der Projektleitstand verdichtet Daten aus den Einzelprojekten auf Basis eines gemeinsamen Protokolls. Abweichungen werden automatisch identifiziert und gemeldet. Über den Projektleitstand ist es möglich, selektiv einzelne Projektleiter anzusprechen beziehungsweise abzufragen.

Im Ergebnis kann jederzeit festgestellt werden, wie die Unternehmensentwicklung durch die aktuellen und die geplanten Projekte getragen wird, ob in geplanten oder laufenden Vorhaben »nachgebessert« werden muss oder ganz neue Vorhaben erforderlich sind und wie sich das Risiko möglicher Engpässe entwickelt. Ganz nebenbei wird

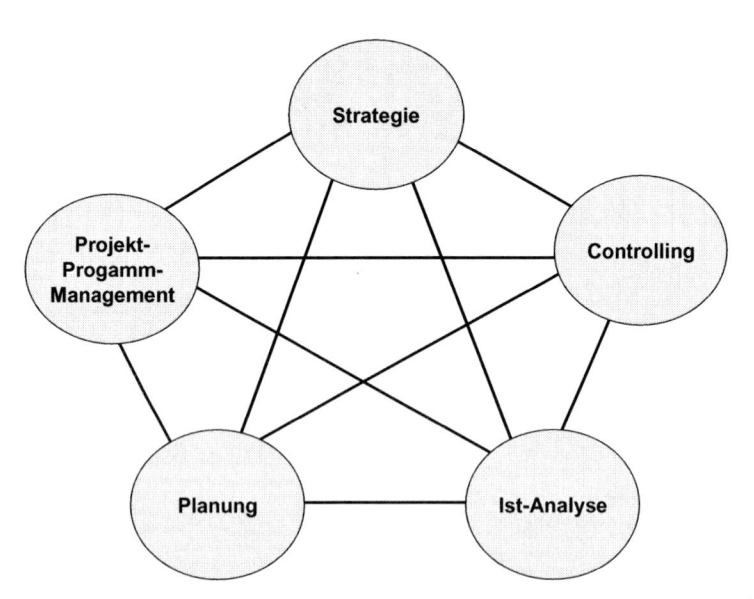

Abb. 12: *Integration von strategischem Controlling, Portfolio-Management, Multiprojektcontrolling sowie Planung und Ist-Erfassung der Einzelprojekte*

der Entscheidungsprozess zur Rückstellung einzelner Projektanträge deutlich beschleunigt.

Ein effektives strategisches Management ist ein wesentlicher und nachhaltiger Erfolgsfaktor für Unternehmen. Das dafür benötigte strategische Controlling muss umfassend systematisiert und in die Unternehmensabläufe integriert werden. Die zugeordneten Entwicklungsvorhaben müssen von der Planung über die Umsetzung bis zum Abschluss aktiv begleitet werden.

Nutzen eines Projektleitstandes

- ⇨ Bessere Übersicht über beantragte Ressourcen: Zeitrahmen und Budgets sind differenziert auswertbar, zum Beispiel nach Organisationseinheiten; Details wie Ausgaben für Beratung etc.; Entwicklungsanalysen für Planwerte etc.
- ⇨ Optimierung der (IT-)Ressourcen: Harmonisierung der Auslastung, Transparenz von Engpässen (Spitzen); verbesserte Identifizierung der Schwerpunkte
- ⇨ Transparenz bei: Anzahl und Ausrichtung der strategischen Projekte; Anteil am Gesamt-Projektprogramm; Budgetverbrauch
- ⇨ Verbesserung der Übersicht bei: kurz-, mittel- und langfristigen strategischen Projekten und deren Anforderungen sowie bei geplanten beziehungsweise erreichten Ergebnissen
- ⇨ Vereinfachung des Berichtswesens für das strategische Controlling
- ⇨ Vereinfachung der Entscheidungen bei Freigabe/Ablehnung von Projektanträgen
- ⇨ Wesentliche Verbesserung der Qualität der Projektanträge
- ⇨ Effizientere Kommunikation

Entwicklungsstand des Systems EVM.biz

Das »project biz« arbeitet seit 2003 an der Theorie eines Projektleitstandes, seit 2004 wurden prototypische Funktionen gemäß der fünf Ableitungen (siehe oben) entwickelt. Als Entwicklungsplattform wurden Excel(R) und VBA ausgewählt. Die Systemlösung EVM.biz trennt Funktionen und Datenhaltung in Excel(R), sie kann mittels Customizing an spezifische Anforderungen angepasst werden. Ein spezieller Security-Algorithmus sichert den konkurrierenden Zugriff auf die Daten gemäß Benutzerkonzept.

Zusammenfassung

Aktuelle Daten über die Kennzahlen relevanter Unternehmensbereiche sind für die Unternehmensführung unerlässlich. Ein effektives strategisches Management ist dabei ein wesentlicher Erfolgsfaktor. Das erforderliche strategische Controlling muss umfassend systematisiert und in die Unternehmensabläufe integriert sein. Die zugeordneten Vorhaben sollten von der Planung über die Umsetzung bis zum Abschluss aktiv begleitet werden.

Der strategische Beitrag eines Projekts muss anhand eines klaren Maßstabes geplant und gesteuert werden. Dabei hilft eine Operationalisierung und Visualisierung des Projektportfolios. Schon im Projektantrag sollte ein Engpassmanagement die Planung kritischer Unternehmensressourcen zusammenführen.

In die Projektidee fließen die Projektziele der dezentralen Einheiten ein, Commitments zum Ergebnis und zum Ressourcenbedarf werden festgehalten. Der Freigabeprozess fasst alle dezentralen Anforderungen an Budgets und Ressourcen sowie die strategischen Commitments zusammen.

Ein strategisches Controlling kann nur funktionieren, wenn aktuelle Plan- und Ist-Daten im strategischen Cockpit zusammengeführt werden. Der Projektleitstand stützt sich auf die eigenverantwortliche Datenpflege in dezentralen Systemen. Aus der Einzel-Projektsteuerung sollte sich im Multiprojektmanagement eine sich selbst aktualisierende Datenbasis entwickeln, die dem strategischen Controlling die Entscheidungsgrundlage liefert. Die Zusammenführung erfolgt mittels eines abgestimmten Protokolls. Die Aktualität der dezentralen Erfassung wird zentral überprüft und aktiviert.

Kollegiale Projektberatung

Bei der kollegialen Beratung geht es um die praktische Unterstützung von Entscheidungsträgern in betrieblichen Kontexten. Dazu wird der Sachverstand kompetenter Kollegen genutzt. Die kollegiale Beratung ist eine sinnvolle Ergänzung zur formalen Projektmanagement-Ausbildung.

In diesem Beitrag erfahren Sie:
- wie kollegiale Projektberatung in der Praxis funktioniert,
- wie eine solche Beratung das Wissensmanagement verbessern und
- wie sie zur besseren Handhabung von komplexen Führungsthemen beitragen kann.

OLAF HINZ

Einführung

Projekt-Führungskräfte sind permanent mit neuen Herausforderungen konfrontiert. Sie müssen ihr Prozesswissen ständig in neuen, unbekannten Kontexten anwenden. Terminenge und eine Vielzahl von parallel zu erledigenden Aufgaben kennzeichnen den Alltag. »Führung im Projekt« erfordert Schnelligkeit und einen konkreten Praxisbezug. Die kollegiale Projektberatung hat sich als gute Ergänzung klassischer Seminare und Trainings zum Projektmanagement erwiesen. Sie leistet einen erheblichen Beitrag zum zeitnahen und kontextbezogenen Wissens- und Erfahrungstransfer und trägt somit auch zu einer erhöhten Wertschöpfung bei. Entlang der konkreten Anliegen aus der aktuellen Projektarbeit unterstützen sich Projektleiter nicht nur gegenseitig in Ihrer Entwicklung als Führungskraft, sondern sorgen gleichzeitig für eine breite »Streuung« des aktuellen Wissens in der Gesamtorganisation.

Wie »funktioniert« kollegiale Projektberatung?

Kollegiale Projektberatung ist ein systematisches Beratungsgespräch, in dem Projektleiter/Führungskräfte sich nach einer vorgegebenen Gesprächsstruktur wechselseitig zu beruflichen Fragen und Schlüsselthemen beraten und gemeinsam Lösungen entwickeln. Die kollegiale Beratung findet in Gruppen von sechs bis zehn Mitgliedern statt, die in regelmäßigem Abstand zusammenkommen. Teilnehmer tragen dabei ihre beruflichen Praxisfragen, Probleme und »Fälle« vor [1].

Beispiel 1: Konzern Spezialmaschinenbau

Ein deutscher börsennotierter Konzern im Bereich Spezialmaschinenbau stellte sich in seinen zwei Kerngeschäftsfeldern dezentral auf. Es herrscht eine große Vor-Ort-Autonomie der einzelnen Gesellschaften, die an über 40 Standorten in Deutschland und Europa den gesamten Business-Prozess (Entwicklung, Fertigung, Versand, kaufmännische Funktionen) verteilten.
Die Qualifizierung von Projektleitern wird dabei dezentral und unterschiedlich durchgeführt. Während in einem Teil der Gesellschaften nach basalen Grundlagenschulungen das Prinzip »lerning by durchwursdachteln« gilt, setzen andere auf eine formale Qualifizierung der Projektmanager nach IPMA. Von einem einheitlichen Wissen beziehungsweise einem faktisch vergleichbarem Führungsverständnis kann keine Rede sein. Im Rahmen der Konzern-Führungskräfteentwicklung, einem der personellen Bindeglieder der Konzernpolitik, bieten wir daher seit einigen Jahren einen »Workshop für Projektleiter« an, der als Ergänzung zur formalen Projektmanagementqualifizierung das Thema »Führung im Projekt« in den Fokus nimmt. An drei Tagen arbeiten acht bis zehn Projektleiter aus unterschiedlichsten Teilen des Konzerns unter professioneller Moderation mit der Methode der kollegialen Beratung an ihren Praxisanliegen. Themen, bei denen noch Klärungsbedarf besteht, werden nach den jeweiligen Beratungsrunden methodisch (durch Beratung und Trainingsinputs) noch weiter vertieft. Die Teilnehmer erhalten so Zugang zu Führungswissen, das im Projekt sofort einsetzbar ist. Zudem profitiert die Gesamtorganisation entscheidend durch diesen Input: So stellten die Teilnehmer anlässlich dieser Workshops immer wieder überrascht fest, dass entsprechende Entwicklungsarbeiten in anderen Konzernteilen schon durchgeführt beziehungsweise mit demselben Kunden bereits vereinbart worden waren. Das bekannte Phänomen, dass das Rad zweimal erfunden wird, trat hier also einmal mehr auf. Drei Workshops erbrachten so viele Beispiele dieser Art, dass das Thema auf Konzernebene adressiert werden konnte. Daraufhin wurde ein Organisationsprojekt zur Berufung von »Systemintegratoren« und zur Installation eines einheitlichen Projektcontrollings gestartet.

Kollegiale Beratung ist zeitökonomisch und ermöglicht den »freien Blick« auf Themen, Konflikte und (Schein-)Harmonien im Alltag. Transparenz und Struktur des Verfahrens verhindern, dass vorschnelle Beurteilungen zu vermeintlichen Lösungen werden. So kann ein kontinuierlicher Verbesserungsprozess beziehungsweise Qualitätszirkel implementiert werden.

Jedes Team und jede Gruppe kann sich zur kollegialen Projektberatung zusammenfinden. Allerdings sind einige Aspekte im Vorfeld zu bedenken, damit sich alle Beteiligten realistische Bilder von den möglichen Ergebnissen machen können. Vier »Zutaten« fördern das Gelingen kollegialer Projektberatung:

⇨ *Vertrauen:* Teilnehmer, die sich vertrauen, können miteinander offener sprechen.
⇨ *Vertraulichkeit:* Verschwiegenheit über Inhalt und Abläufe nach außen hin.
⇨ *Unterstützung:* Das Bemühen um Unterstützung für die übrigen Teilnehmer.
⇨ *Wertschätzung:* Wechselseitige Wertschätzung fördert Offenheit.

Das Erfolgsmodell: Prozesse

Ein klarer Prozess in der kollegialen Projektberatung sichert, dass viele individuelle Vorschläge und Anregungen in kurzer Zeit zur Verfügung gestellt werden (Tabelle 1).

⇨ *Phase 1:* Die drei Rollen Moderator, Fallgeber und kollegialer Berater werden besetzt. Die Gruppe einigt sich auf einen Moderator, der durch die weiteren Phasen führt. Der Moderator leitet die Besetzung der Rolle des Fallgebers an. Dieser entscheidet, inwieweit er einen Protokollanten wünscht. Fallgeber kann jeder werden, der für ein Thema oder eine schwierige Situation neue Perspektiven oder Lösungsideen erhalten möchte. Bei mehreren Fallgebern entscheidet die Gruppe, je nach Dringlichkeit der Situation. Die übrigen Teilnehmer werden zu kollegialen Beratern.

175

Phase	Zeit	Methode	Aufgaben des Fallgebers	Aufgaben der beratenden Gruppe	zu beachten ist
I		Rollen-verteilung			Wer bringt den Fall ein? Wer berät, wer moderiert?
II	bis 10'	Vorstellen des Falles	beschreibt die Situation	hört zu und macht sich evtl. Notizen	noch nicht nachfragen!
III	bis 10'	Befragung	antwortet differenziert	interviewt den Ratsuchenden	Verständnisfragen, keine Probleminterpretationen!
IV	5'	Formulierung der Schlüsselfrage	formuliert eine konkrete Fragestellung	unterstützt gegebenenfalls durch Angebote	
V	15'	Beratung	hört zu und macht sich Notizen	jeder sagt, wie er den Fall angehen würde	keine Diskussionen über die Vorschläge der anderen
VI	5'	Abschluss	dankt für die Vorschläge	hört zu	keine Kritik an den Vorschlägen

Tabelle 1: Das Phasenmodell der kollegialen Projektberatung

⇨ *Phase 2:* Der Moderator bittet den Fallgeber, die aus seiner subjektiven Perspektive notwendigen Informationen zu schildern. Der Fallgeber berichtet der Gruppe. Er hat dafür rund zehn Minuten Zeit. Der Moderator unterstützt den Fallgeber eventuell durch klärendes und fokussierendes Fragen. Die Berater halten sich in dieser Phase zunächst zurück.

⇨ *Phase 3:* Im Anschluss formulieren die Berater zunächst Klärungsfragen, die ihnen selbst helfen, die Thematik noch weiter zu sondieren und zu verstehen. In dieser Phase geht es nur darum, Verständnisfragen zu stellen, jedoch noch keine Lösungen vorzustellen.

Ziel ist »das Verstehen« der vom Fallgeber geschilderten Situation, noch nicht jedoch das oft »verkappte Antesten« von möglichen Handlungsalternativen. Es muss darauf geachtet werden, dass dieses Nachfragen eng am geschilderten Fall bleibt und nicht »allgemeiner Neugierde« weicht.

⇨ *Phase 4:* Der Moderator bittet den Fallgeber zu formulieren, welche Schlüsselfrage er in Bezug auf sein Thema an die Berater hat. Diese Schlüsselfrage soll umreißen, was sich der Fallgeber als Ziel in dieser kollegialen Beratung wünscht und die Thematik für die beratenden Teilnehmer fokussieren.

⇨ *Phase 5:* In dieser Phase findet dann die eigentliche Beratung des Fallgebers statt. Jetzt sind alle explizit aufgefordert, mögliche Lösungsalternativen zu entwickeln und für den Fallgeber neue Verhaltens- oder Umgangsweisen zu formulieren. Der Fokus liegt dabei immer darauf, was er/sie selbst tun könnte! Allgemeine organisationsspezifische Hinweise oder Tipps, was »andere Beteiligte« machen sollten, sind dabei wenig zielführend. Der Fallgeber hört in dieser Phase nur zu und lässt die Ideen der Berater auf sich wirken. Der Moderator wacht über die Einhaltung des Zeitrahmens von etwa 15 Minuten. Im Sinne des Fallgebers achtet er darauf, dass alle Berater sich beteiligen und die Beiträge nicht zu schnell hintereinander erfolgen.

⇨ *Phase 6:* Der Moderator wendet sich dann dem Fallgeber zu und fragt ihn, welche Ideen der Berater er bedenkenswert und hilfreich in Bezug auf seine Schlüsselfrage fand. Der Fallgeber nimmt Stellung zu den aus seiner Sicht hilfreichen Anregungen und bedankt sich abschließend für die Unterstützung durch die Berater. Dabei achtet der Moderator mit darauf, dass es nicht zu einer »Abqualifizierung« einzelner Beratungen kommt.

Durch dieses bewährte Phasenmodell werden Zeiteffizienz und die Konzentration auf das zu behandelnde Thema erreicht. Weitschweifige Eigenbeschreibungen eines irrelevanten Kontextes nach dem Motto »ganz ähnlich ging es mir damals auch, als ich….« werden ebenso vermieden wie ein unproduktiver Streit darüber, welche der einzelnen Beratungen denn nun »richtig« und welche »falsch« seien.

Der in Tabelle 1 dargestellte Prozess präsentiert eine didaktische Reduktion der Konzepte, die in der allgemeinen Literatur zur kollegialen Beratung bereits beschrieben worden sind. So zeigte sich in den ersten beiden »Workshops für Projektleiter« beim oben vorgestellten Konzern im Spezialmaschinenbau, dass die Teilnehmer daran interessiert waren, schnell – möglichst innerhalb vom Minuten – eine Antwort auf Ihr Anliegen zu bekommen. Die in der Literatur zum Beispiel von Tietze [2] vorgeschlagene Phase der Methodenwahl – eine Abstimmung in und durch die Gruppe, wie das Anliegen bearbeitet werden soll (zum Beispiel Brainstorming, Erfahrungsaustausch, Expertenrat etc.) – löste nur Irritationen aus. Zitate wie: »Bevor ich also sagen darf, was mein Rat ist, wollen wir uns jetzt auch noch einigen, wie ich das darf« waren typisch für ein Gefühl der »Überregulierung« durch das Prozessmodell.

Wir sind daher in der Folge dazu übergegangen, diese Phase auszulassen und die Teilnehmer direkt mit der Beratung beginnen zu lassen. Hier trägt jeder kollegiale Berater seine Idee vor, in welcher Form auch immer. Diese didaktische Reduktion hat sich seitdem bewährt, weil eine Befassung der Teilnehmer auf der Prozess- oder Metaebene nur sehr selten gewünscht wird. Praktiker sind – verständlicherweise – an operativen Ratschlägen und Ideen interessiert.

Damit kommt der Kompetenz und dem Rollenbewusstsein des Moderators eine größere Bedeutung zu. So kommt es nun öfter vor, dass während der Phase 5 mit Fragen wie: »Reden Sie gerade über sich oder über den Fallgeber?« oder »Ist das eine spontane Idee oder haben Sie bereits gute Erfahrungen damit?« deutlich gemacht wird, wo sich der kollegiale Berater gerade befindet, damit der Ratschlag auch aufgenommen werden kann. Die Strukturierungsfunktion, die in einer Phase der Methodenwahl geleistet würde, verschwindet also nicht aus dem kollegialen Beratungsprozess, sondern wird nur auf den Moderator verlagert, der sie auch nur situativ einsetzt.

Wir sind ferner dazu übergegangen, nach dem Abschluss der Runde und einer kleinen Pause die Gruppe zu fragen: »War in diesem Anliegen ein Kern, ein Punkt von generellem Interesse für die Gruppe?« Dabei werden solche Themen, die bei vielen/allen Teilnehmern Wissensbedarf auslösen, nach den jeweiligen Beratungsrunden methodisch, insbesondere durch Beratung und Training, noch weiter vertieft. Typische Themen im Kreis der Projektleiter sind dabei der Umgang mit Widerständen, das Management von (Ressourcen-)Konflikten mit Linienvorgesetzten oder das Umgehen mit unklaren Projektaufträgen.

Das Erfahrungsmodell: praktische Wirkungen

Schauen wir noch einmal auf das Eingangsbeispiel: Anlässlich der Workshops stellten die Teilnehmer immer wieder fest, dass entsprechende Entwicklungsarbeiten in anderen Konzernteilen bereits gelaufen beziehungsweise mit dem gleichen Kunden schon vereinbart waren. Die kollegialen Berater konnten nicht nur gute praktische Hinweise geben, sondern sogar dezidiert beschreiben, was sie mit dem gleichen Kunden bereits vereinbart beziehungsweise welche ähnlichen technischen Lösungen sie bereits entwickelt hatten.

Nach drei Workshops hatten die Teilnehmer und die Konzern-PE so viele Beispiele beisammen, dass das Thema auf Konzernebene adressiert und nun ein Organisationsprojekt zur Installation eines einheitlichen Projektcontrollings und der Berufung von »Systemintegratoren« gestartet werden konnte.

So durchgeführt, wird kollegiale Projektberatung dann zu betriebswirtschaftlich effektivem Wissensmanagement jenseits von Datenbankrecherchen. Dies gilt natürlich vor allem für den Bereich der informellen Regeln und Kommunikationswege, die letztendlich die eigentlichen Prozessbeschleuniger in Organisationen darstellen. Und gerade hier beweist die kollegiale Projektberatung ihre spezifischen Vorteile. Das Zugeben von Fehlern beziehungsweise anzuerkennen, dass es noch eine bessere Lösung gibt, sowie das Aufdecken von Redundanzen und Informationslöchern erfordert »face validity«. Erst in der persönlichen Arbeit mit Kollegen, bei der ich frei bin, deren Rat anzunehmen oder nicht, entsteht die geschützte Atmosphäre, die ich

> **Beispiel 2: Mittelständisches Unternehmen der chemischen Industrie**
>
> Bei einem zweiten Beispiel aus meiner Praxis handelt es sich um einen mittelständischen Hersteller von Vorprodukten für die chemische Industrie. Das Unternehmen hatte seit Längerem Probleme mit den Vertretern der obersten Aufsichts- und Genehmigungsbehörde und trat an mich mit der Bitte heran, die Gespräche zwischen den technischen Projektleitern und der Behörde zu moderieren. In der Auftragsklärung schlug ich vor, es zunächst mit einer kollegialen Projektberatung (als »Hilfe zur Selbsthilfe«) zu versuchen. Bei der Zusammensetzung der Gruppe wurde darauf geachtet, auch Mitarbeiter einzubinden, die zwar Kontakt zur Behörde hatten, aber nicht aus dem Kreis der technischen Führungskräfte kamen.
>
> Im Rahmen der Projektberatung stellte sich dann heraus, dass zum Beispiel die juristisch tätigen Kollegen deutlich einfachere Prozesse mit der Behörde abwickelten. Dies galt ebenso für Mitarbeiter aus dem Bereich Umwelt. Die technischen Führungskräfte folgten den Hinweisen dieser Kollegen aus dem Bereich der »Verhandlungspsychologie«. Sie berücksichtigten auch die Erfahrung, »dass die Behördenvertreter die wesentlichen Punkte gern vorher unter vier Augen vorbesprechen«. In der Folge verabredete die kollegiale Beratungsgruppe einen regelmäßigen Austausch über »das Verhalten der anderen Seite«, und ein selbsttragender KVP-Prozess kam in Gang. Von der anfangs gewünschten Moderation war nie mehr die Rede. Echte Hilfe zur Selbsthilfe!

brauche, um eine Verhaltensänderung anzugehen.

Kollegiale Projektberatung ist also auf zweierlei Weise wirksam: Neben den ganz konkreten Auswirkungen der kollegialen Projektberatung auf der Personenebene – im Sinne von Führungskräfteentwicklung – beobachten wir auch immer wieder Prozesse der Organisationsentwicklung des Gesamtunternehmens – wie das Praxisbeispiel mit der Berufung von Systemintegratoren zeigt.

Umgang mit Komplexität

Gerade durch die Tatsache, dass ein Fallgeber zu seinem Anliegen ganz verschiedene Beratungen erhält, wird deutlich, dass es kaum eine eindeutige Lösung für Management- und Führungsfragen gibt. Denn der Forderung nach der »richtigen« Lösung liegt das alte Management-Paradigma der »hierarchischen Steuerung« von Unternehmen und Mitarbeitern zugrunde. In einer Zeit, in der sich Märkte und Kundenanforderungen täglich wandeln beziehungsweise die ökonomischen Rahmenbedingungen ständig wechseln, ist jedoch die Überzeugung, dass sich so komplexe Gebilde wie Unternehmen wie Maschinen steuern lassen, überholungsbedürftig.

Kollegiale Projektberatung schärft den Blick für diese neue Herausforderung. Projekte führen heißt, das Unentscheidbare zu entscheiden [3]. Denn das Entscheidbare ist ja bereits entschieden und in Form von Projekthandbüchern, »messerscharfen« Schnittstellenpapieren, Anweisungen, Spielregeln und Vereinbarungen geregelt. Daher wendet sich eine Führungskraft, die effektiv sein will, den Fragestellungen zu, die nicht bereits einer Regel unterliegen.

Bei diesen unentscheidbaren Fragen ist vieles möglich, denn viele Wege führen nach Rom – aber nur eine aus den vorhandenen Möglichkeiten kann gewählt werden. Diese Kontingenz, die Notwendigkeit, aus mehreren Alternativen auswählen zu müssen, macht das Wesen effektiven Projektmanagements doch erst aus [4]. Obwohl Projektmanager nicht zuverlässig herausfinden können, welche der verschiedenen Alternativen die richtige ist, muss eine Führungskraft trotzdem zeitnah eine Entscheidung treffen. Es geht bei effektiver Führung also nicht mehr um die Suche nach der richtigen, sondern um die Auswahl einer wahrscheinlich guten Entscheidung!

Kollegiale Projektberatung: Chancen und Grenzen

Die Teilnehmer der kollegialen Projektberatung erhalten Anregungen und Handlungsmöglichkeiten für Praxisfälle des Tagesgeschäftes. Die regelmäßige Teilnahme an kollegialer Beratung ermöglicht
⇨ eine strukturierte Reflexion des Führungs- und Arbeitsstils,
⇨ die Verbesserung des Gruppenzusammenhaltes,
⇨ die Verbesserung der Kommunikations- und Problemlösefähigkeiten,
⇨ einen breiten Blick für die Themen und Methoden des Unternehmens beziehungsweise des Arbeitsgebietes sowie nicht zuletzt

⇨ die praktische Übung der persönlichen Beratungs- und Coachingkompetenzen.

Und hier wird auch der Nutzen dieser Methode im Kontext der aktuell vorherrschenden Ausbildung von Projektleitern deutlich. Zwar mag sich in der Literatur über Projektmanagement langsam ein differenzierteres Führungsverständnis – zumindest verbal – durchsetzen. Im Konkreten, wenn also in der Tiefe von Organisationen Projekte gemanagt werden sollen, herrscht hingegen Planwirtschaft. Hier regiert ein mechanistisches Planungsverständnis, bei dem Menschen, Interessen und Zufälle keinen Platz haben. Dass Projekte von Menschen in Organisationen betrieben werden, also auch das Verhalten, Haltungen und Gruppendynamik zur Erfüllung der Projektanforderungen gehören, wird fast vollständig ausgeblendet. Menschen kommen lediglich als Eingangswert im operativen, qualitativen Risikomanagement vor. Es gibt ja für quasi alles ein IT-Tool oder einen Plan.

Nur leider lösen auch diese IT-Tools nicht das Grunddilemma: Das Problem sitzt ja immer noch vor dem Bildschirm! Solange die PM-Software ihre eigenen Projekte noch nicht selbst managen darf und sich Menschen – in Form von Projektmanagern – immer noch einmischen, muss das Risiko begrenzt, also geregelt und verplant werden. Nur kein Chaos! Das ist die Devise des zertifizierten Projektmanagements. Denn schließlich kann nicht sein, was nicht geplant wurde. Pläne werden so zu Realität, vereinbarte Termine zu Ikonen, denen man in Form rein formaler Projektabschlüsse huldigt.

Bei der kollegialen Beratung geht es aber um die Stützung und Stärkung von Menschen in betrieblichen Kontexten und die Erweiterung ihres persönlichen professionellen Handlungsspielraumes. Diese Beratung ergänzt die formalen Projektmanagement-Ausbildungen daher sinnvoll.

Die kollegiale Projektberatung stößt hier allerdings an ihre *Grenzen*. Sie ist kein Ersatz für persönliches Coaching/Supervision, abteilungsbezogene Strategieworkshops oder teamspezifische Entwicklungsmaßnahmen. Interessanterweise sind diese Grenzen in der Literatur noch wenig präsent. Denn die kollegiale Projektberatung ist natürlich kein Allheilmittel. Hier wäre eine explizite wissenschaftliche Analyse wünschenswert. Sie könnte zur Vermeidung von »Scharlatanerie« beitragen und eine fortschreitende Professionalisierung im Umgang mit dem Konzept »kollegiale Beratung« aus Sicht des Praktikers fördern.

Bei der kollegialen Projektberatung ergeben sich die Grenzen der Wirksamkeit daher eher aus der heuristischen Abgrenzung zu anderen Beratungsformen und deren spezifischen Stärken. Nach allgemeiner Erfahrung sollten folgende Themengebiete nicht im Kollegenkreis behandelt werden:

⇨ allgemeine, strategische Organisationsfragen,
⇨ stark fachspezifische Themenstellungen,
⇨ Konflikte im Team selbst,
⇨ zu »politische« Themenstellungen,
⇨ »private«, psychotherapeutische Lebensthemen und
⇨ – ganz allgemein – Fragen der Rollenberatung.

So wird auch der Unterschied zu anderen Ansätzen deutlich: Kollegiale Projektberatung liefert eher operative Hinweise zur Leistungsentwicklung, Coaching liefert eher Impulse zur professionellen Rollenausgestaltung und Persönlichkeitsentwicklung.

Kollegiale Projektberatung unterliegt – wie jede interaktive Trainings- und Beratungsform – natürlich auch den Prozessen der Gruppendynamik. Hierin liegen dann auch die größten Risiken des Scheiterns einer kollegialen Beratungsgruppe. In der Hektik und beim Ergebnisdruck des Tagesgeschäftes kommt die notwendige Gelassenheit und das »Sicheinlassen« auf die Ideen und Vorschläge anderer oft zu kurz.

So passiert es nicht selten, dass sich kollegiale Beratungsgruppen »totlaufen«, weil die Beteiligungsquote absinkt. Zu kurze Abstände der Treffen (weniger als sechs bis acht Wochen) und allzu homogene Gruppen verstärken diesen Trend noch. Oft häufen sich dann die kurzfristigen Absagen und es sitzen nur noch drei bis vier Personen zusammen, die bei der Startfrage: »…und wer hat einen Fall?« alle betreten zu Boden schauen. Dies passiert nach unserer Erfahrung in rund 30 Prozent aller kollegialen Projektberatungsgruppen.

Unzweifelhaft sind aber die spezifischen *Chancen* der kollegialen Projektberatung für professionelle Organisationen: Auf der Unternehmensebene leistet kollegiale Projektberatung einen erheblichen Wertschöpfungsbeitrag zum zeitnahen und kontextbezogenen Wissens- und Erfahrungstransfer. Anhand konkreter Anliegen aus der aktuellen Arbeit unterstützen sich Projektleiter nicht nur gegenseitig, sondern sorgen gleichzeitig für eine breite »Streuung« des aktuellen Wissens in der Gesamtorganisation. Gleichzeitig sind die Kosten/Aufwände vergleichsweise gering.

Auf der Personenebene stärkt die Teilnahme an kollegialen Beratungen die Personenautorität der Teilnehmer. Sie bauen ihre Kompetenzen in der Beobachtung und Bewertung betrieblicher Fragestellungen aus. Die Teilnehmer lernen, daraus konkrete Handlungsoptionen abzuleiten. Sie erhalten eine unmittelbare Rückmeldung über »ihre Sicht auf die Dinge« und können Alternativen beziehungsweise eine andere Herangehensweise unmittelbar damit verknüpfen. So erweitern Sie ihr Führungs- und Verhaltensrepertoire mit einer hohen Praxisrelevanz. Die Ergebnisse können sie innerhalb von Stunden oder Tagen in den Unternehmensalltag umsetzen.

Somit ist kollegiale Projektberatung, gerade im System Projekt und bei steigender Komplexität, ein gutes Instrument der Führungskräfteentwicklung, das dem reinen Training überlegen ist und sich harmonisch zu einem Dreiklang mit den persönlichen Beratungsmethoden Coaching und Mentoring zusammenfügt [5].

Literatur

[1] vgl. www.kollegiale-beratung.info und Hinz, O.: *Jenseits von Coaching und Mentoring: kollegiale Praxisberatung.* In: Organisationsberatung, Supervision, Coaching, 01/2008, Lippmann, E.: *Intervision*, Heidelberg 2004 sowie Tietze, K.-O.: *Kollegiale Beratung*, Hamburg 2003

[2] vgl. TIETZE, K.-O.: *Kollegiale Beratung*, Hamburg 2003

[3] vgl. VON FÖRSTER, H.: *KybernEthik*, Berlin

[4] vgl. BACKHAUSEN, W., Thommen, J.P.: *Coaching*, Wiesbaden 2004

[5] vgl. HINZ, O.: *Gängige Methoden der Einzelberatung.* In: Wissensmanagement, 04/2005 und Hinz, O. und Timmann, H.: *Coachen um zu managen.* In: Personalwirtschaft, 03/2008

Zusammenfassung
Die Methode der kollegialen Beratung eignet sich gut für Projektleiter, die ständig vor der Herausforderung stehen, ihr Prozesswissen in neuen, unbekannten Kontexten anzuwenden. Schnelligkeit und konkreter Praxisbezug sind dabei wesentliche Faktoren. Der vorliegende Beitrag stellt eine Variation der Grundmethode kollegialer Beratung – die kollegiale Projektberatung – vor. Die dabei auftretenden Prozesswirkungen und Lernerfahrungen werden anhand zweier Praxisbeispiele aus der Industrie illustriert und Chancen sowie Grenzen der Methode diskutiert.

Um möglichst viele Verbesserungsvorschläge sammeln zu können, sollte der Prozess der kollegiale Projektberatung klar strukturiert sein:

⇨ *Phase 1:* Moderator, Fallgeber, kollegiale Berater und ein Protokollant werden bestimmt. Bei mehreren Fallgebern entscheidet die Gruppe nach Dringlichkeit. Die übrigen Teilnehmer werden zu kollegialen Beratern.

⇨ *Phase 2:* Der Moderator bittet den Fallgeber, sein Anliegen in zirka zehn Minuten zu schildern. Die Berater halten sich zurück.

⇨ *Phase 3:* Es werden Verständnisfragen gestellt, jedoch noch keine Lösungen entwickelt.

⇨ *Phase 4:* Der Fallgeber formuliert eine Schlüsselfrage an die Berater, um die Zielsetzung zu umreißen und die Thematik zu fokussieren.

⇨ *Phase 5:* Die Teilnehmer entwickeln mögliche Lösungsalternativen und schildern sie dem Fallgeber.

⇨ *Phase 6:* Der Fallgeber nimmt Stellung zu den Vorschlägen. Der Moderator achtet darauf, dass es nicht zu einer »Abqualifizierung« einzelner Beiträge kommt.

Controlling, Reviews und Audits in IT-Projekten

Controlling soll ein effektives Management der IT-Kosten gewährleisten und dabei helfen, den Einsatz der IT so effizient wie möglich zu gestalten. Noch entscheidender ist jedoch die Frage, wie die IT effektiv im Sinne des Unternehmens und seiner übergeordneten Strategien eingesetzt werden kann.

> In diesem Beitrag erfahren Sie:
> - wie sich die Wirtschaftlichkeit des Einsatzes von IT in Unternehmen effektiv überprüfen lässt,
> - welcher Instrumente und Methoden sich das IT-Controlling bedient und
> - wie man Risiken des Projektmanagements durch Reviews und Audits begrenzen kann.

CLAUDIA DEIMER, WALTER GORA

Einleitung

Die seit Jahren verfügbaren Kommunikations- und Informationsmöglichkeiten (zum Beispiel durch E-Mail und Internet) haben Arbeitsprozesse grundlegend verändert und zu einer deutlich höheren Vernetzung zwischen Unternehmen, Menschen und öffentlichen Verwaltungen geführt. Die Bewältigung der dabei zu verarbeitenden Datenmengen ist inzwischen ohne leistungsfähige Informations- und Kommunikationssysteme nicht mehr möglich [14].

Die Bedeutung der Informationstechnologie wächst in fast allen Lebensbereichen seit vielen Jahren. Für Unternehmen und andere Organisationsformen (unter anderem Behörden, Landesbetriebe, öffentliche Verwaltungen) ist der Einsatz von Informationstechnologie und die Unterstützung entsprechender Systeme für viele Abläufe und Geschäftsprozesse wirtschaftlich unabdingbar. Ihre Gestaltung und

Umsetzung ohne IT würde zu deutlich längeren Bearbeitungszeiten und erheblich höheren Kosten führen oder sich gar nicht realisieren lassen [19].

Die zunehmende Abhängigkeit von einer mit hoher Verfügbarkeit funktionierenden IT-Infrastruktur, die Verwundbarkeit bei einem Ausfall der IT, aber auch die mit der IT verbundenen Kosten und Aufwände haben zu einer hohen Aufmerksamkeit für derartige Fragestellungen auf allen Führungsebenen von Unternehmen geführt. IT-Manager, die für den Betrieb und die Realisierung von IT-Systemen verantwortlich sind, müssen die damit verbundenen Kosten kennen und diese rechtfertigen. Fachbereiche, die diese Systeme nutzen und als Auftraggeber gegenüber dem IT-Bereich auftreten, müssen den Nutzen darstellen können und diesen erzielen. Um die notwendige Transparenz zu schaffen und die Basis für Entscheidungen zu liefern, wird ein auf die jeweiligen Bedürfnisse abgestimmtes Steuerungsinstrumentarium in Form des IT-Controllings benötigt, welches die Basisdaten liefert und die Effektivität und die Effizienz des IT-Einsatzes bewertet.

Die IT-Bereiche müssen sich zunehmend für ihre laufenden Ausgaben und Investitionen rechtfertigen. Da es außerdem bei der Entwicklung, Einführung und Implementierung von IT-Projekten zu hohen Budgetüberschreitungen, fehlenden Funktionalitäten sowie zu einer Verdoppelung von Einführungszeiten kommt und die Auswirkungen von Misserfolgen auf Grund der gewachsenen Bedeutung der IT immer größer werden, gewinnt das Controlling zunehmend an Relevanz [3].

In den 80er Jahren wurde IT-Controlling verstärkt in Unternehmen der freien Wirtschaft eingeführt und etabliert [12]. Behörden, öffentliche Verwaltungen und öffentlich-rechtliche Unternehmen können sich inzwischen dieser Entwicklung nicht verschließen.

Auch im öffentlichen Sektor gibt es die Notwendigkeit, Kosten- und Leistungstransparenz zu schaffen und stärker wirtschaftlich zu agieren. Häufig wird dies durch Anforderungen und Auflagen vorgesetzter Stellen und Behörden forciert. Nach Einschätzung der Unternehmensberatung McKinsey hinken öffentlich-rechtliche Organisationen allerdings beim Einsatz des IT-Controllings gegenüber der Privatwirtschaft mehrere Jahre hinterher.

Das Konzept des IT-Controlling

Zur Geschichte und Definition des Controllings

Das Controlling, wie wir es heute kennen, ist das Ergebnis der industriellen Entwicklung in den USA in der zweiten Hälfte des 19. Jahrhunderts. Die erste »offizielle« Zusammenstellung der Controllingaufgaben wurden 1946 vom Controller's Institute of America veröffentlicht [4].

In Deutschland haben sich erste Controllingfunktionen in der zweiten Hälfte der 50er Jahre durchgesetzt [14]. Es hat aber einige Jahre gedauert, bis die volle Akzeptanz gegeben war [22]. Noch im Jahre 1965 wurde in einem Beitrag im Rahmen einer Artikelserie der Frankfurter Allgemeinen Zeitung über »Das amerikanische Rechnungswesen als Führungsinstrument« [8] darauf verwiesen, dass die in den Vereinigten Staaten weit verbreitete Zweiteilung der Funktion des Finanzchefs in einen Leiter Rechnungswesen und einen Leiter Controlling in Deutschland weitgehend auf Ablehnung stößt. Der US-Trend hat sich letzlich aber auch in Deutschland etabliert. Im Jahre

> **Das allgemeine Controlling-System**
>
> »Der Begriff Controlling ist nicht, wie missverständlicherweise angenommen werden kann, vom Wort ‚Kontrolle' oder ‚to control' abgeleitet, sondern unter ‚Control' versteht man in der englischsprachigen Managementliteratur Beherrschung, Lenkung, Steuerung, Regelung von Prozessen.«
> Controlling bedeutet daher die Steuerung von Organisationen wie Unternehmen, Verwaltungen, Behörden etc. Es ist die Aufgabe des Controllings, das Management durch eine ergebnisorientierte Koordination von Planung, Kontrolle und Informationsversorgung bei der Entscheidungsfindung bestmöglich zu unterstützen. Somit unterstützt das Controlling das Management von der Planung und Umsetzung der Strategien bis zur Erreichung der verfolgten Ziele.

1973 hatten gemäß einer empirischen Untersuchung des Beratungsunternehmens McKinsey bereits 90 Prozent von 30 »typischen« deutschen Großunternehmen eine separate Controllingposition etabliert.

Controlling-Systeme im IT-Bereich

Mit dem Einzug der IT in die bundesdeutschen Unternehmen begannen diese, sich speziell mit der Wirtschaftlichkeit des Einsatzes von IT und IT-Projekten zu beschäftigen. Dies begründet sich nicht nur durch die bereits erwähnte Abhängigkeit der Unternehmen von der Verfügbarkeit ihrer IT-Infrastruktur, sondern auch dadurch, dass die Kosten der IT inzwischen einen relevanten Anteil am Gesamtkostenblock der Unternehmen bilden (siehe auch Abb. 1).

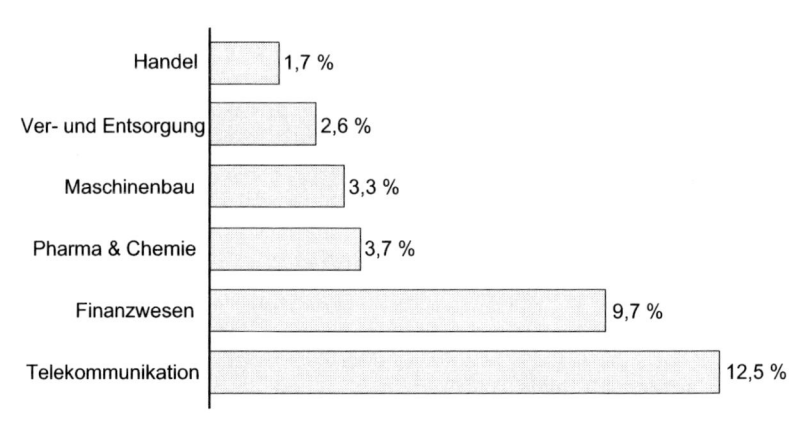

Branche	Anteil
Handel	1,7 %
Ver- und Entsorgung	2,6 %
Maschinenbau	3,3 %
Pharma & Chemie	3,7 %
Finanzwesen	9,7 %
Telekommunikation	12,5 %

Abb. 1: *Anteil der IT an den Gesamtkosten der Unternehmen [1]*

Verstärkt wird diese Aufmerksamkeit durch die kontinuierlich steigenden Ausgaben für die IT. Trotz aller Spar- und Konsolidierungsmaßnahmen wird immer mehr Geld für IT-Systeme ausgegeben.

Somit nimmt die Bedeutung eines effektiven Managements der IT-Kosten zu, und Fragestellungen zur Wirtschaftlichkeit beim Einsatz von IT gewinnen an Relevanz. Deshalb hat sich seit Beginn der

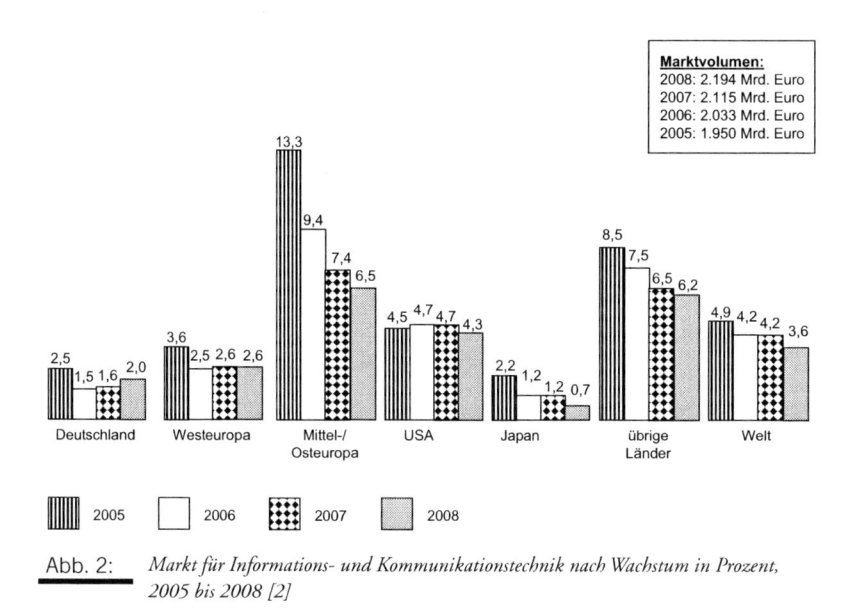

Abb. 2: *Markt für Informations- und Kommunikationstechnik nach Wachstum in Prozent, 2005 bis 2008 [2]*

80er Jahre das IT-Controlling als eine Konkretisierung und Spezialisierung des allgemeinen Controllings entwickelt [12]. Innerhalb weniger Jahre ist es zu einer etablierten Disziplin der Wirtschaftsinformatik geworden [7].

Instrumente und Methoden des IT-Controllings

Operatives und strategisches IT-Controlling

Im operativen Controlling stellt sich die Frage der Effizienz (Doing things right? – Wie lassen sich diese Aufgaben optimal erfüllen?). Es gilt, den Einsatz von IT so effizient wie möglich zu gestalten. Die Wirtschaftlichkeit und die Performance des IT-Betriebs sowie die effiziente Realisierung der IT-Projekte stehen im Fokus der Betrachtung. Dazu dienen die Methoden und Verfahren des Betriebscontrollings und des Projektcontrollings.

Das strategische IT-Controlling befasst sich mit der Frage der Effektivität (Doing the right things? – Welche Aufgaben müssen gelöst werden?). Das bedeutet, die IT effektiv im Sinne des Unternehmens und seiner übergeordneten Strategien einzusetzen. IT-Entwicklungen und IT-Investitionen werden dem Bedarf und den Zielen des Auftraggebers entsprechend angegangen und ausgesteuert. Dazu gehören Portfoliomanagement und Kennzahlen/Scorecards [16].

Dabei werden durch das IT-Controlling aber immer die gleichen Ziele verfolgt, nämlich Effektivität und Effizienz beziehungsweise Wirtschaftlichkeit. Diese Ziele kann man durch diverse Controlling-Instrumente unterstützen. Diese variieren, je nachdem, ob der Fokus auf strategische oder operative Fragestellungen gelegt wird. Die im letzten Abschnitt beschriebenen Ansätze lassen sich in das folgende Modell integrieren, das die wesentlichen Aspekte des IT-Controllings strukturiert darstellt.

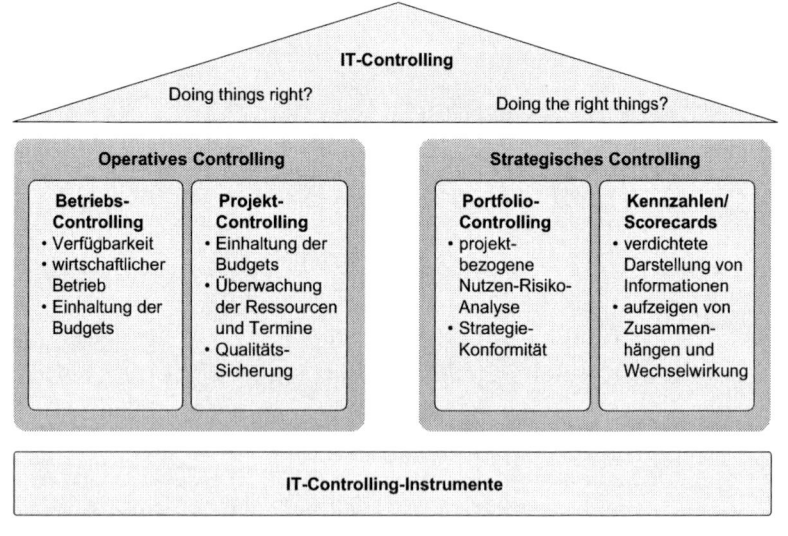

	IT-Controlling		
Doing things right?			Doing the right things?
Operatives Controlling		**Strategisches Controlling**	
Betriebs-Controlling	**Projekt-Controlling**	**Portfolio-Controlling**	**Kennzahlen/Scorecards**
• Verfügbarkeit • wirtschaftlicher Betrieb • Einhaltung der Budgets	• Einhaltung der Budgets • Überwachung der Ressourcen und Termine • Qualitäts-Sicherung	• projektbezogene Nutzen-Risiko-Analyse • Strategie-Konformität	• verdichtete Darstellung von Informationen • aufzeigen von Zusammenhängen und Wechselwirkung
IT-Controlling-Instrumente			

Abb. 3: *IT-Controlling-Modell*

IT-Controlling-Instrumente

Der IT-Controller ist der Spezialist für die Steuerungssysteme in der IT. Er hat dem IT-Management die benötigten Informationen zur Planung, Steuerung und Kontrolle aller strategischen und operativen Aufgaben der IT zu liefern. Zur Wahrnehmung dieser Aufgaben werden speziell darauf ausgerichtete Instrumente und Methoden eingesetzt. In diesem Kapitel werden entsprechende Verfahren diskutiert.

Es gibt eine große Anzahl von IT-Controlling-Instrumenten. Eine Vielzahl dieser Instrumente lassen sich problemlos aus dem allgemeinen Controlling auf die IT übertragen, andere kommen typischerweise nur im IT-Controlling zum Einsatz [18].

Um die IT-Controlling-Instrumente zu strukturieren, können sie in »klassische« und »innovative« Controlling-Instrumente unterschieden werden. Bei den klassischen Controlling-Instrumenten handelt es sich um die ergebnisorientierte Planung und Kontrolle, die Kosten- und Leistungsrechnung sowie das Berichtswesen. Zu den innovativen Controllinginstrumenten kann man die Instrumente zählen, die sich mit der strategischen Ausrichtung, der Kunden- und Prozessorientierung und mit mehrdimensionalen Sichten beschäftigen [13].

Betriebscontrolling

Aufgabe des Betriebscontrollings ist es, den wirtschaftlichen IT-Betrieb zu sichern. Dazu gehören der Übergang von Projekten zum Betrieb, die Aufrechterhaltung des Betriebs und die Einhaltung der Budgets, die Überprüfung der Leistungen von Rechenzentren, Rechenanlagen, Netzen und der übrigen Infrastruktur im Hinblick auf Wirtschaftlichkeit, Verfügbarkeit, Nutzungsgrad etc.

Diese Teilaufgabe des IT-Controllings ist eng mit dem übergreifenden Controlling und dem Finanz- und Rechnungswesen verbunden und wird in der Regel von diesen Bereichen initiiert und mitbestimmt. Kosten sind ein wesentlicher Bestandteil jeder Planung und jeder Wirtschaftlichkeitsbetrachtung. Daher kommt der Kostenrechnung eine zentrale Rolle zu. Durch eine Aufteilung nach Kostenarten,

Kostenstellen und Kostenträgern ist eine Abbildung möglich, die darstellt, welche Kosten wo und wofür entstanden sind.

Aufteilung der Kostenrechnung

Kostenarten: Die Kosten relevanter Produktionsfaktoren werden systematisch erfasst und nach einem Kostenartenplan gruppiert. Die damit verbundene Fragestellung lautet: Welche Kosten sind geplant und entstanden? Übliche Gruppierungen sind dabei
⇨ Personalkosten
⇨ Material- und Sachkosten
⇨ Fremdleistungskosten
⇨ Kapitalkosten

Kostenstellen: Kostenstellenstrukturen entsprechen in der Regel den vorhandenen Organisationseinheiten und werden benötigt, um zu erfassen, wo die Kosten anfallen und wer sie verantwortet.

Kostenträger: Durch die Kostenträger wird bestimmt, wofür die Kosten angefallen sind. Durch den Kostenträger wird es möglich, für Kostenrechnungsdaten nicht nur die Entstehung der Kosten (über die Kostenarten) und die Verantwortung für die Kosten (über die Kostenstelle) zu beschreiben, sondern diese entscheidungs- und zweckorientiert aufzubereiten. Kostenträger sind somit direkt mit den Leistungen einer IT-Organisation verbunden und sind in der Regel IT-Produkte, IT-Services oder IT-Projekte.

Eine funktionierende Kostenrechnung mit einer aktuellen und korrekten Datenbasis ist Voraussetzung für die meisten IT-Controlling-Aktivitäten. Darauf beruhen Folgeaktivitäten wie die Plankostenrechnung, Prozesskostenrechnung, Stückkostenrechnung, Total-Cost-of-Ownership (TCO) als eine spezielle Form der Kostenträgerrechnung, Wirtschaftlichkeitsrechnung, Leistungsverrechnung, innerbetriebliche Leistungsverrechnung und Service-Level-Agreements (SLAs).

Bei der Wirtschaftlichkeitsrechnung werden Aufwand und Nutzen innerhalb eines bestimmten Zeitraumes gegenübergestellt. In der Regel stehen Ressourcen wie Budgets, Personal, Zeit etc. nur begrenzt zur Verfügung. Durch Verfahren der Wirtschaftlichkeitsrechnung wird die Basis zur Entscheidung für Alternativen gelegt, die den größten Wertzuwachs versprechen. Die Leistungsverrechnung ist eine verursachergerechte Abrechnung der entstandenen Kosten. Kosten und Leistung sind transparent [21].

Service-Level-Agreements werden zwischen Leistungserbringer und Leistungsnehmer abgeschlossen und beschreiben die Qualität und die Rahmenbedingungen, zu denen eine Leistung erbracht werden soll.

Projektcontrolling
Entwicklung und Einführung neuer Anwendungssysteme durch den IT-Bereich erfolgen in der Regel in Form von Projekten. Die Steuerung und Kontrolle dieser IT-Projekte zur Gewährleistung einer termin-, qualitäts- und budgetgerechten Abwicklung ist Aufgabe des Projektcontrollings. Der IT-Bereich eines Unternehmens ist häufig der Bereich, der die meisten Erfahrungen mit der Arbeit in Projektform hat. Projektarbeit und Projektmanagement gehören für viele IT-Mitarbeiter zum Standard-Handwerkszeug. Eines der Hauptmerkmale eines IT-Bereichs ist üblicherweise eine Vielzahl von parallel laufenden Projekten. Trotz dieser vorhandenen Erfahrungen scheitern immer noch sehr viele Projekte oder werden nicht erfolgreich abgeschlossen. Die Ursachen dafür sind vielfältig, wie Abbildung 4 ausweist.

Um dem Scheitern entgegenzuwirken, ist es die Aufgabe des Projektcontrollings, das Management mit entsprechenden Methoden, Instrumenten und Informationen zu versorgen, die für eine erfolg-

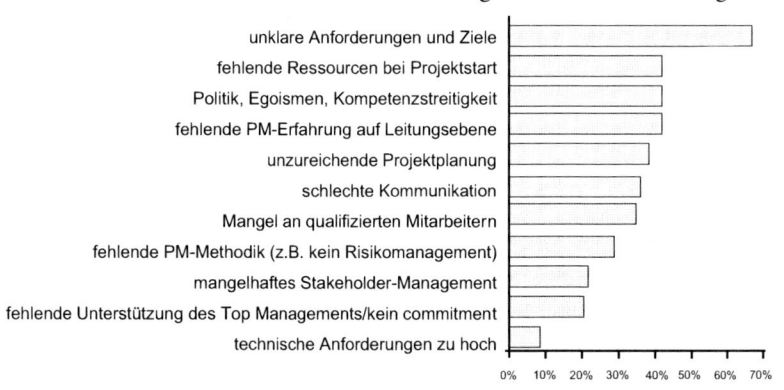

Abb. 4: *Ursachen für das Scheitern von Projekten [20]*

reiche Projektabwicklung erforderlich sind. Projektcontrolling ist ein System, mit dem die Kosten, Termine und Leistungen eines Projektes geplant, gesteuert und kontrolliert werden. Dabei können die eingesetzten Controllinginstrumente, je nach Art der Projekte, variieren. Der Ablauf eines Projektcontrollings kann aber anhand der bei IT-Projekten üblichen Projektphasen beschrieben werden (siehe Abb. 5).

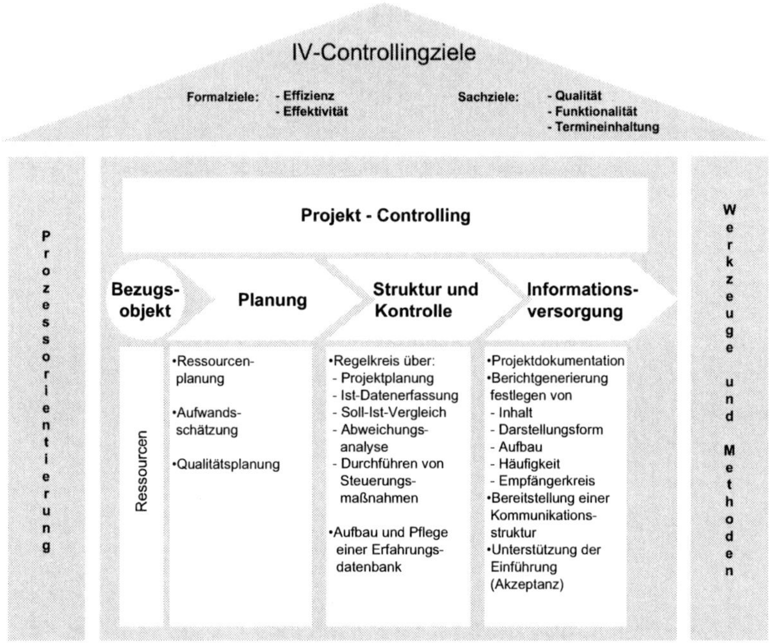

IV-Controllingziele

| Formalziele: | - Effizienz
- Effektivität | Sachziele: | - Qualität
- Funktionalität
- Termineinhaltung |

Projekt - Controlling

Prozessorientierung

Bezugs- objekt	Planung	Struktur und Kontrolle	Informations- versorgung
Ressourcen	•Ressourcen- planung •Aufwands- schätzung •Qualitätsplanung	•Regelkreis über: - Projektplanung - Ist-Datenerfassung - Soll-Ist-Vergleich - Abweichungs- analyse - Durchführen von Steuerungs- maßnahmen •Aufbau und Pflege einer Erfahrungs- datenbank	•Projektdokumentation •Berichtgenerierung festlegen von - Inhalt - Darstellungsform - Aufbau - Häufigkeit - Empfängerkreis •Bereitstellung einer Kommunikations- struktur •Unterstützung der Einführung (Akzeptanz)

Werkzeuge und Methoden

Abb. 5: *Projekt-Controlling nach Krcmar [17]*

Ein erfolgreiches Projektcontrolling setzt unter anderem klar definierte Projektziele, eine realistische Zeitplanung und eine kontinuierliche Projektfortschrittskontrolle mit Hilfe eines Berichtswesens voraus. Während der Planungsphase von Neu- und Wartungsprojekten sind Aufwandschätzungen hinsichtlich der Kosten, der Mitarbeiterkapazitäten sowie Termine notwendig. Außerdem müssen die Projektziele und der Umfang der zu erbringenden Leistung abgegrenzt werden.

Ein erfolgreiches Projektcontrolling steuert und kontrolliert sämtliche laufenden Projekte. Dazu gehören unter anderem regelmäßige projektbegleitende Soll-Ist-Vergleiche und gegebenenfalls Wirtschaftlichkeitsanalysen als Basis für Entscheidungen über den eventuellen Abbruch oder die Weiterführung von Projekten. Im Blickpunkt des Soll-Ist-Vergleichs stehen dabei Termine, Kapazitäten, Projektkosten, Qualität und Wirtschaftlichkeit. Krcmar empfiehlt zusätzlich den Aufbau einer *Projekterfahrungsdatenbank*, mit der die Planung und die Aufwandsschätzung zukünftiger IT-Projekte wesentlich verbessert werden kann.

Mittels regelmäßiger Projekt(status)berichte und kontinuierlicher Projektdokumentation an die richtigen Adressaten wird die Kontrolle und Steuerung des Projektfortschritts unterstützt, erfolgt die Einbindung des Auftraggebers in den Projektfortschritt und können eventuell notwendige Eskalationen des Projektleiters erfolgen.

Portfoliocontrolling

Das Portfoliocontrolling dient dazu, die verfügbaren Ressourcen auf die Projekte und die Betriebsaktivitäten zu konzentrieren, die den höchsten Nutzen für das Unternehmen bringen. Bei der strategischen Planung von IT-Projekten ist es eine wichtige Aufgabe des Controllings, dem Management Aussagen zum Gesamtnutzen und zum Gesamtrisiko einzelner IT-Projekte und IT-Produkte aufzuzeigen, um Entscheidungshilfen bei der Priorisierung von Projekten, bei der Erbringung von Services und bei der Ablösung von Produkten zu geben.

Das Projekt-Portfoliocontrolling ist eine strukturierte Vorgehensweise zur rollierenden Planung, Bewertung und nutzenorientierten Freigabe von Projekten anhand transparenter Entscheidungskriterien. Die von den Fachbereichen und Kunden angeforderten Projekte werden auf Machbarkeit, Kapazitäten, Kosten und Nutzen analysiert und priorisiert.

Die 9-Felder-Matrix wird von McKinsey in leicht abgewandelter Form auch für das Projekt-Portfolio angewandt. Dabei erfolgt bei der Bewertung eine Abwägung nach Kosten und Nutzen.

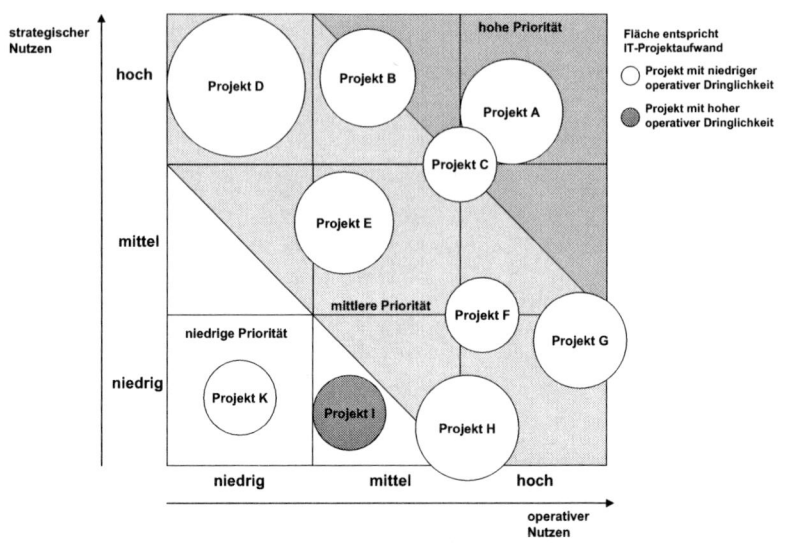

Abb. 6: *Portfolio zur Abwägung von Kosten und Nutzen [12]*

Mit Hilfe dieser Darstellung lassen sich Gewichtungen bei der Priorisierung von Projekten mit terminlichen Zwängen koppeln. Mit dieser traditionellen Portfolio-Analyse erhält man eine Einzelprojektbewertung und kann die jeweiligen Einzelprojekte in Bezug auf Kosten und Nutzen (operativer Nutzen) gegeneinander abwägen.

Diese Informationen müssen allerdings noch ergänzt werden um Bewertungen, wie diese Projekte zur allgemeinen Unternehmens-Strategie und zur IT-Strategie beziehungsweise dem IT-Bebauungsplan passen (strategischer Nutzen). Krcmar spricht in diesem Zusammenhang vom Nutzungsszenario-Umfeldportfolio [17].

Dieser Aspekt des strategischen Nutzens kann bei öffentlich-rechtlichen Unternehmen durchaus eine höhere Bedeutung haben als in der Privatwirtschaft, weil der politische Nutzen, die Gesetzeskonformität, die Erhöhung von Standortvorteilen oder die Erhöhung der Servicequalität für Kunden (Bürger oder Unternehmen), die auch Wähler sein können, von den (politischen) Entscheidungsträgern möglicherweise höher eingeschätzt und bewertet werden als der rein wirtschaftliche Nutzen eines Projektes.

IT-Kennzahlen und Scorecards
Kennzahlen dienen dazu, komplexe Sachverhalte verdichtet darzustellen. IT-Controller und IT-Management definieren in der Regel gemeinsam das spezifische Kennzahlensystem des IT-Bereichs, das sich an den konkreten Anforderungen orientiert. Die Auswertung dieser Kennzahlen erfolgt auch wieder durch den IT-Controller und das IT-Management in gemeinsamer Abstimmung.

Wichtig für die Akzeptanz einer Steuerung über Kennzahlen ist es, sich auf wesentliche Kennzahlen zu konzentrieren. Eine auch für IT-Organisationen interessante Darstellung der angestrebten und erreichten Ergebnisse kann durch die Balanced Scorecard (BSC) erfolgen. Dabei liegt die Bedeutung weniger in dem eigentlichen Kennzahlendatenblatt als in dem Prozess, der bei der Entwicklung einer BSC durchlaufen werden soll:

⇨ Erstellen eines Leitbildes (Vision)
⇨ Definition spezifischer Ziele (Mission)
⇨ Festlegung der Zielerreichung (Strategie)
⇨ Identifizierung der strategischen Erfolgsfaktoren und Perspektiven der Balance Scorecard
⇨ Ableitung der korrespondierenden Kennzahlen (KPI = Key Performance Indicators)

An dieser Schrittfolge kann man ablesen, dass es keine standardisierte BSC gibt und man sich diese auch nicht von externen Beratern vorgeben lassen kann. Sie muss im jeweiligen Bereich selbst erarbeitet werden. Externe können nur moderierend unterstützen und Erfahrungswerte einbringen. Im Ergebnis der BSC wird die IT-Organisation aus der Finanz-, Kunden-, Prozess- und Lern-/Entwicklungssicht betrachtet. Die Entwicklung und Pflege einer Balanced Scorecard ist eine anspruchsvolle und zeitaufwändige Aufgabe für das IT-Controlling.

Schwerpunkte

Wie dargestellt, gibt es für die vier Hauptschwerpunkte des IT-Controllings Projektcontrolling, Betriebscontrolling, Portfoliocontrolling, Kennzahlen/Scorecards diverse Instrumente, um diese zu unterstützen und abzubilden. Eine Übersicht findet sich in Abbildung 7.

IT-Controlling

Operatives Controlling

Betriebs-Controlling	Projekt-Controlling
• Kostenrechnung • Wirtschaftlichkeitsrechnung • Leistungsverrechnung • Service-Level-Agreements	• Projektplanung • Ressourcenplanung • Budgetplanung • Risikoanalyse • Qualitätsmanagement • Projekterfahrungsdatenbank

Strategisches Controlling

Portfolio-Controlling	Kennzahlen/Scorecards
• Portfolioanalyse • Potenzialanalyse • Nutzwertanalyse • Risikoanalyse • Effektivitätsbeurteilung	• Steuerungs- und Kennzahlensysteme • Berichtswesen • Balanced Scorecards

IT-Controlling-Instrumente

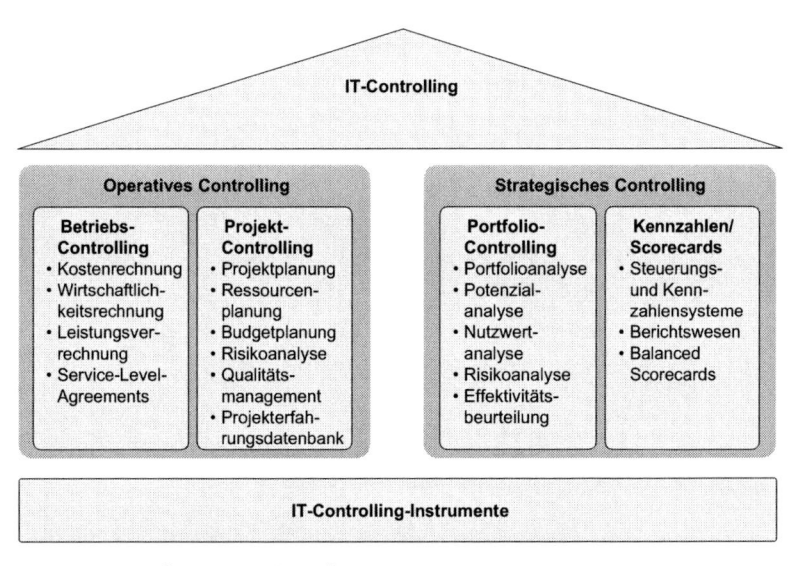

Abb. 7: *Zuordnung von IT-Controlling-Instrumenten*

Projektcontrolling mit Hilfe von Projekt-Reviews und -Audits

Hintergrund und Differenzierung

Erfahrungsgemäß ist die Durchführung von IT-Projekten, in denen komplexe Aufgabenstellungen zu lösen sind und die somit umfangreiche Ressourcen verlangen, mit erheblichen Risiken behaftet. Diese Risiken werden häufig noch erhöht, sobald organisatorisch heterogene Gruppen am Projekt beteiligt sind, weil hierdurch die Kommunikation unter den Beteiligten erheblich erschwert wird. Die Erfahrung zeigt, dass Projektteams immer eine gewisse Anlaufzeit benötigen, um »zusammenzuwachsen«, und (in aller Regel informelle) Strukturen aufzubauen, die die erfolgreiche Durchführung komplexer Projekte absichern.

Hat sich ein Projektteam »gefunden«, so dienen die zwischenmenschlichen Beziehungen als Stabilisator. Gleichzeitig haben es neue Mitarbeiter oder Projektpartner schwer, denn sie müssen sich zunächst in den informellen Strukturen zurechtfinden und integrieren. Das Risiko gegenseitiger Schuldzuweisungen wächst mit der Anzahl der Partner. Erschwerend kommen bei dezentralen Organisationsformen mit hohem wirtschaftlichen Eigeninteresse (zum Beispiel Profit-Center) oder bei Allianzen verschiedenster Partner die unterschiedlichen Zielsetzungen und »Corporate-Identities« hinzu. Komplexe Projekte sind immer risikobehaftet und bedürfen daher einer besonderen Kontrolle, die über die traditionelle Projektmanagement-Methodiken hinausgeht.

Sofern Risiken erkannt sind, müssen ihr Ausmaß sowie ihre Folgen abgeschätzt werden, und es ist Pflicht und Aufgabe des Projektmanagement-Teams, diese durch geeignete Maßnahmen zu kontrollieren und im Idealfall zu eliminieren, mindestens aber so weit wie möglich zu entschärfen. Diese unabdingbaren Aufgaben beim Projektmanagement werden üblicherweise unter dem Begriff Risikomanagement zusammengefasst.

Es ist jedoch eine immer wiederkehrende Erfahrungstatsache, dass die Wahrscheinlichkeit, viele Risiken nicht frühzeitig zu erkennen, mit der Komplexität des Projekts exponentiell ansteigt. Damit aber ist das Projekt mit großer Wahrscheinlichkeit von latenten Gefahren bedroht, die früher oder später sowohl die Qualität als auch die termingerechte Abwicklung in Frage stellen werden.

Unerkannte und verborgene Mängel akkumulieren sich zu massiven Hindernissen, die nicht selten zu Krisen und leider allzu häufig zu einem katastrophalten Stillstand des Projektes führen. Das Projektmanagement gerät zwangsläufig und oft unbewusst in eine Sackgasse, aus der das Team letztendlich nur noch durch kostspielige Maßnahmen und Neuplanungen herauskommen kann. Um solche latenten Gefahren aufdecken und in kontrollierbare Risiken umwandeln zu können, empfiehlt es sich, zur direkten Unterstützung des Projektmanagements sogenannte *Audits* durchzuführen.

Es muss an dieser Stelle deutlich gemacht werden, dass es sich bei einem Audit nicht um ein Projektreview im üblichen Sinne handelt. Während beim Projektreview das Projektmanagement sich über den Stand des Projektes informiert und selbst den Fortgang des Projektes steuert, geht es beim Audit um eine spezifische, strukturierte Untersuchung und kritische Diagnose, bei der das Projektmanagement nur indirekt beteiligt ist. Beim Audit werden aus neutraler Sicht und mit größtmöglicher Vertraulichkeit vor allem die Art und Weise der Projektplanung und -abwicklung in Bezug auf die vorliegenden Projektaufgaben durchleuchtet.

Audits entsprechen im weitesten Sinne einer umfassenden Projektdiagnose durch Spezialisten. Sie haben die äußerst wichtige Zielsetzung, Schwächen der strukturellen Zusammensetzung des Projektes und des Projektmanagements zu erkennen, damit auf diesen Erkenntnissen aufgebaut werden kann und die Bedingungen für eine erfolgreiche Durchführung des Projektes verbessert werden können. Hiermit direkt verknüpft ist die weitere Zielsetzung, für das Endprodukt den mit dem Auftraggeber vereinbarten Qualitätsstand zu erreichen.

Projektmanagement-Audit (PMA)

Das Projektmanagement-Audit ist eine methodische, vertrauliche und umfassende Auswertung des Projektmanagement-Systems im Hinblick auf vorgegebene charakteristische Projektmerkmale durch eine unabhängige und neutrale Gruppe von erfahrenden Experten.

Die zu unersuchenden Projektmerkmale hängen wesentlich von der Phase des Projektes ab und umfassen im Allgemeinen die folgenden Elemente:

⇨ die Vollständigkeit, Klarheit und generelle Qualität der Dokumentation von Projektplänen, der Zielsetzungen und der Aufgabenstellungen;
⇨ den Grad der Einhaltung von vorgegebenen Richtlinien, Normen, Standards, Grundsätzen, Vorgehensweisen, Prozeduren etc.;
⇨ die Eignung der Organisation und der einzelnen Elemente des vorliegenden Projektmanagement-Systems für das geplante Vorhaben;
⇨ die Effektivität beim Einsatz der vorgegebenen Maßnahmen.

Um ein Höchstmaß an Objektivität zu erzielen, muss das Audit durch eine am Projekt selbst nicht beteiligte und strikt neutrale Gruppe von erfahrenen Experten durchgeführt werden.

Es werden im Allgemeinen zwei wesentliche Formen eines Projektmanagement-Audits als notwendig erachtet, die entsprechend dem Zeitpunkt ihrer Durchführung zu differenzieren sind, nämlich das Audit zum Ende der Planungsphase und das Audit während der Projektabwicklung.

Das Audit zum Ende der Planungsphase

Diese Form des Audits sollte man zwar am Ende der Planungsphase, jedoch bevor wesentliche Teilarbeiten des Projektes begonnen werden, einplanen. Hier geht es noch nicht darum, ob man sich an ein vorhandenes Maßnahmenschema hält, sondern darum, ob ein Projektmanagement-System ausreichend entwickelt und dokumentiert sowie ob dieses System für das geplante Projekt geeignet ist.

So wird unter anderem festgestellt, ob mit dem vorliegenden Projektmanagement-System die gesetzten Ziele zu erreichen sind und die Dokumentation ausführlich und vollständig genug ist, um das zugrunde liegende Managementsystem anschaulich und verständlich zu machen. Darüber hinaus ist zu prüfen, ob die am Projekt Beteiligten – sowohl Projektverantwortliche als auch Projektmitarbeiter – das entwickelte Projektmanagement-System verstanden haben beziehungsweise in der Lage sind, es in allen Einzelheiten zu verstehen.

Das Audit während der Projektdurchführung
Bei dieser Form der Diagnose wird die Einhaltung der vorgegebenen Richtlinien und Grundsätze überprüft. Darüber hinaus wird festgestellt, in welchem Umfang alle vorgegebenen Maßnahmen bei der Projektdurchführung Anwendung finden. Dieses Audit sollte vor dem Erreichen wesentlicher und vorher definierter Projektphasen durchgeführt werden, spätestens jedoch noch bevor etwa ein Drittel des geplanten Projektes abgewickelt ist.

Die Ergebnisse dieses Audits sollen der Projektleitung vor allem Hinweise darauf geben, wie das Projektmanagementsystem verbessert, ergänzt oder abgeändert werden muss, um seine Wirksamkeit zu erhöhen und letztendlich den beabsichtigten Nutzen – nämlich die Risikominderung, erfolgreiche Projektdurchführung und Qualitätssteigerung – sicherzustellen.

Projekt-Audit (PA)

Während beim Projektmanagement-Audit alle unterstützenden Maßnahmen für die Projektleitung durchleuchtet werden, ist das Projekt-Audit eine neutrale, objektive Auswertung der Verfassung eines Projektes. Anders ausgedrückt handelt es sich beim Projekt-Audit um eine Bewertung und Diagnose des Zustandes, in dem sich ein Projekt zum Zeitpunkt des Audits befindet. Dieser spezielle Audit-Prozess ist ebenfalls methodisch und vertraulich und muss entsprechend der Komplexität des Projektes angelegt werden.

Das Projekt-Audit ist besonders dann angezeigt, wenn ein Projekt in Schwierigkeiten geraten ist. Typische und in der Regel sehr ernst zu nehmende Anzeichen für ein bedrohtes Projekt sind beispielsweise gegeben, wenn

⇨ der Bedarf an Ressourcen aufgrund unterschiedlicher Argumentationsketten ständig zunimmt,

⇨ kritische Termine (Meilensteine) nicht eingehalten worden sind oder kritische Termine voraussichtlich oder mutmaßlich nicht eingehalten werden können,

⇨ massive technische Änderungen und daher zusätzliche Aktivitäten gefordert werden beziehungsweise für deren Notwendigkeit argumentiert wird.

Die Durchführung eines Projekt-Audits ist bei einem IT-Projekt insbesondere dann zwingend erforderlich, wenn Termine nicht eingehalten wurden und zudem die Qualität der bis dahin erbrachten Leistungen und Ergebnisse nicht den Erwartungen entspricht. Beide Missstände sind in aller Regel eng miteinander verbunden.

Normale Projekt-Reviews erweisen sich spätestens zum Zeitpunkt der Erkenntnis, dass es »beim Projekt Probleme gibt«, als unproduktiv. Sie sind selten in der Lage, eine Wende herbeizuführen. Bei großen und komplexen Projekten sind sie erfahrungsgemäß für Rettungsaktionen und Neuplanungen sogar völlig ungeeignet. Dies ist darin begründet, dass die Projektmitarbeiter unter so großem Druck stehen, dass eine nüchterne und objektive Beurteilung der zunehmenden Schwierigkeiten nicht mehr erbracht werden kann.

Die Zeit für eine sachliche Diskussion der Kernprobleme scheint mehr und mehr zu fehlen, was durch die Komplexität und Vielzahl der Teilprojekte tatsächlich – ohne direktes Verschulden der Mitarbeiter – besonders schwer ins Gewicht fällt. Somit geht nach und nach die Übersicht verloren, die auch bei Projekt-Reviews nicht wiedergewonnen werden kann.

Typische Zusammensetzung einer Audit-Gruppe
Eine Audit-Gruppe sollte sich zusammensetzen aus einer Führungskraft mit wesentlicher Erfahrung im Projektmanagement sowie aus zwei oder – je nach Projektgröße – mehreren Mitarbeitern oder Experten mit Erfahrung sowohl im Projektmanagement als auch mit den angewandten Technologien und der Art des Projektes (zum Beispiel Software, Entwicklungsprojekt, Netzwerk etc.).

Es ist außerordentlich wichtig, dass diese Personen unabhängig handeln und urteilen können. Sie können nur unter gewissen Vorbehalten aus dem jeweiligen Unternehmen beziehungsweise der Firmengruppe kommen, dürfen jedoch auf keinen Fall aus der unmittelbar beteiligten Projektgruppe rekrutiert werden.

Vorgehensweise bei der Durchführung eines Audits
Die bei beiden Audit-Typen angewandte Methodik hängt wesentlich von der Art und dem Zeitpunkt des Projektes ab, umfasst aber im Allgemeinen die in der folgenden Tabelle aufgeführten Aktivitäten und Phasen, die ihrerseits bestimmten Gruppen verantwortlich zugeordnet werden.

Tabelle 1: Audit-Checkliste		
Nr.	Aktivität	verantwortlich
1	Verpflichtung zur Durchführung des Audits durch den Auftraggeber und die verantwortliche Projektleitung; Wahl eines Leiters für die Audit-Gruppe	Kunde und Auftraggeber
2	Vorbereitung, Planung und Definition der Zielsetzung, des Umfangs und des Zeitplans des Audits. Auswahl und Besetzung der Audit-Gruppe	Kunde und Leiter der Audit-Gruppe
3	Erstellung eines Audit-Plans und -Fragebogens mit Bezug auf vorliegende Unterlagen und Informationen	Audit-Gruppe
4	Erfassung von Projektdaten: Projektpräsentation und Befragung der Projektmitarbeiter	Projektgruppe und Audit-Gruppe

Tabelle 1: Audit-Checkliste (Fortsetzung)		
5	Analyse und Auswertung der Informationen, Bewertung der Ergebnisse, Erarbeitung von Empfehlungen	Audit-Gruppe
6	Präsentation der Ergebnisse und Empfehlungen für den Kunden	Audit-Gruppe

Bewertung

Das Projektmanagement-Audit und das Projekt-Audit erfüllen kritische Aufgaben bei der Verbesserung des Projektmanagement-Systems und bei der erfolgreichen Durchführung komplexer Software- und Hardware-Entwicklungsprojekte. Diese Audit-Methoden erlauben die objektive, unparteiische und kompetente Einschätzung und Bewertung aller Projektmanagement-Aktivitäten.

Das Ziel eines Audits ist das frühzeitige Erkennen von latenten Risiken und die konsequente Anwendung bestmöglicher Projektführungsmethoden. Die Frühwarnung aufgrund eines Projektmanagement-Audits erlaubt dem Projektmanagement, rechtzeitig korrigierende Maßnahmen durchzuführen. Die Zustandserfassung eines Projekt-Audits hat zum Ziel, die Bedingungen für den Projektfortgang zu verbessern, Neuplanungen zu ermöglichen und zu fundieren sowie vor allem die Qualität der angestrebten Lösung zu erhöhen.

Literatur

[1] *McKinsey Quarterly; Gartner, IT-Spending und Staffing Survey Results, 2002-2006*

[2] *Acent-Forum 06/2005, IT-Management mit SAP, Einführung Quelle: EITO Observatory, 2004*

[3] BECKER, JÖRG; WINKELMANN, AXEL: *IV-Controlling, in: Wirtschaftsinformatik, 2004*

[4] *Controller's Institute of America (Hrsg.): The Place of the Controller's Office, New York 1946*

[5] CORSTEN, REISS (HRSG.): *Handbuch Unternehmensführung: Konzepte – Instrumente – Schnittstellen, Wiesbaden 1995*

[6] BLOMER, ROLAND; BERNHARD, MARTIN G. (HRSG.): *Balanced Scorecard in der IT – Praxisbeispiele – Methoden – Umsetzung, Düsseldorf 2002*

[7] VON DOBSCHÜTZ, LEONHARDT; BARTH, MANFRED; JÄGER-GOY, HEIDI; KÜTZ, MARTIN; MÖLLER, HANS-PETER (HRSG.): *IV-Controlling, Wiesbaden 2000*

[8] *Frankfurter Allgemeine Zeitung: FAZ-Blick durch die Wirtschaft, Artikelserie »Das amerikanische Rechnungswesen als Führungsinstrument« 28.10.65-17.3.1966, Folge VII. 17./18. Nov.1965*

[9] GORA, WALTER; HECKEN, RUDOLF: *»Risikoüberwachung durch Projekt-Audits«, in: »Auf dem Weg zum virtuellen Unternehmen«, Fossil-Verlag, Köln 1996*

[10] GORA, WALTER; SCHULZ-WOLFGRAMM, CORNELIUS (HRSG): *Informationsmanagement – Handbuch für die Praxis, Berlin, Heidelberg 2003*

[11] HEILMANN, HEIDI (HRSG.): *Strategisches IT-Controlling, Praxis der Wirtschaftsinformatik, HMD217, Februar 2001*

[12] HOCH, DETLEV J.; KLIMMER, MARKUS; LEUKERT, PETER: *Erfolgreiches IT-Management im öffentlichen Sektor, Wiesbaden 2005*

[13] HORVÀTH, PETER; NIEMAND, STEFAN: *Methoden und Tools des Controllings, in: Corsten, Reiß (Hrsg.): Handbuch Unternehmensführung: Konzepte – Instrumente – Schnittstellen, Wiesbaden 1995; vgl. auch Jäger-Goy, Heidi: Instrumente des IV-Controllings, in: von Dobschütz, Barth, Jäger-Goy, Kütz, Möller (Hrsg.): IV-Controlling, Wiesbaden 2000*

[14] HORVÀTH, PETER: *Controlling, München 2006*

[15] JÄGER-GOY, HEIDI: *Instrumente des IV-Controllings, in: von Dobschütz, Barth, Jäger-Goy, Kütz, Möller (Hrsg.): IV-Controlling, Wiesbaden 2000*

[16] KARGL, HERBERT: *Hurra – dem Erbsenzählen entwachsen!*; HMD, Heft 254, URL: http://hmd.dpunkt.de/254/einwurf.html *(Zugriff 24.11.2007) und Gora, Walter: Vortrag »ZfU – Servicemanagement in der Informatik – Serviceorientiertes IT-Controlling«, Pfäffikon, 20. März 2006*

[17] KRCMAR, HELMUT; BURESCH, ALEXANDER (HRSG.): *IV-Controlling auf dem Prüfstand, Wiesbaden 2000*

[18] KRCMAR, HELMUT: *Informationsverarbeitungs-Controlling in der Praxis, in: Informationsmanagement 2/1992; vgl. auch Jäger-Goy, Heidi Instrumente des IV-Controllings, in: von Dobschütz, Barth, Jäger-Goy, Kütz, Möller (Hrsg.) IV-Controlling Wiesbaden 2000*

[19] KÜTZ, MARTIN: *IT-Controlling für die Praxis, Heidelberg 2005*

[20] *PA Consulting Group und GPM Deutsche Gesellschaft für Projektmanagement e. V.: Erfolgreich Projekte durchführen – Ergebnisse einer Studie;* URL: www.gpm-ipma.de/docs/fdownload.php?download=GPM_2004_Ergebnisse_final.pdf *(Zugriff 26.01.2008).*

[21] STEINKE, BERND: *IT-Controlling, in: Gora, Walter; Schulz-Wolfgramm, Cornelius (Hrsg.): Informationsmanagement – Handbuch für die Praxis, Berlin Heidelberg 2003*

[22] WEBER, JÜRGEN: *Einführung in das Controlling, Stuttgart 2004*

Zusammenfassung

Die Aufgabe des Controllings beteht darin, das Management durch eine ergebnisorientierte Koordination von Planung, Kontrolle und Informationsversorgung bei der Entscheidungsfindung, Planung und Umsetzung seiner Strategien zu unterstützen.

Die Bedeutung des Controllings für ein effektives Management der IT-Kosten nimmt kontinuierlich zu. Das IT-Controlling hat sich als eine Spezialisierung des allgemeinen Controllings entwickelt und ist innerhalb weniger Jahre zu einer etablierten Disziplin der Wirtschaftsinformatik geworden.

Beim *operativen IT-Controlling* gilt es, den Einsatz von IT so effizient wie möglich zu gestalten. Die Wirtschaftlichkeit und die Performance des IT-Betriebs sowie die effiziente Realisierung der IT-Projekte stehen im Fokus der Betrachtung. Dazu dienen die Methoden und Verfahren des Betriebscontrollings und des Projektcontrollings.

Das *strategische IT-Controlling* befasst sich mit der Frage, wie die IT effektiv im Sinne des Unternehmens und seiner übergeordneten Strategien eingesetzt werden kann. IT-Entwicklungen und IT-Investitionen werden dem Bedarf und den Zielen des Auftraggebers angepasst. Portfoliomanagement sowie Kennzahlen/Scorecards sind dabei wichtige Tools.

Zur Unterstützung des Projektmanagements empfiehlt sich ein sogenanntes *Audit,* eine umfassende Projektdiagnose durch Spezialisten, um Schwächen der strukturellen Zusammensetzung des Projektes und des Projektmanagements zu erkennen und die Bedingungen für eine erfolgreiche Durchführung verbessern zu können.

Der Projektmanager als Führungskraft

Der Projektmanager als Führungskraft 213
Julia Bertrams

Der Projektleiter als spezialisierter Generalist 245
Bernhard Rosenberger, Sylvie Trentzsch

Führung internationaler Projektteams 285
Louise Bielzer

Der Projektmanager als Führungskraft

Der Projektmanager hat wie der Manager in Stabsfunktion eine Fülle anspruchsvoller Aufgaben zu bewältigen. Zudem wird er oft mit Zielkonflikten innerhalb des Unternehmens und mit Problemen konfrontiert, für die weder Methoden noch Tools zur Verfügung stehen. Dann sind Führungsqualitäten gefordert.

In diesem Beitrag erfahren Sie:
- mit welchen Führungskompetenzen Projektmanager ausgestattet sein sollten,
- wie Unternehmen Projektmanager für komplexe Aufgaben qualifizieren und entlohnen können,
- welche Zielkonflikte im Unternehmen den Erfolg des Projektmanagers gefährden.

JULIA BERTRAMS

Einleitung

Bei der Auswahl von Projektmanagern für die Leitung komplexer Projekte oder Programme wurde in der Vergangenheit die methodische und handwerkliche Qualifikation in den Mittelpunkt gestellt. Projektmanagementzertifizierung, Beherrschung von Methoden und Tools standen im Vordergrund, Führungsqualitäten wurden eher nachrangig priorisiert.

In der Branche der Consulting- und IT-Unternehmen setzt sich die Erkenntnis durch, dass die Beherrschung von Projektmanagementmethoden und -tools zwar eine notwendige, aber keine hinreichende Bedingung zur Auswahl von Projektmanagern für komplexe Vorhaben ist. Vielmehr gewinnen dabei Fähigkeiten, die ursprünglich dem Management in Stabsfunktionen vorbehalten waren, immer mehr an Bedeutung.

Projektmanagement und Führung

Die Rolle des Projektmanagers

Man findet in der Literatur vielfältige Definitionen dieser Rolle. Beispielhaft greife ich hier eine Rollenbeschreibung heraus, die sicherlich auf eine Vielzahl von Projektmanagerrollen in IT- und Consulting-Unternehmen, aber auch in anderen Branchen passen dürfte.

Rolle: Der Projektmanager definiert Ziele zur Erreichung von Geschäftsinteressen, die konsistent sind zu den Verpflichtungen, die das eigene Unternehmen mit dem Kunden eingegangen ist. Er strukturiert das Projekt und definiert die Aufgaben, die zur Erreichung dieser Ziele verfolgt und unterstützt werden müssen. Er überwacht die Ziele und definiert sie gegebenenfalls um, wenn sich die Rahmenparameter ändern. Er koordiniert und integriert die diversen Aufgaben, die zur erfolgreichen Durchführung des Projektes notwendig sind. Er steuert und überwacht das Projekt und stellt sicher, dass die Projektziele mit den Geschäftszielen in Einklang stehen und im vorgegebenen Rahmen und Budget erreicht werden.

Umfeld und Aufgabenportfolio: Der Projektmanager agiert in einem Umfeld unterschiedlicher Anforderungen und Interessenlagen, das grob in fünf Segmente unterteilt werden kann:
⇨ technologisches Umfeld,
⇨ geschäftliches Umfeld,
⇨ wirtschaftliches Umfeld,
⇨ Management und Mitarbeiter sowie
⇨ Kundenumfeld.

Um die Rolle in all diesen Segmenten professionell ausfüllen zu können, muss der Projektmanager ein Aufgabenportfolio und ein Fähigkeitsprofil abdecken, die sicherlich von Projekttyp zu Projekttyp im Detail variieren, im Großen und Ganzen aber allgemein gefasst werden können.

⇨ *Technologisches Umfeld:* Der Projektmanager stellt sicher, dass die zum Projekt passenden Technologien, Architekturen und Prozesse etabliert werden, und gewährleistet, dass alle Abhängigkeiten beachtet werden. Er überschaut die Komplexität des Vorhabens und gibt Empfehlungen für die Lösungen, die am besten die Kundenanforderungen während des Projekt-Life-Cycles unterstützen.
⇨ *Geschäftliches Umfeld:* Er ist verantwortlich für die Angemessenheit, Qualität und Rechtzeitigkeit aller definierten Aktionen und Ergebnisse. Er managt alle Aufgaben und ihre Abhängigkeiten im Bereich von Zielen, Ressourcen, Release-Planungen, Technologien, Architekturen etc. Er versteht, in welchen Geschäftszusammenhängen und -interessen das Projekt beim Kunden und im eigenen Unternehmen verankert ist und wie es die Geschäftsergebnisse beider Partner beeinflusst. Er übt die zentrale Kontrolle über die Implementierung der Ergebnisse und die damit einhergehenden Veränderungen aus und koordiniert die Integration neuer Funktionalitäten in das normale Geschäft des Kunden störungsfrei.
⇨ *Wirtschaftliches Umfeld:* Er managt Ziele, Ergebnisse, Geltungsbereich, Leistung, Nutzen, Kosten und Zeit im Hinblick auf eine Minimierung der finanziellen Risiken. Er überschaut die Risiken und hat für die Minderung aller Risiken entsprechende Aktionspläne.
⇨ *Management und Mitarbeiter:* Er arbeitet eng mit dem Senior-Management sowie diversen Gremien und Lenkungsausschüssen zusammen, um Projekt und Umfeld zu steuern und die erwarteten Geschäftsziele zu erreichen. Er überwacht das Klima und die Arbeitsmoral unter den Projektmitarbeitern. Er steuert und motiviert das Projektteam durch die erfolgreiche Fertigstellung der zugesagten Ergebnisse.
⇨ *Kundenumfeld:* Er versteht die Ziele und Anforderungen des Kunden, repräsentiert sein Unternehmen beim Kunden, managt Kundenerwartungen und Kundenbeziehung und wahrt eine positive Arbeitsbeziehung mit dem Management des Kunden. Er ist verantwortlich für die Kommunikation des Projektfortschritts so-

wie anfallender Probleme und Ergebnisse. Er ist der Kontaktpunkt zwischen dem Projektsponsor des Kunden, den Mitgliedern des Lenkungsausschusses und dem Seniormanagement des Kunden bis auf Vorstandsebene.

Das oben beschriebene Aufgabenportfolio und Skill-Profil ist vielfältig und anspruchsvoll. Um solche Erwartungen bestmöglich zu erfüllen, bedarf es nicht nur einer Reihe von Fertigkeiten und Fähigkeiten, sondern insbesondere spezieller Führungskompetenzen. Auf diese Aspekte möchte ich im Folgenden ausführlicher eingehen.

Führungskompetenzen von (Projekt)-Managern

Führungskultur und das Verständnis »guter Führung« haben sich im letzten Jahrzehnt gewandelt. Standen bis Anfang des Jahrtausendwechsels Qualitäten wie Durchsetzungsfähigkeit, Härte in Konflikten, schnelle Entscheidungen, straffe Mitarbeiterführung und Distanz zum Team im Vordergrund, so treten heute Werte wie Lösungskompetenz, Visionsfähigkeit, systemisches Management, Fachkompetenz und Sozialkompetenz in den Vordergrund.

Bei Managern mit Personalführungsaufgaben werden heute diese »anderen« Führungskompetenzen vorausgesetzt. Fortschrittliche Unternehmen messen ihre Manager durch Mitarbeiterumfragen, 360-Grad-Feedbacks und Assessment-Center daran, ob sie diese Fähigkeiten besitzen und wie gut sie sie umsetzen.

Neuerdings werden diese Führungskompetenzen auch von Projektmanagern erwartet. Der Unterschied zu Managern mit Personalführungsaufgaben ist, dass das Team und die Ziele von Projekt zu Projekt wechseln, während bei Managern in Stabsfunktionen dies eher Konstanten sind. Das bedeutet, dass der Anspruch an Flexibilität und Veränderungsbereitschaft bei Projektmanagern noch höher ist.

Beispielhaft möchte ich anführen, welche Fähigkeiten und Fertigkeiten eine amerikanische Unternehmensberatung von ihren Managern *und* Projektmanagern erwartet und in jährlichen Leistungsbewertungs- und Fördergesprächen misst:

⇨ *Führungsgeschick:* Der Manager genießt es zu führen, nimmt auch unpopuläre Standpunkte ein, fördert kontroverse Diskussionen, fühlt sich mit neuen Herausforderungen wohl.

⇨ *Umgang mit Unsicherheiten:* Der Manager kann mit stetigem Wandel sicher umgehen; kann handeln und entscheiden, ohne den kompletten Überblick über die Situation zu haben; kann agieren, ohne alle Ergebnisse zu kennen; kann mit Risiken und Mehrdeutigkeiten leben.

⇨ *Sozialkompetenz:* Der Manager kann Talente erkennen; kann Stärken und Schwächen der einzelnen Teammitglieder einschätzen und beurteilen; kann verlässlich die Reaktionen der Teammitglieder in unterschiedlichen Situationen vorhersagen.

⇨ *Politischer Instinkt:* Der Manager kann sich und andere effizient und geschickt durch komplexe politische Situationen manövrieren; ist sensitiv gegenüber Menschen und Organisationen; erkennt Minenfelder und umgeht sie; betrachtet Unternehmenspolitik als notwendigen Teil der Organisation.

⇨ *Konfliktfähigkeit:* Der Manager kann mit Situationen umgehen, die widersprüchlich erscheinen; ist flexibel und anpassungsfähig gegenüber extremen Herausforderungen; steht zu seiner Überzeugung, ohne sich über die Argumente der Gegenseite hinwegzusetzen; wird als ausgleichende Persönlichkeit in Konfliktsituationen wahrgenommen.

⇨ *Kommunikationsfähigkeit:* Der Manager ist couragiert; er ist offen in der Kommunikation; gibt rechtzeitiges, direktes und vollständiges Feedback; er lässt Teammitglieder wissen, wo sie stehen; spricht Probleme schnell und direkt an, übernimmt auch selber unangenehme Aufgaben.

⇨ *Entscheidungsfähigkeit:* Der Manager ist in der Lage, qualitativ hochwertig auf Basis einer Mischung aus Analyse, Wissen, Erfahrung und Urteilsvermögen zu entscheiden; ist als Ratgeber und

Problemlöser in seiner Organisation gefragt; er kann unter Druck und harter Terminlage agieren.

⇨ *Innovationsfähigkeit:* Der Manager erkennt Innovationen am Markt und bringt sie in sein Unternehmen beziehungsweise Projekt ein; er hat die Fähigkeit, kreative Ideen und deren Machbarkeit zu beurteilen; er kann kreative und Innovationsprozesse fördern; er gibt Raum für die Diskussion von Ideen und lässt Neues und Unkonventionelles zu.

⇨ *Systemisches Management:* Der Manager kann Prozesse, Verfahren und Methoden so gestalten und anpassen, dass er aus der Distanz managen kann; er kann Dinge bewegen, ohne sie selber angestoßen zu haben; er kann Menschen und Ergebnisse »remote« steuern.

⇨ *Visionskraft:* Der Manager kann inspirierende Visionen entwickeln und kommunizieren; er denkt zukunftsorientiert und optimistisch; teilt die Visionen mit anderen und verschafft sich Unterstützung; kann ganze Teams oder Organisationseinheiten motivieren und inspirieren.

⇨ *Perspektivisches Management:* Der Manager entwickelt eine möglichst breite Sicht auf einen Problemkreis oder eine Aufgabe; er hat breit gefächerte persönliche und geschäftliche Interessen; er ist ehrgeizig; kann für sich und andere Zukunftsszenarien entwickeln; agiert in systemischen Zusammenhängen.

Anhand einiger Projektbeispiele möchte ich die Wichtigkeit dieser Fähigkeiten für den Erfolg eines Vorhabens erläutern.

Beispiel: Gespür für das politische Umfeld

Besonders bei Projekten für die Öffentliche Verwaltung spielt das politische Umfeld eine bedeutende Rolle. Kein Politiker möchte aufgrund eines schief laufenden Projektes in der Öffentlichkeit kritisiert werden. Viele IT-Großprojekte der Öffentlichen Verwaltung sind in den letzten Jahren in der Presse heiß diskutiert worden, da sie entweder schwerwiegende Mängel zeigten oder Zeit- und Budgetrahmen weit überschritten. Die LKW-Maut und das Arbeitslosengeld II sind dafür prominente Beispiele.

In beiden Fällen war ein politisches Ziel der Startschuss für die aufgesetzten IT-Projekte. Der politische Wille war, eine Umsetzung in relativ kurzer Zeit zu erreichen. In beiden Fällen war dies in dem politisch vorgegebenen Zeitrahmen nicht zu leisten.

Solche Probleme gibt es tagtäglich auch bei weniger prominenten Projekten. Für den Projektmanager ist es immens wichtig, die politische Zielsetzung und das politische Umfeld seines Projektes zu kennen. Immer wieder wird der Fehler seitens des Managements des beauftragten Unternehmens gemacht, den Projektmanager nicht genügend in das Umfeld zu involvieren und nur in zu geringem Maße über die Gesamtsituation zu informieren.

In einem IT-Großprojekt für eine Landesregierung war der Projektmanager in die wesentlichen Besprechungen, bei denen es um die Wichtigkeit des Projektes für die Landesregierung und um die Bedeutung beim nahenden Wahlkampf ging, nicht involviert. Die Folge war, dass das gesamte Projektteam sich der Bedeutung mancher Entscheidungen nicht bewusst war und daher die Prioritäten falsch setzte. Direkter Kundenkontakt des Projektmanagers bestand ausschließlich mit der Fachseite. Daher wurde das Projekt auf maximale Funktionalität und höchste Erfüllung der fachlichen Anforderungen ausgerichtet.

Weniger im Fokus standen die wesentlichen, für die Leitungsebene politisch wichtigen Prozesse, der Zeitplan und die technischen Machbarkeiten. Ein Abgleich des Projektplans mit den politisch wichtigen Meilensteinen fand nicht statt.

Als Folge dieser Fehlsteuerung geriet das Projekt in eine Krise, der Projektmanager wurde ausgetauscht. Der neue Projektmanager wurde mit wesentlich mehr Kompetenzen ausgestattet, war in allen Gremien vertreten und kommunizierte seinem Team gegenüber offen über die politischen Rahmenbedingungen, die Prioritätensetzung des Kunden und die Konsequenzen daraus für das Verhalten im Projekt. Die Haltung des Teams änderte sich, das System wurde performanter und weniger komplex gebaut und unterstützte im zweiten Anlauf wesentlich stärker die politischen Ziele des Kunden.

Beispiel: Innovationsfähigkeit

Ein Kunde in der Öffentlichen Verwaltung hatte ein großes Technologieunternehmen mit der Realisierung eines Workflow- und Dokumenten-Managementsystems beauftragt, das seine wesentlichen Kernprozesse effizienter gestalten sollte. Da der Kunde eine Reihe weiterer IT-Projekte im Hause beauftragt hatte und mit Systemintegrationsprojekten nicht sehr erfahren war, verpflichtete er zusätzlich einen externen Projektmanager als Berater.

Dieser Projektmanager stellte zunächst fest, dass die Planungs- und Konzeptionsphase extrem lange gedauert hatte, da die fachliche Materie äußerst komplex war, der Kunde aber die Vorstellung hatte, alle Besonderheiten und Ausnahmesituationen mit dem System abdecken zu können. Zudem war die Plattform, auf der das System entwickelt wurde, zwar zum Zeitpunkt der Beauftragung »state-of-the-art«, der Projektmanager wusste allerdings, dass die Herstellerfirma schon lange an einer komplett neuen Produktlinie arbeitete und Normierungsgremien der Öffentlichen Verwaltungen neuere Entwicklungsplattformen empfahlen. Zudem hätte die »veraltete« Software extrem verbogen werden müssen, um den Anforderungen der Fachseite zu genügen.

Es bedurfte vieler Gespräche mit dem Kunden, um ein Bewusstsein dafür zu erzeugen, dass die Investition drohte, in einer teuren Ruine zu enden. Nun ist es innerhalb des öffentlichen Ausschreibungsrechts nicht einfach, ein Projekt aus einem solchen Grund zu beenden. Folglich sprach der Projektmanager unter vier Augen mit dem verantwortlichen Manager des beauftragten Technologieunternehmens – mit dem Ziel, diesen von der Verfolgung des eingeschlagenen Weges abzubringen und mit dem Kunden gemeinsam einen neuen innovativen Weg zu verfolgen. Diese Gespräche schlugen fehl. Das beauftragte Unternehmen war der Idee gegenüber nicht aufgeschlossen und beharrte auf Vertragserfüllung.

Der Projektmanager ließ jedoch nicht locker und überzeugte seinen Kunden von der Sinnlosigkeit des eingeschlagenen Weges. Mit Unterstützung des Kunden packte der Projektmanager in die »Trickkiste« und beauftragte ein Beratungshaus mit Reviews und Architekturgutachten. Die Ergebnisse der Beratung hatten zur Folge, dass der Vertrag mit dem Technologieunternehmen aufgelöst wurde.

Es kam zu einer neuen Ausschreibung für ein innovativeres System, die der Projektmanager zusammen mit dem Kunden gestaltete. Ein anderes Unternehmen erhielt den Zuschlag und implementierte ein modernes, zukunftssicheres System.

Beispiel: Visionskraft und perspektivisches Management

Meiner Erfahrung nach gestalten sich Projekte besonders schwierig, die das Ziel haben, eine ganze Organisation nachhaltig zu verändern. Da in einem solchen Projekt immer Menschen betroffen sind, die für sich und gegebenenfalls für ihre Rolle und Karriere Veränderungen akzeptieren müssen, hat ein solches Projekt immer einen hohen Grad an Widerstand zu überwinden.
In einem großen Unternehmen sollte die IT-Abteilung komplett umgestaltet und stärker an den Bedürfnissen der internen Fachabteilungen ausgerichtet werden. Das Unternehmen, welches den Auftrag erhielt, hatte besonders durch sein Change-Management-Konzept überzeugt. Der Kunde war für das Projekt gut aufgestellt und seine höchste Leitungsebene hatte sich als Projektsponsor zur Verfügung gestellt.
Während der Ist-Analyse und Konzeptionsphase wurde das Change-Management-Team vorbildlich aktiv. Es gab Informationsbroschüren über das Projekt, wöchentliche Berichte im Intranet, eine Sprechstunde für interessierte Mitarbeiter und einen Briefkasten für Anregungen und Beschwerden.
Als die ersten Konzeptionsergebnisse in Form von Szenarien vorlagen, wurden Mitarbeiter-Roadshows durchgeführt, um die möglichen Organisationsformen der Zukunft vorzustellen. Das Team organisierte eine Marktplatzveranstaltung, in der die einzelnen Konzeptionsbausteine mit den Betroffenen diskutiert wurden; in heterogen besetzten Teilteams wurden die Vor- und Nachteile der einzelnen Szenarien beleuchtet.
Trotz all dieser Anstrengungen drohte das Projekt zu dem Zeitpunkt zu scheitern, als es um die Entscheidung für *ein* Zukunftsszenario ging. In diesem Moment wurde jedem Betroffenen klar, dass es nun nicht mehr um eine abstrakte Konzeption, sondern um seine persönliche Rolle und Karriere in der zukünftigen Organisation ging. Die Entscheidungsgruppe kam zu keinem Beschluss, der Lenkungsausschuss und die Unternehmensleitung wagten es nicht, eine Entscheidung über die Köpfe der Beteiligten hinweg zu treffen.
Jetzt agierte der verantwortliche Projektmanager. Er zog sich zwei Tage mit einem kleinen Beraterteam zurück, und gemeinsam entwickelten sie eine Vision des Szenarios, welches sie für das Unternehmen als geeignet und durchsetzungsfähig beurteilten. In den zwei Tagen gestalteten sie dieses Zukunftsszenario beispielhaft aus, stellten die Vorteile für die Beteiligten heraus, zeigten den Migrationsweg von der heutigen in die zukünftige Organisationsform auf und legten offen, wer die Gewinner und wer die Verlierer dieses Szenarios sein würden. Sie bereiteten es grafisch anschaulich auf und präsentierten es dem Entscheidergremium. Die Präsentation gelang brillant, eine Mehrheit der Betroffenen begeisterte sich für die Vision und half, die Entscheidung für dieses Szenario im Unternehmen durchzusetzen.

Notwendigkeit der Gleichrangigkeit von Projektmanagementrolle und Führungskraftrolle

Im vorigen Abschnitt wurde beleuchtet, welche Führungskompetenzen heutzutage von Projektmanagern erwartet werden. In der Regel hat der Projektmanager in seinem Unternehmen nicht die Positionierung, um entsprechend ausgebildet und ausgestattet zu werden. Dies bleibt meistens Managern in Stabsrollen vorbehalten. Daher soll hier an Unternehmen apelliert werden, ihre Rollenkonzeptionen zu überdenken.

Setzt man die Hauptaufgabe der beiden Rollen in Beziehung zueinander, so könnte man formulieren: »Ein Projektmanager hat die Aufgabe, ein komplexes Vorhaben (Projekt) unter den gesetzten Rahmenbedingungen und gemäß den vorgegebenen Zielen erfolgreich zu führen.« »Ein Manager in einer Stabsfunktion hat die Aufgabe, eine komplexe Struktur (Organisation) unter den gesetzten Rahmenbedingungen und gemäß den vorgegebenen Zielen erfolgreich zu führen.«

Was unterscheidet also diese beiden Rollen? Im Wesentlichen lediglich die Tatsache, dass die spezifische Aufgabe des Projektmanagers zeitlich begrenzt ist und mit Erreichen des Ziels endet, während die Rolle des Stabsmanagers auf Dauer angelegt ist. Betrachtet man in der Branche jedoch komplexe Vorhaben, so gibt es auch den einen oder anderen Fall, in dem Projekte die Lebensdauer von Organisationseinheiten durchaus überholt haben.

Es gibt jedoch einen wesentlichen Unterschied im Verhältnis des Projektmanagers zu seinen Teammitgliedern im Gegensatz zum Verhältnis des Stabsmanagers zu seinen Mitarbeiterinnen und Mitarbeitern: Der Projektmanager hat in der Regel lediglich die fachliche Führung für seine Projektmitglieder, der Stabsmanager hat die disziplinarische Führungsverantwortung. Andererseits ist der Projektmanager für die Dauer des Projektes sehr nahe an seinen Projektmitarbeitern und kann daher Leistung, Verhalten und Entwicklung der Personen wesentlich besser beurteilen, als es die disziplinarische Führungskraft kann. Hieraus ergeben sich mögliche Konflikte, auf deren Lösungen ich im Abschnitt über Rollen- und Zielkonflikte näher eingehen werde.

Ein weiterer vermeintlicher Unterschied ist der Grad der Verantwortung für die wirtschaftliche Entwicklung und das wirtschaftliche Ergebnis des Unternehmens. In der Regel sind Stabsmanager in operativen Rollen für einen Teilbereich des Unternehmens in der wirtschaftlichen Verantwortung. Tatsächlich können sie nur bedingt das Ergebnis beeinflussen. Sie können de facto außerhalb der Projekte lediglich die Fixkosten und den Auftragseingang steuern, die wesentliche Umsatz- und Gewinnverantwortung tragen die Projektmanager. Welche Konsequenzen das nach sich zieht, wird im Abschnitt über »Die Bedeutung des Projektmanagers für den wirtschaftlichen Erfolg eines Unternehmens« näher erläutert.

In innovativen Unternehmen gibt es parallele Karrierewege für Stabsmanager und Projektmanager. Die Gehaltsgruppen sind ähnlich gestaltet, die Projektmanager sind in den Führungsgremien des Unternehmens vertreten.

Leider ist dies jedoch bis dato eher eine Ausnahme. In den meisten Unternehmen ist Projektmanagement eine Rolle, die der Projektmanager ausschließlich dann innehat, wenn er ein Projekt leitet. Ansonsten ist er in der Hierarchie des Unternehmens in der Regel unterhalb der Managementebene eingeordnet. Gehaltseinstufung, Image und Karrierechancen sind geringer als im Stabsmanagement. Hier besteht in vielen Unternehmen und Organisationen Veränderungsbedarf.

Mittlerweile engagiert sich auch das weltweit anerkannte Standardisierungsgremium IPMA (International Project Management Association) [1] für die Aufwertung der Rolle in den Unternehmen.

Qualifizierungskonzepte für Projektmanager zum Thema »Führen«

Im internationalen Kontext ist das Berufsbild Projektmanager mittlerweile etabliert und anerkannt. Der Wissensstand zum Projektmanagement ist in vielen Organisationen gestiegen, Projektmanagement wird immer mehr integraler Bestandteil von Schul-, Berufs- und

Universitätsausbildungen sowie unternehmensinternen Ausbildungsprogrammen. Dies hat zur Folge, dass die Anforderungen an Projektmanagement-Ausbildungen sich kontinuierlich erhöhen. Innovative, praxisnahe Konzepte und Inhalte sowie umfangreiche Praxiserfahrungen der Trainer sind wesentliche Entscheidungskriterien für den Kunden, der seine Mitarbeiter im Bereich Projektmanagement qualifizieren will. In den letzten Jahren ist zu beobachten, dass dem Thema »Führen« in der Ausbildung verstärkt Bedeutung beigemessen wird. Zudem steigt der Trend zu externen Zertifizierungen weiter an.

Leider hat man in vielen Projekten immer wieder festgestellt, dass die eingesetzten Projektteams nicht den erwarteten Anforderungen entsprachen, viele Großprojekte wurden nicht im vereinbarten Zeit- oder Budgetrahmen fertiggestellt, einige scheiterten sogar. Aufgrund neuer Erkenntnisse hat sich im Laufe der letzten Jahre vieles am Anforderungs- und Qualifizierungsprofil der Projektmanager geändert. War die Ausbildung früher deutlich fachlicher ausgerichtet, so finden wir heute vermehrt den Bedarf an Qualifizierung in sozialen Kompetenzen und Führungsqualitäten. »Nicht der beste Fachspezialist ist zugleich der beste Projektmanager, sondern die Persönlichkeit mit den besten integrierenden Fähigkeiten« – das ist die Erfahrung der Qualifizierungsorganisationen.

Entscheidend bei der Qualifizierung zum Projektmanager ist jedoch, dass man nicht pauschaliert, sondern die Anforderungen so differenziert, dass sich ein gestuftes Rollen- und Qualifizierungskonzept ergibt.

Eine Ausprägung solcher Differenzierungen findet sich in Karrieremodellen mit mehrstufigen Rollenmodellen, wie sie in vielen Unternehmen in den letzten Jahren Einzug gehalten haben. Diese Mehrstufigkeit der Projektleiterrolle spiegelt sich in den verbreiteten internationalen Projektmanagement-Standards der IPMA/GPM und des PMI wider. Die hier durchgeführten Zertifizierungen dienen dem sogenannten Nachweis der Kompetenz. Dabei setzen sich die dort definierten Kompetenzfelder aus Projektmanagement-Wissen und -Kenntnissen, der Projektmanagement-Erfahrung (e.g. dieses Wissen in Projekten umzusetzen) und dem persönlichen (Führungs-)Verhalten zusammen.

Abbildung 1 verdeutlicht, dass je nach Rollenfokus ein unterschiedlich ausgeprägtes persönliches Verhalten und damit unterschiedliche Reifegrade an Sozial- und Führungskompetenz aus Zertifizierungssicht erforderlich sind.

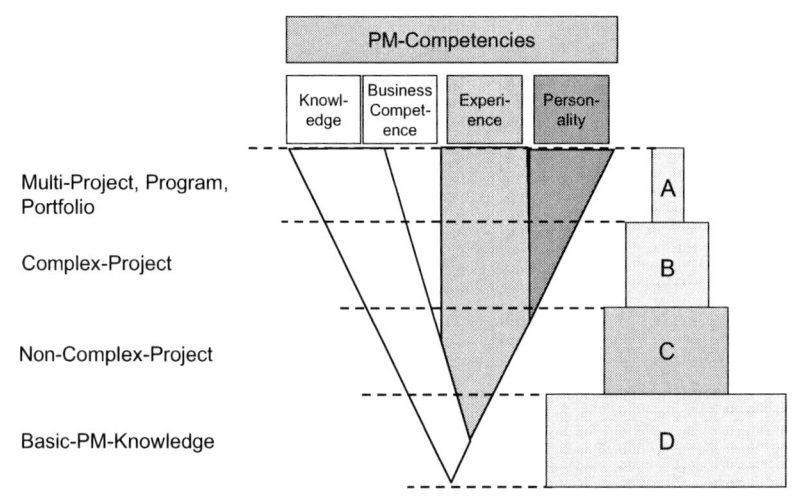

Abb. 1: *Kompetenzportfolio in den unterschiedlichen Projektmanagement-Leveln [2]*

Die IPMA unterscheidet vier Levels von Projektmanagementrollen und ordnet diesen Levels unterschiedliche Fähigkeiten und Kompetenzen zu:

⇨ Der Projektmanagement-Fachmann (Level D) ist eine Projektmanagement-Nachwuchskraft, hier wird noch keine Führungskompetenz vorausgesetzt. Wohl sollte man bei der Auswahl darauf achten, dass entsprechende Potenziale erkennbar sind.

⇨ Der Projektmanager (Level C), in Unternehmen vielfach auch als Projektleiter oder als Projektmanager von kleinen, nicht komplexen Projekten bezeichnet, benötigt Führungs- und Sozialkompe-

tenz zur Integration eines kleinen Teams und ausgewählter Betroffener.
⇨ Der Projektmanager (Level B) muss sich schon dadurch auszeichnen können, dass er ein komplexes Vorhaben im Spannungsfeld mit (Teil-)Projektleitern, Kundenmanagement, eigenem Management und in der Regel weiteren beeinflussenden Stakeholdern steuert. Ein Mehr an persönlicher Wirkung muss wahrnehmbar sein.
⇨ Der Projektdirektor (Level A), vielfach auch als Programm-Manager oder Portfolio-Manager bezeichnet, hat die vorgenannten Rollen schon gelebt und ist vom Selbstverständnis her »als Führungskraft für Führungskräfte« aktiv.

Die IPMA definiert als sogenannte »behavioural competence elements« benötigte Führungskompetenzen, die mit »Leadership, Engagement & Motivation, Self-control, Assertiveness, Relaxation, Openness, Creativity, Results orientation, Efficency, Consultation, Negotiation, Conflict & Crisis, Reliabiltiy, Values appreciation, Ethics« bezeichnet werden und gibt in ihrem Buch Empfehlungen für die Ausgestaltung dieser Kompetenzen. Viele Projektmanagement-Ausbildungsinstitutionen orientieren sich an den Empfehlungen der IPMA und gestalten ihre Ausbildungsgänge entsprechend.

Daher ist es sicher eine der besten Möglichkeiten für einen angehenden Projektmanager, solche Ausbildungsgänge zu besuchen, die gesamten Facetten zu erlernen und als Abschluss die entsprechenden Zertifizierungen zu erlangen.

Stattdessen oder ergänzend gibt es die Möglichkeit, an entsprechenden Management-Qualifizierungen teilzunehmen, die von renommierten Instituten und Universitäten angeboten werden, wie zum Beispiel »Führen im Team«, »Konfliktmanagement«, »Vision und Strategie«, »Teambildung«, »Kreativitätstraining«, »Innovationsmanagement«, »Führen mit Zielen«, »Führung und Mitarbeiterintegration«, »Führen und Ethik«, »Systemisches Management«.

Zusammenfassend ist zu bemerken, dass sowohl der Projektmanager selber als auch seine Führungskraft ein Interesse daran entwickeln sollten, dass der Mitarbeiter sich in den Führungskompetenzfeldern qualifiziert und permanent weiterbildet.

Entlohnungssysteme für Projektmanager

Wenn dem Projektmanager die Handlungsfreiheit und Kompetenzen eingeräumt werden, die er braucht, um sein Projekt zum Erfolg zu führen, so ist es konsequent, sein »Belohnungssystem« nach diesen Zielen auszurichten.

Kritiker mögen anmerken, dass der Mensch nicht allein durch solche Belohnungssysteme motiviert wird und dass es daher nicht so wichtig sei, hier die entsprechenden Anreizsysteme zu definieren.

Meine persönliche langjährige Erfahrung mit den unterschiedlichsten Belohnungssystemen zeigt, dass sich das Verhalten der Menschen sehr stark an den Belohnungssystemen ausrichtet. Am besten kann man das an der Rolle der »Management-Consultants« schildern, die in vielen Unternehmen an ihrer eigenen Auslastung gemessen werden und in Größenordnungen zwischen 5 und 50 Prozent ihres Gehaltes von dieser Maßzahl abhängig sind.

⇨ Messe ich sie an der sogenannten »Produktivität« (das sind fakturierbare Stunden plus Zeiten, die vom Unternehmen als »tantiemerelevante« Tätigkeiten – zum Beispiel Sales-Support, Angebotserstellung, Innovationsentwicklung, Qualitätsmanagement – definiert werden), so gelingt es dem Management leicht, diese Personen für die notwendigen Supporttätigkeiten zu gewinnen. Allerdings kann das zur Folge haben, dass ein Teil der Consultants nicht mehr die fakturierbaren Stunden priorisiert, was erhebliche Auswirkungen auf Umsatz und Deckungsbeitrag des Unternehmens haben kann.

⇨ Messe ich diese Gruppe ausschließlich an fakturierbaren Stunden, so wird es schwer, aus dieser Gruppe Mitarbeiter für Angebote, Themenentwicklung, Sales-Support etc. zu gewinnen, da die hierfür geleisteten Stunden eine negative Gehaltswirkung haben.

⇨ Messe ich die Gruppe an »sozialisierten« Zielen – zum Beispiel die Auslastung einer Einheit oder eines Teams – so mindert sich die Motivation und Mehrarbeit derer, die Mehrbelastungen bei den anderen Modellen in Kauf genommen haben, um ihr Gehalt zu optimieren.

Da speziell die Projektmanager eine so wesentliche Rolle bei der Erreichung der wirtschaftlichen Ziele eines Unternehmens spielen, lohnt es sich, ihrem Gehaltsmodell besondere Kreativität zu widmen.

Da die zeitliche Dimension eines Projektes – die Erreichung der Meilensteine und Ergebnisse – nicht in Kongruenz mit einem Geschäftsjahr eines Unternehmens zu bringen sind, macht eine reine Kopplung an allgemeine unternehmensweite Tantiemeziele wenig Sinn. Tantiemen unterliegen der Mitbestimmung durch die Arbeitnehmervertreter, sofern es sich nicht um Leitende Angestellte handelt, und sind daher wenig auf Individualität von Rollen ausgelegt.

Daher bedarf es für Projektmanager einer speziell auf ihre Situation und Rolle ausgerichteten Regelung, die am besten durch eine Balanced Score Card abgebildet wird.

Hier hat man viele Varianten zur Auswahl, es empfiehlt sich, mindestens Kennzahlen in den Perspektiven Kunde, Projektteam, Finanzen und Projektergebnisse zu definieren. Für jede dieser Dimensionen sollte man ein bis zwei Kennzahlen benennen, die in Einklang mit den Projektzielen zu bringen sind.

Der Grad der Zielerreichung solcher Kennzahlen kann beispielsweise mittels Kundenzufriedenheitsmessungen, Teambefragungen, 360-Grad-Feedbacks in den Perspektiven Kunde und Projektteam, mittels Qualitätsbeurteilungen, Fehlermessungen, Performancemessungen etc. in der Perspektive Ergebnisse und mittels interner Finanzsysteme erhoben werden.

Wichtig sind nicht nur die Kennzahlen selber, ebenso wichtig ist die Definition der Erfüllungskriterien. Hierzu werden in der Regel mathematische Formeln definiert, die den Zusammenhang zwischen der Erfüllung der Kennzahlkriterien und der Auszahlung diverser

Bonuskomponenten herstellen. Bei der Definition der Formeln sollte man weniger auf mathematische Komplexität, sondern mehr auf Verständlichkeit und Gerechtigkeit Wert legen.

In Deutschland neigen wir dazu, eine 100-Prozent-Erfüllung mit einer 100-Prozent-Bonusauszahlung gleichzusetzen und nach oben eine Deckelung einzuziehen. Dies führt in der Regel dazu, dass man dann »nur« die 100-prozentige Zielerfüllung bekommt. Im anglikanischen Raum wird mit sogenannten »stretch goals« gearbeitet: Den 100-Prozent-Bonus erhält man bei gewisser Übererfüllung des Ziels, und die Skala ist nach oben offen.

Dies führt nach den Erfahrungen unserer US-amerikanischen Kollegen zu einer Übererfüllung der Ziele und starker Motivation. Wenn man kalkuliert, welchen wirtschaftlichen Vorteil zum Beispiel eine Budgetunterschreitung oder eine höhere Projektrendite dem Unternehmen verschafft, so ist es gleichwohl fair, den Projektmanager anteilig daran zu beteiligen.

Die Definition solcher »Belohnungssysteme« ist aufwändig, erfordert Kreativität und muss ausgewogen und gerecht gestaltet werden. Ich kenne sehr wohl die Proteste von Finanz- und Personalabteilungen, die immer Gegner solcher Modelle sein werden, weil sie komplex und individuell sind und daher Mehrarbeit in der Formulierung, in der Nachhaltung, in der Abrechnung und in der juristischen Absicherung verursachen. Daher werden sie immer versuchen, die Belohnungssysteme der Projektmanager in ein Schema für Manager oder Consultants zu pressen. Damit werden sie der Rolle und der Bedeutung dieser Aufgabe nicht gerecht.

Dies kann zu einem Nachwuchsmangel an Projektmanagern führen, denn die wenigsten werden bereit sein, die hohe Verantwortung ohne entsprechende Anerkennung und Belohnung auf sich zu nehmen. Allein ein für die Projektmanager angemessenes Rollen- und Belohnungssystem sichert einem Unternehmen die Leistungsbereitschaft dieser für den wirtschaftlichen Erfolg so wichtigen Personen.

Rollen- und Zielkonflikte

Wie schon eingangs erwähnt, gehört der Projektmanager in jedem Unternehmen zu den Personen mit den meisten, durch die Rolle begründeten Zielkonflikten. Er befindet sich in der Mitte eines magischen Achtecks, an dessen Ecken diverse Funktions- und Aufgabenträger stehen und versuchen, ihre Interessen durchzusetzen.

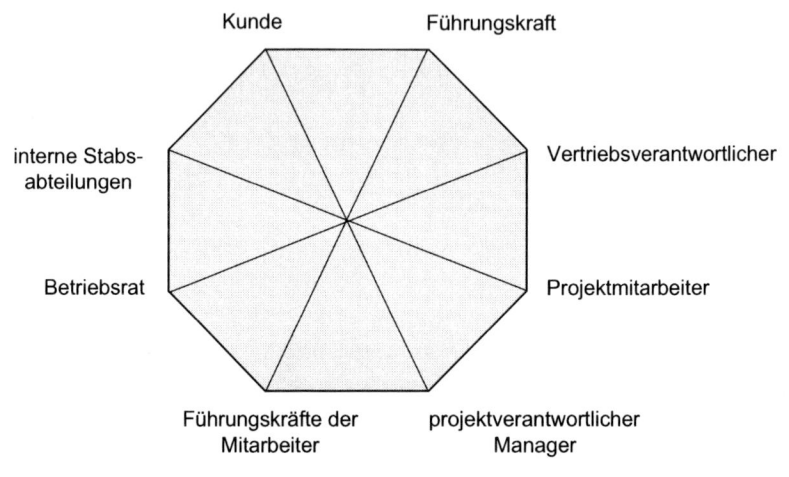

Abb. 2: *Magisches Achteck der Zielkonflikte*

⇨ *Der Kunde* will in der Regel die mit dem Projekt verbundenen Ziele in hoher Qualität und innerhalb des von ihm veranschlagten Budget- und Zeitrahmens erreichen.

⇨ *Die Führungskraft* des Projektmanagers möchte seinen Mitarbeiter möglichst profitabel und hoch ausgelastet einsetzen. Zudem hat sie persönliche Ziele mit ihm vereinbart, die sie gemeinsam mit ihm umsetzen möchte.

⇨ *Der Vertriebsverantwortliche* möchte den durch das Projekt vertraglich vereinbarten Budgetrahmen ausweiten, Umsatz und Gewinn des Projektes erhöhen (zum Beispiel durch Change-Requests), Zusatzgeschäfte mit dem Kunden in anderen Feldern generieren und den Kunden zufriedenstellen.

⇨ *Der Projektmitarbeiter* möchte in einem für ihn interessanten Projekt arbeiten, sich durch die Projektarbeit weiterentwickeln, Chancen auf anspruchsvolle Rollen wahrnehmen, aber ebenso seine privaten Belange (Familie, Arbeitszeiten, gehaltliche Aspekte etc.) berücksichtigt wissen.
⇨ *Der projektverantwortliche Manager* will die Unternehmensinteressen an dem Projekt sicherstellen. Er ist daher einerseits an Gewinnmaximierung, Ausweitung von Scope und Umsatz, andererseits an der Vermeidung von Risiken, Renommee des Projektes und Wiederverwendbarkeit von Ergebnissen interessiert.
⇨ *Die Führungskräfte der Projektmitarbeiter* haben ein wirtschaftliches Interesse an der Auslastung ihrer Mitarbeiter, gleichwohl zusätzlich eine Verantwortung für die Entwicklung ihrer Mitarbeiter. Diese beiden Aspekte können zu Konflikten mit dem Projektmanager führen, wenn Personalverantwortliche ihre Mitarbeiter für andere Aufgaben einsetzen wollen.
⇨ *Der Betriebsrat* hat das Interesse, dass die intern und gesetzlich vereinbarten Regularien eingehalten werden, wie zum Beispiel Arbeitszeitregelungen und Betriebsvereinbarungen. Er hat zudem die Motivation, die Entwicklung der Mitarbeiter zu fördern und ein ausgeglichenes Arbeitsklima zu sichern.
⇨ *Interne Stabsabteilungen* vertreten die Interessen der Unternehmensleitung und haben deren Wahrung sicherzustellen. Die Finanzabteilung hat ein Interesse an der Profitabilität des Projektes, aber genauso an einer Risikominimierung. Zudem liegt ihr Interesse ebenso in der Kundenzufriedenheit und in einem gleichmäßigen Cashflow. Die Rechtsabteilung hat ein Interesse an der Ausschöpfung der rechtlichen Möglichkeiten, die durch den Vertrag vereinbart wurden, und an der Vermeidung von rechtlichen Konflikten und Schäden wie Schadensersatzforderungen, Gewährleistungen, Produkthaftung etc. Die interne Qualitätssicherungs- und Controllinginstanz hat ein Interesse an der Einhaltung der internen Prozesse, der Qualität der Ergebnisse sowie an einer Risikominimierung.

Die Interessenlagen der unterschiedlichen Rollen bewirken, dass der Projektmanager stets in sachlichen und eventuell persönlichen Konfliktsituationen agieren muss. Dies erfordert ein hohes Maß an Konfliktfähigkeit sowie an Fertigkeiten, mit diesen Konflikten umzugehen.
Wesentliche Handlungsempfehlungen hierfür sind:
⇨ Kompetenzklärung,
⇨ Etablierung einer Projekt-Governance-Struktur,
⇨ Absicherung durch schriftliche Dokumentation,
⇨ aktive und offene Kommunikation.

Der Projektmanager muss innerhalb seines Unternehmens zu Beginn des Projektes eine klare Regelung für seine Entscheidungs- und Weisungsbefugnis erhalten. Es empfiehlt sich, ihm für die Dauer des Projektes gewisse Kompetenzen Dritter temporär zu übertragen, wie beispielsweise die disziplinarische Führungskompetenz für die Projektmitarbeiter, die wirtschaftliche Verantwortung des verantwortlichen Managers und Teilbefugnisse des Vertriebsverantwortlichen. Es muss klar geregelt werden, welche Entscheidungen der Projektmanager alleine und welche Entscheidungen er nur zusammen mit einem anderen Manager treffen kann beziehungsweise welche Punkte nur in internen Gremien – wie beispielsweise im internen Lenkungsausschuss – beschlossen werden dürfen. Jedes Projekt wird heutzutage für sich reklamieren, dass eine Governance-Struktur existiert, viele Projekte geraten jedoch in Schwierigkeiten, weil diese bloß auf dem Papier vorliegt und nicht gelebt wird.

Wichtig ist, dass es getrennte Strukturen nach außen und nach innen gibt. Nichts ist schlimmer für einen Projektmanager, als in einem Gremium mit dem Kunden unternehmensinterne Sachverhalte diskutieren zu müssen, die auch noch die Entscheidungen des Kunden beeinflussen können.

Mit dem Kunden selber müssen klare Regelungen vereinbart werden, wer für ihn in welchen Situationen und Gremien entscheiden darf. Hier gestalten sich Projekte bei wenig projekterfahrenen Kunden oft schwierig, da Entscheidungsbefugnisse in Projektsituationen nicht geregelt sind und einzig die Organisationshierarchie klare Entscheidungswege und -kompetenzen kennt. Dies hat oft zur Folge, dass sowohl Projektbeteiligte wie Organisationsverantwortliche in den Lenkungsausschüssen vertreten sind und dort keine klare Entscheidungsregelung vorherrscht. In solchen Fällen ist es ratsam, eine weitere Steuerebene oberhalb des Lenkungsausschusses einzuführen, die eine klare Kompetenz- und Entscheidungsregelung hat.

Innerhalb des Unternehmens muss der Projektmanager die für sein Projekt notwendigen Governance-Strukturen etablieren. Bei größeren Projekten empfiehlt sich immer ein interner Projektlenkungsausschuss, in dem alle entscheidungsbefugten Manager vertreten sind. In Projekten, die drohen schwierig zu werden, macht es Sinn, von Beginn an die Arbeitnehmervertretung einzubeziehen.

Jedes Projektmanagerhandbuch gibt Handlungsempfehlungen für eine umfassende Projektdokumentation. Dort finden sich Checklisten und Werkzeuge für Projektpläne, Formulare, Ergebnisdokumentation etc., die ich an dieser Stelle nicht alle aufführen möchte. Hier soll lediglich auf einige wenige Aspekte hingewiesen werden.

Der Projektmanager sollte bei mündlichen Vereinbarungen eine kurze Protokollnotiz anfertigen und sie seinem Gesprächspartner zur Kenntnis geben. Alle Gremiensitzungen müssen protokolliert werden und das Protokoll den Teilnehmern zur Genehmigung vorgelegt werden. Dies ist insbesondere in Richtung des Kunden ein Muss, um die Rechtsposition des Unternehmens zu wahren. Beispiele zeigen, dass in Krisensituationen bei Projekten verzweifelt versucht wird, Entscheidungen nachvollziehbar zu machen und nachzudokumentieren. In Zeiten des E-Mail-Verkehrs sollte es eine Selbstverständlichkeit sein, die in diesem Medium dokumentierten Absprachen und Entscheidungen aufzubewahren.

Keine dieser Techniken ersetzt jedoch die ausgiebige Kommunikation mit allen Beteiligten. Ich behaupte, dass ein guter Projektmanager mindesten 75 Prozent seiner Zeit auf Kommunikation verwenden muss und dass es wichtig für seinen Erfolg ist, sich diese Zeit zu nehmen.

Erforderlich ist, dass er mit allen Beteiligten kommuniziert und dabei als fair und offen wahrgenommen wird. Beispielsweise spürt ein Projektteam sofort, wenn es Unstimmigkeiten oder Konflikte gibt. Daher muss das Team umfassend und offen über die Ist-Situation, sich abzeichnende Veränderungen und drohende Konflikte aufgeklärt werden. Je stärker sein Team hinter ihm steht, desto durchsetzungsfähiger ist der Projektmanager in seinem Unternehmen. Konfliktsituationen mit einzelnen Teammitgliedern müssen direkt, schnell, aber nicht zuletzt in einer vertraulichen Atmosphäre geklärt werden.

In der Kommunikation mit den jeweiligen Interessenvertretern muss sich der Projektmanager jederzeit der Ziele, Interessen und Handlungsspielräume seines Gesprächspartners bewusst sein und im Verständnis für dessen Rolle agieren.

Beispiel: Projektverzögerungen durch nicht gelebte Governance-Struktur

Mir ist eine Projekterfahrung im Gedächtnis, bei der die nicht gelebte Governance-Struktur zu erheblichen Projektverzögerungen und wirtschaftlichen Einbußen geführt hat. Auf dem Papier hatte der Projektleiter des Kunden zwar die Entscheidungsbefugnis, de facto reklamierte das Management des Kunden im Lenkungsausschuss jegliche Entscheidungsbefugnis für sich. Dies führte zu endlos langen Lenkungsausschusssitzungen, in der jede Entscheidung des Projektleiters diskutiert und häufig verändert wurde. Der Projektleiter des Kunden zog innerlich Konsequenzen, handelte nach außen jedoch unverändert, was das Projektteam des Auftragnehmers nicht bemerkte. In einer besonders kritischen Projektphase wurden dann per Mail die endgültigen Dokumente an den Projektleiter zur Abnahme geleitet, aber er reagierte auch nach mehrmaligem Nachfassen nicht.

Das Management des Kunden schrieb unterdessen Briefe an das Management der beauftragten Firma und beschwerte sich über den schleppenden Projektfortschritt. In einem Krisentreffen der Managementvertreter beider Seiten erklärte das beauftragte Unternehmen, dass es schon vor geraumer Zeit vereinbarungsgemäß geliefert habe, das Management des Kunden bestritt das vehement. Erst der Nachweis der gesendeten E-Mails bewirkte, dass die Kundenvertreter ihren Projektmanager befragten. Dieser bestritt nicht den Erhalt der Dokumente, gab jedoch an, sie nicht gelesen oder weitergeleitet zu haben, da sie nicht an die entscheidungsbefugten Adressaten gegangen seien. Der Projektmanager des Kunden wurde daraufhin ausgetauscht, insgesamt haben diese unklaren Entscheidungsstrukturen zu einer Projektverzögerung von über einem Jahr geführt.

Je fähiger ein Projektmanager darin ist, Situationen schnell zu erkennen und mit Visionskraft und Ideenreichtum Lösungen und Kompromisse zu kreieren, desto sicherer wird er schwierige Situationen meistern können.

Die Bedeutung des Projektmanagers für den wirtschaftlichen Erfolg eines Unternehmens

Jedes Unternehmen hat sicherlich seine eigenen Controllinginstrumente, unter denen das Projektcontrolling eine wesentliche Rolle einnimmt. Bei Unternehmen, in denen der wirtschaftliche Erfolg von Projekten den wirtschaftlichen Erfolg des Unternehmens maßgeblich beeinflusst – also speziell in der IT-Branche –, kommt der Projektbewertung eine erfolgskritische Bedeutung zu.

In vielen IT- und Consulting-Unternehmen ist die Summe der Projektumsätze im Wesentlichen der Umsatz des Unternehmens. Führt man sich dazu vor Augen, dass die Summe aller Projektrenditen minus der Fixkosten des Unternehmens den Gewinn bestimmt, so ist es nicht verwunderlich, dass diese Untenehmen eine hohe Aufmerksamkeit auf die Performance der Projekte richten.

Im Einklang mit gesetzlichen Regelungen oder Normierungen (KontraG, ISO9000 ff etc.) werden eine Reihe von Prozessen und Rollen im Unternehmen definiert, die dafür Sorge tragen sollen, dass die Projekte mit bestmöglicher Rendite abgewickelt werden. Zu diesen Prozessen gehören Qualitätsmanagement, Risikomanagement und Finanzcontrolling, deren Owner oft ganze Abteilungen mit entsprechenden Befugnissen sind. Diese führen Reviews durch und versuchen »von außen« Risiken zu erkennen und zu minimieren.

Jedoch ist der beste Garant für eine bestmögliche Projektrendite der Projektmanager. Er kennt die Risikofaktoren des Projektes und kann die Qualität, die Leistung des Teams und die Ergebnisgüte am besten beurteilen. Ein weitverbreiteter Fehler des Managements ist es, dem Projektmanager im Hinblick auf diese Aspekte zu misstrauen und eher den kontrollierenden Institutionen zu vertrauen. Dieser Vertrauensbruch kann dazu führen, dass der Projektmanager die wahre

Projektsituation verheimlicht. Dies gelingt ihm in der Regel, da die kontrollierenden Institutionen während eines Reviewprozesses so wenig Einblick in die Interna eines Projektes nehmen können, dass ihnen oft die wirklichen Risiken und Knackpunkte entgehen.

Die unten angeführten Beispiele zeigen, welch hohe Verantwortung dem Projektmanager für den wirtschaftlichen Erfolg zukommt. Damit ein Projektmanager dieser Verantwortung gerecht werden kann, müssen im Unternehmen einige Rahmenbedingungen für ihn geschaffen werden:

- ⇨ Der Projektmanager muss klare wirtschaftliche Ziele für das Projekt gesetzt bekommen, die er akzeptiert.
- ⇨ Der Projektmanager muss an diesen Zielen gemessen werden.
- ⇨ Der Projektmanager muss die Handlungsfreiheit bekommen, das Projekt im Sinne dieser Ziele zu steuern.
- ⇨ Der Projektmanager muss in einer Umgebung agieren können, in der Offenheit und Transparenz herrscht und ihm das benötigte Vertrauen entgegengebracht wird.

Beispiel: Erfolgreiches Projektmanagement trotz vernachlässigter Projektdokumentation und mangelnden Controllings

Mir ist ein Beispiel eines sehr erfahrenen und charismatischen Projektmanagers in Erinnerung, der ein großes Festpreisprojekt zur Einführung einer Standardsoftware geleitet hat. Dieser Projektmanager hatte den Kunden, sein Team und die inhaltliche Ausgestaltung seines Projektes voll im Griff. Allerdings war er eine Persönlichkeit, die sich wenig um Formalien und firmeninterne Regeln kümmerte.

Als es zum Projektreview kam, hatte er weder die von den Reviewern geforderte Dokumentation noch die detaillierten Projektpläne, das Risikoinventar und das Projektcontrolling bereit. Das Ergebnis des Reviews war dann ein »red flag«, was zur Folge hatte, dass das Projekt eine hohe Aufmerksamkeit im Konzern – sogar über Landesgrenzen hinaus – bekam.

Tatsächlich war das Projekt »in Time« und im Rahmen des Budgets, die Kunden- und Mitarbeiterzufriedenheit waren extrem hoch und das Projekt wurde mit der Zielrendite pünktlich zum Einführungstermin und mit hohem Kundenlob abgeschlossen.

Beispiel: Fehlentwicklungen werden zu spät erkannt und führen zu hohen Kosten

Natürlich ist die umgekehrte Situation die kritischere: In einem großen Entwicklungsprojekt wurde ein Vertrag über eine Software-Entwicklung für mehrere Jahre und in mehreren Releases geschlossen. Das erste Release wurde innerhalb des vereinbarten Zeitrahmens und Budgets abgeschlossen, und die internen Reviews zeigten das Projekt immer im »grünen Bereich«.

Die Berichte des Projektmanagers waren in der Regel positiv, so dass im Management eine hohe Zufriedenheit mit dem Projekt vorherrschte. Erst beim zweiten Release wurden vom Projektmanager immer wieder Terminverschiebungen und Aufwandserhöhungen gemeldet, allerdings in kleinen Häppchen, so dass dem keine große Aufmerksamkeit beigemessen wurde. Erst als die Aufwandserhöhungen immer massiver wurden, kamen die externen Reviewer zu der Empfehlung, ein zweites Team einzusetzen, um den Aufwand bis zur Fertigstellung gegenzuschätzen. Das Team arbeitete wochenlang und kam nur zu vagen Ergebnissen, die aber deutlich über den Schätzungen aus dem Projektteam lagen.

Also wurden im Unternehmen Rückstellungen für das Projekt in Höhe der Schätzungen des Zweitteams eingestellt. Das Management war zwar beunruhigt, ließ das Team jedoch weiter gewähren. Erst als sich abzeichnete, dass auch die Aufwände aus der Zweitschätzung massiv überschritten werden würden, wurde es unruhig im Management, jedoch gewann man kein klares Bild über die Ursache der Situation. Es war einem reinen Zufall zu verdanken, dass ein nicht mit dem Projekt betrauter Manager an einer Diskussion zwischen Mitarbeitern teilnahm, deren Inhalte ihn sehr beunruhigten. Die Mitarbeiter waren aus dem Zweitschätzungsteam und diskutierten miteinander, dass das zu entwickelnde System wohl niemals zu Ende entwickelt werden könne, da die zugrunde liegende Basissoftware nicht über die entsprechenden Features verfüge und der Kunde wohl nicht bereit sei, neue Investitionen in die zugrunde liegende Standardsoftware zu tätigen.

Der zuhörende Manager wurde aufmerksam, bat einen der Mitarbeiter zum Gespräch und ließ sich die Sachlage erklären. Daraufhin führte er ein Gespräch mit dem verantwortlichen Manager, welcher dann Projektmanager und verantwortliche Teammitglieder aus den zwei Teams zusammenbrachte und die Sachlage mit ihnen diskutierte. Es stellte sich heraus, dass der Projektmanager die Sachlage zwar ähnlich sah, gleichwohl aus Angst vor den Folgen dies nicht kommuniziert hatte.

In der Folge wurde mit beachtlichen Managementanstrengungen und vielen Kundengesprächen ein Kompromiss gefunden, der es ermöglichte, das System fertig zu entwickeln. Es war allerdings mit erheblichem finanziellen Aufwand auf Kunden- wie auf Unternehmensseite verbunden.

Voraussetzungen für eine erfolgreiche Arbeit des Projektmanagers

So einfach die oben genannten Rahmenbedingungen für Projektmanager klingen, so schwierig ist die Umsetzung im Unternehmensalltag. Oft ist der Projektmanager nicht oder unzureichend an der Akquisition des Projektes beteiligt. Es ist aber immens wichtig, dass er alle Rahmenbedingungen, unter denen das Projekt akquiriert wurde, die Kundensituation und die Vertragslage im Detail kennt und sich sein eigenes Bild machen kann.

Die erste Schwierigkeit tritt dann auf, wenn der Projektmanager die Annahmen, die zu Preis und Terminplan geführt haben, nicht akzeptiert. Ein großer Fehler ist es, seine Argumente zu ignorieren und ihn auf etwas zu verpflichten, zu dem er nicht stehen kann.

Wesentlich Erfolg versprechender ist es, seine Argumente zu kennen, ihn einen eigenen Plan erstellen zu lassen und diesen mit Management, Team und Kunde zu diskutieren. Es bestehen gute Chancen, dass man zu einem gemeinsamen Bild und Kompromiss gelangt. Dennoch sollte man den Projektmanager motivieren, die ursprünglichen Ziele zu erreichen, indem man ihm und dem Team entsprechende Belohnungen in Aussicht stellt.

Um den Projektmanager an wirtschaftlichen Zielen messen zu können, bedarf es im Unternehmen eines auf diese Rolle zugeschnittenen *Belohnungsmodells*. Wie oben bereits ausgeführt, sind »normale Tantiememodelle« in der Regel dafür ungeeignet. Ich kenne viele Versuche aus Unternehmen, die Messbarkeit von Projektmanagern im Tantiememodell abzubilden. Davon ist jedoch keiner gelungen. Meine Empfehlung ist daher ein individuelles Bonusmodell, welches auf die jeweilige Projektsituation zugeschnitten ist. Wenn man sich vor Augen führt, dass der wirtschaftliche Erfolg des Unternehmens wesentlich vom wirtschaftlich erfolgreichen Abwickeln der Projekte abhängt, so lohnt es sich, hier eine Menge Zeit und Energie zu investieren.

Der kritischste Punkt ist die *Gewährung der Handlungsfreiheit* in unseren hierarchiegesteuerten Unternehmen. Es gibt im Unternehmen immer Personen mit Aufgaben und Funktionen, die die Handlungsfreiheit des Projektmanagers einschränken.

Ich habe oben bereits ausgeführt, welchen Zielkonflikten der Projektmanager ausgesetzt ist. Greifen wir noch einmal den Aspekt der Personalführung heraus. Der Projektmanager ist in der Regel nur eingeschränkt weisungsbefugt. Die Personalverantwortung liegt bei verschiedenen Führungskräften der Teammitglieder. Diese haben eigene Vorstellungen über den Einsatz der Mitarbeiter in diesem oder anderen Projekten beziehungsweise über die persönliche Entwicklung und Perspektive der Mitarbeiter. Der Projektmanager muss daher von allen Führungskräften Befugnisse übertragen bekommen. Bezüglich des Einsatzes der Mitarbeiter gibt es zudem Regeln innerhalb des Unternehmens, die der Projektmanager zu beachten hat. In schwierigen Projektsituationen kommt es jedoch häufig zu der Notwendigkeit, Überstunden zu verlangen, in kritischen Fällen sogar Nacht- oder Wochenendarbeit. Natürlich müssen die Projektmitarbeiter erst einmal damit einverstanden sein, nichtsdestotrotz werden Arbeitnehmervertreter und Personalabteilungen hier auf ihren Kompetenzen bestehen. Daher bedarf es komplexer Abstimmungs- und Genehmigungsprozesse.

In der *Beziehung zum Kunden* ist der Projektmanager oft der erste Ansprechpartner im Zusammenhang mit dem Projekt. Erwartungen und Anforderungen des Kunden müssen von ihm gemanagt werden. Hier werden aber in der Regel auch wirtschaftliche Aspekte berührt, die dann Sales- oder Bereichsmanager und Finanzabteilungsmitarbeiter mitgestalten wollen. Idealerweise sollten diese Personen dem Projektmanager einen Handlungsrahmen abstecken, innerhalb dessen er ohne Abstimmung handeln kann. Hat er diesen Spielraum nicht, wird der Kunde ihn nicht als adäquaten Verhandlungspartner anerkennen, was dann seine Autorität und seine Handlungsmöglichkeiten bezüglich des Kunden einschränkt und dem Projekterfolg schaden kann.

Zudem hat fast jede Entscheidung eines Projektmanagers finanzielle Auswirkungen. Auf der einen Seite steht der Kunde, der die bestmögliche Leistung zum günstigsten Preis haben möchte. Auf der anderen Seite steht das eigene Unternehmen, das den höchstmöglichen Deckungsbeitrag bei Zufriedenheit des Kunden erwirtschaften möchte.

Unter diesen Rahmenbedingungen muss dem Projektmanager Gestaltungsspielraum gegeben werden. Er ist andererseits in der Verpflichtung, sich mit den entsprechenden Aufgabenträgern aus den Bereichen Finanzen und Controlling intensiv abzustimmen. Die wenigsten Projektmanager sind von Hause aus Betriebswirtschaftler. Es ist jedoch ein Muss, dass der Projektmanager betriebswirtschaftlich so qualifiziert ist oder wird, dass er die Mechanismen der Projektfinanzwirtschaft überschaut und beherrscht.

In großen Festpreisprojekten sind schon bei Start des Projektes und in der Anlage im Finanzbuchhaltungssystem die größten Fehlerquellen zu entdecken. Normalerweise hat ein Projekt ein Budget für die geplanten Aufwände plus ein Contingency-Budget, das aus Risiko- und Gewährleistungskomponenten besteht. Oft ist die Sorge der verantwortlichen Manager, dass der Projektmanager diese Budgets als Teil seiner Projektaufwände verplant und sie für die Abdeckung der Risiken später nicht zur Verfügung stehen. Daher werden diese oft vor dem Projektmanager verheimlicht, was zu großen Problemen führen kann.

> **Beispiel: Bedeutung vom Projektabbildungen im Finanzsystem des Unternehmens**
>
> Bei einem großen Entwicklungsprojekt waren dem Projektmanager die Contingency-Aufwände zwar bekannt, ihm war jedoch nicht bewusst, dass er sie entsprechend im Finanzsystem abbilden musste. Also bildete er seinen »normalen« Projektplan ab, was zur Folge hatte, dass das Projekt in den ersten Monaten eine überdurchschnittliche Rendite auswies und er später bei Inanspruchnahme der Risikobudgets das Projekt in eine Niedrigrendite steuerte. Da Projekte nicht kongruent zu Geschäftsjahren von Unternehmen verlaufen, kann ein solcher Fehler gravierende Auswirkungen auf die Jahresergebnisse eines Unternehmens haben.

Es empfiehlt sich, alle Projektmanager eines Unternehmens in den betriebswirtschaftlichen Grundlagen und Spezifika des Finanzsystems des Unternehmens auszubilden, damit sie die Auswirkungen ihres Handelns überblicken und korrekte Abbildungen und Bewertungen vornehmen.

Gerät ein Projekt in Schieflage, so steht der Projektmanager vor der großen Herausforderung, das Risiko richtig zu bewerten und abzubilden. Die Wirtschaftsprüfer erwarten, dass das Risiko, sobald es erkannt ist, in voller Höhe abgebildet wird. Dies kann zu einer massiven Abwertung des Projektes im entsprechenden Berichtszeitraum und damit zu einer Beeinträchtigung des Unternehmensergebnisses bis hin zu einer Gewinnwarnung führen.

In manchen Unternehmen wird der Projektmanager von der Geschäftsführung unter Druck gesetzt, diese Abwertungen nicht in dem von ihm veranschlagten Maße durchzuführen. In solchen Situationen empfiehlt es sich, die Entscheidung des verantwortlichen Managements zu dokumentieren.

Es gibt Projektmanager, die dazu neigen, die Risiken zunächst sehr hoch einzustufen, um während der Restlaufzeit des Projektes auf der sicheren Seite zu sein. Bei erheblichen finanziellen Auswirkungen ist es daher angebracht, hier eine Kompromisslinie zu finden, die am besten in den internen Entscheidungsgremien abgestimmt wird.

Für ein Unternehmen und das verantwortliche Management ist es bedeutend, dass solche Risikoaussagen nicht überraschend kommuniziert werden. Einige US-Unternehmen haben dafür einen Prozess mit dem Namen »Risk of Surprise« etabliert. Bei großen Projekten muss der Projektmanager und die Qualitätssicherungsabteilung gemeinschaftlich monatlich das »Risk of Surprise« einschätzen und dem obersten Management mitteilen.

Wesentlicher als dieser formale Akt ist, dass der Projektmanager eine Umgebung vorfindet, in der persönliches Vertrauen und Offenheit herrscht, und er keine Angst haben muss, schlechte Nachrichten zu kommunizieren. In einer vertrauensarmen Atmosphäre werden die Informationen in der Regel so lange zurückgehalten, bis die Situation sich so verschärft, dass eine Eskalation unumgänglich ist, was zur Folge hat, dass ein Gegensteuern und Korrigieren erst sehr spät möglich ist.

Zusammenfassend ist zu bemerken, dass Unternehmen, die die wirtschaftliche und geschäftliche Bedeutung ihrer Projektmanager erkennen, deren Ausbildung professionell betreiben und diese Personen entsprechend ihrer Verantwortung in Karriere- und Belohnungsmodellen wertschätzen, ihren eigenen Erfolg und ihre Zukunft damit absichern.

Literatur

[1]   *ICB (IPMA Competence Baseline) Version 3.0, Juni 2006*

[2]   *Quelle: IPMA (International Project Management Association)*

Zusammenfassung

Der Projektmanager agiert in einem Umfeld unterschiedlicher Anforderungen und Interessenlagen. Sein Aufgabenportfolio und Skill-Profil ist vielfältig und anspruchsvoll. Um solche Erwartungen bestmöglich zu erfüllen, bedarf es nicht nur einer Reihe von Fertigkeiten und Fähigkeiten, sondern insbesondere spezieller Führungskompetenzen in den Bereichen Technologie, Business, wirtschaftliches Umfeld, Management und Mitarbeiter sowie Kunden.

Erfolgreiche Projektmanager weisen Kompetenzportfolios mit den Facetten Führungsgeschick, Umgang mit Unsicherheiten, Sozialkompetenz, politischer Instinkt, Konfliktfähigkeit, Kommunikationsfähigkeit, Entscheidungsfähigkeit, Innovationsfähigkeit, systemisches Management, Visionskraft, perspektivisches Management auf.

Unternehmen, deren wirtschaftlicher Erfolg wesentlich von professionell abgewickelten Projekten abhängt, bilden ihre Projektmanager in diesen Kompetenzen aus, geben ihnen aber auch notwendige Freiräume und Entscheidungsspielräume, um erfolgreich agieren zu können.

Der Projektleiter als spezialisierter Generalist

Unternehmensaufgaben sind heute vielfach so komplex, dass sie sich nur außerhalb der Linienorganisation in abteilungs- und funktionsübergreifenden Projektteams lösen lassen. Projektleiter sind dabei vor allem »Beziehungsmanager«, »Netzwerker« und »Veränderungsmotoren«.

In diesem Beitrag erfahren Sie:
- wie sich Rahmenbedingungen für das Projektmanagement gewandelt haben,
- wie man beim Projektmanagement harte und weiche Faktoren zugleich bedenkt,
- welche zehn Kernkompetenzen der Projektmanager benötigt.

BERNHARD ROSENBERGER, SYLVIE TRENTZSCH

Einführung

Nichts ist konstanter als der Wandel: Dass dieser Slogan nicht nur ein flott dahergesagter »Spruch« von Beratern, Professoren und Trendforschern, sondern längst Realität ist, spüren Führungskräfte und Mitarbeitende in den Unternehmen spätestens seit dem Aufkommen der »New Economy«, Mitte der 90er Jahre des 20. Jahrhunderts. Derzeit geht man davon aus, dass im Jahr 2014 nur etwa jedes dritte Unternehmen noch in seiner heutigen Form existieren wird. Nach einer Studie der Unternehmensberatung Bain & Company werden rund zwei Drittel der Firmen bis 2014 ihre Geschäftsstrategie grundlegend ändern oder ihre Eigenständigkeit verlieren, sei es durch eine Übernahme oder eine Insolvenz. Ursachen seien das weiter zunehmende Innovationstempo und der wachsende internationale Wettbewerb. Unternehmen müssen also in immer kürzeren Zeiträumen ihre Strategie anpassen – und als Folge davon auch ihre Strukturen von Führung, Zusammenarbeit und Koordination [vgl. 15].

In diesem Zusammenhang kommt dem Typus des Projektleiters als »Führungskraft auf Zeit« und als »Führungskraft ohne Disziplinarbefugnis« eine wachsende Bedeutung zu. Er verkörpert geradezu diesen Wandel in den Unternehmen. Die beobachtbaren Entwicklungen vom Angestellten zum Mitunternehmer und von autoritär gelenkten, hierarchisch organisierten Unternehmen hin zu kooperativ geführten Firmen erzwingen ein Aufweichen von starren Strukturen. Schon »Altmeister« Peter F. Drucker hat beschrieben, dass es in der Wissensgesellschaft keine ideale Unternehmensorganisation mehr gibt, sondern stattdessen viele Organisationsformen, die ideal für ihre jeweiligen spezifischen Zwecke sind [vgl. 8].

Weil klassische Aufbauorganisationen wie Funktions- oder Matrixorganisationen sich nur langsam an neue Wirklichkeiten anpassen können, existieren in den Firmen bereits parallel vor allem Prototypen wie Prozess- oder Netzwerkorganisationen, die ein schnelleres, flexibleres und informelleres Reagieren auf aktuelle Herausforderungen ermöglichen (Abb. 1). In solchen Strukturen sind autonome Wissensträger in erster Linie durch gemeinsame Ziele, durch ein hohes Vertrauen und durch moderne Kommunikationstechnologien miteinander verbunden. Vieles geschieht hier über Projekte und die Methodik des Projektmanagements. Weil bestimmte Aufgaben sehr komplex sind, können sie nur in (abteilungs- und funktionsübergreifenden) Projektteams außerhalb der Linienorganisation gelöst werden. Die Projektleiter sind dabei vor allem »Beziehungsmanager«, »Netzwerker« und »Veränderungsmotoren«.

Leider werden viele Projekte häufig noch so abgewickelt, dass die »harten Faktoren« des Projektmanagements (wie die Erstellung von Projektstrukturplänen, die Kostenkontrolle oder die optimale Beherrschung der Projektdokumentation) im Vordergrund stehen und die sogenannten »weichen Faktoren« (wie die Motivation des Projektteams, die Beziehungspflege zum Auftraggeber oder der Umgang mit Konflikten) vernachlässigt werden – das zeigt sich bereits in der Aus-

Funktionalmodell

- hierarchische Organisation
- aufgabenorientierte Strukturen
- klare, enge Stellenbeschreibungen

Matrix-Organisation

- Mehrlinienorganisation
- Kombination von zwei Strukturelementen
- Mitarbeiter hat ggf. zwei Chefs

Prozess-Organisation

- durchgängiger Leistungsfluss
- Orientierung am Output
- Steuerung durch Prozessverantwortliche

Netzwerk-Organisation

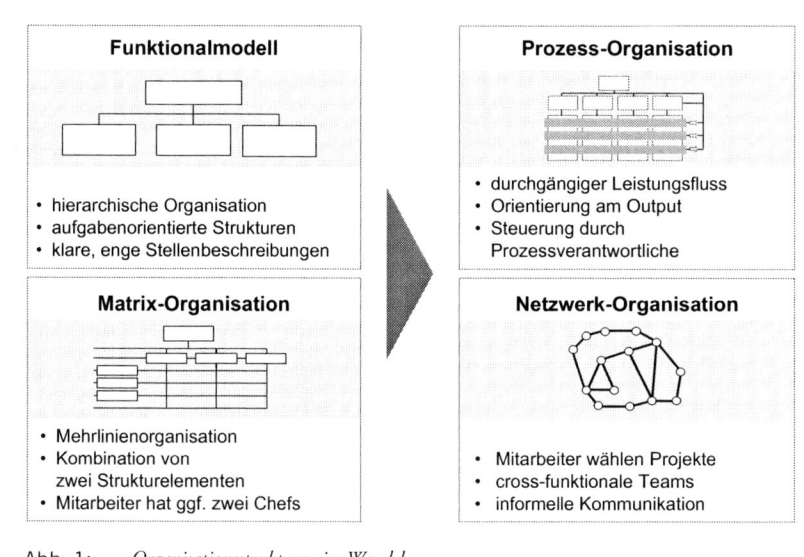

- Mitarbeiter wählen Projekte
- cross-funktionale Teams
- informelle Kommunikation

Abb. 1: *Organisationsstrukturen im Wandel*

und Weiterbildung von Projektleitern. Diese Problematik möchten wir im vorliegenden Beitrag offensiv angehen und ein »neues Anforderungsprofil« für Projektleiter vorschlagen. Dies erfolgt auf der Basis unserer langjährigen Erfahrungen als Führungskräfte, Personalleiter und Berater, aber auch ganz unmittelbar auf der Basis vieler Projekte, die wir selbst »hautnah« erlebt, begleitet oder durchgeführt haben.

Im Endeffekt sind es folgende zehn Kernkompetenzen bei Projektleitern, die Unternehmen im Auge behalten und konsequent fordern und fördern sollten, wenn sie in Zeiten des Wandels erfolgreich sein wollen:

⇨ Auftrags- und Zielklärung
⇨ Planung
⇨ Projektcontrolling
⇨ Teamentwicklung
⇨ Kommunikation
⇨ Konfliktmanagement
⇨ Trainer – Berater – Coach

⇨ Zeit- und Selbstmanagement
⇨ Risikomanagement
⇨ Change-Management und Change-Request

Bevor wir diese Kompetenzen einzeln darstellen und erläutern, möchten wir die bereits erwähnten »neuen« Rahmenbedingungen für Projektleiter vertiefen sowie ein paar aktuelle Zahlen, Daten und Fakten zum Projektmanagement vorstellen.

Neue Rahmenbedingungen für Projektleiter
Projektmanagement ist (auch) eine Führungsaufgabe. Aus diesem Grund sollten Projektleiter auch verstehen, unter welchen Bedingungen heutzutage Führung (beziehungsweise Management) stattfindet.

Kaum eine Funktion hat sich in der Geschichte der Menschheit so schnell durchgesetzt wie das Management. In weniger als 150 Jahren hat das Management die soziale und wirtschaftliche Struktur der Industrieländer komplett verändert. In neuerer Zeit geht es jedoch in der Managementpraxis weniger um die Steuerung einer weitgehend ungelernten Belegschaft, sondern um die Steuerung einer »Gemeinschaft ausgezeichnet ausgebildeter Wissensarbeiter« [9]. Dabei bleibt die grundlegende Funktion des Managements unverändert: »Menschen durch gemeinsame Werte, Ziele und Strukturen, durch Aus- und Weiterbildung in die Lage zu versetzen, eine gemeinsame Leistung zu vollbringen und auf Veränderungen zu reagieren.« [9]

Die Hauptaufgabe eines Managers (und damit auch eines Projektmanagers) ist letztlich das Erzielen von Ergebnissen für das Unternehmen. Auf diese scheinbare Banalität hat nicht nur der Management-Vordenker Peter F. Drucker stets hingewiesen, sondern in jüngerer Zeit auch Fredmund Malik vom Management Zentrum St. Gallen. Malik spricht von der »Wirksamkeit« als zentraler Anforderung an das Management [19]. Vereinfacht lässt sich sagen, dass es im Management im Wesentlichen um zwei Bereiche von Tätigkeiten geht: Sachen zu erledigen und Menschen zu führen.

Zu den sachbezogenen Managementaufgaben gehören:
⇨ klare Ziele vorgeben oder vereinbaren;
⇨ für ausreichend Informationen und eine gute Kommunikation sorgen;
⇨ planen und organisieren;
⇨ delegieren;
⇨ entscheiden;
⇨ kontrollieren;
⇨ eine vorausschauende Steuerung von Prozessen sicherstellen;
⇨ Prozesse laufend optimieren;
⇨ Klarheit bezüglich der Prioritäten schaffen.

Die menschenbezogenen Managementaufgaben sind folgende:
⇨ Beziehungen zu Individuen und Teams aufbauen und pflegen;
⇨ Mitarbeiter entwickeln, fordern und fördern;
⇨ sich in andere hineinversetzen können;
⇨ coachen und helfen, Fragen stellen, Angebote machen;
⇨ mit Konflikten umgehen;
⇨ motivieren und anerkennen;
⇨ Feedback geben und nehmen;
⇨ die Fähigkeit zu überzeugen und zu begeistern;
⇨ geschickt kommunizieren können;
⇨ die Fähigkeit zur Selbstmotivation, zur Selbstreflexion und zum Selbstmanagement;
⇨ Gefühle zeigen und nutzen.

Damit befinden wir uns mitten in der Diskussion um die Rolle der Führungskraft in der heutigen Zeit. »Weg vom reinen Manager – hin zum Leader« heißt es seit einigen Jahren. In diesem Zusammenhang werden die sachbezogenen Aufgaben eher dem Manager, die menschenbezogenen Aufgaben eher dem Leader zugeordnet. Demnach konzentrieren sich Manager vor allem aufs Verwalten und Bewahren, auf Strukturen und auf Kontrolle. Leader hingegen fördern und gestalten Veränderungen, fokussieren sich auf Menschen und setzen auf Vertrauen.

Wie so oft sind solche Gegenüberstellungen natürlich überspitzt. Richtig ist allerdings, dass viele Führungskräfte die sachbezogenen Aufgaben überbetonen und die menschenbezogenen Aspekte vernachlässigen. Dies zeigen einschlägige Umfragen und Untersuchungen immer wieder. Woran es vor allem krankt, ist ein lebendiger Dialog zwischen Führungskraft und Mitarbeiter. Der Gegensatz zwischen »Management« und »Leadership« (oder »Führung«) sei konstruiert, hat Peter F. Drucker einmal geschrieben. Das wäre genauso, als ob sich die Griff- und die Führhand des Geigers gegenseitig ausschlössen. Tatsächlich benötige der Geiger beide Hände in jedem Augenblick. In dieser Aussage steckt viel Wahrheit – und für Projektleiter gilt dies sowieso.

In der Gesellschaft ist eine Entwicklung zu beobachten, die sich am besten mit dem Begriff »Individualisierung« beschreiben lässt. Der Trend geht zum »Ich«: eigene Vorsorge statt Generationenvertrag, Single-Dasein statt Großfamilie, individuelle Laufbahn statt standardisierte Kaminkarriere, Spezialistentum statt Generalistenwissen, Klasse statt Masse, Selbstdefinition statt Rollenverhalten und Ideologie.

Da »Laufbahnen« unsicherer werden und die Zukunft von Unternehmen unvorhersagbarer wird, müssen Menschen die Verantwortung für ihren eigenen beruflichen Lebensweg übernehmen. Das gilt für die Wahl des Unternehmens. Das gilt für die Wahl des Arbeitsplatzes. Das gilt auch für die Freiräume innerhalb des Jobs. Reinhard Sprenger hat in seinem Buch »Das Prinzip Selbstverantwortung« beschrieben, worauf es ankommt, wenn man »Unternehmer seiner selbst« werden will: auf ein autonomes und freiwilliges Handeln beziehungsweise ein Wählen, auf ein initiatives und engagiertes Handeln beziehungsweise ein Wollen und auf ein kreatives und schöpferisches Handeln beziehungsweise ein Antworten [vgl. 36].

Peter Drucker sieht uns alle auf dem Weg in die »Unternehmergesellschaft« [9]. Jeder Mensch muss zunehmend selbst die Verantwortung für sein lebenslanges Lernen, seine Entwicklung und seine

Karriere übernehmen. Diese Menschen sind selbstbestimmte Wissensarbeiter. Und sie müssen geführt werden, als handele es sich bei ihnen um freiwillige Mitarbeiter. Freiwillige suchen Herausforderungen, eine spannende Mission und Entwicklungspotenziale. Im Zeitalter der Wissensgesellschaft ist »Beschäftigungsfähigkeit« (Employability) für die Unternehmen wichtiger als Loyalität. Die Firmen bieten den Arbeitnehmern Chancen statt Sicherheit und Partnerschaft statt Abhängigkeit. Der Typus des Wissensarbeiters macht eine neue Form der Führung erforderlich:

⇨ Einen Wissensarbeiter kann man nicht überwachen, nur unterstützen.
⇨ Ein Wissensarbeiter ist eine Führungskraft – und zwar seiner selbst. Er kennt seine Ziele, motiviert sich eigenständig, teilt seine Zeit selbstständig ein, lernt ständig dazu und ist bereit, mehrere Karrieren zu durchlaufen.
⇨ Ein Wissensarbeiter benötigt Herausforderungen, Freiräume und das Gefühl verstärkter Eigenverantwortung als »Motivatoren«.

Oder, um Daniel F. Pinnow zu zitieren: Führung in der Wissensgesellschaft heißt, »eine Welt zu gestalten, der andere Menschen gerne angehören wollen« [25]. Pinnow propagiert seit vielen Jahren das »systemische Führen«, das als beziehungsorientiert, entwicklungsbezogen, offen, pragmatisch und unideologisch gilt. Dieses Konzept lässt andere Ansätze gelten und verzichtet auf Patentrezepte, es zeigt aber auch die Paradoxien auf, die zum Führungsalltag dazugehören [vgl. 25]. Wer heute führen will, der muss generell darauf achten, dass er sich nicht nur im Hinblick auf die Themen Führungshandwerk und Führungsmethodik weiterbildet, sondern auch sich selbst als Führungspersönlichkeit reflektiert, hinterfragt und voranbringt.

Auf der anderen Seite gibt es natürlich auch Erwartungen an die Geführten: Als Mitunternehmer oder »Co-Intrapreneure« brauchen Mitarbeiter Sozial-, Gestaltungs- und Umsetzungskompetenz. Sie müssen freiwilliges und verantwortungsbewusstes Engagement mitbringen und bereit sein zum lebenslangen Lernen [vgl. 40]. Die

Volkswagen AG hat diesen Typus des unternehmerischen Mitgestalters »4-M-Mitarbeiter« genannt, da er sich durch Mehrfachqualifikationen, Mobilität, Mitgestaltung und Menschlichkeit auszeichnet.

Zu den Rahmenbedingungen in makroökonomischer Hinsicht gehört außerdem, dass wir zusehends in einer »Beziehungswirtschaft« [13] leben. Uwe Jean Heuser sieht sogar eine neue Forschungsdisziplin im Entstehen begriffen, die sich aus den Fächern Psychologie, Neurowissenschaft, Politik und Ökonomie zusammenfügt und die er »Humanomics« nennt [vgl. 13]. Der menschliche Faktor – häufig ist inzwischen auch von »Humankapital« die Rede – hat in der Wirtschaft eine neue Bedeutung erlangt. So findet die Wertschöpfung heute vermehrt zwischen den Menschen statt. Es gibt immer weniger Nullsummenspiele: Nicht der eine bekommt, was er dem anderen nimmt, sondern beide profitieren vom Kontakt. Heuser führt ein aufschlussreiches Beispiel an, das wir aus unserer Praxis bestätigen können: »Ein guter Unternehmensberater hat keine Patentrezepte oder Einheitsbehandlungen – Mehrwert schafft er im Miteinander, als Ratgeber und Lernender zugleich, und um ihn herum entsteht ein kreativer Raum, zu dem auch andere Zugang begehren.« [13]

Neue Zahlen, Daten und Fakten für Projektleiter

Angesichts dieser Rahmenbedingungen sind Unternehmensführer, Mitglieder von Lenkungsausschüssen und Projektleiter gefordert, ihre Steuerungsaufgaben und Arbeitsschwerpunkte zu überdenken. Dass der Paradigmenwechsel in der Wirtschaft neue Herangehensweisen an Projekte erfordert, zeigen auch die empirischen Studien. Unsere Hypothese ist: Es würden längst nicht so viele Projekte scheitern, wenn erkannt würde, dass diese Projekte nicht »strukturell-technokratisch«, sondern »iterativ-ganzheitlich« angegangen werden müssen.

Die Akademie für Führungskräfte hat vor einigen Jahren einmal untersucht, warum (Projekt-)Teams scheitern. Nach einer Befragung unter leitenden Mitarbeitern hapert es vor allem an den »weichen« Faktoren: Kommunikationsschwierigkeiten, eine fehlende Kultur der Zusammenarbeit, unausgesprochene Konflikte, fehlendes Vertrauen,

Machtkämpfe – dies sind Punkte, die in der Liste der Ursachen für gescheiterte Teams ganz oben stehen (Abb. 2).
Wenn speziell nach den Gründen gefragt wird, warum Projekte

Ursache	Prozent
Kommunikationsschwierigkeiten	97%
unklarer Auftrag	94%
keine Kultur der Zusammenarbeit	91%
unausgesprochene Konflikte	90%
fehlendes Vertrauen	90%
Machtkämpfe	88%
ineffektive Teambesprechungen	85%
kein Team-Leader	80%
Dominanz eigener Interessen	69%
unklare Hierarchie	57%
offene Konflikte	53%
zu wenig Zeit	48%

(n= 376 Führungskräfte)

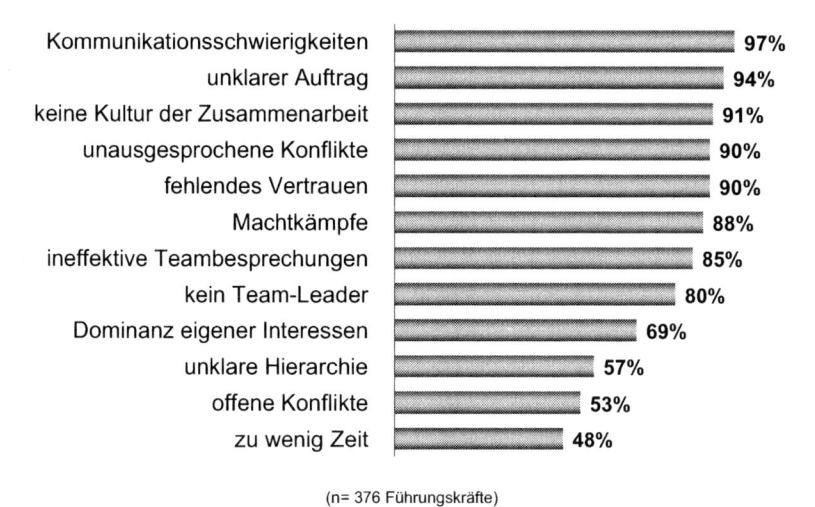

Abb. 2: *Warum Teams scheitern [1]*

letztlich nicht erfolgreich sind, dann wird häufig eine Mischung aus »harten« und »weichen« Faktoren genannt. Im Falle einer aktuellen Umfrage der Zeitschrift CIO (Herausgeber: IDG Business Media GmbH) handelt es sich zum Beispiel um die folgenden Ursachen: unklare Anforderungen und Ziele (69 Prozent), fehlende Ressourcen (46 Prozent), mangelnde Projektmanagement-Erfahrung (43 Prozent), Politik und Egoismen (42 Prozent), Projektplanung (38 Prozent), Kommunikation (37 Prozent) und unzureichend qualifizierte Mitarbeiter (36 Prozent). Zwei weitere Untersuchungen, wiederum auf der Basis von Interviews mit Führungskräften, nennen ähnliche Gründe: Laut GULP Information Services GmbH, einem IT-Portal, sind dies in erster Linie unpräzise Vorgaben (36 Prozent), Starrheit und Dogmatik (19 Prozent) und Kommunikationsprobleme (18 Prozent). Die beiden mit Abstand am häufigsten genannten Probleme in einer gemeinsamen Studie der Deutschen Gesellschaft für Projektmanagement e.V. und der PA Consulting Group sind unklare Ziele und Anforderungen (50 Prozent) und fehlende Unterstützung durch das Management (36 Prozent).

Die Negativbilanz, wonach eine sehr große Zahl von Projekten scheitert, wird – neben der eigenen Erfahrung der Autoren – auch durch weitere Quellen unterstrichen. Hier eine kleine Auswahl:

⇨ Zwei Drittel der in Deutschland befragten Unternehmen gaben an, dass durch ihre Projekte weder die Kosten gesenkt wurden noch der Firmenerfolg gesteigert werden konnte [39].

⇨ In den USA scheitern rund 75 Prozent aller IT-Projekte [38].

⇨ In Großbritannien verfehlten im Zeitraum von 1994/95 etwa 40 Prozent der Projekte ihre Ziele, wobei in 80 bis 90 Prozent der Fälle die funktionalen Anforderungen nicht eingehalten werden konnten [24].

⇨ 80 Prozent aller Veränderungsprojekte in Unternehmen laufen schief oder werden nie zu Ende geführt [16].

⇨ Nach wie vor gilt unter Beratern die (erschreckende) Faustregel, dass nur etwa ein Drittel aller initiierten Projekte ihre Ziele im Großen und Ganzen erreichen.

Beispiel: Scheitern des Transrapid-Projektes

Am 27. März 2008 hat Bundesverkehrsminister Wolfgang Tiefensee in Berlin das Scheitern des Transrapid-Projektes für München bekannt gegeben. Die geplante Strecke zwischen dem Hauptbahnhof und dem Flughafen wird somit nicht gebaut. Hindergrund ist eine Kostenexplosion auf bis zu 3,4 Milliarden Euro. Bis zu diesem Zeitpunkt waren lediglich Kosten in Höhe von 1,8 Milliarden Euro veranschlagt worden. In der Presse wird das Scheitern des Projekts mehrheitlich als logische und überfällige Konsequenz gesehen, da Kosten und Nutzen in keinem Verhältnis gestanden hätten.

Die Lektion für alle, die mit Projekten zu tun haben, muss lauten: Neuorientierung. Insbesondere die Anforderungen an einen Projektleiter, der sowohl das Projektmanagement-ABC beherrschen als auch die Besonderheiten seiner Führungsrolle erfüllen muss, sollten neu ausbalanciert werden.

Neuorientierung: Zehn Kernkompetenzen für Projektleiter

Ausgangspunkt unserer Überlegungen ist der Kompetenzbegriff: Die etymologische Wurzel von »Kompetenz« liegt im lateinischen »competens« mit der Bedeutung »geeignet, fähig, befugt, rechtmäßig, ordentlich«. Verwandte Bezeichnungen sind Wissen, Erfahrungen, Fertigkeiten, Fähigkeiten oder Qualifikationen.

Die Beschäftigung mit diesem Phänomen geht im Wesentlichen auf den Amerikaner David McClelland [22] zurück, der den Begriff »competencies« im Rahmen eines Beratungsprojekts erstmalig verwendete. Seine Erkenntnis: Traditionelle Begabungen und Wissenstests allein sagen beruflichen Erfolg nicht hinreichend voraus, sondern es kommt zusätzlich auf Persönlichkeitsmerkmale und innere Dispositionen an.

Eine schöne Definition stammt von John Erpenbeck und Volker Heyse: »Kompetenzen werden von Wissen fundiert, durch Werte konstituiert, als Fähigkeiten disponiert, durch Erfahrungen konsolidiert, auf Grund von Willen realisiert.« [10] Kompetenzen sind somit Charakteristika einer Person, die weitgehend beständig sind, unabhängig von einer konkreten Situation gelten und von denen auf bestimmte Leistungen sowie Denk- und Verhaltensweisen geschlossen werden kann.

Die systematische Beschäftigung mit Kompetenzen ist Bestandteil eines strategischen Personalmanagements [29] und wird oft auch mit dem Begriff »Kompetenzmanagement« verbunden. Eine zentrale Funktion und damit die Basis des Kompetenzmanagements bildet das Kompetenzmodell. Die Erstellung des Kompetenzmodells umfasst typischerweise folgende sieben Teilschritte:

⇨ Identifikation, Beschreibung und Verabschiedung zukünftiger Kompetenzanforderungen (Analyse vorhandener Leitbilder, Strategien und Geschäftspläne, Interviews mit Entscheidern in Stabs- und Linienfunktionen, Verdichtung in Workshops);
⇨ Entwurf von Kompetenzprofilen auf Basis von externen und internen Einflussfaktoren, Erfolgsfaktoren und Geschäftsprozessen entlang typischer Jobs, Funktionen und Rollen;
⇨ Vorgabe erfolgskritischer »Schlüsselkompetenzen«;
⇨ Ableitung funktionsspezifischer und funktionsübergreifender Kompetenzprofile;
⇨ Festlegung von Karriere- und Entwicklungspfaden und Integration der Kompetenzprofile in den Beurteilungsprozess;
⇨ Intensive Diskussion und Verabschiedung der Kompetenzprofile und des Kompetenzmodells in den Führungsgremien des Unternehmens;
⇨ Veröffentlichung des Kompetenzmodells – verbunden mit Informationsrunden und Trainingsmaßnahmen [vgl. u.a. 5; 23; 33].

Im Folgenden wollen wir nun im Einzelnen versuchen, ein solches Kompetenzmodell für einen Projektleiter zu erstellen. Unsere zehn Kernkompetenzen, die inhaltlich und messbar beschrieben werden, bilden zusammen die praktisch relevante *Handlungskompetenz* eines Projektleiters ab.

Kernkompetenz 1: Auftrags- und Zielklärung

Nur wer sein Ziel kennt, weiß genau, in welche Richtung er losfährt. Oder, um es mit einem asiatischen Sprichwort auszudrücken: Wer kein Ziel hat, für den ist jeder Weg der gleiche. Ein anderes geflügeltes Wort sagt: Wie man startet, so liegt man im Rennen. Die klare Definition und Formulierung der Ziele eines Projekts ist somit ein entscheidender Erfolgsfaktor, zum einen für die genaue Stoßrichtung beim Start, zum anderen für die Festlegung der Kriterien, wann das

Projekt als erfolgreich beendet gilt. Darüber hinaus sollte das Projekt von Aufgaben und Routinen abgegrenzt werden. Die sogenannten SMART-Kriterien prüfen das Ziel auf Herz und Nieren:
Ist das Ziel ...
⇨ S spezifisch (eindeutig definiert)?
⇨ M messbar (wer, was, wann, wie viel, wie oft)?
⇨ A anspruchsvoll (bedeutsam, mit Mehrwert)?
⇨ R realistisch (erreichbar)?
⇨ T terminiert (zeitlich begrenzt)?

Weiterführende Fragen im Hinblick auf die Auftragsklärung lauten:

⇨ Was ist der Nutzen, der durch das Projekt geschaffen wird? Wozu?
⇨ Wie sieht der Rahmen aus – technisch, politisch, finanziell (Grobschätzung für Kosten und Budget, Wirtschaftlichkeitsüberlegungen)?
⇨ Gibt es Alternativen zur Durchführung eines Projekts? Welche Alternativen wurden schon ausprobiert?
⇨ Wer ist der Auftraggeber? Was will er? Was veranlasst ihn zu diesem Projekt? Was ist eventuell das Thema hinter dem Thema?
⇨ Wer ist die Zielgruppe des Projekts beziehungsweise der Endnutzer, der vom Projektergebnis profitiert?
⇨ Welche personellen Ressourcen stehen für das Projekt in welchem Umfang zur Verfügung? (100, 50, 25 Prozent der Arbeitszeit?)
⇨ Worauf kann aufgebaut beziehungsweise zurückgegriffen werden?
⇨ Was sind die Messgrößen für den Erfolg (Zeit, Kosten, Qualität)?
⇨ Mit welchen Risiken ist zu rechnen? In welcher Gewichtung? Mit welcher Eintrittswahrscheinlichkeit? Mit welcher Schadenshöhe?
⇨ Was ist *nicht* Teil des Projekts?

Dieser Fragenkatalog kann auch als Checkliste zum Projektbriefing dienen. Für den Projektleiter ist es wichtig, dass er sich am Anfang Zeit nimmt, erst einmal genau zu verstehen, was die Hintergründe des Projektes sind und wer auf welche Weise aus dem Projekterfolg einen Nutzen zieht. Indem er sich in der Startphase des Projekts Zeit nimmt, spart er paradoxerweise Zeit bezogen auf die Gesamtdauer des Projekts – weil er nicht so viele Umwege gehen muss und unvorhergesehene Probleme bereits im Vorfeld antizipieren kann. Zu oft erleben wir hingegen folgendes Szenario: Ein Auftraggeber vergibt das Projekt an einen Projektleiter, beide werfen sich ein paar Brocken zu, der Projektleiter »legt einfach mal los« – und das Projektziel bleibt unscharf.

Kernkompetenz 2: Planung

Aus der Auftrags- und Zielklärung ergibt sich dann der konkrete Projektauftrag, der wiederum die Grundlage für die Projektplanung, dort vor allem für den Projektstrukturplan, bildet.

Was ist ein Projekt?
Diese Frage beantwortet die DIN 69901 mit sieben Basisregeln:
⇨ Der Auftrag liegt schriftlich vor.
⇨ Die Ziele sind definiert.
⇨ Die Abgrenzung des Projekts ist vorgegeben.
⇨ Der Auftraggeber ist verantwortlich benannt.
⇨ Der Projektleiter ist offiziell ernannt.
⇨ Die Beteiligung aller Betroffenen ist gewährleistet.
⇨ Der Rahmenplan ist vorgegeben.

Diese Voraussetzungen beeinflussen sich auch wechselseitig. Umso wichtiger ist, dass alle sieben Regeln erfüllt und schon im Zuge der Planung berücksichtigt werden. Ganz ehrlich, liebe Leserin, lieber Leser: Wie hoch war der Erfüllungsgrad bei Ihrem letzten Projekt, bezogen auf diese sieben Regeln?

Die Aufschlüsselung der konkreten Aufgaben erfolgt dann am effektivsten in einem Aktivitätenkatalog, der nach der genauen Zeitfolge der Abarbeitung strukturiert ist. Die Erstellung dieses Projektstrukturplans besteht aus drei Arbeitsschritten:

⇨ *Erstens* werden auf der Basis der zu erreichenden Ziele und Teilziele alle Aktivitäten gesammelt, die notwendig sind, um das Projektziel zu sichern. Hilfreich hierfür sind zum Beispiel Kreativitätstechniken wie Brainstorming oder Mindmapping beziehungsweise Strukturierungshilfen wie die Netzplanmethode. Empfehlenswert: Nicht mehr als drei Ebenen von Aktivitäten bilden, sonst wird es zu unübersichtlich. Die Festlegung der Aktivitäten kann alleine oder im Team erfolgen. Bereits hier kann der Projektleiter Teammitglieder aktiv einbinden.

⇨ *Zweitens* sollten die Aktivitäten in der zeitlichen Abfolge anhand der (groben) Projektphasen Konzeption, Realisierung, Prüfung und Pilotierung, Einführung und Abschluss sortiert werden. Alternativ können die Projektaufgaben auch nach den hauptsächlichen Arbeitsschwerpunkten beziehungsweise Teilprojekten gegliedert werden. Damit liegt fest, welche Tätigkeiten in welcher Reihenfolge bis zu welchem Zeitpunkt erledigt werden müssen. Den Termin, zu dem eine Aktivität beendet sein soll, plus das dazugehörige, damit erreichte Teilziel bezeichnet man in der Sprache des Projektmanagements als Meilenstein.

⇨ *Drittens* sollten für die Aufgaben und Teilaufgaben Verantwortliche benannt werden. Dabei ist es unseres Erachtens wichtig, jeder Aktivität nur eine einzige Person zuzuordnen, um Kompetenzgerangel und Schuldzuweisungen im Falle von Terminproblemen von vornherein auszuschließen. Bei der Festlegung der Verantwortlichen sollten sowohl die zeitliche Verfügbarkeit des Teammitglieds als auch der Arbeitsaufwand für die spezifische Aktivität angemessen berücksichtigt werden. Damit werden gleich zu Beginn Enttäuschungen und unrealistische Erwartungen vermieden – wiederum getreu nach dem Motto: Wie man startet, so liegt man im Rennen.

Kernkompetenz 3: Projektcontrolling

Controlling ist mehr als Kontrolle – Controlling bedeutet vor allem die laufende Steuerung und Überprüfung des Projektfortschritts. Dazu muss der Projektleiter kein Finanzexperte sein. Es reicht, wenn er sich in regelmäßigen Abständen, insbesondere aber anlässlich von Meilensteinen, auf die wesentlichen Kennzahlen konzentriert und feststellt, ob und inwiefern das Projekt sich noch »im Plan« befindet.

Die Ergebnisse dieser Überprüfung sollten klar, offen und unverbrämt mit dem Auftraggeber, den Teilprojektleitern und allen Teammitgliedern besprochen werden. Eventuell sind Gegenmaßnahmen einzuleiten, um wieder auf Kurs zu kommen. So müssen gegebenenfalls Einsparungen beim Projektbudget oder Anpassungen bei den Terminen vorgenommen werden – um zwei typische und (leider) auch sehr häufige Schwierigkeiten aus der Praxis zu erwähnen.

Was sollte man »controllen«? Wir empfehlen, neben den drei »klassischen« Aspekten Zeit/Termine, Kosten/Budget und Qualität/Leistungsumfang noch zwei weitere Bereiche im Sinne eines Soll-/Ist-Abgleichs zu überprüfen:

⇨ die Qualität der Beziehungen beziehungsweise das Teamklima (zum Beispiel durch spontane Feedbackrunden und kurze mündliche oder schriftliche Befragungen der Teammitglieder);

⇨ die Projektrisiken (zum Beispiel durch einen regelmäßigen Blick des Projektleiters auf die Auftragsklärung, die – sofern sie vollständig ist – auch die möglichen Risiken beinhaltet).

Hilfreiche Fragen zum Projekt-Fortschritts-Controlling, die innerhalb des Projektteams gestellt und beantwortet werden können:

⇨ Sind wir mit unserer Vorgehensweise noch auf Erfolgskurs?
⇨ Bewährt es sich, wie wir vorgehen? Was sollten wir ändern?
⇨ Wie nehmen der Auftraggeber und die zukünftigen Nutzer unsere Projektarbeit wahr?
⇨ Haben wir die Projekt-Ziele im Auge? Was können wir verbessern?
⇨ Was können wir effektiver und effizienter gestalten?
⇨ Müssen wir häufiger unsere Planung ändern? Wenn ja, bei welchen Messgrößen am ehesten?
⇨ Machen wir die gleichen Fehler immer wieder? Warum ändern wir nichts? Haben wir keine Kraft, etwas zu ändern?
⇨ Informieren und kommunizieren wir zu viel/zu wenig? Wie viele »Missverständnisse« gibt es? In welchen Situationen treten sie am ehesten auf?
⇨ Welche Projekt-Risiken treten auf/könnten noch auftreten? Wie können wir reagieren?
⇨ Wie geht es uns in der Zusammenarbeit? Stimmt das Klima? Ist die Beziehungspflege im Hinblick auf den Auftraggeber ausreichend?
⇨ Existiert in unserem Team eher eine Leistungs- und Motivations- oder eher eine Angst-und Druck-Kultur?
⇨ Welches Ansehen hat unser Projekt im Unternehmen? Erkennt man seinen Nutzen? Hält man uns für erfolgreich?

Darüber hinaus ist natürlich der Projektstrukturplan ein permanentes und unverzichtbares Steuerungsinstrument im Hinblick auf den Projektfortschritt. Außerdem sei der Hinweis erlaubt, dass im Zuge der Zieldefinition auch meistens hilfreiche Messgrößen (das M nach dem SMART-Prinzip) ermittelt worden sind.

Kernkompetenz 4: Teamentwicklung

Jedes Team durchläuft – so beobachtete der amerikanische Psychologe Bruce W. Tuckman Mitte der 1960er Jahre und zuvor bereits sein noch berühmterer Kollege Kurt Lewin in den 40er Jahren – vom ersten Kennenlernen über das sich Zusammenraufen bis zum gemeinsamen Arbeiten eine ganz bestimmte Abfolge von Entwicklungsphasen, die der Projektleiter entsprechend beachten und gestalten sollte:

⇨ *Forming:* In der Anfangsphase findet ein erstes unsicheres und formal höfliches Abtasten bezüglich der Einstellungen und des Arbeitsstils der anderen statt. Jedes Mitglied sucht noch seine Position im Team. Der Teamleiter hat in dieser Phase die Aufgabe, darauf zu achten, dass ein Meinungsaustausch möglich ist und jedes Teammitglied seine spezifische Rolle erkennt. Er hat die Verantwortung, Ziel, Richtung, Struktur und Nutzen der Zusammenarbeit klar zu kommunizieren, und übernimmt so unweigerlich eine starke Vorbildfunktion.

⇨ *Storming:* Optimisten bezeichnen diese Phase als Organisations-, Pessimisten als Nahkampf-Phase. Jetzt offenbaren sich die Probleme, die in der Regel sowohl die Art der Zusammenarbeit als auch die Bewältigung der eigentlichen Aufgabe betreffen. Alles erscheint plötzlich viel schwieriger als gedacht. Positionskämpfe brechen aus, die individuellen Vorstellungen erscheinen unvereinbar und die Diskussionen ebenso end- wie ausweglos. Ignoriert der Teamleiter die Probleme oder versucht er, die Konflikte unter den Teppich zu kehren, wird das Team nie über diese Phase hinauskommen und letztlich auseinanderbrechen. Ein kühler Kopf und eine ruhige Ausstrahlung sind hier wichtige Qualitäten des Teamleiters. Er ermutigt alle zur Offenheit, fungiert als Schlichter, aber auch als Antreiber, indem er klare Zielvorgaben macht. Dabei betont er das Verbindende, um eine gemeinsame Basis der Zusammenarbeit zu schaffen.

⇨ *Norming:* In der dritten Phase der Teamentwicklung verständigt sich die Gruppe auf Spielregeln der Zusammenarbeit. Es wird festgelegt, wer welche Rolle übernimmt und wie die Zusammenarbeit nun tatsächlich gestaltet werden soll. Man bemüht sich gemeinsam um den Gruppenzusammenhalt und die Einbindung der einzelnen Teammitglieder. Standpunkte können ausgetauscht werden, um kreativ nach Lösungsmöglichkeiten zu suchen. In dieser Phase muss der Teamleiter darauf achten, dass die sich nun konkretisierende Aufgaben- und Rollenverteilung den Interessen, Bedürfnissen und Stärken jedes Einzelnen gerecht wird. Zudem gilt sein besonderes Augenmerk der Einhaltung der gemeinsam vereinbarten Spielregeln. Die Konsolidierung des Teams ermöglicht es dem Teamleiter allerdings, zunehmend in die Rolle eines Moderators zu schlüpfen und die Teammitglieder in verstärktem Maße in Entscheidungsprozesse einzubeziehen.

⇨ *Performing:* Jetzt kann die intensive Arbeitsphase beginnen. Das Team agiert einvernehmlich und orientiert sich am gemeinsamen Ziel. Es herrscht eine Atmosphäre von gegenseitiger Akzeptanz und Wertschätzung bei gleichzeitig hoher Produktivität und Leistungsorientierung. Der Teamleiter kann sich nun etwas zurückziehen. Als Moderator vertraut er seinem Team und führt regelmäßige Besprechungen und Standortbestimmungen durch. Er beschränkt sich auf Zielvorgaben, widmet sich verstärkt der Entwicklung einzelner Teammitglieder und vertritt das Team nach außen hin. In reifen Teams kann die Führungsrolle auch zwischen den einzelnen Teammitgliedern rotieren.

Später ergänzte Tuckman sein Teamphasen-Modell noch um eine fünfte Phase, das *Deforming*. Auch diese Phase, so sein Hinweis, sollte bewusst gestaltet werden, um das Erreichte im Team noch einmal zu würdigen und das Projekt gemeinsam abzuschließen. Im Übrigen kann es sein, dass ein einmal etabliertes Team zu einem späteren Zeitpunkt nochmals diese Phasen durchlaufen muss, um sich erneut zu finden.

Nach Meredith Belbin [4] arbeiten Teams dann effektiv, wenn sie aus einer Vielzahl heterogener Persönlichkeits- und Rollentypen bestehen. Er unterscheidet in seiner Gliederung zwischen drei Hauptorientierungen, die wiederum jeweils drei der neun Teamrollen umfassen:

⇨ *handlungsorientierte Rollen:* Macher, Umsetzer, Perfektionist;
⇨ *kommunikationsorientierte Rollen:* Koordinator/Integrator, Teamarbeiter/Mitspieler, Wegbereiter/Weichensteller;
⇨ *wissensorientierte Rollen:* Neuerer/Erfinder, Beobachter, Spezialist.

Wir greifen drei Rollen beispielhaft heraus: Der *Macher* hat den Mut, Hindernisse zu überwinden. Er ist dynamisch und arbeitet gut unter Druck. Allerdings müssen die anderen Teammitglieder damit leben, dass er manchmal ungeduldig ist und zur Provokation neigt. Der *Koordinator/Integrator* fördert Entscheidungsprozesse und wirkt selbstsicher und vertrauensvoll. Sein Auftreten kann jedoch manchmal als manipulierend empfunden werden. Der *Neuerer/Erfinder* bringt neue Ideen ein und zeichnet sich durch unorthodoxes Denken aus. Eine zulässige Schwäche dieses Teamtyps ist, dass er oft gedankenverloren wirkt.

Ein Projektleiter sollte um diese Team-Dynamik wissen. So kann er aus einer lose verbundenen Arbeitsgruppe im Laufe der Zeit ein echtes Hochleistungsteam entwickeln [17]. Hier sind die unterschiedlichen Merkmale im Vergleich:

⇨ *Arbeitsgruppe:* Zusammentreffen von Spezialisten, eine »freiwillige« Übernahme von Arbeitspaketen zur individuellen Bearbeitung, eine konsensorientierte Entscheidungsfindung, wenig emotionales Engagement, keine wirksamen Kontrollmechanismen.
⇨ *Hochleistungsteam:* ein hohes gemeinsam angestrebtes Ziel, ein hoher Einsatz zur Befähigung, Entwicklung und Motivation aller

Teammitglieder, eine ausgeprägte Feedbackkultur, hohe Emotionalität (Leidenschaft) im gegenseitigen Umgang, konstruktive Austragung von Konflikten, jedes Teammitglied mit eindeutig definierter Rolle, Bereitschaft zur Spitzenleistung.

Kernkompetenz 5: Kommunikation

Was macht nun die Zusammenarbeit von Menschen dauerhaft erfolgreich und eine Gruppe von Mitarbeitern zu einem Hochleistungsteam? In erster Linie ist dies – wenn wir auch die soeben genannten Merkmale auf den Punkt bringen – die Art und Weise, wie sie miteinander kommunizieren. Eine klare Sprache, eine offene, wertschätzende Form des Umgangs und eine nicht-verletzende Feedbackkultur lassen bereits einen Großteil an Konfliktpotenzial, Missverständnissen, Reibungsverlusten und vielleicht sogar gescheiterten Projekten beheben.

Aber leider ist diese Art der Kommunikation in Unternehmen alles andere als Standard. Viel zu oft und viel zu selbstverständlich gehen wir davon aus, dass der »Empfänger« unserer Botschaften diese genauso versteht, wie wir als »Sender« sie gemeint haben. Kommunikation heißt aber – so paradox es klingt – »Nicht-Verstehen«.

Gehen wir von folgendem Prozess aus: Senden – Wahrnehmen – Interpretieren – Gefühl – Reaktion = Senden – Wahrnehmen – Interpretieren etc. Der erste Schritt in der Interaktion zweier Menschen ist immer ein Senden. Das kann sowohl verbal als auch nonverbal geschehen. Wir hören oder lesen eine Nachricht und/oder wir hören keine Nachricht, aber sehen eine Mimik, Gestik, Körperhaltung. Denken wir an Paul Watzlawicks Aussage »Man kann nicht nicht kommunizieren«, so lässt sich erahnen, dass gerade der nonverbale Anteil, den jede Nachricht enthält, und sogar das explizite »Nicht-Senden« beziehungsweise »Nichts-Sagen« eine Botschaft transportiert, die mit uns »Empfängern« auf alle Fälle etwas »macht«. Ein Beispiel dafür ist ein Mitarbeiter, der im Meeting sitzt und die ganze Zeit nur auf den Boden starrt. Zunächst könnte man annehmen, er würde nicht kommunizieren. Dennoch tut er es. Denn wir beginnen nun zu interpretieren, zu deuten, zu erahnen, zu fantasieren. Und genau hier liegt bereits die erste und drastische Gefahrenquelle für Missverständnisse, für »Nicht-Verstehen«.

Wir verwechseln sehr häufig unsere Interpretationen, Deutungen, Bewertungen – unsere »Bedenken« – mit Wahrnehmungen oder noch schlimmer: Wir halten sie für die objektive Wahrheit, die Wirklichkeit. Eine echte Wahrnehmung ist aber zunächst dadurch gekennzeichnet, dass sie im Zweifelsfall jeder andere Mensch neben uns genauso hören oder sehen kann – sprich: es ist die Beschreibung einer Meldung unserer Sinnesorgane (ich sehe, höre, rieche, fühle, schmecke) in ihrer ursprünglich unbearbeiteten, »unbedachten«, wahren »Neutralität«.

Warum entstehen nun im nächsten Schritt diese verschiedenen Wahrheiten? Weil jeder von uns Menschen seine ganz persönliche Entwicklungsgeschichte mit individuell verschiedenen Erfahrungen, Prägungen, Erinnerungen, Bildern, Gefühlen, Werten und Glaubenssätzen in sich trägt.

Veranschaulicht wird diese Beziehungsebene sehr deutlich im sogenannten *Eisbergprinzip*. Beim echten Eisberg befinden sich 80 Prozent des unsichtbaren Teils unter Wasser. Genauso verhält es sich mit unserer Beziehungsebene (bestehend aus Gefühlen, Werten, Überzeugungen etc.), die immer, selbst wenn wir auf der Sachebene (bestehend aus Fakten, Strukturen, Strategien etc.) kommunizieren, mitschwingt und uns entsprechend beeinflusst. Wenn wir diese Unterschiedlichkeit hinsichtlich der Einzigartigkeit eines jeden Menschen als Bereicherung und nicht als Befremdung oder sogar Bedrohung erleben können, starten wir die Reise einer Arbeitsgruppe zum Hochleistungsteam.

Somit hat jede Kommunikation einen Sachaspekt und einen noch viel größeren Beziehungsaspekt. Der Kommunikationspsychologe Friedemann Schulz von Thun [vgl. 31] weist in seinem »Vier-Ohren-Prinzip« jeder Nachricht zudem noch je einen Aspekt der Selbstoffenbarung und des Appells zu. Nehmen wir wiederum unser Beispiel: ein Mitarbeiter eines Projektteams, der im Meeting sitzt und die ganze Zeit nur auf den Boden starrt. Wie lässt sich diese Situation verstehen?

⇨ Möglicher *Sachinhalt:* Ich beteilige mich nicht an diesem Meeting. Ich ziehe mich zurück. Ich bleibe passiv. Ich bleibe bei mir. Ich sage nichts. Ich arbeite/denke heute nicht mit ...
⇨ Mögliche *Selbstoffenbarung:* Ich habe keine Lust. Ich bin müde. Ich fühle mich nicht wohl hier. Ich habe nichts zu sagen. Ich bin mit meinen Gedanken woanders. Ich habe Angst, etwas zu sagen. Ich fühle mich unsicher. Ich bin gelangweilt. Ich möchte mich nicht in dieses Projekt einbringen. Ich engagiere mich nicht. Ich denke an etwas anderes. Ich träume ...
⇨ Möglicher *Beziehungsaspekt:* Ich will mit euch nicht zusammenarbeiten. Für dieses Projekt engagiere ich mich nicht. Hier hört mir eh niemand zu. Ihr interessiert euch nicht für mich und meine Anliegen. Ich erfahre keine Wertschätzung von euch. Ich fühle mich nicht als Teil des Teams. Ich fühle mich unter Euch nicht wichtig. Ich habe Angst, dass mich jemand auslacht. Ich fürchte, dass Ihr meine Ideen ohnehin wieder zu gewagt findet und ablehnt ...
⇨ Möglicher *Appell:* Lasst mich in Ruhe! Fragt mich, warum ich mich nicht aktiv beteilige! Holt mich ins Boot! Schenkt mir Aufmerksamkeit! Gebt mir Sicherheit! Habt heute Nachsicht mit mir! Lobt/wertschätzt mich! ...

Kaum etwas wird nur so dahingesagt oder getan. Mit fast allen Botschaften möchten wir Einfluss nehmen und etwas erreichen. Dass der Empfänger auf einer anderen Ebene hört und sieht als der Sender kommuniziert und sogar auf ein und derselben Ebene so viele zum Teil konträre Interpretationsmöglichkeiten, wie oben exemplarisch beschrieben, bestehen, bedeutet wieder: Kommunikation heißt eben »Nicht-Verstehen«.

Aber allein die Vergegenwärtigung dieser Gefahrenquellen und die Akzeptanz der Existenz verschiedener »Parallel-Wirklichkeiten« führen uns schon zu einem veränderten Bewusstsein, das dynamisch und flexibel unterschiedliche Ressourcen und Potenziale wahrnehmen, wertschätzen und letztendlich integrieren kann. Vielleicht eine Art Konstruktivismus, der uns eine Zusammenarbeit radikal authentisch und besonders konstruktiv ermöglicht? Gerade Führungskräfte – und Projektleiter – haben eine starke Vorbildfunktion und dürfen dabei auch einmal etwas »nicht wissen«, wenn sie den Mitarbeitern auf Augenhöhe begegnen. Dies geschieht mit einer Haltung im Sinne von »Ich erkunde interessiert und neugierig das Modell deiner Welt« oder – wie der klassische Sokrates sagte – »Ich weiß, dass ich nichts weiß.« So gewinnen Projektleiter an Größe, gerade in den Augen der Beteiligten, die dies erleben.

Ein wichtiger Bestandteil einer erfolgreichen Kommunikation ist die Implementierung einer konstruktiven, nicht-verletzenden *Feedbackkultur*. Was heißt das? Feedback als methodisches Instrument bei der Entwicklung eines Teams zu etablieren, ist wesentlich leichter gesagt, verstanden und akzeptiert als getan, gelebt und umgesetzt. Gelingt dies, haben wir eine Kooperations- und Verhaltensbasis geschaffen, die viele Missverständnisse und Konflikte im Keim erstickt und tatsächliche Störungen so auflöst, dass am Ende zwei Gewinner mit gesteigerter Motivation dastehen.

Regeln zum Feedbackprozess

Der Feedbackgeber:
⇨ spricht in Ich-Botschaften;
⇨ nennt ausschließlich Wahrnehmungen, keine Interpretationen;
⇨ spricht über seine Gefühle, die dabei ausgelöst werden;
⇨ äußert einen Wunsch bezüglich einer Verhaltensänderung;
⇨ lässt diesen Wunsch und das, was der Feedbacknehmer damit macht, los.

Der Feedbacknehmer:
⇨ hört zu und lässt das Gesagte auf sich wirken;
⇨ argumentiert nicht, rechtfertigt sich nicht;
⇨ stellt nur Verständnisfragen;
⇨ entscheidet selbst für oder gegen eine Verhaltensänderung;
⇨ bedankt sich für diese Äußerung der Wirklichkeitswahrnehmung, über die er sonst nichts erfahren hätte.

Entscheidend für diese »Win-Win-Situation« ist zunächst die innere Haltung, mit der der Sender (= Feedbackgeber) dem Empfänger (= Feedbacknehmer) mit seinem Anliegen gegenübertritt: Feedback geben heißt, jemandem mit Respekt und Wertschätzung auf Augenhöhe zu begegnen, um sich selbst von einer Störung zu entlasten und dem anderen eventuell einen »blinden Fleck«, also etwas über eine Wirkung, die ihm noch nicht bewusst war, zu eröffnen. Feedback geben heißt niemals, jemanden klein- oder niedermachen, angreifen, kritisieren oder verletzen. Zum eigentlichen Feedbackprozess gibt es klare Regeln, sowohl für den Feedbackgeber als auch für den Feedbacknehmer (siehe oben).

Kernkompetenz 6: Konfliktmanagement

Das entscheidende Problem im Umgang mit Konflikten, das es zu lösen gilt, ist nicht so sehr die Verringerung oder gar die Vermeidung der Konflikte, sondern die Einführung von kooperativen Formen der Konfliktaustragung. Diese sollen die destruktive Wirkung von Konflikten auf Leistung, Engagement und Zufriedenheit von Mitarbeitern nach Möglichkeit verhindern. Der effektiv arbeitende Projektleiter zeichnet sich dadurch aus, dass er Konflikten auf unterschiedliche Weise begegnen kann. In jedem Fall wählt er seine Vorgehensweise nach einer genauen Analyse des vorliegenden Streitpunktes und der zugrunde liegenden Ursache aus.
 Eine erfolgreiche Handhabung von Konflikten setzt voraus, dass sich die Führungskraft zunächst ihrer eigenen Gefühle und Reaktionen gegenüber Konflikten bewusst ist. Nur ein Vorgesetzter mit wirklicher Ich-Stärke kann es sich leisten, sich auf Auseinandersetzungen mit seinen Mitarbeitern oder mit seinem Team einzulassen, sich Gegenargumenten auszusetzen, nachzugeben und in der »Hitze des Gefechts« auch einmal beleidigende Bemerkungen zu tolerieren.
 Meist nehmen wir bei Konflikten nur die negativen Begleiterscheinungen wahr. Wir sehen und spüren dann Störungen des Miteinan-

ders, schlechtere Arbeitsergebnisse, Stress und Unzufriedenheit, Instabilität und Verwirrung, Vergeudung von Zeit und Ressourcen oder die Angst vor persönlicher Kränkung. Konflikte erfüllen aber auch wesentliche Funktionen bei der Zusammenarbeit von Menschen. Oft sind Teams erst durch ihre Fähigkeit, mit Konflikten umzugehen, erfolgreich geworden. Insbesondere können Konflikte folgende Funktionen haben: Freisetzung von Energie, Erhöhung der Kreativität, Spannungsabbau, Erhöhung des Gruppenzusammenhalts, eine Rollenklärung im Team, Schaffung einer persönlicheren Arbeitsatmosphäre, Erhöhung der Innovationsbereitschaft oder das Aufbrechen von festgefahrenen Strukturen.

Jeder Konfliktlösungsstil orientiert sich dabei an zwei Bedürfnissen: erstens an dem Bedürfnis, eigene Ziele durchzusetzen und zweitens an dem Bedürfnis der anderen, der Rücksichtnahme auf die anderen. Je nach Ausprägung dieser beiden Dimensionen lassen sich unterschiedliche Einstellungen zu Konflikten ermitteln und unterschiedliche Verhaltensstile beobachten:

⇨ *Vermeidung* (1. gering, 2. gering): »Konflikthaie« haben mit diesem Muster die Möglichkeit, einmal einen Konflikt auszulassen, und die Chance, Kontakt mit ihrem Gegenüber aufzunehmen. Die Gefahren sind darin zu sehen, dass man sich und seine Bedürfnisse nicht ernst nimmt und/oder Verantwortung ablehnt, so dass am Ende keiner etwas von der Auseinandersetzung hat (-/-).

⇨ *Anpassung* (1. gering, 2. hoch): Die Chance besteht hier darin, dass ich nachgebe und die Bedürfnisse meines Konfliktpartners als wichtiger oder dringender akzeptiere. Die Gefahr ist: Ich zeige meine Bedürfnisse nicht mehr oder werde zum »Mitläufer«, nur um meinem Harmoniegefühl gerecht zu werden (-/+).

⇨ *Konkurrenz* (1. hoch, 2. gering): Positiv ist an diesem Verhalten, dass ich deutlich für meine Bedürfnisse einstehe. Negativ ist, dass ich mich »auf Biegen und Brechen« durchsetzen will. Der Andere erleidet so eine Niederlage und wird mir dies gewiss heimzahlen wollen (+/-).

»Der faire Streit«

Im Folgenden stellen wir noch ein Werkzeug zur Konfliktbewältigung vor. Es nennt sich »Der faire Streit« und kann Projektleitern in heiklen Situationen helfen. Hier ist der entsprechende Leitfaden für den Konfliktmanager:
⇨ Bringen Sie die Konfliktpartner miteinander in Kontakt.
⇨ Machen Sie einen Vertrag mit den Konfliktpartnern: »Sie akzeptieren die Spielregeln, die ich Ihnen als unparteiischer Konfliktmanager vorgebe.«
⇨ Lassen Sie zunächst denjenigen seine Störungen ausdrücken, bei dem mehr Energie ist. Lassen Sie ihn zugleich die Auswirkungen benennen, die dieses Verhalten bei ihm hervorruft.
⇨ Achten Sie darauf, dass diese Störungen kurz und prägnant ausgedrückt werden. Wenn möglich, beziehen Sie zunächst den ganzen Körper ohne Verbalsprache mit ein, damit die Emotionen direkt spür- und sichtbar werden – zum Beispiel indem Sie auf Körperhaltungen hinweisen.
⇨ Der jeweils andere wiederholt das bereits Gesagte mit seinen Worten (»Sie meinen also, dass ...«, »Sie stört, wenn ...«).
⇨ Wenn der eine alle seine Störungen mitgeteilt hat, lassen Sie ihn sich bei dem anderen bedanken, dass er ihm zugehört und den Konflikt ernst genommen hat.
⇨ Achten Sie darauf, dass keiner von beiden sich vor dem anderen rechtfertigen muss.
⇨ Sobald der eine seine Störungen artikuliert hat, kommt der andere an die Reihe – mit den gleichen Regeln und auf die gleiche Weise.
⇨ Ermutigen Sie jetzt die beiden Partner, Vorschläge einzubringen, wie der Konflikt in Zukunft angegangen werden kann. Lassen Sie jeden mehrere Vorschläge suchen, die vermutlich die Interessen von beiden Konfliktpartnern berücksichtigen.
⇨ Lassen Sie den beiden Konfliktpartnern Zeit, darüber nachzudenken, ob sie den Vorschlag annehmen können. Wenn nicht, ermutigen Sie sie, noch andere Lösungsmöglichkeiten zu suchen.
⇨ Achten Sie darauf, dass auch die neuen Vorschläge vom jeweils anderen wiederholt werden, um zu zeigen, dass sie verstanden worden sind.
⇨ Schlagen Sie eventuell vor: Jede Partei möge sich einen oder zwei Berater wählen (zum Beispiel aus dem Projektteam), die sich mit den Parteien zu weiteren Überlegungen zurückziehen, bevor die Konfliktbearbeitung fortgesetzt wird.
⇨ Achten Sie darauf, dass die zwei Betroffenen sich nicht vorschnell auf eine Lösung einigen. Ermutigen Sie sie, alle ihre Bedenken auszudrücken. Wenn Sie den Eindruck haben, dass die Konfliktpartner im Widerstand sind, trauen Sie sich auch, das Scheitern Ihres Konfliktmanagements vorauszusagen.
⇨ Spielen Sie Zukunftssituationen durch, in denen die Konfliktparteien erneut mit dem Konflikt konfrontiert werden. Wie werden die zwei Mitarbeiter dann mit dem Konflikt umgehen? Was genau hat sich dann verändert?
⇨ Achten Sie darauf, dass das Gespräch in angemessener Form beendet wird: Die Partner sollten sich beieinander dafür bedanken können, dass einer dem anderen Gehör geschenkt hat. Jeder hat zumindest seine Bereitschaft signalisiert, den Konflikt zu lösen. Für den Fall, dass einer der Vorschläge angenommen wurde, unterstützen Sie die Freude der beiden darüber, ein Problem aus der Welt geschafft zu haben.

⇨ *Kompromiss* (1. mittel, 2. mittel): Die Chance liegt hier im zwischenzeitlichen Verhandlungserfolg, bei dem die Bedürfnisse wenigstens fürs erste »befriedigt« sind. Gefährlich ist, dass die positiven Energien des Konfliktes nicht genutzt werden. Es entsteht ein gewisser »Kastrationseffekt« auf beiden Seiten. Zudem ist das Problempotenzial nicht aus der Welt geräumt, es schlummert noch unter der »glatten« Oberfläche (-/-).
⇨ *Kooperation* (1. hoch, 2. hoch): Konflikte werden angesprochen und als konstruktive Kraft genutzt. Die verschiedenen Bedürfnisse werden akzeptiert, und gemeinsam wird versucht, eine Lösung zu finden, bei der alle Beteiligten gewinnen und die Energie multipliziert wird (+/+).

Kernkompetenz 7: Trainer – Berater – Coach

Entsprechend seinen Variationsfähigkeiten im Bereich Führung nutzt der Projektleiter je nach Situation und Mitarbeiter unterschiedliche Führungsstile. Wenn er Wissen und Fertigkeiten vermittelt, unterweist, lehrt, korrigiert und verbessert, befindet er sich in der Rolle des Trainers. Als Berater agiert er zurückhaltender und weniger direktiv. Er unterbreitet vorsichtig Tipps, Ratschläge und Lösungshinweise. Im strengen – systemischen – Verständnis der Coach-Rolle wirkt der Projektleiter lediglich als eine Art »Geburtshelfer« der Lösung. Er ermöglicht Hilfe zur Selbsthilfe. Das methodische Mittel der Wahl ist hier vor allem ein Katalog von speziellen Fragetechniken, mit deren Hilfe der Klient oder Coachee (zum Beispiel der Mitarbeiter im Projekt, das Teammitglied oder in bestimmten Fällen sogar der Auftraggeber) zum *Weiter*denken angeregt und zur Problemlösung hin begleitet wird.

Dabei gehen wir nicht ein auf die klassischen Frageformen wie offene, geschlossene oder rhetorische Fragen. Diese Kenntnis setzen wir voraus. Hier ein exemplarischer Ausschnitt von »besonderen« Fragen, um die Rolle als Trainer und Berater, aber vor allem als Coach ausfüllen zu können:

Besondere Frageformen für den Berater und den Coach

- *Zirkuläre Fragen und »Quer-Denken«:* Ein Sprichwort sagt: Laufe in den Schuhen des anderen, damit Du spürst, wo sie drücken. Gemeint ist damit – konkret: mit der »zirkulären Fragetechnik« – ein bewusst vollzogener Perspektivenwechsel, also das Hineinversetzen und Einfühlen in andere Personen, um zu erleben, wie diese vermutlich »ticken«, denken und empfinden. Damit werden letztendlich die eigene Bandbreite und die eigene Tiefe an Möglichkeiten erweitert. Ein Beispiel: Mitarbeiter A wird gefragt, was wohl Mitarbeiter B denkt/empfindet, wenn Mitarbeiter C und D ihren üblichen Ideologiestreit in der monatlichen Teambesprechung austragen.
- *Paradoxe Fragen:* Wie könnten unerwünschte Ereignisse verstärkt werden? Durch scheinbar absurde Überlegungen eröffnen sich verrückte, kreative und neue Denkwege, die zur tatsächlichen Lösung beitragen können. Beispiele: Was müssen wir tun, damit das Projekt auf alle Fälle scheitert? Was können wir unternehmen, um das Klima der Zusammenarbeit komplett zu vergiften? Wie schaffen wir es, dass der Projektleiter endgültig aufgibt?
- *Angenommen, dass ...-Fragen:* Hier lassen sich vorsichtig Spuren in mögliche alternative Wirklichkeiten legen und Hypothesen testen. Frage an Mitarbeiter C: «Angenommen, Mitarbeiter D würde sich entscheiden, nicht länger auf einer Klärung seiner Rolle zu bestehen, würde dies das Klima im Team eher verbessern oder verschlechtern?« Oder Frage an Mitarbeiter E: »Angenommen, diejenigen Mitarbeiter, die sachliche Bedenken vor Augen haben, würden in der Startphase des Projekts diese deutlich vorbringen. Würde dies von den Projektverantwortlichen gern gehört oder eher als Miesmacherei abgetan?«
- *Was ist das Gute im Schlechten?* Wir leben nun einmal in einer Welt der Dualität: Auf jede Nacht folgt ein Tag, wir sind Männer und wir sind Frauen, wir kennen keine Freude ohne Trauer – und das alles in einem Zyklus von Leben und Sterben. Jede Münze hat zwei Seiten und viele Menschen, denen ein Fehler unterlaufen ist oder die eine Krise durchlebt haben, berichten rückblickend, dass sie gerade daran am meisten gewachsen sind. Was ist also das Gute im Schlechten, wenn wir gerade mit unserem Projekt nicht so gut vorankommen?
- *Was ist das Thema hinter dem Thema?* Oftmals gleichen die anfangs vorgetragenen Probleme oder Risiken einer russischen Babuschka-Schachtelpuppe: Es wird zunächst eine oberflächliche Sicht präsentiert, die vielleicht nur ein Symptom darstellt, und erst nach mehrmaligem Enthüllen der anderen Aspekte offenbart sich das tatsächliche Problem. Somit erschließt sich die eigentliche Botschaft häufig erst beim zweiten, dritten oder vierten Hinschauen, gefördert durch geschicktes Nachfassen und Nachfragen.
- *Bisherige Lösungsversuche?* Der »coachende« Projektleiter erkundigt sich, welche Lösungsversuche bisher schon unternommen wurden, ohne dass das Problem beseitigt werden konnte. So lotet er mögliche Alternativen zu den Vorgehensweisen aus, die bislang ohne Erfolg eingesetzt worden sind.
- *Aktuelle Potenziale?* Bei dieser Technik spricht der Projektleiter gezielt potenzielle Handlungen oder Unterlassungen an: Was tut das Team heute, um sich in seiner Effektivität und Effizienz zu steigern – oder zu behindern?

⇨ *Die »Wunder«-Frage:* Wenn über Nacht ein Wunder geschähe, wie sähe das gelöste Problem beziehungsweise die geklärte Situation aus? Und: Wie würde sich dies anfühlen? Durch die genaue Erfassung des gewünschten Idealzustands können Lösungen auf dieses Ziel hin möglicherweise auch schrittweise rückwärts entwickelt werden.

Kernkompetenz 8: Zeit- und Selbstmanagement

Bei einem Großteil unserer Arbeit orientieren wir uns nicht an der Wichtigkeit einer Aufgabe, sondern an unseren persönlichen Vorlieben, am Druck von Seiten unserer Mitarbeiter und an vielerlei Zufällen. Für den Erfolg ist aber einzig entscheidend, dass wir uns tatsächlich um das Wichtigste zuerst kümmern. Jeder von uns weiß es, dennoch tun wir es nicht. Im Grunde dient das ganze Zeitmanagement, ja ein großer Teil der gesamten persönlichen Arbeitsmethodik nur dieser einen Aufgabe: uns systematisch dazu zu bewegen, doch das Wichtigste mit höchster Priorität anzugehen und die eiligen, aber eigentlich oftmals unwichtigen Aufgaben liegen zu lassen, zu delegieren oder einfach dem Papierkorb zu übergeben.

Genau für diesen Zweck wurde das *Eisenhower-Prinzip* (benannt nach dem früheren US-Präsidenten) geschaffen. Sein wesentlicher Vorteil liegt in der Einfachheit. Wer es in seinem Bewusstsein verankert, hat die Grundlage für ein erfolgreicheres Arbeiten schon gelegt. Wir ordnen dabei unsere Ziele und Aufgaben nach zwei Kriterien: wichtig oder unwichtig – und eilig oder nicht eilig. So erhalten wir vier Kategorien von Aufgaben:

⇨ Aufgaben, die wichtig und eilig sind
⇨ Aufgaben, die wichtig, aber nicht eilig sind
⇨ Aufgaben, die unwichtig, dafür aber eilig sind
⇨ Aufgaben, die unwichtig und nicht eilig sind

Nach Eisenhower gehen wir mit diesen vier Gruppen folgendermaßen um:
⇨ Aufgaben nach Punkt 1 – so genannte A-Aufgaben – werden sofort selbst (vom Projektleiter) erledigt. Häufig handelt es sich dabei um ein bedeutendes Problem oder eine Krise. Durch gute Planung sollten A-Aufgaben soweit wie möglich reduziert werden.
⇨ Aufgaben nach Punkt 2 (B-Aufgaben) sollten exakt terminiert und auch im Wesentlichen persönlich erledigt werden. Planung, Reflexion und die Pflege von Beziehungen (Führung im engeren Sinne) sind typische B-Aufgaben eines Projektleiters. Ziel sollte sein, B-Aufgaben nicht zu vernachlässigen, sondern vielmehr zu maximieren.
⇨ Aufgaben nach Punkt 3 (C-Aufgaben) werden an kompetente Mitarbeiter und Kollegen delegiert. Gerade die Delegation von Aufgaben ist eine große Herausforderung für Projektleiter, da der eigene Perfektionismus, die Angst vor Machtverlust und ein starkes Kontrollbedürfnis dies oft verhindern. Im Übrigen bedeutet Delegation nicht nur Arbeitsentlastung, sondern auch Motivation und Entwicklung von Teammitgliedern. C-Aufgaben sollten aus Sicht des Projektleiters minimiert werden.
⇨ Aufgaben nach Punkt 4 (D-Aufgaben) landen im Papierkorb. Nach Schätzungen fallen zirka 20 Prozent des Tagespensums in diese Kategorie.

Wie erreiche ich persönliche Zweitsouveränität?
Um zu mehr persönlicher Zeitsouveränität und Effektivität zu gelangen, schlägt Lothar J. Seiwert sieben Umsetzungsschritte vor [32]:
⇨ Vision, Leitbild und Lebensziel entwickeln
⇨ Lebenshüte beziehungsweise Lebensrollen festlegen
⇨ Strategische Schlüsselaufgaben definieren
⇨ Jahresziele »SMART« formulieren
⇨ Prioritäten wöchentlich effektiv planen
⇨ Tagesarbeit effizient erledigen
⇨ Energie, Power und Selbstdisziplin aufbringen

Kernkompetenz 9: Risikomanagement

Um die Machbarkeit und das Gefahrenpotenzial eines Projekts besser einschätzen zu können, wird häufig vorab eine SWOT-Analyse durchgeführt. SWOT steht dabei für die Ausdrücke
- Strength = Stärken
- Weakness = Schwächen
- Opportunities = Chancen
- Threats = Risiken

Die Stärken und Schwächen beziehen sich auf das Projekt und das Projektteam selbst, die Chancen und Risiken auf Umwelt und Rahmenbedingungen. Aus einer zunächst analytischen Bestandsaufnahme anhand dieser vier Parameter lassen sich dann im zweiten Schritt konkrete Handlungen ableiten.

Auf die Stärken sollte sich ein Team stets besinnen – gerade wenn es einmal schleppend vorangeht. Das ermutigt und gibt Kraft, mental und real. Die Risiken sollten in besonderer Weise analysiert werden. Auf diese Weise sind sie im Bewusstsein und können so eher klein gehalten werden. Vor allem die Frühwarnindikatoren für ein einzelnes Risiko und mögliche Gegenmaßnahmen sollte der Projektleiter kennen und im Team kommunizieren. Dazu schlagen wir vor, folgende Fragen – im Sinne einer Checkliste – zu stellen:

Fragen an das Risikomanagement
- Um welches Risiko handelt es sich?
- Was ist die mögliche Auswirkung, wenn es eintritt? Welcher monetäre und nicht-monetäre Schaden kann entstehen?
- Welche Frühindikatoren lassen sich für dieses Risiko benennen?
- Welche Eintrittswahrscheinlichkeit in Prozent kann dafür veranschlagt werden?
- Was sind mögliche Gegenmaßnahmen, um das Risiko zu minimieren oder es – im Falle des Eintretens – dann zu bekämpfen?
- Wer behält als verantwortliche Person dieses Risiko im Auge?
- Wie überprüfen und sichern wir die Ergebnisse des Risikomanagements?

Beispiele für Risikogruppen sind mangelhafte Planung, personelle Engpässe oder nachträgliche Änderungen:
⇨ *Mangelhafte Planung:* Wurden die Pläne von mehreren Personen überprüft? Wurden die Termine im Basar-Stil »ausgehandelt«? Sind die Pläne zu ungenau? Sind die Pläne zu genau?
⇨ *Personelle Engpässe:* Wie hoch ist die Sicherheit, dass ich die Mitarbeiter bekomme, die ich brauche und eingeplant habe? Wie gut kenne ich die fachlichen und die menschlichen Qualifikationen der Beteiligten? Stellen die Fachabteilungen geeignete Mitarbeiter zur Verfügung?
⇨ *Nachträgliche Änderungen:* Funktioniert das Änderungsverfahren? Wie wird der Auftraggeber eingebunden? Beruhen die Änderungen auf frühen Missverständnissen oder Nachlässigkeiten? Waren bereits sehr umfangreiche Änderungen notwendig? Sind weitere Änderungen abzusehen?

Kernkompetenz 10: Change-Management

»Wir segeln immer seltener an bekannten Küsten. In Zukunft geht es immer häufiger darum, gewohnte Bahnen zu verlassen und sich gemeinsam auf Entdeckungsreise zu begeben.« Dies sagt Professor Peter Kruse, ein Beraterkollege im Bereich Innovation und Veränderungsmanagement. Stabilität wird die Ausnahme, Veränderung die Regel.

Als Projektleiter müssen wir wissen, welche psychologischen Prozesse und Phasen in Veränderungsprozessen ablaufen, um unsere Mitarbeiter dabei bestmöglich zu begleiten und zu unterstützen. Walter Simon [34] nennt die folgenden sieben Phasen der Veränderung:

Sieben Phasen der Veränderung

⇨ *Schock:* Der gehende, im Fluss befindliche Mensch wird gestoppt durch eine Veränderungsnachricht. Er bleibt stehen – mehr oder weniger schockiert, wie »die drei Affen«, die nichts sehen, nichts hören und nichts sprechen. Er leugnet oder ignoriert die Diskrepanz zwischen Erwartung und Realität.

⇨ *Ablehnung/Widerstand:* Nach dem ersten Schock wird die Veränderung abgelehnt. Widerstand bedeutet hier, psychologisch gesehen, die agierte Form von Angst – Angst vor dem Unbekannten. Durch Schimpfen und Lästern versuchen wir in dieser Phase unseren eigenen Kompetenzpegel zu heben.

⇨ *Rationale Einsicht:* Allmählich wird die Notwendigkeit zu einer Veränderung vom Verstand erkannt. An dieser Stelle denken Vorgesetzte oft, der Change-Prozess wäre vom Mitarbeiter bereits rational verstanden und damit überwunden.

⇨ *Emotionale Akzeptanz-Krise:* In dieser Phase rutscht noch einmal alles emotional weg. Das Tal der Tränen beginnt und sollte unbedingt auch stattfinden: Das Alte muss verabschiedet und betrauert, das neue Unbekannte mit allen vorhandenen Ängsten begrüßt werden.

⇨ *Lernen:* Erst nach dieser wichtigen emotionalen Reinigung können neue Verhaltensweisen in verschiedenen Situationen ausprobiert werden.

⇨ *Erfahrung und Erkenntnis:* Erste Erfahrungen werden gesammelt und angepasst. Gründe für Erfolge und Misserfolge werden erkannt und reflektiert.

⇨ *Integration:* Schließlich wird die neue Situation vollständig akzeptiert und in das eigene Denken und Handeln integriert. Erfolgreiche Verhaltensweisen werden in das aktive Verhaltensrepertoire übernommen.

Auch innerhalb eines laufenden Projekts sind Änderungen fast unvermeidlich – aus unterschiedlichen Blickwinkeln und Gründen. Hier eine sicher unvollständige Liste:

⇨ Veränderungen der (fachlichen) Anforderungen;
⇨ neue Anforderungen aus den Teilprojekten (zum Beispiel wegen unvollständiger oder fehlerhafter Teilkonzepte);
⇨ anderer zeitlicher Rahmen;
⇨ veränderte externe Anforderungen (zum Beispiel gesetzliche Auflagen);
⇨ Veränderungen bei den verfügbaren personellen, materiellen oder technischen Ressourcen;
⇨ Reduzierung des Projektumfangs;
⇨ Änderungen angenommener, bereits verabschiedeter Dokumente.

Wichtig ist in diesen Fällen, durch ein geeignetes Verfahren die Fähigkeit zur Steuerung und Kontrolle nicht zu verlieren. Zu diesem Zweck wird ein formales »Change-Request«-Verfahren an die Projektleitung gerichtet. Dies erfolgt erst, nachdem alle potenziell betroffenen Teilprojekte und Teilaufgaben analysiert und auf ihre Änderungsrelevanz untersucht wurden. Eine Umsetzung wird erst nach Genehmigung der Projektleitung – in Einzelfällen auch erst nach Freigabe durch den Auftraggeber beziehungsweise den Lenkungsausschuss – ermöglicht.

Wer sich mit erfahrenen Projektleitern unterhält, weiß, dass oft eine große Lücke zwischen Anspruch und Wirklichkeit, zwischen Wunsch- und Real-Situation klafft: hier eine langfristige Planbarkeit, klare Ziele und uneingeschränkt mitziehende Mitarbeiter, dort ein schneller Prioritätenwechsel, unscharfe Vorgaben und Erklärungs- und Verständnisnotstände bei den Mitarbeitern [28]. Veränderungen zu steuern, gleicht einer Abenteuerreise in den Dschungel mit risikoreichem Vorwärtskommen und ungewissem Ausgang – womit wir wieder bei dem Kruse-Zitat angelangt sind.

»Change-Management« steht heute im Anforderungsprofil der meisten Führungskräfte, freiwillig oder notgedrungen. Change-Management ist ein Prozess, in dem die Unternehmen und ihre Beschäftigten die Fähigkeit erwerben, sich auf absehbare oder unvorhergesehene Veränderungen einzustellen. Um es in einem Satz zu formulieren: Change-Management ist das Management von Ambivalenzen in turbulenten Zeiten. Ambivalent ist dabei Vieles. Veränderungsprozesse müssen zwischen verschiedenen Spannungsfeldern gesteuert werden, und zwar zwischen

⇨ Psychologie und Betriebswirtschaft,
⇨ Sach- und Beziehungsaspekten,
⇨ Tradition und Wandel,
⇨ visionären Vorgaben von »oben« und Bedürfnissen von »unten«,
⇨ Anpassung und Widerstand,
⇨ Irritation und Integration,
⇨ Angst und Freude.

Schlussbemerkung

Die gute Nachricht: Diese zehn Kernkompetenzen sind allesamt erlernbar und verankern sich mit wachsender Erfahrung. Abschließend präsentieren wir nun nochmals im Überblick unser Anforderungsprofil für Projektleiter. Sie haben nun die Möglichkeit, eine erste Selbsteinschätzung bezüglich der zehn beschriebenen Kernkompetenzen auf einer Skala von 0 bis 10 vornehmen zu können. Damit haben Sie plakativ sowohl Ihre Stärken als auch Ihr Lernpotenzial vor Augen und können so Ihre persönliche Entwicklungsplanung starten.

Als weiteren Schritt können Sie dieses Profil auch als Vorlage für eine Fremdeinschätzung aus dem Kollegen- und Mitarbeiterkreis nutzen. Weitere spannende Erkenntnisse erhalten Sie bestimmt, wenn Sie auch die Einschätzung von Privatpersonen mit einbeziehen. Dort wirken Sie unter Umständen authentischer und natürlicher im Vergleich zum erlernten und antrainierten Verhalten im Berufsleben, wo wir alle mehr oder weniger »Masken« tragen.

In dem vorliegenden Beitrag geht es uns vor allem darum, eine neue Mischung für die »harten« und »weichen« Anforderungen an den Projektleiter zu finden. Dies erscheint uns angesichts der Veränderungen auf den Märkten und in den Unternehmen dringend geboten. Wir empfinden, dass der Projektleiter letztlich das Kompetenzprofil eines »spezialisierten Generalisten« erfüllen muss. Er ist *Generalist*, weil er wie eine Führungskraft managen und führen muss. Zugleich ist er *Spezialist*, weil er konsequent aufgrund einer bestimmten Methodik (Projektmanagement) agiert.

Indem wir mit diesem Aufsatz vielleicht einen kleinen Beitrag zu einem neuen Denken in Sachen Projektleitung leisten, können wir hoffentlich auch einlösen, was Kurt Lewin [21] einmal so schön formuliert hat: »Es gibt nichts, was so praktisch wäre wie eine gute Theorie.«

Tabelle 1: Anforderungsprofil eines Projektleiters
Bitte tragen Sie Ihre Selbsteinschätzung bezüglich der zehn genannten Kernkompetenzen in einer Skalierung von 0 (gar nicht ausgeprägt) über 5 (durchschnittlich ausgeprägt) bis 10 (perfekt ausgeprägt) ein. Als weiteren Schritt können Sie dieses Profil auch als Vorlage für eine Fremdeinschätzung von Seiten Ihrer Kollegen, Mitarbeiter und Vorgesetzten einsetzen.

Kernkompetenzen	0	1	2	3	4	5	6	7	8	9	10
(1) Auftrags- und Zielklärung											
(2) Planung											
(3) Controlling											
(4) Teamentwicklung											
(5) Kommunikation											
(6) Konfliktmanagement											
(7) Trainer – Berater – Coach											
(8) Zeit- und Selbstmanagement											
(9) Risikomanagement											
(10) Changemanagement											

Literatur

[1] Akademie der Führungskräfte, 2002

[2] NICOLAI ANDLER: Tools für Projektmanagement, Workshops und Consulting. Ein Kompendium der wichtigsten Techniken und Methoden

[3] KLAUS ANTONS: Praxis der Gruppendynamik. Göttingen 2000

[4] MEREDITH BELBIN: Managementteams. Erfolg und Misserfolg. Wörrstadt 1996

[5] GUSTAV BERGMANN/JÜRGEN DAUB: Systemisches Innovations- und Kompetenzmanagement. Wiesbaden 2006

[6] JACQUES BOY: Checklisten Projektmanagement

[7] KLAUS DOPPLER/CHRISTOPH LAUTERBURG: Change Management. Den Unternehmenswandel gestalten. Frankfurt, New York 2005

[8] PETER F. DRUCKER: Die Kunst des Managements. München 2000

[9] PETER F. DRUCKER: Was ist Management? Das Beste aus 50 Jahren. München 2004

[10] JOHN ERPENBECK/VOLKER HEYSE: *Die Kompetenzbiographie: Strategien der Kompetenzentwicklung durch selbstorganisiertes Lernen und multimediale Kommunikation.* Münster 1999

[11] DANIEL GOLEMAN: *Emotionale Intelligenz.* München 1995

[12] DANIEL GOLEMAN: *Durch flexibles Führen mehr erreichen.* In: Harvard Business Manager Sonderheft 8

[13] UWE JEAN HEUSER: *Humanomics. Die Entdeckung des Menschen in der Wirtschaft.* Frankfurt, New York 2008

[14] ALEXANDER HÖHN/DANIEL F. PINNOW/BERNHARD ROSENBERGER (HRSG.): *Vorsicht Entwicklung. Was Sie schon immer über Führung und Change Management wissen wollten.* Leonberg 2003

[15] *Hoher Veränderungsdruck. Nur jedes dritte Unternehmen bleibt, wie es ist.* In: Frankfurter Allgemeine Zeitung, 31.7.2008

[16] *Institut für systemisches Coaching und Training, 2008*

[17] JON R. KATZENBACH/DOUGLAS K. SMITH: *Teams – der Schlüssel zur Hochleistungsorganisation.* Frankfurt 2003

[18] MICHAEL LOEBBERT: *The Art of Change. Von der Kunst, Veränderungen in Unternehmen und Organisationen zu führen.* Leonberg 2005

[19] FREDMUND MALIK: *Führen, leisten, leben.* München 2001

[20] PASCAL MANGOLD: *IT-Projektmanagement kompakt*

[21] ALFRED J. MARROW: *Kurt Lewin – Leben und Werk.* Weinheim, Basel 2002

[22] DAVID C. MCCLELLAND: *Testing for competence rather than for intelligence.* In: American Psychologist, 28. Jg., 1973

[23] KLAUS NORTH/KAI REINHARDT: *Kompetenzmanagement in der Praxis.* Wiesbaden 2005

[24] *OASIG, 1995*

[25] DANIEL F. PINNOW: *Führen – worauf es wirklich ankommt.* Wiesbaden 2005

[26] BERNHARD ROSENBERGER: *Realisieren Sie Visionen. Change Management.* In: INSIGHT 3/2005

[27] BERNHARD ROSENBERGER: *Fünf Fragen zur Führungskräfteentwicklung.* In: HR Services 1/2006

[28] BERNHARD ROSENBERGER: *Führung prägt Unternehmenskultur – und schafft Markterfolg. In: Lutz Becker/Johannes Ehrhardt/Walter Gora: Die Neue Führungskunst – The New Art of Leadership: Führungspraxis und Führunskultur.* Düsseldorf 2007

[29] BERNHARD ROSENBERGER/CHRISTINE WEGERICH: *Strategisches Personalmanagement. 10 Bausteine für eine moderne Unternehmensführung.* Wiesbaden 2009

[30] JÖRG-PETER SCHRÖDER/SIEGFRIED DIEKOW: *Wie Sie Projekte zum Erfolg führen.* Berlin 2006

[31] FRIEDEMANN SCHULTZ VON THUN: *Miteinander reden. Drei Bände.* Hamburg 2005

[32] LOTHAR J. SEIWERT: *Wenn du es eilig hast, gehe langsam. Das neue Zeitmanagement in einer beschleunigten Welt. 7. Auflage.* Frankfurt, New York 2001

[33] CHRISTIANE SIEMANN: *Kompetenzmanagement – hohe Akzeptanz, aber Umsetzungsmängel. In: HR Services 5/2006*

[34] WALTER SIMON: *Change Management. Anatomie eines mehrdeutigen Begriffs. In: Zeitschrift für wirtschaftliche Fabrikbetriebe 2003*

[35] REINHARD K. SPRENGER: *Mythos Motivation.* Frankfurt/Main, New York 1999

[36] REINHARD K. SPRENGER: *Das Prinzip Selbstverantwortung.* Frankfurt/Main 2002

[37] REINHARD K. SPRENGER: *Vertrauen führt. Worauf es im Unternehmen wirklich ankommt.* Frankfurt/Main, New York 2002

[38] *Standish Group, 2000*

[39] *Universität Trier, 2001*

[40] ROLF WUNDERER: *Führe global und lokal. In: Personalwirtschaft 9/2002*

Zusammenfassung
Die stete Veränderung unserer Wirtschaftsmärkte und der entsprechende Wandel der Mitarbeiter zu selbstbestimmten, eigenverantwortlichen Wissensarbeitern erfordern sowohl neue Manager (sachbezogen) als auch neue Führungskräfte (menschenbezogen). Dem Projektmanager, dem spezialisierten Generalisten, kommt in seiner besonderen Rolle einer Führungskraft auf Zeit und ohne Disziplinarbefugnis eine Aufgabe zu, der wir hier zehn Kernkompetenzen zuordnen. Diese sind durchsetzt mit harten und weichen Faktoren der sogenannten »systemischen« Führung und bewegen sich in den Spannungsfeldern Psychologie und Betriebswirtschaft, Sach- und Beziehungsebene, Tradition und Wandel, Angst und Freude.
Der spezialisierte Generalist beherrscht im Idealfall das klassische Handwerk des Projektmanagements mit Auftrags- und Zielklärung, Planung, Controlling anhand von Projektstrukturplan und Meilensteinen und Risikomanagement durch SWOT-Analysen. Was die – nach wie vor unterschätzten – weichen Faktoren anbelangt, implementiert er eine synergetische Atmosphäre der Zusammenarbeit im Projektteam, eine wertschätzende, nicht-verletzende Feedbackkultur und kooperative Formen der Konfliktaustragung. Er variiert flexibel in seinem Führungsstil, ist manchmal Trainer und Lehrer und immer häufiger Berater und Coach, der bei aller Mitarbeiterorientierung nie das Erzielen von Ergebnissen für das Unternehmen vergisst.

Führung internationaler Projektteams

International besetzte Projektteams stellen besondere Herausforderungen an den Projektmanager. Er muss Sprachbarrieren überwinden und die Integration unterschiedlicher Businesskulturen sicherstellen. Aber er sollte auch die Chancen nutzen, die sich durch die verschiedenen Perspektiven ergeben.

> **In diesem Beitrag erfahren Sie:**
> - welche Besonderheiten die italienische und die deutsche Businesskultur auszeichnen,
> - welche Chancen und Risiken sich dadurch für deutsch-italienische Projekte ergeben und
> - wie sich die Zusammenarbeit eines deutsch-italienischen Projektteams gestaltete.

Louise Bielzer

Ausgangslage, zentrale Fragestellungen und Aufbau des Beitrags

»L'interscambio tra Germania e Italia è uno dei più importanti per entrambi i Paesi, forse per l'Italia si tratta addirittura del primo, nel ranking dei partner europei.« [1] (»Der Austausch zwischen Deutschland und Italien ist für beide Länder einer der wichtigsten, für Italien handelt es sich im Ranking der europäischen Partner vielleicht sogar um den wichtigsten.«)

Diese zentrale Rolle, die Ingenieur Mario Zucchino, Präsident der Deutsch-Italienischen Handelskammer, der wirtschaftlichen Zusammenarbeit der beiden Staaten Deutschland und Italien attestiert, spiegelt sich auch in Zahlen wider: Deutschland stellte mit einem Volumen von rund 43 Milliarden Euro bei der Ausfuhr beziehungsweise einem Volumen von rund 58 Milliarden Euro bei der Einfuhr von

Waren im Jahr 2006 den wichtigsten europäischen Außenhandelspartner Italiens dar [2]. Aus deutscher Sicht liegt Italien hinsichtlich der Ausfuhr von Waren nach Frankreich und dem Vereinigten Königreich auf Platz 3, hinsichtlich der Einfuhr von Waren nach Frankreich, den Niederlanden und dem Vereinigten Königreich auf Platz 4 der deutschen EU-27-Außenhandelspartner [3]. Im Rahmen der wirtschaftlichen Zusammenarbeit gibt es dementsprechend zahlreiche Projekte, bei denen nicht nur ein deutsches und ein italienisches Projektteam aufeinander treffen, sondern auch gemischtkulturelle deutsch-italienische Projektteams gemeinsam arbeiten.

Der vorliegende Beitrag soll anhand eines deutsch-italienischen Projekts im Luftverkehrssektor darstellen, welche Herausforderungen, Chancen, aber auch Risiken die Arbeit in einem solchen interkulturellen Projektteam mit sich bringt und welche Maßnahmen zu einer erfolgreichen Projektumsetzung beitragen können.

Um diese Fallstudie in den theoretischen Bezugsrahmen von Führung und interkulturellem Projektmanagement einzubinden, werden nach einem kursorischen Überblick über den aktuellen Forschungsstand zum Thema einleitend vorherrschende Selbst- und Fremdbilder Deutschlands und Italiens skizziert, die ihrerseits auf deutsch-italienische Wirtschaftskontakte im Allgemeinen und gemischtkulturelle Projektteams im Besonderen rückwirken. Sodann werden Merkmale der italienischen Businesskultur dargestellt, Leadership-Perspektiven und ihre Präsenz in Italien kurz beleuchtet sowie einige allgemeine Anmerkungen zu Führungsorganisation und Management im italienischen Kontext vorgestellt.

Ergänzt werden die theoretischen Ausführungen in verschiedenen Fällen durch kurze Auszüge aus einem Fachgespräch mit Dr.-Ing. Martino Tasca, Senior Consultant bei der Berata GmbH in Stuttgart, der seit mehr als vier Jahren als Projektleiter deutsch-italienischer Projekte in der Automobilbranche fungiert und somit zusätzlich zur Fallstudie aus dem Luftverkehrssektor weitere praktische Bezüge der theoretischen Ausführungen ermöglicht.

Abschließend wird anhand der exemplarischen Erläuterung des oben genannten Projektes im Rahmen einer Schlussbetrachtung abgeleitet, welche Faktoren das Gelingen eines deutsch-italienischen Projekts generell beeinflussen können und welchen Beitrag ein entsprechend ausgerichtetes Projektmanagement zu einer erfolgreichen Projektdurchführung leisten kann.

Führungskräfte, die erst seit Kurzem im deutsch-italienischen Wirtschaftsumfeld tätig sind, können den Artikel zur Vorbereitung auf ihre gemischtkulturellen Projekte hinzuziehen, um einerseits auf praktischer Ebene einige zentrale Merkmale und Eigenheiten der italienischen Partner bereits einschätzen zu können und andererseits auch die theoretische Anbindung des Themas zu kennen. Auf diese Weise können zeitraubende Organisations- und Abstimmungsprozesse, wie sie gerade in Erstprojekten oftmals auftreten, vermieden werden.

Vertretern der Forschung und Wissenschaft kann der Beitrag als ein Ansatzpunkt für die dringend erforderliche interdisziplinäre wissenschaftliche Auseinandersetzung mit interkulturellem Projektmanagement bei deutsch-italienischen Teams dienen.

Forschungsstand

Generell lässt sich feststellen, dass es speziell zum Thema *interkulturelles Projektmanagement deutsch-italienischer Teams* nur eine rudimentäre wissenschaftliche Auseinandersetzung gibt. Eine in diesem Zusammenhang hilfreiche Zusammenstellung *kulturvergleichender und interkultureller Studien* zum interkulturellen Projektmanagement von Gabriela Kessler [4] macht deutlich, dass entsprechende länderspezifische Studien zum Projektmanagement oftmals veraltet, Studien zur interkulturellen Projektkommunikation selten sind und gerade Italien nur selten im Fokus derartiger Untersuchungen steht [5].

Auch in der einschlägigen *Managementliteratur* finden sich nur wenige und oftmals bereits veraltete Untersuchungen zu kulturell bedingten Managementeigenarten in Italien, die man für eine Bearbeitung des Themas hinzuziehen kann [6]. Insbesondere zur Organisation und Arbeitsweise, zu Herausforderungen und Problemstellungen gemischkultureller Projektteams deutsch-italienischer Konsistenz existieren keine umfassenden Studien.

Weniger wissenschaftliche als eher aus der beruflichen Praxis abgeleitete Einschätzungen und Bewertungen der Eigenheiten deutsch-italienischer Zusammenarbeit, oftmals verknüpft mit einer Skizzierung der Besonderheiten des »typischen italienischen Geschäftsmanns«, liegen beispielsweise von Sylvia Kumm [7], Susanne Müller und Ernesto Laraia [8] vor, wobei diese überwiegend praxisorientierte Handlungsempfehlungen zum Umgang mit der jeweils anderen Kultur geben.

Somit kann festgestellt werden, dass sich die Realitäten deutsch-italienischer wirtschaftlicher Zusammenarbeit weder quantitativ noch qualitativ in der wissenschaftlichen Auseinandersetzung mit Themen wie Führungsstile und Führungskulturen, interkulturelles Projektmanagement und entsprechende Projektkommunikation widerspiegeln. Wenngleich der hier vorliegende Beitrag aufgrund des vorgegebenen, beschränkten Umfangs diese Lücke nicht schließen kann, so versucht er dennoch, rund um das Praxisbeispiel aus der Luftverkehrsbranche verschiedene theoretische Ansätze zusammenzuführen und – soweit unter den vorgegebenen Rahmenbedingungen möglich – anzuwenden.

Selbst- und Fremdbilder als Einflussfaktoren auf deutsch-italienische Kontakte

Ungeachtet aller wirtschaftlichen Kooperation und langjährigen Tradition wirtschaftlicher Beziehungen spielen dennoch, setzt man sich mit deutsch-italienischen Projektteams auseinander, die vorherrschenden Stereotype und Autostereotpye – die Fremd- und Selbstbilder der beiden Partner – nach wie vor eine nicht unerhebliche Rolle, die sich auch auf die wirtschaftlichen Kontakte auswirken.

Das vorherrschende Italienbild [9] ist in Deutschland auch heute noch durch Goethe und seine »Italienische Reise« geprägt, bei der er dem »kalten engstirnigen Norden (…) den sonnigen paradiesischen Süden« [10] gegenüberstellt. Wenngleich heute die Varianz an Meinungen über Italien, je nach Kreis und persönlichem Hintergrund der Befragten, sehr breit ist, werden nach wie vor häufig Stereotype wie das »dolce vita«, ein ausgeprägtes ästhetisches Empfinden, ein gewisses Laisser-faire im Umgang mit Regeln und Vorschriften, Unzuverlässigkeit, ständiges Chaos, dabei jedoch großes Improvisationstalent sowie insgesamt eine gewisse Rückständigkeit der italienischen Wirtschaft zur Kennzeichnung des Landes bemüht [11].

In seinem überaus ironischen, wenngleich realitätsnahen Buch »La Testa degli Italiani«[12], das das Wesen der Italiener anhand zahlreicher Beispiele aus dem täglichen Leben schildert, beschreibt der Autor Beppe Severgnini am Beispiel einer roten Ampel den – aus deutscher Sicht – speziellen Umgang der Italiener mit Regeln:

Die rote Ampel

»Molti di noi guardano il semaforo, e il cervello non sente un'inibizione (Rosso! Stop. Non si passa). Sente, invece, uno stimolo. Bene: che tipo di rosso sarà? Un rosso pedonale? Ma sono le sette del mattino, pedoni a quest'ora non ce ne sono. Quel rosso, quindi, è un rosso discutibile, un rosso-non-proprio-rosso: perciò, passiamo. Oppure è un rosso che regola un incrocio? Ma di che incrocio si tratta? Qui si vede bene chi arriva, e non arriva nessuno. Quindi il rosso è un quasi-rosso, un rosso relativo. Cosa facciamo? Ci pensiamo un po': poi passiamo.« [12]
Frei übersetzt lautet die Darstellung der Ampelsituation etwa wie folgt: »Viele von uns sehen eine Ampel, aber das Gehirn meldet nicht das Verbot »Rot! Stopp! Nicht gehen!«. Im Gegenteil, es meldet eine Anlass zum Nachdenken: Um welche Art von Rot handelt es sich denn? Ein Rot für Fußgänger? Aber es ist doch 7 Uhr morgens, um diese Zeit gibt es eigentlich keine Fußgänger. Dieses Rot ist also ein diskutierbares Rot, ein nicht wirklich rotes Rot: daher überqueren wir die Straße. Oder ist es etwa ein Rot zur Regelung einer Kreuzung? Aber was für eine Kreuzung denn eigentlich? An dieser Stelle sieht man gut, wer sich der Kreuzung nähert – und es nähert sich niemand. Also ist das Rot ein Quasi-Rot, ein relatives Rot. Wir denken einen Moment darüber nach, dann gehen wir.«

Dieses Alltagsbeispiel ist durchaus von gewisser Relevanz, wenn man sich mit italienischen Geschäftspartnern auseinandersetzt, da diese kulturelle Unterschiedlichkeit im Umgang mit Regeln und Vorschriften zwischen Italien und Deutschland sich auch auf das

Geschäftsleben auswirkt. Während den deutschen Geschäftspartnern oftmals eine Regeltreue »aus Prinzip« unterstellt wird, hinterfragen die italienischen Kollegen Regeln und Vorschriften je nach Situation immer wieder aufs Neue und sind in der jeweiligen Auslegung flexibel. In der Geschäftswelt zeigt sich dieses Verhalten auch bei Vertragsverhandlungen [13] oder im Rahmen der gemeinsamen Projekttätigkeit, wenn die deutschen Partner auf schriftliche Dokumente, verbindliche Protokolle oder Ähnliches drängen, was für die italienischen Kollegen sekundär ist, ja unter Umständen auch als Misstrauen gewertet wird. Für die italienischen Kollegen stehen hingegen möglichst gute persönliche Beziehungen zu den deutschen Projektpartnern im Vordergrund; mündliche Vereinbarungen und Zusagen werden als verbindlich betrachtet [14].

Ein weiteres Stereotyp, das noch heute in Deutschland weit verbreitet ist, wenn man über italienische Eigenarten spricht, ist das generelle Chaos, das sich nicht nur im italienischen Alltag, sondern auch im Wirtschaftsleben zu zeigen scheint. Was bei deutschen Kollegen jedoch im besten Falle eine gewisse Nervosität hervorruft, wird in italienischen Augen durchaus positiv gesehen: l'arte dell'arrangiarsi – die Kunst, sich mit unvorhersehbaren Gegebenheiten zu arrangieren, zu improvisieren – eine Fertigkeit, die aus einer vergleichsweise großen politischen Instabilität und dem gewohnten Umgang mit schwer berechenbaren Verwaltungsstrukturen resultiert, gilt im italienischen Wirtschaftsleben als schätzenswerte Managementfähigkeit [15].

Martino Tasca betont in diesem Zusammenhang den Respekt, den Italiener deutschen Kollegen aufgrund ihrer Organisationsfähigkeit und Strukturiertheit entgegenbringen, wenngleich dies oft dennoch mit einem Überlegenheitsgefühl der Italiener einhergeht. Zudem bestehen zwischen einzelnen Berufsgruppen auch große Unterschiede. An dieser Stelle sei auf das Deutschlandbild der Italiener verwiesen, das selbstverständlich gleichermaßen wie im umgekehrten Fall je nach persönlichem und beruflichem Umfeld der Befragten divergiert. Dennoch sind auch hier gängige Stereotype festzustellen, die sich bei der Projektzusammenarbeit immer wieder zeigen. So gilt Deutschland als

Land der Technik, deutsche Kollegen als effizient, aber menschlich kalt, übertrieben vorschriftentreu und besserwisserisch [16].

Zusammenfassend ist festzuhalten, dass sich die deutschen und italienischen Selbst- beziehungsweise Fremdbilder in ihrer historischen Entwicklung stark wechselseitig beeinflusst haben [17]. Während allerdings das heutige deutsche Italienbild in weiten Teilen durch Reiseerfahrungen geprägt ist, wurde das heute vorherrschende italienische Deutschlandbild nicht unerheblich durch die Erfahrungen der italienischen Gastarbeit in Deutschland nach Beendigung des Zweiten Weltkriegs beeinflusst. Treffen die Fremdbilder des jeweiligen Partners in interkulturellen Projektteams zusammen mit divergierenden Wertvorstellungen, Normen, Verhaltenscodices und Einstellungen, so ergeben sich komplexe, oft nur mit hohem Kommunikationseinsatz lösbare Problemstellungen für die Zusammenarbeit im Rahmen eines gemeinsamen Projektes.

Die italienische Businesskultur

Merkmale der italienischen Businesskultur

Um das unten skizzierte Projektbeispiel besser in den Gesamtkontext einordnen zu können, bedarf es einleitend einiger allgemeiner Anmerkungen zur italienischen Businesskultur, ihren Ausprägungen und Merkmalen. Die Vorgehensweise dabei ist selektiv, da lediglich bestimmte Aspekte für die abschließende Bewertung der Fallstudie eine Rolle spielen werden.

Zum Status eines Managers oder auch einer Führungskraft lässt sich feststellen, dass ein Manager in Italien gewissermaßen qua Amt eine herausgehobene Rolle in der Gesellschaft spielt, seinen Status vom Arbeitsplatz in das persönliche und gesellschaftliche Umfeld transferiert und über entsprechendes Ansehen in der Gesellschaft verfügt [18].

Bezüglich hierarchischer Strukturen ist festzuhalten, dass in Italien in noch weitaus größerem Maße als in Deutschland Wert auf klare hierarchische Abgrenzungen und damit definierte Rechte, Zuständigkeiten und Verantwortlichkeiten gelegt wird. Autoritäten anzuerkennen und andererseits die eigenen Autoritätsgrenzen zu kennen, stellt im italienischen Geschäftsleben eine wichtige Basis für effiziente Arbeitsbeziehungen und Prozesse dar und wird von italienischen Kollegen als positiv und Sicherheit bietend empfunden. Bei einer Führungskraft wird in Italien dementsprechend der Fähigkeit, in gewissem Sinne »allwissend« zu sein und anfallende Fragestellungen von Mitarbeitern jederzeit beantworten zu können, eine besondere Wichtigkeit zugeschrieben. Den generellen italienischen Leitsätzen »fare una bella figura« und »salvare la faccia« folgend – also jederzeit eine gute Figur abzugeben, Haltung zu bewahren und nie das Gesicht zu verlieren –, kommt somit auch im Wirtschaftsleben eine große Bedeutung zu [19]. Die Akzeptanz autoritärer Führungsformen begründet Martino Tasca mit einem Verweis auf die Erfahrungen der Italiener im politischen Umfeld: »Durch die zentrale Regierung sind sie daran gewöhnt, dass ihnen vorgegeben wird, was zu tun ist. Ob es dann tatsächlich auch so umgesetzt wird, ist eine andere Sache.« Diese Haltung bedingt auch, dass Führung im Sinne eines »Peer-to-Peer-Leadership«, also einer Führung ohne direkte Vorgesetzte, in Italien so gut wie keine Anwendung findet.

Gewissermaßen konträr zu den ausgeprägten Hierarchien des italienischen Wirtschaftslebens ist jedoch die vergleichsweise informelle Form der Kommunikation. Ein Team wird in Italien als Familie betrachtet: »Von den Kollegen in Italien weiß ich alles«, kommentiert Martino Tasca diese Eigenart italienischer Kollegen untereinander. Dadurch ergibt sich in der Projektkommunikation von Anfang an eine hohe Verbindlichkeit, die durch die Form der Anrede noch verstärkt wird: So ist es üblich, sich auch über Hierarchieebenen hinweg zu duzen und sich vergleichsweise schnell zu familiarisieren – in Deutschland, mit Ausnahme verschiedener Branchen wie zum Beispiel der Softwareentwicklung, ein eher unübliches Vorgehen.

Leadership-Perspektiven und ihre Präsenz in Italien

Leadership im Allgemeinen und Projektmanagement im Speziellen ist im deutsch-italienischen Kontext ein sehr komplexes und gleichzeitig auch nur sehr wenig erforschtes Management-Gebiet. Der deutsche Manager, Chef, Vorgesetzte oder Projektleiter unterscheidet sich vom italienischen direttore, capo oder principale nicht nur terminologisch, sondern auch hinsichtlich der dem jeweiligen Führungsstil zugrunde liegenden kollektiven Wertvorstellungen, Normen und Verhaltensregeln.
In der englischsprachigen Managementliteratur finden sich fünf verschiedene Leadership-Perspektiven:
⇨ so genannte Trait-Based-Perspectives,
⇨ Transformational-Perspectives,
⇨ Implicit-Perspectives,
⇨ Contingency-Perspectives und
⇨ Behavioural-Perspectives [20].

Die *Trait-based-Perspective* geht davon aus, dass bei manchen Führungskräften bestimmte Führungskompetenzen und Persönlichkeitsmerkmale bereits von Natur aus vorhanden sind und ihre Vision dadurch automatisch glaubwürdig erscheint und andere zu Unterstützung und Gefolgschaft inspiriert. Die *Transformational-Perspective* kommt der gerade beschriebenen Perspektive nahe und betont vorwiegend das Charisma einer Führungspersönlichkeit, das wiederum Motivation, Respekt und Vertrauen der Mitarbeiter bedingt. Gemeinhin – und so auch in Italien – wird Charisma bei Führungskräften, unabhängig von nationalen und kulturellen Unterschieden, als besonders wichtig für effizientes und erfolgreiches Führen betrachtet. Gemäß der *Implicit-Perspective* liegt der Erfolg einer Führungskraft nicht in der Person selbst begründet. Ein Leader entsteht im Gegenteil erst dann, wenn die Geführten ihn als Leader wahrnehmen und anerkennen. Bei dieser Perzeption legen sie ihre jeweils eigenen Lebenserfahrungen sowie den Austausch mit anderen als Entscheidungsgrundlage zu Grunde. Die *Contingency-Perspective* geht von der Annahme aus, dass die jeweils vorherrschende aktuelle Situation die Wechselbeziehung zwischen Führungsstil und Effektivität einer Gruppe, eines Projektteams bestimmt. Dabei ergibt sich die Situation aus der jeweiligen Machtposition der Führungskraft, der Qualität der Beziehungen von Führungskraft und Geführten sowie der strukturellen Ausprägung der jeweiligen Aufgabenstellung. Die als fünfte Variante genannte *Behavioral-Perspective* von Führung rückt schließlich, der Bezeichnung entsprechend, das Verhalten einer Führungskraft in den Mittelpunkt der Analyse, wobei personenbezogenes Verhalten und struktur- beziehungsweise funktionsbezogenes Verhalten im Rahmen von Führung unterschieden werden [21].

Im Falle Italiens ist davon auszugehen, dass vorwiegend ein Führungsverständnis im Sinne der Implicit-Perspective und der Trait-Based-Perspective vorherrscht und dementsprechend bestimmte, von Natur aus vorhandene Wesensmerkmale, natürliche Autorität, Persönlichkeit und Charisma bei einer Führungskraft erwartet werden.

Chancen und Risiken bei der Führung eines deutsch-italienischen Projektteams

Grundsätzlich bringt die Etablierung eines interkulturellen Projektteams verschiedene Vorteile mit sich, die das Management gezielt nutzen kann. So kann beispielsweise bei Projektteams, die sich aus Kollegen verschiedener kultureller Hintergründe zusammensetzen, von einer kreativeren Problemlösungskompetenz ausgegangen werden. Andererseits ist aufgrund der oben skizzierten Stereotype häufig ein generelles Misstrauen gegenüber Kollegen des anderen Landes sowie ein erhöhter Abstimmungs- und Kommunikationsaufwand festzustellen [22], der sich nicht zuletzt in höheren Kosten für das Projektmanagement widerspiegelt.

In der Forschung herrscht Konsens, dass die Teamentwicklung generell – unabhängig davon, in welchen kulturellen Umfeldern man sich bewegt – durch verschiedene Kernfaktoren beeinflusst wird: zum einen die jeweilige Aufgabenstellung, die das Team zu bearbeiten hat, also beispielsweise Ziele, Vorgaben, Komplexität beziehungsweise Schwierigkeitsgrad der Aufgabenstellung, zum anderen die persönlichen Hintergründe der Teammitglieder, wie zum Beispiel ihre fachlichen und individuellen Kompetenzen, ihr persönlicher Werdegang sowie ihre Erfahrungen [23].

In der Literatur wird im Zusammenhang mit Chancen und Risiken bei der Führung gemischtkultureller Projektteams auf das Adjustment-Konzept, das in seiner ursprünglichen eindimensionalen Form in den 1950er Jahren im Kontext der Entsendung von Mitarbeitern ins Ausland entwickelt wurde, verwiesen. Heute wird Adjustment als ein multidimensionaler Ansatz verstanden, der sich – vereinfacht gesagt – mit der Anpassung von Mitarbeitern an und ihrer Integration in fremde Kulturen befasst. Dabei werden für den Bereich der interkulturellen Projektarbeit verschiedene Formen des Adjustment unterschieden: das Adjustment an die tatsächliche Arbeitssituation, das an die generelle Umwelt und das an den interkulturellen Kontext, also an die Multikulturalität des Teams, an die jeweiligen Businesskulturen, die die einzelnen Teammitglieder »mitbringen«. Die Grundthese des Ansatzes besagt, dass eine direkte Wechselwirkung zwischen dem Grad der Anpassung der einzelnen Mitarbeiter, ihrer individuellen Leistungsfähigkeit und schließlich dem Gesamterfolg des Projektes besteht [24]. Bei der abschließenden Bewertung der nachfolgend dargestellten Fallstudie wird dargestellt, inwiefern das Projekt entsprechend des Adjustment-Konzepts beurteilt werden kann und wo – im Nachhinein betrachtet – Optimierungspotenziale liegen, die im Hinblick auf eine optimale Zielerreichung umzusetzen wären.

Als besonderes Risiko bei der Führung eines deutsch-italienischen Projektteams sei an dieser Stelle noch auf kulturell bedingte Missverständnisse – zum Beispiel bei bestimmten Verhaltensweisen in der operativen Projektarbeit oder Divergenzen bei der Informationsstrukturierung und -weitergabe – hingewiesen, die die Gruppenkommunikation erschweren können und in der nachfolgenden Fallstudie ebenfalls exemplarisch dargestellt werden [25].

Fallstudie: ein deutsch-italienisches Projekt im Luftverkehrssektor

Ausgangslage

Die Aeroporti di Roma S.p.A. (AdR) waren im November 2005, als sich die Zusammenarbeit des römischen Flughafenbetreibers und der deutschen SYMBIOS AG, einer auf die Entwicklung von Luftverkehrsprognosesystemen spezialisierten Unternehmensberatung, abzeichnete, mit mehr als 26 Millionen Passagieren Europas sechstgrößtes Airportsystem. Geführt wurden die Aeroporti di Roma S.p.A. zu diesem Zeitpunkt mit einem Anteil von 51,2 Prozent von der Leonardo Holding S.A., in der sich führende italienische Unternehmen wie die Gemina S.p.A. oder die Compagnia Italpetroli S.p.A. zusammengeschlossen hatten, der australischen Macquarie Airports Group (MAG) mit rund 44,7 Prozent sowie Gebietskörperschaften der öffentlichen Hand, die weitere Anteile an der Gesellschaft hielten [26].

Die Zielsetzung des Projekts bestand darin, für die Aeroporti di Roma eine individuell angepasste Luftverkehrsprognose-Software zu entwickeln, die im Rahmen eines umfassenden Airport-Management-Systems die Erstellung sowohl kurzfristiger als auch langfristiger, szenariobasierter Prognosen ermöglichen sollte. Hinsichtlich des Prognosegegenstands sollten sowohl das Flugaufkommen allgemein als auch einzelne Produkte wie Passagiere oder Cargo prognostiziert werden, um auf dieser Basis weitere Wirtschafts- und Kapazitätsplanungen durchführen zu können.

Sowohl für die italienischen als auch für die deutschen Beteiligten im Projektteam bedeutete die Zusammenarbeit ein ausführliches Kennenlernen der unterschiedlichen Führungsstile und Projektmanagementkulturen. Da es sich bei der individuell entwickelten Luftverkehrsprognose-Software für die Aeroporti di Roma zudem um ein englischsprachiges Produkt handelt, wurde im gegenseitigen Einvernehmen Englisch als offizielle Projektsprache festgesetzt. Nachdem jedoch seitens der italienischen Kollegen bei einzelnen Mitarbeitern keine umfassende Projektkommunikation in englischer Sprache möglich war, ergaben sich auf kommunikativer Ebene auch über die unterschiedlichen Mentalitäten und Managementstile hinaus zusätzliche, sprachlich bedingte Herausforderungen.

Zu beachten ist überdies, dass hinsichtlich der kooperierenden Unternehmensformen deutliche Unterschiede bestanden. Während es sich bei den Aeroporti di Roma, wie bereits oben erwähnt, zum Zeitpunkt des Projektes um ein privat, teilweise von der australischen Macquarie Airport Group geführtes Großunternehmen mit insgesamt rund 3.700 Mitarbeitern [27] handelte, ist die deutsche SYMBIOS AG mit rund 50 Mitarbeitern den mittelständischen Unternehmen zuzuordnen.

Organisatorischer Rahmen: Zusammensetzung des Projektteams

Den oben gemachten Anmerkungen zur Ausprägung hierarchischer Strukturen in der italienischen Businesskultur entsprechend, weisen auch die Aeroporti di Roma – wie die meisten italienischen Unternehmen – eine pyramidale Organisationsstruktur auf.

Die deutsche SYMBIOS AG ist hingegen hinsichtlich ihres strukturellen Aufbaus, in Abgrenzung zu vielen deutschen Unternehmen, die traditionsbedingt auch oftmals pyramidal aufgebaut sind, eher am skandinavischen Modell orientiert. Hier gibt es nur wenige Hierarchieebenen und verschiedene, verteilte Machtzentren.

Seitens der italienischen Kollegen waren nach verschiedenen personellen Veränderungen und einer Fluktuation von knapp 30 Prozent der an den ersten Besprechungen teilnehmenden Kollegen schließlich insgesamt drei Hierarchieebenen beziehungsweise drei Abteilungen und ein externer Dienstleister an dem Projekt beteiligt. Die Gesamtprojektkoordination lag auf Seiten der Aeroporti di Roma beim Leiter der Abteilung Strategische Entwicklung und Airportmarketing, operativer Projektleiter war der Stellvertreter des Direttore, als zentraler Ansprechpartner für Fachfragen fungierte ein weiterer Mitarbeiter der Abteilung, der seinerseits auch über Softwareentwicklungskenntnisse verfügte. Die technische Abwicklung erfolgte über T-Systems, die für die Aeroporti di Roma S.p.A. den Bereich IT als externer Dienstleister gewährleisten.

Die überwiegend deutschen Projektteilnehmer auf Seiten der SYMBIOS umfassten neben der Gesamtprojektkoordination einen Projektleiter, einen Qualitätsmanager mit entsprechenden Mitarbeitern, darunter einen eigens für dieses Projekt eingestellten Italiener, der kein Deutsch sprach, einen Solution-Architect für das Softwaredesign samt einem Entwicklerteam sowie ein inhaltliches Fachteam. Im Rahmen der Projektmeetings, die ausnahmslos vor Ort in Rom stattfanden, bildeten sich sowohl für den Bereich IT als auch für die inhaltliche Anforderungsdefinition an die Software gemischte Teams aus, die je nach aktuellen Fragestellungen in wechselnder Besetzung zusammentrafen. Bei der Zusammenstellung des gemischten Projektteams standen vor allem fachliche Erfordernisse, wie zum Beispiel spezifisches technisches Know-how und ähnliche Nutzerkreise – die späteren User der zu entwickelnden Prognosesoftware – im Vordergrund, die mit den deutschen Kollegen des inhaltlichen Fachteams zusammenarbeiteten. Der Verankerung der Teammitglieder in unterschiedlichen Kulturkreisen, Sprachen, Verhaltenskodices, Wertvorstellungen und Normen wurde hingegen bei der Teambildung nicht bewusst Rechnung getragen. Als problematisch erwies sich die Tatsache, dass aufgrund der zeitlichen Begrenzung des Projekts auf nur wenige Jahre und der – bei Softwareprojekten nicht unüblichen – in weiten Teilen räumlich getrennten, gewissermaßen virtuellen Arbeit am Projekt keine eigenständige Teamkultur im eigentlichen Sinne entstehen konnte.

Verhandlungsverhalten und Projektkommunikation

Bereits zu Beginn ließen sich bei den Vertragsverhandlungen im Vorfeld des Projekts Unterschiede im Kommunikations- und Verhandlungsstil des italienischen und des deutschen Unternehmens feststellen: Während für die deutsche SYMBIOS Themen wie Leistungsqualität, Lieferfristen und Zahlungsmodalitäten Priorität hatten und nach Meinung der Deutschen umgehend geklärt werden sollten – eine Haltung, die vorwiegend in angelsächsischen Businesskulturen vorherrscht –, werden im italienischen Geschäftsleben den persönlichen Beziehungen der Vertragspartner zueinander und mündlichen Absprachen eine weitaus größere Bedeutung zugemessen. Dementsprechend gelten Präsentationstermine vor Projektstart ebenso wie Besprechungen aus italienischer Sicht eher dem Aufbau einer angenehmen persönlichen Beziehung zwischen den Geschäftspartnern als dem Aushandeln vertraglicher Details. Diese ergeben sich dann, hat man erst eine entsprechende Beziehungsebene hergestellt, quasi automatisch [28]. Absprachen verbaler Art sind aus italienischer Perspektive als mindestens ebenso verbindlich einzuschätzen wie schriftliche Verträge. Das oftmals typisch deutsche Beharren auf schriftlichen Vereinbarungen wird hingegen eher als Misstrauen aufgefasst.

Zusammenfassend kann man feststellen, dass der Chef für die Beziehungspflege zu internen und externen Geschäftspartnern zuständig ist, während Methodenkompetenzen und Know-how bei den Mitarbeitern angesiedelt sind. Für die deutschen Kollegen bedurfte es einer gewissen Gewöhnung an diesen, aus deutscher Perspektive betrachtet, eher unverbindlich erscheinenden Verhandlungsstil.

Wie bereits oben kurz angedeutet, resultierten aus der Tatsache, dass es sich bei der Luftverkehrsprognose-Software um ein englischsprachiges Produkt handelt und im IT-Bereich ohnehin weitgehend englischsprachige Fachterminologie verwendet wird, einzelne Teammitglieder im Projekt aber nur eine Sprache beherrschen, große Herausforderungen an die Projektkommunikation. Die vorherige Einschätzung der deutschen Kollegen, dass die Luftverkehrsbranche sprachlich per se ein stark englisch geprägter Wirtschaftssektor sei, erwies sich schon bei einfachen Begrifflichkeiten wie »volo« (flight = Flug), »vettore« (Airline), »merce« (Cargo = Fracht) oder previsione (forecast = Prognose) als zu optimistisch. In der Praxis traten dementsprechend Situationen auf, bei denen beispielsweise während eines Abstimmungsmeetings oder Workshops zu inhaltlichen Funktionen und Features des Systems die IT-Kollegen weitgehend auf Englisch kommunizierten, die Nutzer jedoch italienisch und die deutschen Teammitglieder untereinander teils deutsch und teils englisch sprachen. Da auf Seiten der deutschsprachigen Teammitglieder lediglich bei der Projektleitung italienische Sprachkenntnisse vorhanden waren, lag hier die einzige Schnittstelle, um direkt in der Muttersprache des Kunden zu kommunizieren.

Dementsprechend bestand eine besondere Herausforderung des Projekts darin, kontinuierlich zu gewährleisten, dass aufgrund der jeweiligen Übersetzungen kein Informationsverlust auftrat und jederzeit alle Teilnehmer darüber im Bilde waren, welche Details gerade zur Abstimmung standen. Wenngleich zwischen den einzelnen Sprachsystemen in diesem Fall keine völlige Undurchlässigkeit bestand – Begriffe wie »passageri« (Passagiere) oder »funzione« (Funktion) wurden allgemein problemlos von allen Teammitgliedern verstanden –, so ergaben sich doch verschiedentlich zeitliche Verzögerungen und somit letztlich auch höhere Abstimmungskosten im Projekt.

Der Faktor »Zeit«

Häufiger Anlass für Missverständnisse oder Unstimmigkeiten in deutsch-italienischen Projektteams und so auch im Rahmen des hier vorgestellten Projekts ist der Faktor »Zeit« beziehungsweise das unterschiedliche Verständnis derselben [29]. Der oftmals hervorgehobenen deutschen Pünktlichkeit steht dabei zumeist das Stereotyp des chronisch verspäteten Italieners gegenüber, der – je nach geographischer inneritalienischer Herkunft – eine Viertelstunde bis zwei Stunden nach abgesprochener Zeit zum Besprechungstermin erscheint, weil andere Arbeitsprozesse oder auch private Vorkommnisse »dazwischenkommen«. Dieses Stereotyp erwies sich auch im vorliegenden Fallbeispiel als nicht ganz unzutreffend. »Un incontro importante in città« (ein wichtiger Termin in der Stadt) war dementsprechend die Begründung, wenn es »il capo« (dem Chef) nicht möglich war, an einer Besprechung teilzunehmen, die noch am Vortag zugesagt worden war. Nachdem die deutschen Kollegen in solchen Fällen gelernt hatten, dass es sich keinesfalls um einen persönlichen Affront oder eine Unmutsäußerung bezüglich des Projekts handelte, sondern um »il ministro«, »un giornalista« oder eben auch »la famiglia« (den Minister, einen Journalisten oder eben auch die eigene Familie), wurden solche zeitlichen Verspätungen toleriert beziehungsweise von Beginn an bei der Projektplanung einkalkuliert. Wenn selbstverständlich auch in diesem Fall keine Verallgemeinerungen möglich und gerechtfertigt sind, so gilt in Italien doch zumeist die Faustregel: »Je südlicher, desto flexibler die zeitlichen Absprachen.«

II »leader« – Umgang mit Problemen und die Frage der richtigen Führung

Eine positive Arbeitsatmosphäre und Beziehungsebene gilt bei der Lösung anstehender Probleme ebenso wie bei der Verhandlungsführung als unerlässliche Voraussetzung im italienischen Geschäftsleben. In vielen Fällen ist Zeit die Lösung für Probleme – Probleme werden in Erwartung einer anderen Umfeldsituation »vertagt«, bis sie sich optimalerweise von alleine erledigt haben. »Dabei gibt es allerdings oftmals sichtbare Prozesse und parallele inoffizielle Prozesse«, beschreibt Martino Tasca eine in Italien übliche Vorgehensweise im Umgang mit auftretenden Schwierigkeiten. Viele Probleme werden auf informellen Wegen durch Kommunikation gelöst; offiziell eskaliert werden Probleme am ehesten, wenn beispielsweise das Ansehen einer Abteilung Schaden nehmen könnte.

Ansonsten hat auch das Projekt mit den Aeroporti di Roma gezeigt, dass der Fokus aus italienischer Perspektive zumeist auf dem Projektergebnis liegt. Das heißt: Ergebniskontrolle findet statt, Prozesskontrolle ist im Vergleich zu rein deutschen Projekten jedoch wesentlich weniger wichtig.

Schlussbetrachtung
Wie die dargestellte Fallstudie zeigt, bestehen die größten Herausforderungen bei deutsch-italienischen Projektteams vor allem im Bereich der Kommunikation und Integration unterschiedlicher Führungsstile und Businesskulturen, ohne jedoch die verschiedenen Perspektiven, die ihrerseits auch Vorteile und Chancen mit sich bringen, zu nivellieren.

Im Hinblick auf das oben kurz dargestellte Adjustment-Konzept lässt sich feststellen, dass Teamkollegen hinsichtlich ihrer sprachlichen Fähigkeiten einen möglichst gleichen Stand haben sollten – eine Anforderung, die im Fall des Projekts mit den Aeroporti di Roma nicht gegeben war, was dementsprechend, wie bereits erwähnt, einen erhöhten Abstimmungs- und damit auch Kostenbedarf mit sich brachte. Weiterhin stellen möglichst umfassende Erfahrungen der Projektmitarbeiter mit fremden Businesskulturen und Alltagskulturen ein wichtiges Kriterium für den Projekterfolg dar. Auch dies war zwar im oben geschilderten Projekt kein Auswahlkriterium bei der Zusammenstellung des Teams, doch war die Bereitschaft bei allen Beteiligten da, sich auf die ausländischen Kollegen und ihre jeweiligen Verhaltensweisen, Werte, Normen etc. einzulassen, so dass eine durchweg gute Atmosphäre im Projekt herrschte. Auftretende Probleme – beispielsweise bei Funktionstest einzelner Features der Software – konnten in der Regel zeitnah im Dialog gelöst werden.

Optimal wäre gewesen, wenn die Projektmeetings nicht immer vor Ort in Rom, sondern wechselweise in Italien und Deutschland stattgefunden hätten. Wenngleich dies möglicherweise für den Auftraggeber erhöhte Kosten mit sich gebracht hätte, hätte es sicherlich zu einer noch höheren Motivation beigetragen – gerade bei den Kollegen der römischen IT-Abteilung, für die es nicht auf der Tagesordnung steht, das gewohnte Arbeitsumfeld verlassen und temporär in eine fremde Businesskultur eintauchen zu können.

Als weiteren Einflussfaktor auf ein möglichst hohes Adjustment der Mitarbeiter in gemischtkulturellen Teams gilt eine ausreichende Unterstützung durch die jeweiligen beteiligten Unternehmen. Im Hinblick auf die operative Projektarbeit sind eine ausgewogene Machtverteilung sowie der »richtige« Projektleiter mit ausgeprägten Kommunikations- und Teammanagementfähigkeiten zentrale Voraussetzungen. Vor allem der Projektleiter muss beide Kulturen kennen und mit kulturellen Unterschieden umgehen können. Optimalerweise verfügt er in gleichem Maße über entsprechendes Fachwissen, was im Fall des oben geschilderten Softwareprojektes nicht gegeben war und sicherlich ein gewisses Optimierungspotenzial für künftige Projekte darstellt [30].

Abschließend bleibt festzuhalten, dass die Zusammenarbeit sowohl mit den römischen Kollegen vor Ort als auch mit dem italienischen Kollegen in Deutschland aus deutscher Perspektive interessante Einblicke in eine Businesskultur eröffnete, die der deutschen doch fremder ist als es beispielsweise die Gepflogenheiten im Geschäftsleben angelsächsischer Staaten sind. Gerade deshalb stellte sie jedoch die Beteiligten nicht nur vor große Herausforderungen, sondern brachte auch eine enorme Motivation und großes Engagement zu Tage.

Literatur

[1] So Mario Zucchino, *Präsident der Deutsch-Italienischen Handelskammer, in einem Pressegespräch: http://www.ahk-italien.it/fileadmin/user_upload/Dokumente/Presse/intervista_Progress.pdf, abgerufen am 29. Mai 2008.*

[2] *vgl. Istituto Nazionale di Statistica (Hrsg.): Commercio estero e attività internazionali delle imprese 2006. Annuari n. 9 – 2007, Bd. 2 Paesi, settori, regioni, S. 29.*

[3] *vgl. Statistisches Bundesamt (Hrsg.): Auszug aus Wirtschaft und Statistik. Wiesbaden 2007, S. 366. Achtung: Da es sich bei den Zahlen von 2006 sowohl beim deutschen Statistischen Bundesamt als auch beim italienischen Istituto Nazionale di Statistica noch um das vorläufige Ergebnis handelt, weichen die absoluten Zahlen voneinander ab. Dies ändert jedoch nichts an der generellen Position der beidem Staaten im Außenhandel.*

[4]   vgl. KESSLER, GABRIELA: *Review: Interkulturelles Projektmanagement - Kulturvergleichende und interkulturelle Studien.* In: Emmerling, Tanja (Hrsg.): *Projekte und Kooperationen im interkulturellen Kontext. Interdisziplinäre Perspektiven aus Wissenschaft und Praxis.* Sternenfels 2005, S. 15-33.

[5]   Kessler verweist unter anderem auf folgende Beispiele: Cesaria, Ruggero: *Organizational Communication Issues in Italian Multinational Corporations.* In: *Management Communication Quaterly* 14 (1), 2000, S. 161-172.; Morley, Donald Dean/Pamela Shockley-Zalabak, Ruggero Cesaria: *Organizational Communication and Culture: A Study of 10 Italian High-Technology Companies.* In: *Journal of Business Communication* 1997.

[6]   Eine positive Ausnahme stellt eine Veröffentlichung von A. Laurent dar, die allerdings ebenfalls bereits 1983 erschienen ist: Laurent, A.: *The cultural diversity of Western conceptions of management.* In. *International Studies of Management and Organization*, 13 (1-2), S. 75-96.

[7]   vgl. KUMM, SYLVIA: *Italien: Kommunikationsstile zwischen Italienern und Deutschen.* In: Emmerling, Tanja (Hrsg.): *Projekte und Kooperationen im interkulturellen Kontext. Interdisziplinäre Perspektiven aus Wissenschaft und Praxis.* Sternenfels 2005, S. 137-141.

[8]   vgl. MÜLLER, SUSANNE/ERNESTO LARAIA: *Potentiale deutsch-italienischer Kooperation. Über Unterschiede im deutschen und italienischen Führungsstil.* O.O., o. J.

[9]   Zum deutschen Italienbild bzw. italienischen Deutschlandbild in der Geschichte vgl. zum Beispiel Heitmann, Klaus/Theodoro Scamardi (Hrsg.): *Deutsches Italienbild und italienisches Deutschlandbild im 18. Jahrhundert.* Tübingen 1993 sowie Ara, Angelo/Rudolf Lill (Hrsg.): *Imagini a confronto: Italia e Germania/Deutsche Italienbilder und italienische Deutschlandbilder.* Bologna und Berlin 1991.

[10] GRIMM, GUNTER E./DANICA KRUNIC: *Goethes Italienische Reise. Einleitendes zur Italienwahrnehmung.* www.goethezeitportal.de abgerufen am 26. Mai 2008.

[11] vgl. BAASNER, FRANK/VALERIA THIEL: *Kulturwissenschaft Italien.* Stuttgart 2007, S. 46/47.

[12] SEVERGNINI, BEPPE: *La Testa degli Italiani.* Milano 2005, S. 22.

[13] s. dazu auch unten

[14] vgl. BAASNER, FRANK/VALERIA THIEL: *a. a. O., S. 52/53* sowie Vgl. Mead, Richard: *International Management. Cross-Cultural Dimensions.* Oxford 2005, S. 162

[15] vgl. BAASNER, FRANK/VALERIA THIEL: *a. a. O., S. 42.*

[16] vgl. BAASNER, FRANK/VALERIA THIEL: *a. a. O., S. 50/51.*

[17] vgl. BAASNER, FRANK/VALERIA THIEL: *a. a. O., S. 43-53.*

[18]   vgl. MEAD, RICHARD: a. a. O., S. 36 mit weiterem Nachweis zu empirischen Grundlagen.

[19]   vgl. dazu auch MEAD, RICHARD: a. a. O., S. 37-38.

[20]   vgl. MCGRAW-HILL, IRWIN: *International Management: Managing in a Diverse and Dynamic Global Environment.* New York 2005, S. 450.

[21]   vgl. MCGRAW-HILL, IRWIN: a. a. O., S. 451 - 453.

[22]   vgl. PUCK, JONAS F./MICHAEL P. CERHAK: *Interkulturelle Projektteams: Adjustment an interkulturelle Kontexte.* In: Emmerling, Tanja (Hrsg.): *Projekte und Kooperationen im interkulturellen Kontext. Interdisziplinäre Perspektiven aus Wissenschaft und Praxis.* Sternenfels 2005, S. 34-51, hier S. 37.

[23]   vgl. OTTEN, MATTHIAS: *Interkulturelle Teamentwicklung.* In: Emmerling, Tanja (Hrsg.): *Projekte und Kooperationen im interkulturellen Kontext. Interdisziplinäre Perspektiven aus Wissenschaft und Praxis.* Sternenfels 2005, S. 87-102, hier S. 89.

[24]   vgl. PUCK, JONAS F./MICHAEL P. CERHAK: a. a. O. S. 40-43.

[25]   vgl. dazu auch CRIJNS, ROGIER: *Observationsmethoden und Analysen multikulturellen Kooperierens in Teams nach Bales.* In: Emmerling, Tanja (Hrsg.): *Projekte und Kooperationen im interkulturellen Kontext. Interdisziplinäre Perspektiven aus Wissenschaft und Praxis.* Sternenfels 2005, S. 73-86, hier vor allem S. 82.

[26]   vgl. *www.macquarie.com/uk/about_macquarie/media/20020715.htm*, abgerufen am 23. Mai 2008; Heute setzen sich die Shareholder der Aeroporti di Roma S.p.A. wie folgt zusammen: Gemina S.p.A. 95,8 %, Lokale Gebietskörperschaften 3 % und andere 1,2 %. Insgesamt fertigten die Flughäfen der ADR S.p.A. im Jahr 2007 nach eigenen Angaben rund 38 Mio. Passagiere ab. Vgl. dazu *www.adr.it*, abgerufen am 23. Mai 2008.

[27]   vgl. MACQUARIE AIRPORTS, ROME AIRPORT, *Fact Book 2005*, S. 19, issued by Macquarie Airports – Macquarie Airports Holdings (Bermuda) Limited and Macquarie Airports Management Limited, abgerufen unter *www.macquarie.com* im November 2005.

[28]   vgl. MEAD, RICHARD: a. a. O., S. 162 sowie Martino Tasca im Gespräch

[29]   vgl. dazu auch KUMM, SYLVIA: *Italien: Kommunikationsstile zwischen Italienern und Deutschen.* In: Emmerling, Tanja (Hrsg.): *Projekte und Kooperationen im interkulturellen Kontext. Interdisziplinäre Perspektiven aus Wissenschaft und Praxis.* Sternenfels 2005, S. 137-141, hier S. 140.

[30]   vgl. dazu auch PUCK, JONAS F./MICHAEL P. CERHAK: a. a. O. S. 43-47.

Zusammenfassung
Bei international besetzten Projektteams geht es darum, Kommunikation und Integration unterschiedlicher Führungsstile und Businesskulturen zu gewährleisten, ohne dabei die Chancen, die die verschiedenen Perspektiven in einem solchen Projekt mit sich bringen, zu nivellieren. Zudem sollten folgende Voraussetzungen erfüllt sein:
⇨ Teamkollegen sollten hinsichtlich ihrer sprachlichen Fähigkeiten einen möglichst gleichen Stand haben.
⇨ Die Projektmitarbeiter sollten ebenso wie der Projektleiter über möglichst umfassende Erfahrungen mit fremden Businesskulturen und Alltagskulturen verfügen und eine entsprechende Offenheit für Mentalitätsunterschiede mitbringen.
⇨ Der Ort der Projektmeetings sollte nicht nur in einem Land liegen, sondern nach Möglichkeit wechseln.
⇨ Eine ausreichende Unterstützung durch die beteiligten Unternehmen ist ein weiterer Einflussfaktor auf ein möglichst hohes Adjustment der Mitarbeiter in gemischtkulturellen Teams. Sie sollte nach Möglichkeit schon in der Phase der Projektanbahnung durch entsprechende Vorbereitungen, Sprachtrainings der Mitarbeiter etc. erfolgen.
⇨ Im Hinblick auf die operative Projektarbeit sind eine ausgewogene Machtverteilung sowie der »richtige« Projektleiter mit ausgeprägten Kommunikations- und Teammanagementfähigkeiten zentrale Voraussetzungen. Der Projektleiter muss beide Kulturen kennen und mit kulturellen Unterschieden umgehen können. Optimalerweise verfügt er in gleichem Maße über entsprechendes Fachwissen.

Lektionen aus Unternehmen, Politik und öffentlicher Verwaltung

Projektmanagement in der öffentlichen Verwaltung 309
ROLF LAMBERTZ

Projekthandbuch für ein E-Government-Programm 335
WALTER GORA

Projektmanagement am Beispiel eines kommunalen Call-Centers 377
NORBERT BRANDSTÄDTER

Mit Projektmanagement Wahlkampf führen 399
CONNY MAYER-BONDE

Projektmanagement im Vertrieb von Personaldienstleistungen 415
MAGDALENA KLEIN, SAŠA BOŠKOVIC

Projektmanagement in der öffentlichen Verwaltung

Wenn Projekte der öffentlichen Hand scheitern, brandet oft heftige Kritik auf. Man denke nur an FISCUS, eine milliardenschwere Software-Brache der Finanzämter, oder an TollCollect. Projekte in der öffentlichen Verwaltung funktionieren aber oft nach ganz anderen Gesetzen als die in privaten Unternehmen.

In diesem Beitrag erfahren Sie:
- nach welchen Kriterien Projekte bei der öffentlichen Verwaltung vergeben werden,
- wie hier die Projektabwicklung von der Konzeption bis zum Abschluss gestaltet ist und
- warum strukturell bedingte Schwierigkeiten einige dieser Projekte scheitern lassen.

ROLF LAMBERTZ

Einleitung

Projektmanagement in der öffentlichen Verwaltung unterscheidet sich in vielen Aspekten von der Projektabwicklung in der sogenannten »freien Wirtschaft«. Diese Aspekte umfassen die Motivation für das Aufsetzen von Projekten, die Triebfedern der Projektsponsoren, das Vergaberecht und einige Besonderheiten in der Durchführung. Prominente Beispiele für große gescheiterte Projekte der öffentlichen Hand aus den letzten Jahren wie FISCUS, TollCollect oder INPOL-Neu zeigen, dass es hier oftmals um hohe Einsätze von Steuergeldern und die damit verbundene öffentliche und politische Aufmerksamkeit geht.

Die Ergebnisse einer Studie aus 2004 [1] differenzieren nicht nach öffentlichen oder privatwirtschaftlichen Auftraggebern, für Projekte der öffentlichen Verwaltung sind sie gleichwohl zutreffend:

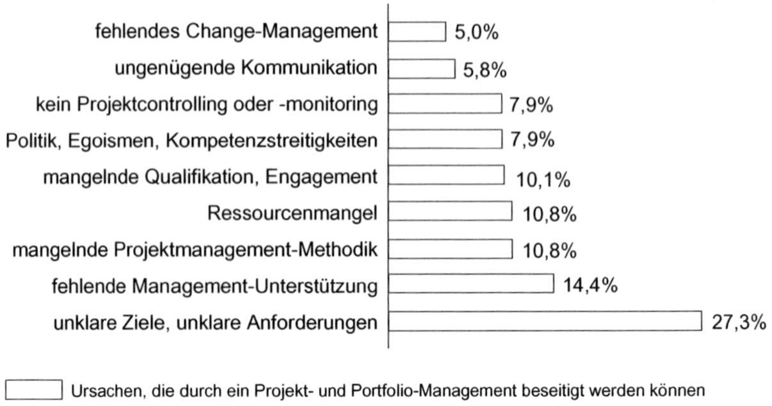

fehlendes Change-Management	5,0%
ungenügende Kommunikation	5,8%
kein Projektcontrolling oder -monitoring	7,9%
Politik, Egoismen, Kompetenzstreitigkeiten	7,9%
mangelnde Qualifikation, Engagement	10,1%
Ressourcenmangel	10,8%
mangelnde Projektmanagement-Methodik	10,8%
fehlende Management-Unterstützung	14,4%
unklare Ziele, unklare Anforderungen	27,3%

☐ Ursachen, die durch ein Projekt- und Portfolio-Management beseitigt werden können

Abb. 1: *Ursachen für das Scheitern von Projekten [1]*

⇨ *Fehlendes Change-Management:* Neue Anforderungen zur Projektlaufzeit werden nicht mit wohldefinierten CM-Prozessen gesteuert. Anforderungen aus der Anwenderebene oder der politischen Ebene werden mit hohem Druck »durchgesetzt«, ohne die Folgen und Nebenwirkungen von Änderungen sorgfältig abgeschätzt und beurteilt zu haben.

⇨ *Ungenügende Kommunikation:* Mangelnde Kommunikation zwischen Auftraggeber und den ausführenden Partnern ist häufig anzutreffen. In Behörden ist auch eine stärkere Verschleierungstaktik, speziell bei der Information »nach oben« anzutreffen.

⇨ *Kein Projekt-Controlling oder -Monitoring:* Projekt-Controlling und die Arbeit mit Metriken ist eine häufige Schwachstelle in Projekten der öffentlichen Verwaltung. Es gibt in letzter Zeit häufiger getrennte Ausschreibungen für den Realisierungspartner und das Controlling (zum Beispiel in den Großprojekten BOS-Digitalfunk oder INPOL), bei der Mehrzahl der kleineren Projekte wird diese Disziplin des PM aber vernachlässigt. Hier ist die Industrie mit dem ständigen Fokus auf der Wirtschaftlichkeit von Projekten weiter.

⇨ *Politik, Egoismen, Kompetenzstreitigkeiten:* Diese Faktoren sind in der öffentlichen Verwaltung von erheblicher Wirkung auf die Projektinitiierung und den Projektverlauf. Typische Probleme entstehen durch wechselnde politische Vorgaben der Führungsebene oder zum Beispiel durch Kompetenzgerangel zwischen Ministerien oder Behörden aller Ebenen. Selbst innerhalb einer Behörde ist der Versuch der Einflussnahme auf das Projekt durch verschiedene Abteilungen und Referate nicht zu unterschätzen.

⇨ *Mangelnde Qualifikation und mangelndes Engagement:* Deutsche Behörden verfügen im Allgemeinen über eine große Zahl hochqualifizierter Mitarbeiter, in den Führungsebenen vornehmlich Juristen. Auf den unteren und mittleren Ebenen treten aber speziell im IT-Sektor Probleme auf, da der Staat, verglichen mit der freien Wirtschaft, nicht adäquat bezahlen kann und auch die Aufstiegschancen für die Mitarbeiter eher begrenzt sind.

⇨ *Ressourcenmangel:* Das Tarifrecht des öffentlichen Dienstes erlaubt keine mit der Industrie vergleichbare Entlohnung der Mitarbeiter, die direkte Folge ist ein Mangel an IT-Experten. Aber auch zur Laufzeit von Projekten kann das Vergaberecht zu Problemen führen, da ein kurzfristiges Aufstocken von Teams nicht unproblematisch ist.

⇨ *Mangelnde Projekt-Management-Methodik:* Die stringente Anwendung von PM-Methoden – wie zum Beispiel des V-Modells, PMI etc. – ist in der öffentlichen Verwaltung selten anzutreffen. Vielfach haben die Mitarbeiter auch keine qualifizierte Ausbildung auf diesem Sektor genossen oder werden bei erfolgreicher Projektabwicklung in der »Linie« wegbefördert. Auf diesem Gebiet ist die öffentliche Verwaltung daher häufig auf externe Unterstützung angewiesen.

⇨ *Fehlende Management-Unterstützung:* Die möglichst hohe Verankerung eines Projekts in der Hierarchie einer Behörde ist zwar einerseits anzustreben, birgt aber auch die Gefahr, in politisches Fahrwasser zu geraten, und gerade politische Entscheidungen richten sich nicht unbedingt nach dem Wohl eines Projekts.

⇨ *Unklare Ziele, unklare Anforderungen:* Diese Ursache für das Scheitern ist in der öffentlichen Verwaltung häufig vorzufinden. Beispiel INPOL-neu: In den 90er Jahren sollte das betagte INPOL-System des Bundeskriminalamts und der gesamten deutschen Polizei erneuert werden. Die fachlichen Anforderungen aus dem Bund und den 16 Bundesländern führten zu einer vollkommenen funktionalen Überfrachtung, bei der den Beteiligten die Übersicht, speziell bei den eigentlichen Zielen des Systems, verloren ging. Nach nur einer Woche Probebetrieb im April 2001 wurde das System für immer abgeschaltet und zirka 40 Millionen Euro wurden abgeschrieben.

Betrachtet werden soll in diesem Beitrag, illustriert durch Beispiele aus realen Projekten, welche Unterschiede in Kultur und Vorgehensweise vom Projektmanagement berücksichtigt werden sollten, um Projekte in der öffentlichen Verwaltung erfolgreich durchführen zu können.

Projektidee

In der freien Wirtschaft ist die stärkste Triebfeder für die Definition eines neuen Projekts die Wirtschaftlichkeit. Typische Fragestellungen, die ein Business-Case berücksichtigt, sind die Einsparpotenziale oder wirtschaftliche Vorteile zur Konkurrenz, die durch die Umsetzung eines Projekts zu heben sind. Die Einsparpotenziale haben viele Facetten – von der möglichen Personaleinsparung bis zur schnelleren und effizienteren Abwicklung von Geschäftsprozessen –, um nur zwei Beispiele anzuführen.

In der öffentlichen Verwaltung treten jetzt schon deutlich unterschiedliche Triebfedern zutage. So ist die Einsparung von Personal bei vielen Behörden politisch schlichtweg nicht erwünscht, zumindest wird sie als Projektziel nicht offen propagiert. Die Gründe liegen in der politischen Stimmung, im Dienstrecht und der Unkündbarkeit vieler Mitarbeiter. Anreize für neue Projekte kommen häufiger aus den Bereichen »Optimierung für den Bürger« oder »Dies muss wegen der Gesetzeslage (Land, Bund, EU) umgesetzt werden«. Politische Ziele und der Nutzen von IT-Projekten haben oft nichts miteinander zu tun, der Abgleich zwischen den Zielen der Verwaltung/Behörde und der politischen Ausrichtung findet nicht statt.

Es gibt auch viele Projekte der öffentlichen Hand, für die nie eine Wirtschaftlichkeitsbetrachtung durchgeführt wurde. Häufig wird für ein Projekt auf Grund nicht detailliert belegbarer Schätzungen ein Budget festgelegt, und die Gelder, die im Haushaltsplan für das Projekt eingeplant wurden, werden auch ausgegeben. Das nach wie vor gültige kamerale Haushaltsrecht belohnt Einsparungen nicht. Gelder, die im Laufe eines Haushaltsjahres nicht ausgegeben werden, verfallen und stehen für die Folgejahre nicht mehr zur Verfügung.

Projektsponsor
Gelingt es in einem Unternehmen, einen hochrangigen Mitarbeiter, zum Beispiel aus dem C-Level, von der Projektidee zu überzeugen, können Projekte erstaunlich schnell auf den Weg gebracht werden. Die benötigten Ressourcen und finanziellen Mittel zur Ausstattung des Projekts können zügig bereitgestellt werden und die Auswahl von Realisierungspartnern muss nicht formalen Vergaberichtlinien folgen. Erfolgreiche Projekte in der freien Wirtschaft verfügen häufig über eine stabile Verankerung auf hoher Ebene. Damit kann die nötige Durchschlagkraft im Projektalltag, speziell bei der Überwindung auftretender Hindernisse, sichergestellt werden.

Für die Verankerung der Projektleitung innerhalb einer Verwaltung gelten andere Rahmenbedingungen. Am Beispiel eines Ministeriums, ob auf Landes- oder Bundesebene, werden die wichtigsten Unterschiede schnell deutlich: Die Führungsebene, also die Minister, Staatssekretäre und zum Teil auch die Abteilungsleiter, sind Politiker beziehungsweise »politische Beamte« und können nach der nächsten Wahl entlassen beziehungsweise in den einstweiligen Ruhestand versetzt werden. Die gewählten oder eingesetzten Nachfolger können den laufenden Projekten wohlwollend oder skeptisch gegenüberstehen und Projekte durch die Änderung von Rahmenbedingungen extrem gefährden, wenn nicht – im schlimmsten Fall – sogar in vollem Lauf stoppen. Wirtschaftlichkeit spielt bei diesen Entscheidungen oft nur eine untergeordnete Rolle. Natürlich kann auch in der freien Wirtschaft der Sponsor plötzlich abberufen werden, und dies kann fatale Folgen für das Projekt haben. In der öffentlichen Verwaltung hat man hier aber einen vorgegebenen und dadurch auch einplanbaren Vier- bis Fünf-Jahres-Rhythmus.

Der politische Wille, IT-Projekte auf den Weg zu bringen, ist oft nicht sehr ausgeprägt. Die hohen Erfolgsrisiken, belegt durch viele gescheiterte große Projekte, schrecken viele Politiker ab. Erfolgreiche Projekte der öffentlichen Verwaltung zeichnen sich oft durch einen engagierten Projektleiter mit guter Anbindung an die politische Führung aus. Ein Beispiel soll dies verdeutlichen.

> **Beispiel: Wie in der Verwaltung der Erfolg einem Projekt schaden kann**
> Der PL eines großen Polizeiprojektes hatte einen direkten Draht zum zuständigen Innen-Staatssekretär und konnte viele Hindernisse schnell und unbürokratisch aus dem Weg räumen. Er verfolgte ein klares Ziel und führte das Projekt engagiert voran. Als er auf Grund des Projekterfolges befördert wurde, kam ein Nachfolger aus der Polizeitruppe, der trotz seines hohen Ranges nicht über den direkten Draht zum Staatssekretär verfügte. Darüber hinaus fehlte die Zielstrebigkeit des Vorgängers, Hindernisse aus dem Weg zu räumen. Die Kultur wandelte sich in kurzer Zeit in das verwaltungstypische Abstimmen und »Mitzeichnen«, und das Projekt kam in der Schlussphase in ernsthafte Probleme.

Weitere Projektrisiken erwachsen im Umfeld der Wahlen. Bereits Monate vor dem Wahltermin, wenn der Wahlkampf begonnen hat, sinkt die Entscheidungsfreude der Verwaltung. Man möchte zum einen den potenziellen Nachfolgern keine vollendeten Tatsachen mehr schaffen, und unpopuläre Entscheidung werden jetzt garantiert nicht mehr getroffen.

Sollte die Führungsebene durch die Wahl bestätigt werden, ist die Auswirkung auf das Projekt meist minimal, bei einem Wechsel kommt aber nun eine weitere Phase der Stagnation, die neue Führungsebene muss sich erst etablieren und Einarbeiten. Ganz harte Zeiten können für ein Projekt durch Umressortierungen entstehen, das heißt, dass der Zuschnitt von Ministerien oder auch des nachgeordneten Bereichs geändert wird. Jetzt kann die Wiederherstellung der Arbeitsfähigkeit weitere Monate dauern. Die Projektleitung muss diese Auswirkungen einplanen und, soweit möglich, zum Beispiel durch Verträge und Vereinbarungen auf der Verwaltungsebene die Kontinuität absichern.

IT-Leitung in Behörden

In vielen Ministerien und oberen Behörden ist die IT in den Zentralabteilungen den sogenannten Organisations-Referaten zugeordnet. Die Zentralabteilung ist traditionell zuständig für Grundsatzfragen, Personal, Haushalt und Organisation, das Organisations-Referat wiederum für IT, Prozesse, Haustechnik bis hin zum Fuhrpark oder der Ausstellung von Hausausweisen. Im Polizeibereich gibt es auch häufig das Referat »FEM«, Führungs- und Einsatzmittel – die IT rangiert hier neben Waffen und Fuhrpark.

Das Wissen um die Leitung größerer IT-Projekte ist daher oft nicht sehr ausgeprägt, zumal der Großteil der Abteilungs- und Referatsleiter Volljuristen sind – Ingenieure oder Informatiker sind

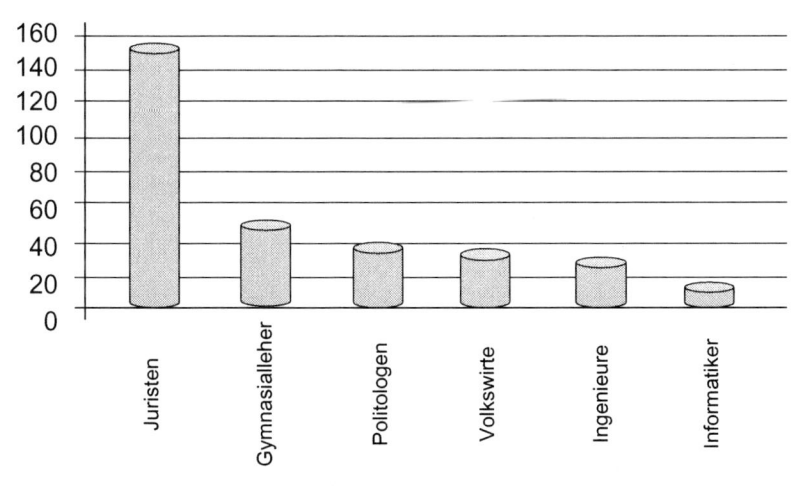

Abb. 2: *Verteilung der 614 Abgeordneten des Deutschen Bundestages nach Ausbildungsberufen*

Ausnahmen. Die Zusammensetzung der 614 Abgeordneten des Deutschen Bundestages mag dies veranschaulichen: Lediglich zwei Parlamentarier, das sind 0,3 Prozent, sind Informatiker und nur 20 sind Ingenieure (3,3 Prozent).

Das für den Bau eines Eigenheims ein Architekt, Bauingenieure und Statiker nötig sind, ist selbstverständlich. IT-Projekte der öffentlichen Hand werden dagegen häufig von einem oder mehreren Mitarbeitern geleitet, von denen keiner über eine einschlägige IT-Ausbildung verfügt. Ein wesentlicher Grund ist dabei sicher in den Besoldungsmöglichkeiten des öffentlichen Dienstes zu ermitteln: Der Staat kann selbst in obersten Behörden wie Ministerien nicht marktgerecht bezahlen, das Tarif- und Besoldungsrecht erlaubt nur Gehälter, die gegen die in der freien Wirtschaft üblichen Gehälter unattraktiv sind. Das starre Laufbahnrecht mit den ausbildungsbasierten Einstufungen in den gehobenen (FH) oder höheren Dienst (Universität), verbunden mit im Normalfall drei bis vier Beförderungen während des Berufslebens, steigert die Attraktivität kaum.

Gelingt es trotzdem, Mitarbeiter aus der Wirtschaft für eine Leitungsposition im öffentlichen Dienst zu gewinnen, so sind diese Mitarbeiter in der Mehrzahl vorrangig an der Sicherheit des Arbeitsplatzes interessiert. Diese Mentalität erweist sich im eher pragmatischen Projektgeschäft nicht unbedingt als Vorteil.

Zum Stellenwert der IT in einer großen Behörde das folgende Beispiel: Ein heute sehr hoher Beamter und Volljurist, der sich auf eine interne Ausschreibung seiner damaligen Behörde um den Posten des Referatsleiters IT beworben hatte, wurde von Kollegen angesprochen: »Aber Sie wollten doch bei uns Karriere machen…«.

Für das Projektmanagement des Auftragnehmers bedeutet dies, dass in vielen Fällen die Projektleitung des Auftraggebers durch externe Coaches verstärkt wird. Aus formalen Gründen muss ein Mitarbeiter der Behörde der offizielle Projektleiter sein, um zum Beispiel Beauftragungen für Auftragnehmer rechtsgültig zeichnen zu können. Dem Coach des Projektleiters fehlt es dann oft an der nötigen Durchschlagskraft im Alltag. Innerhalb der Behörden wird der externe Coach nicht als gleichberechtigt wahrgenommen.

Organisatorisches Umfeld

Im Gegensatz zur freien Wirtschaft hat man bei Projekten der öffentlichen Verwaltung ein deutlich komplexeres Umfeld. Zu unterscheiden sind die politische Ebene mit der Regierung und den anderen Ministerien sowie andere Behörden, die innerhalb des Landes beheimatet sein können, als auch Behörden außerhalb des direkten Einflussbereichs. Dazu gehören (aus Sicht eines Bundeslandes) Bundesbehörden und kommunale Behörden, auf die eine Landesregierung nur indirekten Einfluss hat.

Die politische Ebene, zu der ja auch der Auftraggeber gehört, kann erheblichen Einfluss auf das Projekt nehmen, nicht nur in Wahlkampfzeiten, in denen krasse Entscheidungen fallen können. Projekte

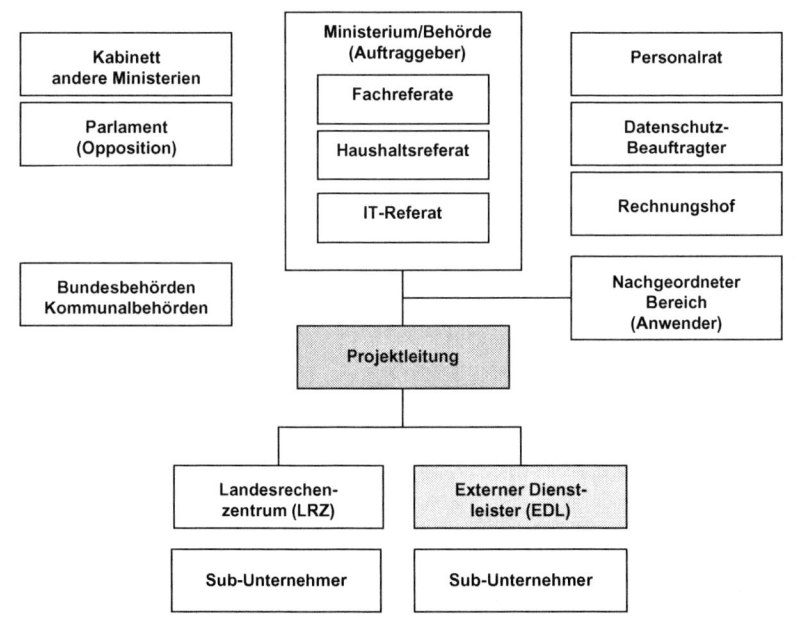

Abb. 3: *Typisches Projektumfeld in einer Landesverwaltung*

der öffentlichen Hand stehen auch schnell im Kreuzfeuer der Oppositionsparteien, die zum Beispiel durch Anfragen im Parlament Unruhe auslösen können. Eine solche Anfrage muss in der Regel binnen 14 Tagen vom zuständigen Minister im Parlament beantwortet werden. Die Qualität der einzelnen Fragen einer solchen parlamentarischen Anfrage zeugen häufig von Insiderwissen über das betroffene Projekt. Die Projektleitung sollte sich immer vergegenwärtigen, dass parteipolitische Bindungen innerhalb der Verwaltung auf allen Ebenen vorhanden sind. Für die tägliche Arbeit bedeutet dies, die Verteiler von Projektberichten oder die Zusammensetzung von Meetings kritisch zu betrachten. Weitere Behörden, die den Projektfortschritt beeinflussen können, sind der Datenschutzbeauftragte (DSB), der Rechnungshof (RH) und der Personalrat (PR).

»*Der Datenschutzbeauftragte*« *(DSB)* ist normalerweise eine kleinere, eigenständige Behörde mit Sachbearbeitern für bestimmte Aufgabenfelder. Es ist grundsätzlich zu empfehlen, den DSB frühzeitig in das Projekt einzubinden, zum Beispiel durch eine Einladung zur Vorstellung des Fachkonzeptes. Manch potenzielles Problemfeld kann so eventuell schon frühzeitig geklärt werden. Typische Problemfelder sind der Umgang mit kritischen Daten – wie zum Beispiel Personaldaten –, die Verschlüsselung von Daten und die allgemeine Beachtung von Sicherheitsstandards – wie zum Beispiel des BSI-Grundschutzhandbuchs. Die Erstellung der formell vorgeschriebenen Berichte und Anträge (Verfahrenskontrolle) sollte nicht verschleppt oder gar vergessen werden. Je später diese eingereicht werden, desto gefährlicher kann die Reaktion für das Projekt werden. Der DSB hat keine direkten Befugnisse, aber schon die Androhung, das Projekt im nächsten, jährlich erscheinenden DSB-Jahresbericht kritisch zu würdigen, löst auf der politischen Ebene erhebliche Unruhe aus. Ein kritischer Brief des Präsidenten der DSB-Behörde an den Ministerpräsidenten kann ebenfalls massive Turbulenzen auslösen.

Der Rechnungshof (RH) ist eine unabhängige Behörde, die direkt dem Parlament berichtet. Die Prüfer des RH haben den Status eines unabhängigen Richters. Auch hier kann die frühzeitige Einbindung und regelmäßige Information nur empfohlen werden. Der RH kann vom Parlament mit der Überprüfung eines Projekts beauftragt werden – dies ist eine Waffe der Opposition, und die Berichterstattung im Jahresbericht wird sehr kritisch analysiert. Gegenstand der Prüfung sind das Vergabeverfahren und die Abwicklung des Projekts, speziell in finanzieller Hinsicht.

Personalräte (PR), die öffentliche Analogie zu Betriebsräten, bestehen in jeder Behörde, zusätzlich gibt es für größere Geschäftsbereiche Hauptpersonalräte. Die Personalräte sind die dritte Institution, die Projekte glatt zu Fall bringen kann. Im Gegensatz zum DSB und RH verfügen die Personalräte häufig nicht über IT-Experten, hier ist eine besonders sorgfältige Information nötig. Kritisch sind für den PR alle Bereiche, die mit Personaldaten und möglichen Leistungskontrollen zu tun haben. Mögliche Personaleinsparungen oder Begriffe wie »Outsourcing« lassen die Aufmerksamkeit des PR auch sprunghaft steigen.

Föderalismus und Gebietskörperschaften sind zwei weitere Punkte, die die Projektleitung im Auge haben muss. Der Föderalismus kommt ins Spiel, wenn es um Länderübergreifende Projekte wie INPOL oder die Einführung des BOS-Digitalfunks geht. Alle richtungsweisenden Entscheidungen müssen hier mit 15 weiteren Ländern und der Bundesebene abgestimmt werden, was die Konsensfindung massiv erschwert und verzögert. Politische Faktoren – »A-Länder« mit SPD-Regierung und »B-Länder« mit CDU-Regierung tragen in diesen Gremien parteipolitische Gefechte aus, regionale Besonderheiten (neue Bundesländer und alte Bundesländer) können zutage treten und bereits bestehende Partnerschaften wie zum Beispiel der IPCC-Polizei-Verbund der Länder Hessen, Baden-Württemberg, Hamburg und Brandenburg – wirken sich hier aus.

Mit dem Einfluss der Gebietskörperschaften sind die Probleme in der Zusammenarbeit zwischen einer Landesregierung und den Kommunen und kreisfreien Städten gemeint. Klassische Beispiele:

⇨ *Kultusverwaltung:* Lehrer sind Landesbeamte, die Sekretärinnen der Schulen sind aber bei der Kommune beschäftigt. Auch die ge-

samte Infrastruktur der Schulen, zu der die IT-Ausstattung gehört, liegt in der Hand der kommunalen Schulträger.
⇨ *Innenverwaltung:* Polizisten sind Landesbeamte, die Feuerwehren unterstehen den Kommunen.

Auf Bundesebene findet sich auch im Bereich der Polizei die Analogie: Das Bundeskriminalamt und die Bundespolizei unterstehen dem Bundesinnenminister, die Länderpolizeibehörden dagegen nicht. Bei der Überschreitung dieser Bund/Land/Kommune-Grenzen ist grundsätzlich mit einem hohen und langwierigen Abstimmungsbedarf zu rechnen. Ein Landesinnenminister kann seinen Polizeikräften auf dem Erlassweg direkte Anweisungen erteilen, bei den Feuerwehren ist dagegen Überzeugungsarbeit nötig, wobei Geld in diesen Fällen häufig sehr überzeugend wirkt.

Projektkultur
In der Zusammenarbeit von Behörden und externen Dienstleistern treffen sehr verschiedene Arbeitskulturen aufeinander, die den Projektfortschritt in der täglichen Zusammenarbeit erheblich beeinträchtigen können. Ein offensichtliches Beispiel dafür ist die unterschiedliche Arbeitszeit – junge Berater aus großen IT-Systemhäusern haben wenig Probleme mit ungewöhnlichen Arbeitszeiten. Wenn dann mehrfach Arbeit, die eigentlich ein gemischtes Team fertigstellen sollte, von den externen Beratern alleine bearbeitet wird, entstehen Spannungen. Altersunterschiede können auch problematisch werden. Wenn ein 32-jähriger »Manager« eines großen Beratungshauses vor einer Runde von höheren Ministerialbeamten vorträgt, von denen jeder sein Vater sein könnte, so ist die große Projekterfahrung nicht einfach rüberzubringen. Feedback eines älteren Ministerialrates: »Was war das denn heute – Jugend forscht?«

Die Zusammenarbeit mit den behördeneigenen IT-Fachkräften erfordert ebenfalls Fingerspitzengefühl seitens der Projektleitung, denn häufig steht die unterschwellige Frage «Warum beauftragt unsere Behörde Externe – traut sie uns das nicht zu?« im Raum.

Vergaberecht

Ein Unternehmen kann für die Umsetzung eines Projektes Partner seiner Wahl beauftragen, ob mit vorausgehender Ausschreibung oder auch nicht. Argumente wie »Wir haben mit Firma X in den letzten Jahren sehr gute Erfahrungen gemacht und werden das neue Projekt auch von X realisieren lassen« sind durchaus üblich und legitim.

Dagegen muss das öffentliche Vergaberecht bei allen Beauftragungen der öffentlichen Hand eingehalten werden. Nur bei sehr kleinen Aufträgen kann nach obigem Muster verfahren werden (»freihändige Vergabe«), bereits ab 20.000 Euro muss ausgeschrieben werden, bei Überschreiten der 200.000-Euro-Grenze sogar europaweit unter Einhaltung fester Zeiträume und Formalien.

Zwei Gefahren kommen jetzt auf ein Projekt zu, dessen Umsetzung auf der Entscheidungsebene bereits genehmigt wurde: Ausschreibungsverfahren können sich über sehr lange Zeiträume ziehen, und die schließlich zum Zuge kommenden Partner sind nicht die für die Realisierung des Projekts optimalen Partner.

Die langen Zeiträume ergeben sich aus der Komplexität des Vergabeverfahrens. Ein vorgeschalteter Teilnahmeantrag kann ausgeschrieben werden, um die Zahl der an der eigentlichen Ausschreibung teilnehmenden Firmen zu reduzieren und ungeeignete Bewerber auszufiltern. Meist sind nach dem Teilnahmeverfahren noch drei bis acht Firmen in der engeren Runde, und erst jetzt beginnt die eigentliche Ausschreibung, die sich je nach Gegenstand über Monate hinziehen kann.

Einige große Behörden sind dazu übergegangen, Rahmenverträge mit drei- bis fünfjähriger Laufzeit zu vergeben. Im Teilnahmeverfahren wird sichergestellt, dass die fünf bis acht »großen Player« in der Endrunde sind, und nun wird argumentiert, dass jedes dieser Unternehmen die ausgeschriebene Leistung erbringen könne – also ist der Preis das maßgebliche Vergabekriterium. Langjährige Vertrauensbeziehungen können so abrupt enden und erwartete Folgebeauftragungen ausbleiben.

In der Bearbeitungszeit der Ausschreibung lauert eine weitere Quelle möglicher, späterer Projektprobleme. Vielfach können Bieterfragen eingereicht werden, deren Antworten anonymisiert allen bietenden Unternehmen zugestellt werden. Das typische Dilemma entsteht, wenn zum einen nicht zu viele Fragen gestellt werden sollen, denn die Konkurrenz soll ja nicht Informationen umsonst erhalten, zu wenige Fragen aber das spätere Projekt gefährden können. Wird zur Vermeidung von Unklarheiten mit Annahmen gearbeitet, kann dies später böse Folgen haben – die Annahmen waren falsch und man hätte ja Fragen können...

Steht der »Sieger« der Ausschreibung fest, können unterlegene Mitbewerber auf dem Klageweg weitere Verzögerungen bis hin zur Aufhebung des gesamten Vergabeverfahrens erreichen. Laufzeiten von sechs Monaten bis zu einem Jahr sind hier durchaus als normal zu bewerten.

Beispiel: »Gesundheitskarte Österreich«

Als besonders krasses Beispiel sei hier das Vergabeverfahren zum Projekt »Gesundheitskarte Österreich« aufgeführt: Durch Einsprüche des Mitbewerbs kam es zu einer Verzögerung der Zuschlagserteilung um vier Monate. 26 Gerichtsverfahren wurden durch die Einsprüche ausgelöst. Auch nach der Zuschlagsbestätigung war noch ein Großteil der Gerichtsverfahren anhängig, mehr drohte das Risiko einer einstweiligen Verfügung. Alle Verfahren wurden zugunsten des Auftraggebers entschieden, bis hin zu einem EUGH-Urteil. Durch nachträgliche Gesetzesänderungen wurde das Projekt mehrfach mit neuen technischen und funktionalen Problemstellungen konfrontiert.

Auch die Auswahl des Siegers birgt Risiken, denn die öffentliche Verwaltung ist streng gehalten, nach wirtschaftlichen Kriterien zu vergeben, immerhin geht es ja um das Ausgeben von Steuergeldern. Der im Angebot abgegebene Preis hat daher oft eine überproportionale Bedeutung gegenüber weiteren Kriterien wie zum Beispiel Qualifikation des Anbieters, Qualität der zu liefernden Arbeiten. In extremen Fällen können Firmen zum Zuge kommen, dir durch den Preis die weiteren Kriterien ausgehebelt haben und dem öffentlichen Auftraggeber bleibt keine andere Wahl, als sehenden Auges ein Unternehmen zu beauftragen, dessen Qualifikation alleine kaum zum Zuschlag der Ausschreibung gereicht hat.

Im Projektablauf birgt das Vergaberecht weitere Probleme, denn Änderungen des Projektauftrags oder nachträgliche Budgeterhöhungen müssen immer gegen die ursprüngliche Ausschreibung geprüft werden. Bei Nicht-Beachtung der im Vergabeverfahren definierten Anforderungen können unterlegene Mitbewerber sonst nachträglich klagen oder Rügen vom zuständigen Rechnungshof als Kontrollinstanz drohen. Rahmenbedingungen der Ausschreibung können sein:

⇨ *Laufzeit:* Die Laufzeit eines Vertrags ist oft auf einen festen Zeitraum (zum Beispiel drei Jahre plus ein Jahr maximale Verlängerung) festgesetzt. Eine weitere beziehungsweise erneute Verlängerung ist ohne eine neue Ausschreibung nicht zulässig. Hier entsteht das Risiko nach Erfüllung der Laufzeit wieder bei Null anfangen zu müssen. Auch noch so termintreue Projektarbeit verhindert nicht, dass bei einer Folgeausschreibung ein Mitbewerber den Zuschlag erhält.

⇨ *Ressourcen:* Der Einsatz von Mitarbeitern kann durch die Ausschreibung begrenzt sein, es gibt sogar Ausschreibungen, in denen zum Beispiel exakt acht Mitarbeiter mit einem jeweils individuellen Anforderungs-Profil ausgeschrieben werden. Die Vergrößerung des Teams während der Projektlaufzeit ist dann riskant. Auch zur Laufzeit kann es Ressourcen-Engpässe geben, die vielleicht durch das rasche Hinzuziehen externer Unterstützung gemeistert werden könnten. Auch hier gilt das Vergaberecht und die dringend benötigte Hilfe kann oftmals nicht zeitnah angefordert werden.

Projektabwicklung

Die grundlegenden Phasen der Projektabwicklung unterscheiden sich bei öffentlicher Verwaltung und freier Wirtschaft eigentlich kaum. Umso interessanter ist es, einige Phasen genauer zu betrachten und zum Teil erhebliche Unterschiede aufzuzeigen.

Projektinitialisierung

Die Zielfindung und Fokussierung des Projekts kann in der öffentlichen Verwaltung ein langwieriger, mehrjähriger Prozess werden. Die Kultur der öffentlichen Verwaltung ist mehr konsensorientiert als die der freien Wirtschaft, regeln wie »time is money« sind nahezu unbekannt. Allein die Bildung von Gremien und die Ermittlung der Zuständigen für die Abstimmung von Konzepten kann ein langwieriges Unterfangen werden. Verschiedene Referate oder Dezernate wollen beteiligt werden, die diversen Beauftragten für Datenschutz, Schwerbehinderte, Gleichstellung und der Personalrat müssen eingebunden werden, nicht zu vergessen die jeweils zuständigen Abteilungen für Personal und Haushalt. Bei so vielen Beteiligten ist es nur natürlich, dass Abstimmungsprozesse – und sei es nur das Ansetzen von Meetings – zeitraubend sind. Vorschläge wie »Hier sollte das Referat X mitzeichnen« sind die klassischen Bremsklötze.

Die Etablierung von Gremien – wie eines Lenkungsausschusses, der Projektleitung, Jour-Fixe-Runden und weiterer regelmäßiger Meetings – erfordert zudem viel Fingerspitzengefühl, um alle wichtigen Vertreter des Auftraggebers entsprechend zu berücksichtigen. Die frühzeitige Einbindung, insbesondere des Datenschutzes, des Rechnungshofes oder der Personalräte, kann im späteren Projektverlauf viel Ärger und damit verbundene Verzögerungen verhindern helfen.

Heikel können Projekte auch schon in der Startphase werden, wenn die Projektleitung der Behördenseite sich externe Unterstützung ins Boot holt, zum Beispiel in Form eines Coaches für den auftraggeberseitigen Projektleiter. Dieser Coach kommt wie der Auftragnehmer aus der freien Wirtschaft, oftmals aus einem direkt konkurrierenden Unternehmen.

Fachliche Konzeption

»Viele Köche verderben den Brei« – diese Weisheit gilt hier uneingeschränkt. Prozesse der öffentlichen Verwaltung sind oft althergebracht und nur schwer zu verändern, dafür sorgen schon die vielen Beteiligten. Kann die Koordination der Beteiligten innerhalb einer Behörde schon schwierig werden, so nehmen die Probleme auf den externen Ebenen exponentiell zu: Gebietskörperschaften (Land, Kreise und Kommunen), Bundesländer oder die EU. Das Polizeiprojekt INPOL-neu ist im April 2001 an der fachlichen Überfrachtung aus den 16 Landespolizeibehörden plus Bundespolizei, Bundeskriminalamt und Zollkriminalamt zu Grunde gegangen. Dabei gilt für alle Polizeibehörden die bundeseinheitliche Strafprozessordnung und auch die Polizeiordnungsgesetze unterscheiden sich auf Landesebene nicht so erheblich, dass das Scheitern allein darauf zurückzuführen wäre. Konnte der Fahndungsverbund INPOL in einem zweiten Anlauf gerettet werden, so verfügen die 19 deutschen Polizeibehörden bis heute über zehn verschiedene, inkompatible Vorgangsbearbeitungssysteme. Aber auch innerhalb einer Landesverwaltung lauern Gefahren. Ein Beispiel mag dies veranschaulichen.

Beispiel: Syntax der E-Mail-Adresse

Im Rahmen der Konsolidierung der E-Mail-Infrastruktur für eine Landesverwaltung stand neben vielen technischen Aspekten die Frage nach der Syntax der neuen, für alle Angestellten und Beamten einheitlichen E-Mail-Adresse an. Schon vor Beginn des Infrastrukturprojektes hatte es dazu verschiedene Konzepte und Stellungnahmen gegeben. Verschiedene Ministerien beharrten aber hartnäckig auf ihrer gewohnten Form. Erst ein Beschluss auf Kabinetts-Ebene, als Syntax »vorname.nachname@behoerde.bundesland.de« festzulegen, schuf den Durchbruch. Die in der Verwaltung zentrale Frage »Wo steht das?« war durch den auf die Kabinetts-Sitzung folgenden Runderlass geklärt...

Projektorganisation

Zwei Grundformen der Projektorganisation können unterschieden werden:
- ⇨ Im ersten Fall besteht eine Zweier-Beziehung zwischen dem Auftraggeber (Ministerium oder Behörde) und dem Auftragnehmer (externer Dienstleister).
- ⇨ Im zweiten Fall gibt es eine Dreier-Konstellation, bei der ein IT-Dienstleiter auf der Behördenseite, zum Beispiel das Landesrechenzentrum (LRZ), bei der Wahrnehmung des IT-Betriebes als beauftragte Behörde ins Spiel kommt.

In beiden Fällen obliegt die Gesamtprojektleitung und die fachliche Steuerung der auftraggebenden Behörde. Im zweiten Fall können aber zusätzliche Probleme und Reibungsverluste auftreten. Das LRZ sieht sich grundsätzlich auf der Seite des Ministeriums, es ist ja auch eine Behörde mit Mitarbeitern des öffentlichen Dienstes. Zu prüfen ist hier bereits die Frage, ob das LRZ zum »nachgeordneten Bereich« des Ministeriums gehört, dies ist häufig bei Finanz- oder Innenministerien der Fall. Wenn nicht, fehlt der Projektleitung oft der manchmal nötige Durchgriff auf das LRZ. Dies kann sich zum Beispiel bei der Bereitstellung von Ressourcen negativ bemerkbar machen. Ein weiteres Manko vieler Behörden mit IT-Aufgaben ist der hohe Anteil von externen Mitarbeitern. Auf Grund des Gehaltsgefüges des öffentlichen Dienstes bleibt dem LRZ häufig keine andere Wahl als bestimmte, oft technologisch anspruchsvolle Aufgaben mit freien Mitarbeitern zu besetzen. Für den geordneten Projektablauf birgt diese Personalpolitik aber die ständige Gefahr der unplanbaren Fluktuation. Kurioserweise werden in Ausschreibungen oft harte Maßstäbe an das vom potenziellen Auftragnehmer einzubringende Personal – insbesondere die Festanstellung – gefordert.

Projektverlauf

Im laufenden Projekt ist ein besonderes Augenmerk auf das *Controlling* zu richten. In der freien Wirtschaft längst etabliert, findet diese Disziplin in Behörden nicht die nötige Aufmerksamkeit. Die ständige Prüfung der Projektarbeit gegen die zu Beginn definierten Ziele, die Budgetüberwachung und die kontinuierliche Fortschrittsüberwachung sind meist unterentwickelt. Dazu ein Beispiel aus einem größeren Polizei-Projekt:

> **Beispiel: Erschwerte Fortschrittsüberwachung**
>
> Die Einführung einer wöchentlichen Fortschrittsüberwachung durch Stundenzettel der Projektbeteiligten mit Aufschlüsselung nach Tätigkeiten scheiterte am vehementen Einspruch des polizeilichen Personalrats. Dem externen Dienstleister blieb nach vielen ergebnislosen Gesprächen nur die Datenerhebung bei den eigenen Mitarbeitern und die pauschale Abschätzung der Leistung der Polizisten übrig. Dies erschwert natürlich eine nachvollziehbare Fortschrittsbetrachtung.

Das Aufsetzen eines klar definierten Change-Management-Prozesses ist, speziell auf Grund der vergaberechtlichen Einschränkungen, von großer Bedeutung. Hier muss für alle beteiligten Parteien hohe Transparenz bestehen. Viele Behörden sind auf diesem Sektor auch auf Grund schlechter Erfahrungen sehr restriktiv, da manche Unternehmen nach dem Gewinn der Ausschreibung versuchen, den Projekt-Umfang durch überschnelle Einleitung von Change-Requests auszuweiten. Mögliche Projektverzögerungen mag ein weiteres Beispiel aufzeigen:

> **Beispiel: Systemtest scheitert an Einsatzplänen**
>
> Für den Systemtest einer polizeilichen Anwendung waren zehn externe Mitarbeiter und zehn Polizisten eingeplant. Zum Starttermin erschienen aber nur drei Polizisten, die anderen hatte der zuständige Direktionsleiter aus Einsatzgründen kurzfristig zurückbeordert.

Projektdokumentation

Die umfassende Dokumentation aller Projektphasen ist eine Selbstverständlichkeit, die aber häufig nicht gelebt wird. Bei Projekten in der öffentlichen Verwaltung ist eine konsistente Dokumentation aber von besonderer Bedeutung. Spätestens zu Beginn der Prüfung durch den zuständigen Rechnungshof wird der Projektleitung dies klar – und die Frage nach der »revisionssicheren Dokumentation« muss negativ beantwortet werden. Es ist dringend zu empfehlen, alle Phasen – von der Vergabe und Vertragsverhandlung bis zur Abnahme und Gewährleistung – lückenlos zu dokumentieren. »Revisionssicher« bedeutet die sichere Abspeicherung mit dem Schutz vor der nachträglichen Veränderung von Dokumenten. Im Ernstfall, zum Beispiel bei einer Rückabwicklung oder Schadensersatzklage, müssen die Dokumente als Beweismittel »gerichtsfest« sein.

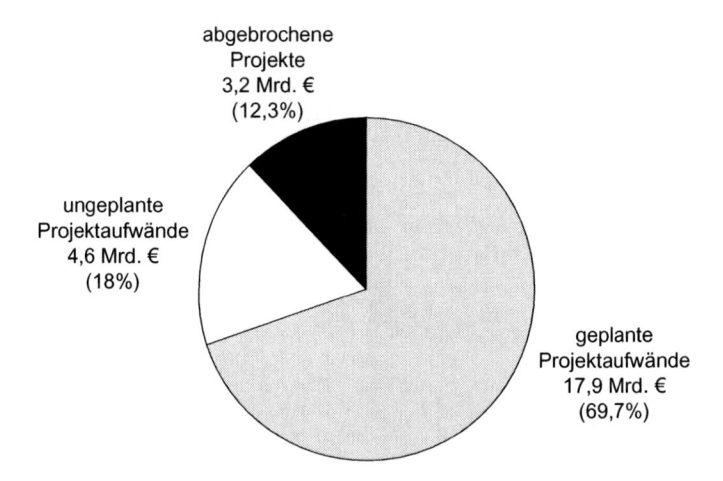

Abb. 4: *Verteilung der Kosten bei IT-Projekten in Deutschland (2003) [2]*

Projektkosten

Im Vergabeprozess wird die finanzielle Deckelung des Projektes oftmals bereits vorgegeben. Nachträgliche Aufstockungen sind in der Regel schwierig und müssen verschiedene Hürden nehmen. Wenn man als Erfahrungswert 18 Prozent der Projektkosten als ungeplante Aufwände einkalkuliert, entsteht hier ein potenzielles Projektrisiko. Eine große Hürde stellen das Haushaltsrecht und die Einplanung der Budgets für das Folgejahr dar. Bereits im März oder April eines Jahres müssen die Haushaltspläne für das Folgejahr aufgestellt werden, im Juni wird der Etat auf den höchsten Ebenen festgezurrt, um im Herbst im Parlament zur Abstimmung gebracht zu werden. Welche konkreten Probleme aus diesem Prozess für ein Projekt erwachsen können, macht ein Beispiel deutlich:

Beispiel: Die schwierige Kostenplanung

Im April wurde für das folgende Haushaltsjahr für ein größeres Software-Entwicklungsprojekt ein Budget von zehn Millionen Euro eingeplant. Dieses Budget umfasste die Entwicklungs-Kosten für den externen Dienstleister und alle Kosten innerhalb der Behörde (zum Beispiel für Test, Support und Betrieb). Nach Abschluss der Haushaltsplanung im Sommer traten aber schwerwiegende Probleme auf, die zu spontanen Mehrausgaben für weitere Mitarbeiter und zusätzliche Hardware führten. Diese Kosten wurden von der politischen Führung kurzfristig genehmigt. Verzögerungen in der Rechnungsstellung führten zu einer Fakturierung der Kosten im Folgejahr, dessen geplantes Budget von zehn Millionen Euro dadurch um zwei Millionen Euro überschritten wurde. Abhilfe kann in solchen Fällen die Beantragung eines Nachtragshaushalts schaffen. Das ist aber mit vielen politischen Risiken verbunden.

In der Zusammenarbeit von externen Dienstleistern und Landesrechenzentren ist im Kostensektor Vorsicht geboten. Die LRZ sind wie der Auftraggeber Behörden des Landes und arbeiten nach der gleichen kameralen Haushaltsplanung. Als landes- oder bundeseigene Betriebe müssen sie eine »schwarze Null« schreiben und sind in der Kalkulation nicht mit Dienstleistern der freien Wirtschaft vergleichbar. Die Stundensätze der Mitarbeiter sind zwar sehr niedrig, aber die Kosten

– zum Beispiel für den Betrieb eines Rechenzentrums – können sehr hoch angesetzt werden, verglichen mit Preisen aus der Industrie.

Projekt-Controlling und Risikomanagement

Der Stellenwert des PC ist in der öffentlichen Verwaltung unterbewertet. Das ist in einem Umfeld, das Wirtschaftlichkeit als nachrangig betrachtet und trotz der Einführung der doppelten Haushaltsführung in vielen Bereichen im Kern immer noch kameral denkt, auch nicht verwunderlich.

Der Begriff Controlling wird zudem zu sehr auf reines Finanz-Controlling reduziert. Controlling als Unterstützung des PM zu sehen, fällt vielen PL der öffentlichen Verwaltung schwer. Speziell im Bereich des Risikomanagements kann das Controlling aber helfen, kritische Entwicklungen frühzeitig aufzudecken und zu umschiffen.

Ein monatlicher Controlling-Bericht für die Projektleitung sollte die aktuelle Bewertung der einzelnen Risiken nach Eintrittswahrscheinlichkeit und die etwaigen Folgen bei Eintritt des Risikos beinhalten. Zu empfehlen ist, die nachfolgenden neun Kern-Risiken, deren konkrete Ausprägungen in diesem Beitrag zum Teil bereits angesprochen wurden, regelmäßig zu verfolgen.

Checkliste: Neun Kernrisiken beim Projektmanagement in der öffentlichen Verwaltung

⇨ *Risiken aus dezentraler Zuständigkeit:*
Risiken können bei unklaren Zuständigkeiten im Bereich der Finanzierung auftreten. Abzusichern ist, dass alle Kostenübernahmen und Zusagen hinreichend dokumentiert sind.
Vertraglich muss grundsätzlich abgesichert sein, dass alle Parteien klar umrissene Zuständigkeiten haben. Klassische Beispiele wie unklar definierte Schnittstellen ohne exakte Festlegung der Verantwortlichkeiten – technisch wie personell – können schnell große Probleme nach sich ziehen.

⇨ *Konzeptionelle Risiken:*
Es muss sichergestellt sein, dass alle Konzeptionen – fachliche wie technische – rechtzeitig fertiggestellt sind. Gerade in der öffentlichen Verwaltung bestehen hier potenziell große Risiken, da die meist hohe Zahl der involvierten Parteien nur schwer zu koordinieren ist und der Aufwand mit der Anzahl der Parteien exponentiell steigt. Auch die Vollständigkeit der Konzeptionen im Blick auf die Einbindung des Datenschutzes und des Personalrats muss kritisch beobachtet werden. Die nicht vorliegende Freigabe des Datenschutzes muss als hohes Risiko eingestuft werden.

⇨ *Managementrisiken:*
Das Projektmanagement muss nach innen und außen gut aufgestellt sein. Nach innen bedeutet, dass alle Managementrollen rechtzeitig und qualifiziert besetzt sind und dass das Berichtswesen frühzeitig festgelegt wird. Je nach Projektgröße ist auch ein PMO (Projekt-Management-Office) einzurichten und zu besetzen. Ein Projekthandbuch mit schriftlicher Fixierung der Projekt-Ziele, -Organisation und -Prozesse sollte unbedingt erstellt und auch während der Projektlaufzeit gepflegt werden.
Projektmanagement nach außen bedeutet Zusammenarbeit mit anderen Behörden und Firmen. Die Verzahnung des Managements der Partner muss funktionieren, und auch hier empfiehlt sich die gemeinsame Erarbeitung eines Projekthandbuchs beziehungsweise von Anlagen zum zentralen Projekthandbuch.

⇨ *Ressourcenrisiken:*
Die rechtzeitige Bereitstellung von benötigten Ressourcen ist in vielen Projekten ein ernstes Problem – in der öffentlichen Verwaltung muss man hier aber mit besonderen Risiken rechnen. Durch das Vergabe- und Haushaltsrecht sind kurzfristige Aufstockungen nur sehr schwer möglich, dies erfordert eine besonders vorausschauende Planung.

⇨ *Beschaffungs- und vergaberechtliche Risiken:*
Das Vergaberecht erschwert die kurzfristige Bereitstellung von Mitarbeitern wie technischen Ressourcen. Arbeitet das Projekt mit einem Rahmenvertrag, so existieren gewisse Spielräume, bei Einzelverträgen mit spezifizierten Leistungen kann es rechtlich sehr schwer werden, Ressourcen über das vertragliche Maß hinaus anzufordern. Als weiteres potenzielles Risiko sind bereits bestehende Verträge, insbesondere bei der Arbeit mit Behörden als IT-Dienstleister, einzuschätzen. Wird für das Projekt Unterstützung durch eine spezielle Firma benötigt, die Behörde verfügt aber über einen Rahmenvertrag mit einem Konkurrenten, so ist es so gut wie ausgeschlossen, die benötigten Leistungen beauftragen zu können.

⇨ *Qualitätsrisiken:*
Behörden haben häufig wenig Erfahrung mit der Einführung von Qualitäts-management-Prozessen. Hier ist es meist die Aufgabe des externen Dienstleisters, einen QM-Prozess aufzusetzen und die Mitarbeiter der Behörde einzubinden. Erfahrungen haben gezeigt, dass zum Beispiel bei der Qualitätssicherung von Konzepten seitens der Behörde viel Wert auf die Form, Mitzeichnung aller Beteiligten und Korrektheit gelegt wird, schwerwiegende inhaltliche Probleme aber nicht erkannt werden.
Im Behördensektor muss bei der Projektdokumentation auf die Revisionssicherheit geachtet werden, das heißt, die gesamte Projektdokumentation inklusive wichtiger E-Mails muss auf einem Medium gespeichert werden, das nachträgliche Veränderungen nicht mehr erlaubt. Die Revisionssicherheit ist von Bedeutung, sobald zum Beispiel ein Rechnungshof sich einschaltet.
⇨ *Kostenrisiken:*
Budgetüberschreitungen sind ein normales Risiko in allen IT-Projekten. In der öffentlichen Verwaltung treten sie als zu identifizierende Risiken verstärkt in der Beistellungsleistung – in der vom Auftraggeber »beizustellenden« Leistung – auf, da die Leistungsfähigkeit und Termintreue der öffentlichen Mitarbeiter gerne überschätzt wird. Hier ist mit besonderen Sicherheitspuffern zu kalkulieren, um vor bösen Überraschungen geschützt zu sein.
⇨ *Risiken für den Roll-Out-Plan:*
Die Planung für den Roll-Out eines Projektes in die Fläche ist sehr sorgfältig zu erstellen. Besonderes Augenmerk ist auf die rechtzeitige Einbindung aller Beteiligten nachgeordneten Behörden zu richten. Mangende Akzeptanz und unzureichendes »Ins-Boot-holen« kann einen engen Roll-Out-Plan schnell zu Fall bringen. Erfolgt der Roll-Out zum Beispiel im Auftrag einer Landesbehörde und bezieht kommunale Dienststellen, die dem Projekt nicht unbedingt freundlich gesonnen sind, mit ein, so ist das Engagement und die Einbindung der kommunalen Dienststellen möglichst früh zu prüfen und sicherzustellen. Hier können schon Kleinigkeiten, die bei der Planung übersehen wurden, ausreichen, um den Roll-Out zu gefährden.

Projektabschluss

In der freien Wirtschaft sind Projektabbrüche nicht unüblich, die Öffentlichkeit erfährt davon aber eher selten. Wenn nachgewiesen werden kann, dass ein Projekt »sich nicht rechnet«, wird es oft beendet oder zumindest neu aufgesetzt – schlechtem Geld wird kein gutes hinterhergeworfen.

In der öffentlichen Verwaltung ist dieser Fall seltener anzutreffen. Hier werden Projekte aus Angst vor dem drohenden Gesichtsverlust der Beteiligten und aus politischer Rücksichtnahme häufig über einen sinnvollen Zeitpunkt des Abbruches hinaus weitergeführt. Große Projekte der öffentlichen Verwaltung sind auch häufig Gegenstand der Politik und der dazugehörigen öffentlichen Berichterstattung. Die Entscheidung, ein Projekt aus wirtschaftlichen Gründen abzubrechen, wird gegen die politische Signalwirkung und den daraus resultierenden Vorteil für die Opposition abgewogen – oftmals auf Kosten der Wirtschaftlichkeit.

Literatur

[1] LANGE, D.: *Studie zur Effizienz von Projekten in Unternehmen, Frankfurt 2004*

[2] *Standish Group CHAOS Report, 2003; IDC, IT-Markt in Deutschland nach Branchen 2002-2007*

Zusammenfassung
Projektmanagement in der öffentlichen Verwaltung stellt auch an erfahrene Projektmanager neue und oft nur schwer abschätzbare Herausforderungen. Nicht umsonst scheitern viele Projekte der öffentlichen Hand, manche – wie TollCollect oder INPOL – auch spektakulär und mit großer Wirkung in der Öffentlichkeit. Der wesentlichste Unterschied zu Projekten in der sogenannten freien Wirtschaft ist die nur geringe Bedeutung der Wirtschaftlichkeit. Projekte werden nicht nach wirtschaftlichen Gründen aufgesetzt, gestartet, durchgeführt und abgenommen. Die Projektsteuerung arbeitet dagegen nach politischen oder gesetzlichen Vorgaben, die ganz anderen Änderungseinflüssen als rein monetär getriebene Projekte unterliegen. Politische Zielsetzungen oder Gesetze können abrupt geändert werden, zum Beispiel durch Wahlen. Die daraus resultierende politische Unsicherheit kann ganze Behörden und damit auch die in diesem Bereich definierten Projekte lähmen. Ein weiterer wichtiger Unterschied ist der geringe Stellenwert der IT in der Verwaltung. Die meisten höheren Beamten sind Juristen und keine Informatiker oder Ingenieure. Dies hat Folgen für die gesamte Stellenausstattung der IT, die durch die, verglichen mit der Industrie, schlechte Bezahlung auf Bewerber keine hohe Anziehungskraft ausübt.
Aus der Industrie weniger bekannte Problemzonen stellen auch das komplexe Vergaberecht der öffentlichen Hand und die Vielzahl von einspruchsberechtigten Behörden wie Datenschutzbeauftragte, Rechnungshöfe oder Personalräte dar.
Dieser Beitrag stellt die neun Kernrisiken für das Projektmanagement in der öffentlichen Verwaltung anhand von Beispielen dar.

Projekthandbuch für ein E-Government-Programm

Das Projekthandbuch ist das Brevier eines jeden E-Government-Projektes. Es enthält zentrale Regelungen, Vereinbarungen und Dokumente. Am Beispiel des hessischen »E-Government-Masterplans 2004-2008« beschreibt der Autor, wie die im Handbuch festgelegten Ziele und Methoden in der Praxis umgesetzt werden.

In diesem Beitrag erfahren Sie:
- mit welchen Zielen der hessische E-Government-Masterplan 2004-2008 konzipiert wurde,
- wie die Projektplanung und -durchführung gestaltet wurden,
- was das Projektmanagement zur Sicherung des Projekterfolges unternahm.

WALTER GORA

Einleitung und Motivation

E-Government-Vorhaben sind in aller Regel komplexe Projekte mit einer Vielzahl von Herausforderungen und Schnittstellen. Über ein reines IT-Projekt hinaus müssen insbesondere politische und organisatorische Aspekte berücksichtigt werden, um die angestrebten Ziele der Bürgerorientierung und internen Verwaltungsmodernisierung zu erreichen. Bei E-Government geht es zudem nicht um eine isolierte Betrachtung von Technik oder den isolierten Einsatz von Technologien, sondern um den Kern des Verwaltungshandelns. Öffentliche Verwaltung besteht aus Informationsverarbeitung. Gesetze, Verordnungen, Bescheide, Auskünfte sind Ergebnisse von arbeitsteiligen Prozessen, in denen Informationen ausgetauscht, verdichtet, bewertet, abgestimmt, kommuniziert und dokumentiert werden.

Der vorliegende Artikel beschreibt die Inhalte des Projekthandbuches im Rahmen der Umsetzung des hessischen E-Government-Programms. Der Autor hat an der Erstellung des Projekthandbuches und dessen Fortschreibung maßgeblich mitgewirkt, wobei von verschiedenen Stellen Zuarbeiten und Hinweise erfolgten. Zukünftig soll dieses Projekthandbuch allgemein verbindlich bei allen IT-Projekten der hessischen Landesverwaltung angewendet werden.

Um die Ziele des hessischen E-Government-Masterplans 2004-2008 umzusetzen, wurde im Jahr 2004 eine Projektorganisation etabliert, in der die drei zentralen Säulen beziehungsweise Projekträume Hessen-Portal (Internet-Portal und Mitarbeiter-Portal), DMS und HCN (Basiskommunikationsdienste) die Schwerpunkte bilden. Darüber hinaus wurden weitere Einzelprojekte im Bereich der Fachverfahren initiiert. Vor diesem Hintergrund bestand die Notwendigkeit, gemeinsame »Spielregeln« für die Projekte und die Zusammenarbeit in den Projekten zu erarbeiten. Hierzu gab es folgende Anforderungen:

⇨ Verbindlichkeit von Regelungen für alle Projekte zur Gewährleistung des Projekterfolgs;
⇨ Praxisorientierung der Richtlinien, Abläufe und Vorgaben;
⇨ Transparenz der Informationen und Dokumentationen für alle Projektbeteiligten;
⇨ Nutzbarmachung von Projekterfahrungen für das gesamte E-Government-Programm;
⇨ Sicherstellung der Mindestanforderungen der Rechnungshöfe an die Dokumentation in IT-Projekten.

Eine notwendige Voraussetzung dazu bildet ein für alle Beteiligten verbindliches Projekthandbuch, dessen Struktur und Inhalte im Nachfolgenden schematisch erläutert werden. Das Projekthandbuch beschreibt verbindlich die zentralen Projektregelungen für die E-Government-Projekte in der Landesverwaltung Hessen. Hier sind alle Vereinbarungen definiert, die für eine erfolgreiche Projektabwicklung relevant sind. Sollten Vereinbarungen nicht im Projekthandbuch definiert sein, enthält das Projekthandbuch zumindest einen Verweis, wo die gesuchte Information hinterlegt ist.

Das Projekthandbuch enthält die Beschreibung der Prozesse, die für eine erfolgreiche Durchführung eines Projekts verbindlich zur Anwendung kommen müssen. Darüber hinaus gibt es Dokumentvorlagen vor beziehungsweise beschreibt die notwendigen Inhalte von vertraglichen Dokumenten, Projektmanagement- und Ergebnisdokumenten. Im Projekthandbuch sind insbesondere die folgenden Themen abgehandelt:

⇨ Zielsetzung und Geltungsbereich des Projekthandbuch;
⇨ Gremien und Richtlinien zur Projektorganisation;
⇨ Prozesse der Projektplanung und -steuerung sowie der Projektdurchführung;
⇨ Projektmanagementregelungen zur Kommunikation, Planung, Fortschrittskontrolle, Ergebnisdokumentation und Berichtswesen sowie Qualitätsmanagement;
⇨ Projektinfrastruktur (Hardware, Software, Kommunikationswerkzeuge, Dokumentenvorlagen);
⇨ Projektübergreifende Standards und Richtlinien zur Projektverfolgung, Dokumentation, Informationsverteilung beziehungsweise Projektmarketing, Verwendung von Softwarewerkzeugen;
⇨ Prozesse der Vorbereitung auf den Wirkbetrieb und der Betriebsintegration;
⇨ Dokumente und Formulare, die das Projekthandbuch ergänzen.

Alle in diesem Handbuch beschriebenen Maßnahmen sind für die Projektverantwortlichen und -beteiligten verbindlich und müssen konsequent angewendet und umgesetzt werden. Sofern in einzelnen Projekten weitergehende Verfeinerungen von Regelungen und Prozessen des Projekthandbuchs erforderlich sind (zum Beispiel Testmanagement als Spezialbereich des Qualitätsmanagements), können innerhalb der Projekte spezifische Erweiterungen zum Projekthandbuch definiert werden – die grundsätzlichen Regelungen des Projekthandbuches sind jedoch weiterhin verbindlich.

Das Projekthandbuch und seine Regelungen stellen einerseits die vorgeschriebene Basis für die Projektabwicklung dar, von der die Projektbeteiligten nicht ohne Absprache abweichen können. Das Projekthandbuch ist andererseits kein statischer Bestandteil der Projektdokumentation, sondern ein aktives Instrument, das kontinuierlich weiterentwickelt wird und in dem sich die Dynamik des Projektverlaufs widerspiegelt.

Der hessische E-Government-Masterplan 2004-2008

Zielsetzung und Hintergrund

Der im Jahr 2003 entwickelte hessische E-Government-Masterplan ist als wesentlicher Teil einer umfassenden Verwaltungsmodernisierung konzipiert worden und verfolgte unter anderem die folgenden Ziele:
- ⇨ die verwaltungsinternen Abläufe zu straffen und zu verbessern,
- ⇨ besser und schneller Verwaltungsleistungen zur Verfügung zu stellen,
- ⇨ mehr Bürger- beziehungsweise Kundenfreundlichkeit zu erreichen,
- ⇨ ein größeres Informationsangebot medienbruchfrei bereitzustellen,
- ⇨ interne und externe Prozesse miteinander zu verknüpfen,
- ⇨ den Wirtschaftstandort Hessen zu stärken und zu sichern und
- ⇨ eine größere Transparenz über Verwaltungsabläufe und eine breitere Teilhabe an den Verwaltungsentscheidungen zu ermöglichen.

Bei E-Government geht es nicht um eine isolierte Betrachtung von Technik oder den isolierten Einsatz von Technologien, sondern um den Kern des Verwaltungshandelns. Öffentliche Verwaltung besteht aus Informationsverarbeitung. Gesetze, Verordnungen, Bescheide, Auskünfte sind Ergebnisse von arbeitsteiligen Prozessen, in denen Informationen ausgetauscht, verdichtet, bewertet, abgestimmt, kommuniziert und dokumentiert werden. Genau an dieser Stelle setzt E-Government an, indem es diese Informationsverarbeitung über alle Ebenen der öffentlichen Verwaltung hinweg schafft und in Konsequenz die Abnehmer dieser Leistungen in die Wertschöpfungskette ohne Medienbruch integriert.

E-Government bedeutet somit die Nutzung moderner Informationstechnologie zur Verbesserung der Aufgabenerledigung und der Interaktion mit den »Kunden« (Bürger, Wirtschaft) sowie die Optimierung organisatorischer Abläufe beziehungsweise Prozesse in der öffentlichen Verwaltung. Der Anwendungsbereich bezieht sich somit umfassend auf alle Bereiche der Verwaltung, die IT-bezogene Dienste und Verfahren einsetzen. E-Government umfasst ressortübergreifende Verfahren, fachspezifische Anwendungen und infrastrukturbezogene Dienste.

In Abbildung 1 ist die Einbettung des E-Government-bezogenen Programm- und Projekt-Managements in das übergeordnete politische und verwaltungsbezogene Steuerungssystem dargestellt. Basierend auf den Aussagen des Regierungsprogramms von 2003 wurde

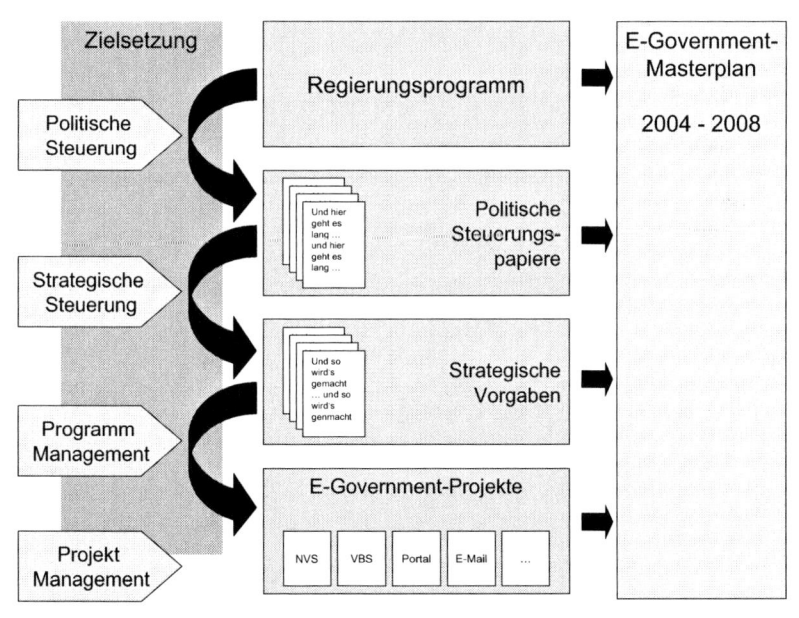

Abb. 1:   *E-Government-Masterplan*

der IT-bezogene Unterstützungsbedarf für die politischen Planungen der Landesregierung identifiziert und im E-Government-Masterplan dokumentiert. Der Masterplan beschreibt die strategische Zielsetzung der E-Government-Aktivitäten und detailliert konkrete Projekte sowie die zeitliche und inhaltliche Vorgehensweise.

Anforderungen

Die Projektverantwortlichen müssen sich mit besonderen organisatorischen, personen-, aufgaben- sowie zeit- und budgetbezogenen Herausforderungen auseinandersetzen. Wichtige, den Erfolg des Projekts bestimmende Einflussfaktoren und Voraussetzungen für die Erreichung der Projektziele sind:

⇨ ein gesichertes Verfahren zur Auftragsklärung und Projektinitialisierung;
⇨ Überwachung und Fortschreibung des Projektplans (Zeiten, Aktivitäten, Kosten/Aufwände);
⇨ Methodenkompetenz und Erfahrung der Projektverantwortlichen beim Management von Projekten;
⇨ Ableitung und Umsetzung von geeigneten Maßnahmen zur Risikovermeidung/-reduzierung;
⇨ Information und Kommunikation (Projektziele, Leistungsumfang, Abgrenzung, Projektorganisation, Betriebsmittel, Projektplanung, Berichtswesen, Eskalationsstufen etc.);
⇨ Festlegung von »Spielregeln« für die Zusammenarbeit im Projekt;
⇨ situationsgerechtes Verhalten der Projektverantwortlichen, zum Beispiel Kommunikation, Professionalität, Stringenz und adäquater Methodeneinsatz;
⇨ leistungsfähige Werkzeuge, worunter nicht nur Software-Werkzeuge, sondern auch Checklisten, Projektmanagement-Leitfaden etc. zu verstehen sind.

Ein geregeltes Projektmanagementverfahren zielt auf eine straffere, qualitätsgerechtere, schnellere und kostengünstigere Aufgabenbewältigung. Das Projekt als Organisationsform mit klar definierten Rollen, Abläufen, Inhalten und Ergebnissen ermöglicht die Konzentration der Ressourcen auf eine wichtige konkrete Aufgabe.

Für die Projektabwicklung haben sich in der Praxis verschiedene Methoden und Vorgehensweisen herausgebildet, die zum Teil von Softwareprodukten unterstützt werden. Wichtiger als die Auswahl der konkreten Methodik ist aber, dass innerhalb einer Organisation nur ein Vorgehen (eine gemeinsame »Projektkultur«) zum Tragen kommt. Dies ist insbesondere unter den Rahmenbedingungen der Öffentlichen Verwaltung ein schwieriges Unterfangen, da es für die Projektarbeit wenig Anreize gibt.

Methoden- und Werkzeugunterstützung

Für die Planung, Durchführung und Steuerung eines Projekts ist eine adäquate Werkzeugunterstützung eine erfolgskritische Voraussetzung. Hierbei können die folgenden wesentlichen Anforderungsbereiche unterschieden werden:

⇨ Projektplanung und -strukturierung;
⇨ Unterstützung von Analyse, Design, Implementierung, Integration und Test;
⇨ Bereitstellung, Verwaltung und Pflege von Dokumenten, Präsentationen, Projektergebnissen und sonstigen Informationen;
⇨ Unterstützung der Zusammenarbeit und Kommunikation von Projektinformationen und -dokumentationen an die Projektbeteiligten;
⇨ Projektsteuerung, -auswertung und -controlling;
⇨ Konfigurationsmanagement;
⇨ Risikomanagement, Qualitätssicherung und -management;
⇨ Unterstützung der Workflows in den Projekten sowie
⇨ Nutzbarmachung von Projekterfahrungen.

Im Rahmen der E-Government-Projekte der hessischen Landesverwaltung werden für die Umsetzung und Dokumentation sowie die projektinterne Kommunikation Projektmanagement-Datenbanken unter Lotus Notes (nachfolgend Projektmanagement-DB oder PMDB genannt) verwendet, die sich bereits in einer Vielzahl von Großprojekten in der Industrie und der Öffentlichen Verwaltung bewährt haben.

Für jedes zentrale E-Government-Projekt des Landes Hessen wurde eine eigene spezifische Projektmanagement-DB eingerichtet. Alle Projektmitarbeiter haben Zugriff auf diese Datenbank. Die Nutzung der Datenbank innerhalb des jeweiligen E-Government-Projekts für die oben genannten Aufgaben ist obligatorisch. Der Projektleiter ist hierfür verantwortlich.

Neben den projektspezifischen Projektmanagement-Datenbanken wurde eine weitere Datenbank mit der Bezeichnung »Public« eingerichtet. Diese Datenbank, auf die die Projektmitarbeiter aller Projekte Zugriff haben, dient der Bereitstellung projektübergreifender Informationen zentraler Stellen (zum Beispiel des Projektmanagement-Office – PMO) und der Projekte.

Aufgaben und Prozesse

Nachfolgend werden die projektbezogenen Aufgaben und Prozesse in den Bereichen Projektplanung, Projektdurchführung, Projektsteuerung und -kontrolle, Änderungsmanagement, Projektmarketing, Übergang in den Betrieb beziehungsweise Betriebsintegration und Projektabschluss kurz erläutert.

Projektplanung

Projektfindung und -genehmigung

Die Ursachen beziehungsweise Anlässe für die Initiierung eines Projektes sind vielfältig. Auslöser der E-Government-Projekte in der hessischen Landesverwaltung war der politische Wille zur Verwaltungsmodernisierung. Durch die Notwendigkeit der Ablösung veralteter Verfahren, durch neue gesetzliche Vorgaben sowie weitere organisatorische oder technische Erfordernisse verändert sich der Bedarf an IT-Unterstützung.

Bevor aus einem zunächst grob skizzierten Bedarf heraus ein Projekt entsteht, muss genau definiert und festgelegt werden, was mit welchen Mitteln, in welcher Zeit und mit welchen konkreten Ergebnissen getan werden muss, um das angestrebte Ziel zu erreichen. Aus der Projektidee muss in einem ersten Schritt ein Projektvorschlag werden, der so exakt definiert ist, dass ein planbares und durchführbares Projekt daraus entwickelt werden kann. Verschiedene Projektideen müssen darüber hinaus gewichtet, bewertet und priorisiert werden. Inhalte eines Projektvorschlags sind:

⇨ Titel – eine griffige Bezeichnung in einem oder zwei Worten;
⇨ Kurzbeschreibung – eine verbale Beschreibung in zwei bis drei Sätzen (maximal eine halbe Seite);
⇨ Nutzen – eine Beschreibung des erwarteten Nutzens in Stichpunkten (quantitativ und/oder qualitativ);
⇨ grob geschätzte Kosten und Aufwände inklusive Beschreibung, ob hierzu ein Budget vorhanden ist oder neu geplant beziehungsweise bereitgestellt werden muss;
⇨ Auflistung der voraussichtlich betroffenen Bereiche beziehungsweise Dienststellen;
⇨ eventuell erläuternde weitere Bemerkungen;
⇨ Datum und Name des Initiators beziehungsweise der initiierenden Dienststelle.

Der Projektvorschlag ist für die weiteren Tätigkeiten die Grundlage der Kommunikation und Abstimmung. Aufbauend auf diesem Vorschlag

⇨ wird das Vorhaben intern informell abgestimmt;
⇨ werden die Rahmenbedingungen (eventuell durch eine Machbarkeitsstudie) formuliert und konkretisiert;
⇨ wird der Entwurf des Projektauftrags formuliert, präsentiert und diskutiert;
⇨ wird über den Projektauftrag entschieden und
⇨ – im positiven Fall – das Projekt offiziell gestartet.

Vorraussetzung für das Initiieren eines konkreten Projekts ist die Bereitstellung eines Projektbudgets durch den Bedarfsträger beziehungsweise Auftraggeber.

Projektinitiierung
Hauptziel der Projektinitiierung ist die Ausarbeitung der wesentlichen Projektpläne, die dem vertraglichen Projektumfang gerecht werden und als Grundlage für die anstehende Projektabwicklung dienen, sowie das Aufsetzen des Projekts hinsichtlich Projektinfrastruktur, Projektorganisation und Projektteam. Der Prozess untergliedert sich in die folgenden Prozessschritte (siehe Abb. 2).

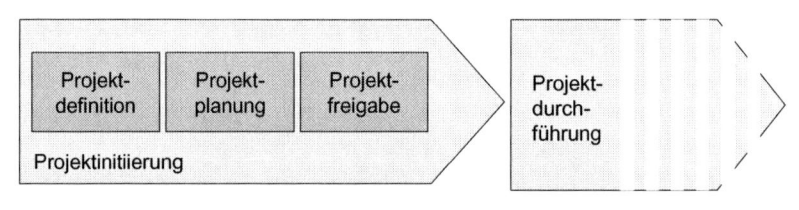

Abb. 2: *Prozessschritte der Projektinitiierung*

Projektdefinition
In einer Projektdefinition werden die wesentlichen Eckdaten des bevorstehenden Projekts festgehalten. Im zugehörigen Prozess geht es um das Erarbeiten eines gemeinsamen Verständnisses von Auftraggeber und Auftragnehmer über Ablauf und Ergebnisse des Projekts. Die Ergebnisse der Projektdefinition sind:
⇨ Festlegen des Projektumfangs;
⇨ Ermitteln von Annahmen und Einschränkungen;
⇨ Festlegen des (groben) technischen Ansatzes;
⇨ Festlegen der Vorgehensweise;
⇨ Ermitteln der Projektrisiken, insbesondere Abschätzung der technischen, organisatorischen und finanziellen Machbarkeit.

Projektplanung
Im Rahmen dieses Prozesses wird die Projektdefinition vervollständigt, die Grobplanung für das gesamte Projekt durchgeführt, und die Detailpläne für den ersten Projektabschnitt werden erstellt. Die Detailpläne werden im weiteren Projektverlauf projektabschnittsweise erweitert.

Projekt-Struktur-Plan (PSP)
Die Definition von Aktivitäten in einem Projekt erfolgt in schrittweiser Zerlegung der Aufgabenstellung durch den Projektleiter für jede Ebene »*top-down*«. Optionale Teilprojekte und Arbeitspakete sind dabei abgrenzbare Teilaspekte eines Projekts, die als Ganzes delegierbar und kontrollierbar sind; Arbeitspakete können weiter in Aktivitäten zerlegt werden.

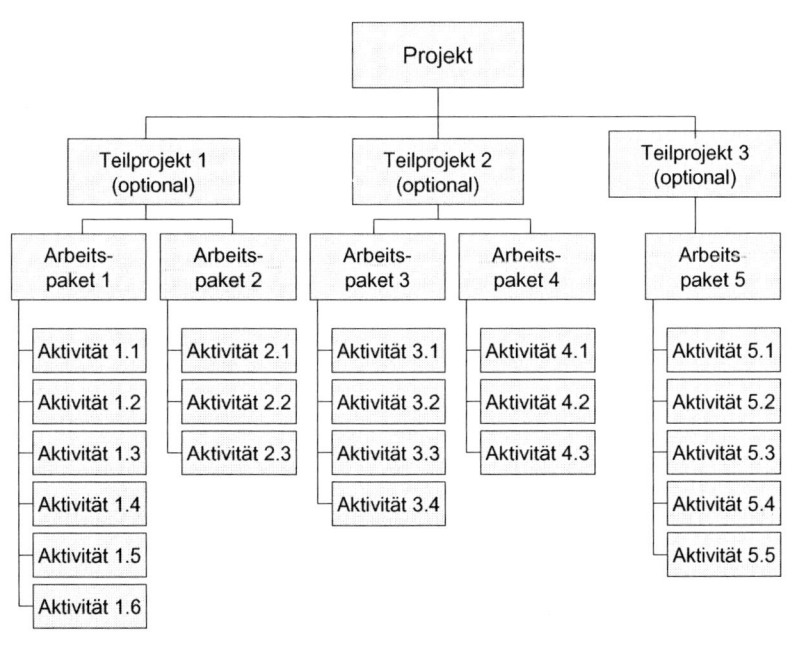

Abb. 3: *Projekt-Struktur-Plan (Schema)*

Bei der Beschreibung eines Arbeitspakets ist analog zu verfahren wie bei einem Projektauftrag; es wird das *Was* (die zu erreichenden Ziele) beschrieben. Dabei ist darauf zu achten, dass für den Bearbeiter angemessene Freiräume zur Wahl der Mittel (das *Wie*) verbleiben. Im ersten Schritt – bei der Zerlegung in Arbeitspakete – wird die zeitliche Komponente nicht betrachtet.

Die Ebene der Teilprojekte kann entfallen, wenn die entsprechende Komplexität des Projekts nicht vorhanden ist. Es ist nicht zwingend notwendig, das gesamte Projekt bereits zu Beginn in Details zu zerlegen; dies empfiehlt sich jedoch in allen Fällen, in denen die notwendigen Informationen bereits vorhanden sind.

In einem zweiten Schritt werden die für die Bearbeitung einer Aktivität benötigten Fertigkeiten und/oder Erfahrungen beschrieben. In aller Regel ergeben sich bereits aus dieser Beschreibung konkrete Personen, die die Aufgabe übernehmen können/sollten; diese sind vom Projektleiter vorzuschlagen und können eventuell zur Aufwandsschätzung und Risikoanalyse mit herangezogen werden. Im dritten Schritt werden die Voraussetzungen beschrieben, die für die Bearbeitung notwendig sind – zum Beispiel bereits erledigte (Teil-)Aufgaben. Im Abschluss werden alle Aktivitäten dokumentiert; dabei ist besonderer Wert darauf zu legen, dass die Ergebnisse konkret messbar sind und überprüfbar formuliert werden.

Projektphasen
Die Elemente des Projekt-Struktur-Plans lassen sich in aller Regel so strukturieren, dass sie mehr oder weniger unabhängig voneinander sind, aber zeitlich, im Sinne von Projektphasen, aufeinander aufbauen. Projektphasen ergeben sich regelmäßig aus der Natur des Projekts und können nicht schematisch festgelegt werden. Nach Abschluss einer jeden Phase wird überprüft, ob zum einen die Ergebnisse der abgeschlossenen Phase erreicht und abgeliefert sind und zum anderen, ob die Weiterführung des Projekts immer noch sinnvoll und möglich ist. Der Übergang zwischen Projektphasen ist in der Regel ein Meilenstein in einem Projekt.

Meilensteine
Meilensteine werden im Verlauf der Projektplanung zu unterschiedlichen Terminen im Projektverlauf definiert:
⇨ bei Abschluss einer Phase,
⇨ zum Zeitpunkt der Fertigstellung wesentlicher Arbeitsergebnisse und/oder
⇨ zum Zeitpunkt des Eintritts wichtiger Ereignisse.

Daneben sind Meilensteine immer dann einzuplanen, wenn eine wesentliche Synchronisation mit solchen Aufgaben stattfinden soll, die außerhalb der Einflusssphäre des Projekts liegen. Die Meilensteine sind im Zusammenhang mit der Projektplanung zu dokumentieren.
Zwischen dem Auftraggeber und dem Projektleiter wird festgelegt, welche Meilensteine vom Auftraggeber abgenommen werden müssen und zu welchen Meilensteinterminen (für welche Phasen) eine formelle Freigabe des Auftraggebers für die Weiterführung erforderlich ist.

Ressourcen und Aufwand
Nachdem die Projektstruktur (Aktivitäten, Phasen, Meilensteine) festgelegt ist, wird der Aufwand für die Bearbeitung der Aktivitäten abgeschätzt. Die Aufwandsschätzung ist – insbesondere was den Personalaufwand angeht – eine mit deutlichen Ungenauigkeiten behaftete Tätigkeit. Um eine höchstmögliche Genauigkeit zu erreichen, wird der Einsatz der folgenden Methoden/Techniken empfohlen:
⇨ analytische Abschätzung des Aufwandes (zum Beispiel »Function-Point«-Methode);
⇨ Abschätzung des Aufwandes auf der Basis von Erfahrungen (zum Beispiel auf Grundlage einer offenen »Expertendiskussion«);
⇨ Risikoanalyse (zum Beispiel Methoden wie »Risiko-Fragebogen«, »Risiko-Portfolio«).

> **Pragmatische Gestaltung der Aufwandsschätzung**
>
> Zur pragmatischen Gestaltung des Prozesses empfiehlt sich die folgende Vorgehensweise: Nach Abschluss der Abschätzung durch den Projektleiter beziehungsweise das Projektteam anhand der Function-Point-Methode wird in einer offenen Expertendiskussion das Projekt durch den Projektleiter vorgestellt. Dabei werden auch die Ergebnisse der Aufwandsermittlung vorgetragen. Im Anschluss werden vorbereitete Fragebögen zur Aufwandsschätzung verteilt, durch die Teilnehmer ausgefüllt und kommentiert, eingesammelt, ausgewertet und (ohne die Kommentare) für die zweite Runde ausgeteilt. In einer offenen Diskussion werden die Argumente für abweichende Einschätzungen ausgetauscht. Danach findet eine zweite und letzte Einschätzungsrunde statt. Der Mittelwert der Einschätzungen dieser zweiten Runde kann in aller Regel als Konsens für die Aufwandsschätzung dienen.

In den Gesamtaufwand gehen neben dem so ermittelten Aufwand noch die Aufwände für die Koordination und Steuerung des Projekts (Projektmanagement, Gremien, Qualitätssicherung, Assistenz etc.) ein. Feste Regeln für die Ableitung dieses Aufwands existieren nicht, allerdings kann auf der Basis von Erfahrungswerten von zirka 20 bis 25 Prozent bei Projekten in der Öffentlichen Verwaltung ausgegangen werden. Insgesamt gilt, dass dieser Aufwand umso größer ist, je geringer die Erfahrung mit Projektmanagement im Unternehmen ist. Umgekehrt sinkt der Aufwand mit wachsender Erfahrung. Der Aufwand ist in Zusammenarbeit mit dem Auftraggeber festzulegen.

Risiken

Durch eine Risiko-Analyse sollen im Voraus, noch vor dem Projekt-Start, alle bekannten oder möglichen Risiken identifiziert werden. Jedes Risiko muss für sich genommen klassifiziert und bewertet werden. Dabei werden zwei Dimensionen betrachtet:

⇨ die Konsequenzen für das Projekt, die zu erwarten sind, wenn das Risiko eintritt und

⇨ die Wahrscheinlichkeit, dass das Risiko tatsächlich eintritt.

Risiken sind im gesamten Umfeld des Projekts zu identifizieren; sie können das gesamte Vorhaben, aber auch nur einzelne Aktivitäten

betreffen. Entsprechend ist ein Risiko dann auch zu bewerten. Im Folgenden wird unterschieden zwischen:
⇨ Planungsrisiken,
⇨ Umsetzungsrisiken und
⇨ Umfeldrisiken.

Grundsätzlich gilt, dass Risiken nie völlig ausgeschlossen werden können. Es müssen aber Vorkehrungen für den Fall getroffen werden, dass ein Risiko eintritt. Zur Identifikation von Risiken werden Erfahrungen, die in vergleichbaren, vorhergegangenen Projekten gemacht wurden, erörtert. Zudem werden unter anderem Fragen zu Planungs-, Umsetzungs- und Umfeldrisiken im Projektteam beziehungsweise in der Expertendiskussion gestellt und beantwortet (siehe Textkasten).

Im Projektteam zu diskutierende Fragen

Zu den Planungsrisiken:
⇨ Ist der Projektauftrag vollständig definiert?
⇨ Ist ein konkretes Pflichtenheft vorhanden?
⇨ Sind die Aktivitäten mit der Linie inhaltlich abgestimmt?
⇨ Gibt es klare Zielvorgaben vonseiten des Auftraggebers?
⇨ Wurden Projektrisiken (Umsetzung, Umfeld) ermittelt und in die Planung einbezogen?
⇨ Wurden konkrete Zwischentermine (Meilensteine) festgelegt, anhand derer man den Stand des Projekts ermitteln kann?

Zu den Umsetzungsrisiken:
⇨ Ist für die Abwicklung des Projekts genügend Know-how im Projektteam vorhanden?
⇨ Stellen die Fachressorts die erforderlichen und abgestimmten Ressourcen und Kapazitäten zur Verfügung?
⇨ Sind die Techniken, die im Projekt eingesetzt werden, dem Projektteam bekannt?
⇨ Werden die Fachressorts Abweichungen rechtzeitig an den Projektleiter zurückmelden?

Zu den Umfeldrisiken:
⇨ Sind die technologischen Alternativen geprüft worden?
⇨ Sind die technologischen Trends bekannt beziehungsweise untersucht worden?
⇨ Sind die Rahmenbedingungen beim Auftraggeber oder auch beim Kunden/Nutzer relativ konstant, oder sind Umstrukturierungen oder Veränderungen des Umfelds geplant?
⇨ Ist zu erwarten, dass der Auftraggeber/Kunde zu seinen Zielvorgaben steht?

Im Ergebnis werden die identifizierten Risiken dokumentiert und qualifiziert. In einem Risiko-Portfolio werden die Risiken dann entsprechend ihrer Bewertung eingetragen und übersichtlich dargestellt. Zu jedem Risiko wird dann entsprechend seiner Wertigkeit eine Risiko-Planung durchgeführt, die in jedem Fall Aktivitäten zur Minimierung des Risikos umfassen soll. Daneben sollten Risikozuschläge entweder für das gesamte Projekt oder auch nur bezogen auf einzelne Aktivitäten auf der Basis der Risiko-Einschätzung ermittelt werden. Die Risiko-Analyse und alle damit zusammenhängenden Annahmen, Begründungen und Ergebnisse müssen in der Projekt-Management-Datenbank dokumentiert werden.

Terminplanung
Die Terminplanung erfolgt üblicherweise auf der Basis der definierten Arbeitspakete, Aktivitäten und Meilensteine mit Hilfe der Netzplantechnik. Für die Aktivitäten sind bereits die Aufwände ermittelt worden; wesentliche Termine der Meilensteine liegen bereits fest (in der Regel schon aus dem Projektauftrag). Auch die Abhängigkeiten der Aktivitäten voneinander sind bestimmt.

Planungsergebnisse
Ergebnisse des Gesamtprozesses »Projektplanung« sind
⇨ Beschreibung des Projektauftrags und der Projektziele,
⇨ Projektplanung (Aufwand, Meilensteine, Ressourcen),
⇨ Grobplanung der Projektorganisation,
⇨ Planung Risikomanagement,
⇨ Planung Kommunikation und Berichtswesen und
⇨ Erstellung der Detailplanung für die erste Projektphase.

Projektfreigabe und Projektauftrag
Zweck dieses Prozesses ist die Prüfung, gegebenenfalls Aktualisierung und anschließende Genehmigung der Projektdefinition und der weiteren Planungsdokumente und die damit erfolgende Freigabe des

Projekts durch den Auftraggeber. Ergebnis dieser Phase ist der formale Projektauftrag.

Mit der Erteilung des Projektauftrags werden dem Projektleiter neben der Verantwortung für das gesamte Projekt auch die für die Wahrnehmung dieser Verantwortung notwendigen Mittel an die Hand gegeben. Im Projektauftrag wird exakt beschrieben, was als Ziel des Projekts erreicht werden soll. Dabei geht es um die Aufgabenstellung, die lösungsneutrale Formulierung aus der Sicht des Ergebnisses, das heißt, nicht das *Wie*, sondern das *Was* wird beschrieben. Daneben beschreibt der Projektauftrag, mit welchen Mitteln das Projektziel erreicht werden soll:

- *Inhalt/Sachziele:* Was genau soll erreicht werden? Welchen Nutzen soll das Projekt erbringen?
- *Ausmaß/Budgetziele:* Wie soll das Ziel erreicht werden? Welche Ressourcen werden für die Zielerreichung bereitgestellt und eingesetzt?
- *Zeit/Terminziele:* In welchem Zeitrahmen sollen das Gesamtziel sowie daraus abgeleitete Teilziele erreicht werden?

Aufgabe der Projektleitung ist es, innerhalb dieses »Zieldreiecks« eine Gesamtoptimierung zu erreichen sowie bei Konflikten Entscheidungen zu treffen beziehungsweise bei größeren Zielkonflikten zu eskalieren.

Projektdurchführung

Projektinitialisierung
Zweck des Prozesses »Projektinitialisierung« ist es, die administrativen, organisatorischen und technischen Voraussetzungen für den Beginn der Projektarbeiten zu schaffen. Zu diesen Voraussetzungen gehören Vorkehrungen in den Bereichen Projektinfrastruktur, Projektorganisation und Projektteam. Zum Abschluss dieser Phase wird ein Projekt-Kick-Off durchgeführt.

Ergebnisse im Bereich der *Projektinfrastruktur* sind:
- ⇨ die Klärung der räumlichen Voraussetzungen,
- ⇨ die Installation der benötigten technischen Infrastruktur und
- ⇨ die Einbindung des PMO zur administrativen Unterstützung bei Aufbau und Umsetzung der notwendigen Prozesse und beim Einrichten einer alle relevanten Projektdokumente aufnehmenden Projektablage in der Projektmanagement-DB.

Bei komplexen Projekten ist ein formeller Aufbau der *Projektorganisation* erforderlich. Im Mittelpunkt der Überlegungen stehen dann die im Projekt zu besetzenden Rollen, die Aufgabenbeschreibungen und deren eventuelle Auswirkungen auf den Qualifizierungsplan. Die Projektgremien und das Projektberichtswesen sind zu etablieren.

Leistungsumfang, Vertrag, Entscheidungen für Standardsoftware oder Individualentwicklungen bestimmen neben anderen Faktoren Art und Umfang der zu erledigenden Arbeiten, die für die Projektdurchführung benötigten Kenntnisse und die Anzahl der Mitarbeiter oder auch eigenständigen Teams, die den einzelnen Funktionen zugeordnet werden.

Durchführung des Projekt-Kick-Offs

Zum Abschluss der Projektinitialisierung ist ein *Projekt-Kick-Off* durchzuführen. Teilnehmer des Projekt-Kick-Offs sind alle Projektteammitglieder, die auftraggeber- und auftragnehmerseitigen Projektverantwortlichen, der Controller, das PMO, der für den Wirkbetrieb zuständige Dienstleister und die beteiligten Dienststellen.

Das wesentliche Ziel des Projekt-Kick-Offs ist es, allen Beteiligten die Zielsetzung des Projekts, die Projektdefinition und die Projektplanung zu erläutern und das Projektteam auf die Aufgabenstellung einzustimmen sowie die verbindlich einzuhaltenden Projektregularien und -standards vorzustellen. Inhalte des Projekt-Kick-Offs sind somit:
- ⇨ die Ausgangssituation und die Projektziele,

- ⇨ die Vorstellung von Projektplan und Qualitätsplan,
- ⇨ die Vorstellung der Projektorganisation (Struktur und Verantwortlichkeiten),
- ⇨ die Verdeutlichung der Projektrahmenbedingungen, der Projektchancen/-risiken sowie der kritischen Erfolgsfaktoren und
- ⇨ die Einweisung in organisatorische und administrative Regelungen (Dokumentationsstandards, Projektdokumentation, Wochenberichte etc.).

Projektsteuerung und -kontrolle

Projektüberwachung
Die Steuerung, Koordination und Überwachung eines Projekts kann nur auf der Basis einer vollständigen Planung vorgenommen werden. Der Projektplan ist die Basis für alle Plan-Ist-Vergleiche, die im Verlauf des Projekts vorgenommen werden. Steuerungsgrößen dabei sind
- ⇨ der Grad der Zielerreichung,
- ⇨ die Qualität der Ergebnisse,
- ⇨ die Einhaltung des Kostenrahmens und
- ⇨ die Einhaltung der Termine.

Diese Steuerungsgrößen sind durch den Projektleiter regelmäßig auf der Grundlage der definierten Meilensteine zu erheben und zu bewerten. Regelmäßig (im Rahmen der Projekt-Jour-Fix-Sitzungen) sowie gegebenenfalls gesondert, jeweils zu den vereinbarten Meilensteinen, wird der Projektleiter den Auftraggeber über den Status des Projekts informieren. Dabei werden die folgenden wesentlichen Steuerungsgrößen betrachtet:
- ⇨ Termine,
- ⇨ Kosten,
- ⇨ Produktivität/Leistung,
- ⇨ Risiken und
- ⇨ Ergebnisse.

Werden im Plan-Ist-Vergleich größere Abweichungen erkannt, wird der Projektleiter darauf hinweisen und Maßnahmen zur Korrektur vorschlagen.

Risikoüberwachung und -fortschreibung
Die regelmäßige Überwachung der Projektrisiken ist im Verlauf eines Projekts notwendig. Hierzu sind folgende Schritte erforderlich:
⇨ Im ersten Schritt sind die Projektrisiken zu bestimmen.
⇨ Im zweiten Schritt werden die möglichen Auswirkungen auf das Projekt und die Wahrscheinlichkeit, dass das Risiko eintritt, bewertet.
⇨ Im dritten Schritt werden Maßnahmen definiert, die geeignet sind, das Risiko und/oder die Auswirkungen auf das Projekt zu minimieren.
⇨ Im vierten Schritt werden die eingeleiteten Maßnahmen bezüglich ihres Erfolgs zur Risikominderung beziehungsweise -vermeidung überwacht.
⇨ Die abschließende Bewertung der Risiken nimmt der Auftraggeber vor.

Projekt-Review
Eine Überprüfung eines Projekts in Form eines Reviews wird vom Auftraggeber beziehungsweise dem Controller angestoßen und findet in der Regel bei Abschluss einer Phase statt, kann aber auch unregelmäßig vorgenommen werden. Ziele von Reviews in Projekten sind unter anderem:
⇨ Sicherstellen der erforderlichen inhaltlichen Qualität,
⇨ Einhaltung der Vereinbarungen aus dem Projektmanagement-Handbuch und
⇨ Einhalten der »Spielregeln«.

Im Rahmen eines solchen Projekt-Reviews werden alle Details im Projekt geprüft. Dies betrifft den Grad der Zielerreichung (Fertigstellung), die Qualität und die Dokumentation der Arbeitsergebnisse, technische und organisatorische Entscheidungen etc. Im Rahmen des Reviews wird der Prüfer auch alle Aspekte des Vertragswesens (Projektauftrag, Änderungen, (Teil-)Abnahmen etc.) auf Vollständigkeit und Ordnungsmäßigkeit prüfen. Der Einnahme- und Ausgabenplan wird mit allen Beauftragungen und Rechnungen abgeglichen. Darüber hinaus wird geprüft, ob die Dokumentation im vereinbarten Umfang erstellt und die Kommunikation entsprechend dem Kommunikationsplan durchgeführt wurde.

Die Überprüfung findet durch den Controller oder sonstige Experten statt, die Ergebnisse der Überprüfung werden dokumentiert. Diese Dokumentation wird dem Auftraggeber präsentiert, der Projektleiter erhält die Möglichkeit der Stellungnahme. Wurden im Verlauf des Reviews Problemfelder identifiziert, sollen der Auftraggeber, der Projektleiter und der Prüfer Maßnahmen erarbeiten, die diese Situation korrigieren.

Change-Request-Verfahren

Im Verlauf eines Projekts stellen sich Änderungen in der Zielsetzung, in den gewünschten oder erwarteten Ergebnissen, der Teamzusammensetzung oder bei den Terminen etc. ein. Diese Veränderungen sind nicht zu vermeiden, da ein Projekt immer etwas Dynamisches ist. Jede Änderung hat Auswirkungen auf das Projekt, für jede gewünschte Änderung müssen die Auswirkungen auf den Projektplan durch den Projektleiter geprüft werden. Jede Änderung muss zudem mit allen Auswirkungen dokumentiert werden, damit das gesamte Projekt nachvollziehbar bleibt. Häufig führen diese Änderungen auch zu Vertragsanpassungen, die im Rahmen von Change-Requests (CRs) abgehandelt werden.

Änderungen können sowohl vom Auftraggeber als auch aus dem Projektteam heraus oder von sonstigen Beteiligten initiiert werden. Jede Änderungsanforderung (Change-Request) muss eine detaillierte Beschreibung und Begründung der gewünschten Änderung enthalten.

Dabei soll das veränderte Ergebnis beschrieben werden. Der Eingang der Änderungs-Anforderung ist zu bestätigen und in einer Übersicht aufzuführen; dabei ist zu überprüfen, ob aufgrund der Beschreibung eine Bearbeitung möglich ist, gegebenenfalls ist die Beschreibung zu ergänzen.

Sofern eine Partei einen Änderungswunsch hinsichtlich der vertragsgegenständlichen Leistungen beantragen will, ist diese Veränderung der anderen Partei unter Verwendung vorgegebener Formulare umgehend schriftlich anzuzeigen (siehe Textkasten).

Das Formular zur Beantragung von Änderungswünschen enthält:

⇨ Kopfdaten zur eindeutigen Identifizierung wie CR-Nummer, Projektnummer des Rahmenvertrags (soweit anwendbar) sowie Projektnummer des zugehörigen Einzelauftrags;
⇨ Beschreibung des Sachverhalts und Begründung der Änderungsanforderung sowie weiterer Projektrahmenbedingungen, sofern sie sich durch den CR ändern;
⇨ Angaben zur Änderung gegenüber der vertraglich vereinbarten Leistung wie zum Beispiel
  – geänderte Termine,
  – abweichende geschätzte Kosten bei werkvertraglichen Leistungen,
  – abweichende geschätzte Kosten und Aufwände bei Dienstleistungen und/oder
  – Änderung der Mitwirkungsleistungen des Auftraggebers;
⇨ Bindefrist.

Über die Annahme oder Ablehnung des Änderungsangebots mit dem vorgenannten Inhalt wird in der Regel innerhalb von zwei Wochen nach Zugang entschieden. Die Änderung des vom CR betroffenen Einzelauftrags kommt mit der Annahme des Änderungsangebots durch den Auftraggeber zustande. Der CR wird von beiden Parteien unterzeichnet und als Anlage dem zugehörigen Einzelauftrag beigefügt.

IT-Kosten und Finanzcontrolling

Ziel des projektbezogenen Finanzcontrollings ist die einheitlich strukturierte Dokumentation der Plan- und Ist-Kosten der E-Government-Projekte. Dabei steht die Schaffung einer projektübergreifenden Kostentransparenz im Mittelpunkt. Wesentliche Grundlage für die Anwendung ist eine einheitliche Systematik für die Erfassung der Ist- und Planaufwände und -kosten. Daher ist jede erbrachte Dienstleistung eindeutig den folgenden Kategorien zuzuordnen:

Kostenstellen (Leistungserbringer)
Kostenstellen bezeichnen die Organisationseinheiten, »wo« die Kosten anfallen. Jeder Dienstleister erhält dabei eine eigene Kostenstelle, so dass die Aufwände transparent nachvollzogen werden können.

Kostenarten
Über die Kostenart wird definiert, »welche« Art von Kosten geplant beziehungsweise erbracht wird. Die in Tabelle 1 aufgeführten Kostenarten 1 und 2 erfordern stets die zusätzliche Angabe entsprechender Kostenträger (siehe unten). Folgende Kostenarten werden unterschieden:

Tabelle 1: Kostenarten		
Nr.	Kostenart	Erläuterung
1	interne Personalaufwände	projektbezogene Personalkosten der Mitarbeiter des Landes Hessen
2	externe Dienstleistungs-/ Personalaufwände	Fremdleistungen; Prüfung, Beratung und Rechtschutz; sonstige Dienstleistungen
3	Hardware/ IT-Systemkosten	Miete und Leasing; Instandhaltung und Wartung
4	Anwendungs-/ Softwarekosten	Gebühren und Lizenzen; Entwicklungskosten bei Festpreisprojekten
5	Reisekosten/Spesen	Reisekosten
6	Sonstiges	sonstige Sachkosten; Kommunikation; Versicherungen; Miete für Schulungsräume

Kostenträger

Die Kostenträger bestimmen, »wofür« – das heißt, für welchen Aufgabenbereich – Personaldienstleistungen erbracht werden. Für IT-Projekte in der hessischen Landesverwaltung gelten folgende Kostenträger:

Tabelle 2: Kostenträger		
Nr.	Kostenträger	Zugeordnete Aufgaben (Beispiele)
1.1	Planung, Steuerung, Risikomanagement	Projektleitung, Projektkoordination, Teilprojektleitung, Reporting/Berichtswesen
1.2	Controlling	Projektüberwachung (Kosten, Termine, Qualität/Leistungen), Durchführen von Projekt-Audits oder Reviews; Kontrolle der Projektkalkulationen
1.3	Statusabstimmung, Meetings, Gremien	Teilnahme an Projektsteuerungsgremien (Lenkungsausschuss, Nutzerbeirat, Fachbeirat etc.); projektübergreifende Abstimmungs-Meetings
1.4	Assistenz und sonstige Unterstützung	Unterstützungsleistungen für Projektleitung oder Projektteam-Mitglieder (z.B. Auswerten von Projektstatusberichten, Erstellen von Präsentationen); Projektbüro-Aufgaben (Informationsauswertung, Protokolle erstellen und abstimmen); Newsletter erstellen; Marketing; Informationsbereitstellung und -verteilung; Vertragsverwaltung

Tabelle 2: Kostenträger (Fortsetzung)

Nr.	Kostenträger	Zugeordnete Aufgaben (Beispiele)
2.1	Qualitätssicherung	Qualitätskontrolle; Qualitätsüberwachung; Quality Assurance
2.2	Konfigurationsmanagement	Konfigurationsbestimmung, Konfigurationsüberwachung (Änderungsmanagement), Konfigurationsbuchführung (Pflege der Konfigurationsbeschreibung; Inventarisierung); Versionskontrolle
3.1	Konzeption	Strategie; Bedarfsanalyse; Machbarkeitsstudie; Systemkonzept, Architekturkonzept; Netzkonzept; Fachkonzept; Berechtigungskonzept; DV-Konzept; Spezifikation; Sicherheitskonzept; Datenschutzkonzept; Organisationskonzept; Realisierungskonzept; Betriebskonzept; Schulungskonzept
4.1	Customizing und Entwicklung	Systemanpassung; Systementwicklung; (SW-) Programmierung; Datenbank-Anpassung; Parametrisierung; Script-Erstellung; Implementierung; Systemintegration
4.2	Modul- und Integrationstest	Entwicklungstest; Programmtest; Unit Test
5.1	Organisatorische Einführung	Unterstützung von Organisationsänderungen; Erstellen und Einführen von Regelungen und Vorschriften; Akzeptanzschaffung; Coaching; Moderation; Nutzerberatung und -betreuung; Change-Management
5.2	Technischer Rollout	Installation und Inbetriebnahme von anwenderseitigen IT-Arbeitsplätzen
5.3	Migration	Migrationsvorbereitung und -durchführung; Systemmigration (Aufspielen von Anwendungen auf neue Systemumgebungen); Datenüberführung; Einspielen und ggf. Korrektur vorhandener Informationen und Dokumente
5.4	Produktivtest	Funktionstest, Lasttest; Integrationstest; Performancetest
5.5	Schulung	Training; E-Learning; Medieneinsatz; Ausbildung; Fortbildung

Tabelle 2: Kostenträger (Fortsetzung)		
Nr.	Kostenträger	Zugeordnete Aufgaben (Beispiele)
6.1	Anwendungsbetrieb	Anwendungsinstallation und -konfiguration; Help-Desk-Vorbereitung; anwendungsbezogenes Incident- und Problem-Management im Rahmen des Projektbetriebs; anwendungsbezogene Betriebsdokumentation; Sicherheitsmechanismen auf Anwendungsebene
6.2	Netzbetrieb	Netzinstallation und -konfiguration; Netzüberwachung, Netzmonitoring; Netzmanagement; Netzdokumentation; Netzsicherheit
6.3	Systembetrieb	Systeminstallation und -konfiguration, Vorbereitung Server-Räume; Systemüberwachung; Systemmonitoring; Systemmanagement; Software-Verteilung; Storage-Überwachung; Sicherheitsmanagement auf Systemebene; Datensicherung und Archivierung; Problem-Tracking; Problem-Management

Qualitätsmanagement

Qualität muss durch *vorab* definierte objektive, möglichst messbare Größen belegt werden. Die Qualitätsmerkmale können nicht generell definiert werden. Vielmehr müssen die Merkmale, die erreicht werden sollen, für jedes einzelne Projekt festgelegt werden. Die Qualität der Projektarbeit ist unter zwei Gesichtspunkten zu betrachten:

⇨ *Qualitätssicherung der Projektarbeit:* Qualitativ hochwertige Projektarbeit wird erreicht, wenn das Projekt nach den Regeln des Projekthandbuchs geplant und durchgeführt wird.

⇨ *Qualitätssicherung der Projektinhalte:* Darunter werden in der hessischen Landesverwaltung Maßnahmen, Werkzeuge und Kontrollmechanismen verstanden, die dazu dienen, die definierten Projektziele zu erreichen.

Die Qualitätssicherung

⇨ hat zum Ziel, die Effizienz und die Effektivität zu steigern,

⇨ dient in erster Linie der Fehlervermeidung, nicht der Fehlerbeseitigung (»Mach es gleich richtig«),
⇨ ist ein permanenter Prozess während der Projektlaufzeit, nicht nur bei der Endkontrolle,
⇨ ist keine Begutachtung einer erbrachten Leistung, sondern greift direkt in den Leistungserstellungsprozess ein.

Qualitätsanforderungen sind zum Beispiel Wartungsfreundlichkeit, Modularität, vollständige und verständliche Dokumentation, Programmstabilität, Benutzerfreundlichkeit, programmierte Kontrollen, Testdeckungsgrad, Zukunftssicherheit, Umstellungs-/Installationszeit, Termintreue, Akzeptanz. QS findet ihren Niederschlag im QS-Plan. Er wird für jedes Projekt aufgestellt und ist Bestandteil der Projektdokumentation. Im QS-Plan wird beschrieben:
⇨ wer in diesem Projekt für QS zuständig ist,
⇨ welche Produkte, Arbeitsergebnisse, Aktivitäten zu prüfen sind,
⇨ welche Qualitätsmerkmale in diesem Projekt erreicht werden sollen,
⇨ welche spezifischen Maßnahmen in diesem Projekt durchzuführen sind, um die Qualität nachzuweisen.

Test und Freigabe

Eine für den Erfolg eines Projekts wesentliche Aufgabe ist das Testen. In Abhängigkeit von den einzelnen Projektphasen können verschiedene Tests unterschieden werden. Eine wesentliche Voraussetzung für alle Tests ist deren strukturierte Planung, das Nachhalten der Ergebnisse sowie die Überprüfung, ob die entdeckten Fehler und Mängel beseitigt wurden. Wichtig dabei sind:
⇨ Planung und Bereitstellung der Testinfrastruktur, Testorganisation, Testdaten und Testtools;
⇨ Planung und Einführung von Prozessen, Methoden und Strategien zur Testunterstützung;
⇨ Erstellung von Test-Templates und Durchführen der Tests.

Der Modultest beschreibt im Rahmen der Entwicklung beziehungsweise des Customizings die Aktivitäten, die bezogen auf eine Teillösung notwendig sind, um etwaige Fehler zu erkennen und zu beseitigen. Der Integrationstest beinhaltet die Zusammenführung verschiedener Teilergebnisse/-lösungen und die Validierung des Zusammenspiels dieser einzelnen Module. Der Produktivtest ist die letzte abschließende Validierung, dass die im Rahmen der Projektarbeit erzeugte Lösung die Anforderungen eines stabilen, zuverlässigen und leistungsfähigen (Produktiv-)Betriebs erfüllt.

Während Modul- und Integrationstest häufig auf den Entwicklungsumgebungen erfolgen, muss der Produktivtest auf einer der technischen Produktivumgebung entsprechenden Systemumgebung durchgeführt werden. Normalerweise ist das ein Vorproduktivsystem oder Konsolidierungssystem. Der Produktivtest umfasst Elemente wie den Lasttest (Performance) der Anwendung oder den Anwendertest und wird durch die Abnahme beziehungsweise Freigabe der Anwendung für den Produktivbetrieb beendet.

In einem abschließenden Test überprüft das Projekt – gegebenenfalls unter Mitwirkung des Auftraggebers –, ob alle erbrachten Leistungen (wie entwickelte Verfahren/Programme, ausgewählte Standardsoftware, ausgewählte/beschaffte Technik, Projektdokumentation, Handbücher etc.) die Vorgaben des Projektauftrags erfüllen und den abgenommenen Meilensteinergebnissen entsprechen. Aus Gründen des Datenschutzes dürfen beim Verfahrenstest keine Echtdaten verarbeitet werden.

Im abschließenden Test (vor Freigabe der Lösung beziehungsweise Übergang in den Wirkbetrieb) wird auch überprüft, ob

⇨ alle Anforderungen berücksichtigt wurden,
⇨ unterschiedliche Sichten auf die Projektergebnisse gebührend berücksichtigt worden sind (Sicht des Managements, Sicht der Revision etc.),
⇨ die Ergebnisse ausreichend qualitätsgesichert sind,
⇨ fertiggestellte Ergebnisse nicht ohne Weiteres verändert werden können,

⇨ projektübergreifende Normen und Standards eingehalten worden sind,
⇨ Änderungen des Projektauftrags dokumentiert und deren Auswirkungen transparent gemacht worden sind.

Die Überführung der Projektergebnisse in den Wirkbetrieb erfordert die Freigabe durch den Auftraggeber. Wegen der daraus sich ergebenden organisatorischen, personellen und finanziellen Auswirkungen müssen entsprechende Abstimmungen mit den Beteiligten erfolgen. Mit der Freigabe beginnt die Betriebsphase.

Schulung, Einführung und Betriebsübergang

Zwischen der Entwicklung, der Einführung und dem Betrieb von E-Government-Anwendungen sowie der Schulung der zukünftigen Nutzer besteht ein enger Zusammenhang. Im Projektverlauf sind unter anderem folgende Aspekte abzustimmen und zu planen:
⇨ Infrastrukturgegebenheiten in den von der Einführung betroffenen Dienststellen;
⇨ Klärung betrieblicher Voraussetzungen für die Softwareeinführung (zum Beispiel technische Mindestanforderungen an Netze und Arbeitsplatzausstattung);
⇨ Erfordernis und Umsetzung von Infrastrukturerweiterungen/-änderungen in den Dienststellen;
⇨ gegebenenfalls Abstimmung der Verteilung von Softwarekomponenten;
⇨ technische Voraussetzungen für die Anwenderschulung (zum Beispiel erforderliche Infrastruktur und Dienstleistungen für die Schulungsdatenbank/en);
⇨ Einrichtung der erforderlichen Infrastruktur an den Schulungsstandorten.

Darüber hinaus ist bei der Schulung und Einführung auch die frühzeitige und kontinuierliche Einbindung von Vertretern der jeweiligen Dienststellen erforderlich. Da die Einführung einer neuen IT-Anwendung Auswirkungen auf die etablierten Arbeitsabläufe hat und Schulungsaktivitäten das Tagesgeschäft der zu schulenden Mitarbeiter beeinträchtigen, sind die Festlegung der Vorgehensweise und der zu involvierenden Personen als zentrale Koordinations- und Kommunikationsaufgabe frühzeitig mit dem Auftraggeber sowie gegebenenfalls weiteren erforderlichen Beteiligten abzustimmen.

Projektabschluss

Der Projektabschluss ist das formale Ende eines Projekts. Hierbei kann zwischen dem geplanten (regulären) Ende eines Projekts und dem Abbruch unterschieden werden. Bei einem regulären Ende des Projekts – der erfolgreichen Überführung der erstellten Lösung in den Wirkbetrieb – sind verschiedene abschließende Arbeiten erforderlich.

Der Projektleiter erarbeitet eine Vorlage für einen Abschlussbericht, die gemeinsam mit dem Auftraggeber geprüft und dann von Auftraggeber und Projektleiter formal unterzeichnet wird. Diese Genehmigung des Abschlussberichts ist zugleich die formale interne Abnahme des gesamten Projekts und die formale Entlastung des Projektleiters von seinen Aufgaben. Gleichzeitig wird das Projekt-Team aufgelöst, die Team-Mitglieder kehren in die Linienorganisation zurück.

Mit dem Abschlussbericht übergibt der Projektleiter dem Auftraggeber das erarbeitete »Produkt«, die Ergebnisse des Projekts. Im Fall einer Software geht diese in den produktiven Betrieb. Mit Projektabschluss kann der Auftraggeber eine Beurteilung für den Projektleiter und der Projektleiter eine Beurteilung der Mitglieder des Projekt-Teams erstellen, dabei wird der Ablauf des Projekts berücksichtigt.

In Analogie zum Projekt-Kick-Off bei Projektstart soll am Projektende eine gemeinsame Abschlussbesprechung aller am Projekt Beteiligten stattfinden, die auch mit einer »Abschlussfeier« beendet werden kann. Durch die interne Abnahme geht die Verantwortung endgültig auf den Auftraggeber beziehungsweise den betrieblich verantwortlichen IT-Dienstleister über.

Projektmanagement
Die im Rahmen des Projekthandbuches für das E-Government-Programm der hessischen Landesverwaltung festgelegten Projektmanagement-Regelungen sind nachfolgend kurz erläutert. Projektmanagement umfasst hierbei die Projektplanung, die Projektfortschrittskontrolle, die Projektkommunikation, das Qualitäts- und Risikomanagement sowie die Verfolgung offener Punkte beziehungsweise Probleme.

Projektplanung

Ziel der Projektplanung ist die strukturierte Dokumentation, was in einem Projekt von wem in welchem Zeitraum und mit welchem Aufwand getan werden soll, um ein definiertes Ergebnis zu erzielen. Verantwortlich für die Projektplanung und die Einhaltung der Vorgaben ist der Projektleiter. Der Detaillierungsgrad und die Struktur der Projektplanung bilden die Basis für die gesamte Projektdokumentation im weiteren Projektverlauf. Die Planung muss daher gewährleisten, dass während der gesamten Projektlaufzeit erkennbar ist, welche Fortschritte im Projekt erzielt werden und ob die Termine, Meilensteine und Ergebnisse im geplanten Zeitrahmen erreicht werden. Die Planung enthält somit alle Informationen, um als Basis für das Controlling zu dienen.

Der Projektstrukturplan beschreibt die Gliederung der Aufgaben des Projekts, indem inhaltlich zusammenhängende Teilprojekte mit ihren Unterstrukturen erfasst werden. Die Teilprojekte ergeben sich aus den Vertragsinhalten und aus den ergänzenden Projektaufgaben. Ziel der Strukturplanung ist es, ein gemeinsames Verständnis aller

Aufgaben und ihrer Zusammenhänge zu gewinnen. Der Projektstrukturplan wird in der Projektmanagement-DB von der Projektleitung unter Nutzung der folgenden WorkBreakDownStructure (WBS) angelegt:
Projekt – Teilprojekt – Phase – Aufgabe – Unteraufgabe

Für jede Phase sind im Rahmen der Projektgrobplanung Informationen zum Plan-Start- und Plan-Ende-Datum sowie zum Phasenverantwortlichen und gegebenenfalls zum Team zu dokumentieren. Vor Beginn der Arbeiten zu einer Phase ist diese zu detaillieren. Hierzu sind folgende Informationen anzulegen:

⇨ Anlage von mindestens einer Aufgabenebene für die jeweilige Phase
⇨ Je Aufgabe sind folgende Informationen anzugeben:
  – Verantwortliche(r) und Team
  – Meilenstein (ja/nein)
  – Fertigstellungsgrad (FG): vor Beginn der Arbeiten = 0%
  – Plan-Start- und Plan-Ende-Datum der Aufgabe
  – Plan-Aufwand (unter Planung und Kalkulation) für die Gesamtaufgabe (gegebenenfalls gemäß den zugehörigen Teilaufgaben untergliedern)

Um den Projektmitarbeitern bereits bei Beginn der Bearbeitung einer Aufgabe einen vollständigen Überblick zu geben, welche Aufgaben sie mit welchem Ergebnis in welcher Qualität erledigen sollen, wird empfohlen, bereits bei der Aufgabenplanung zusätzlich Ergebnis- und Qualitätsinformationen zu hinterlegen.

Projektfortschrittskontrolle

Ziel der Projektfortschrittskontrolle ist es, die erzielten Ergebnisse den in der Projektplanung dokumentierten Strukturen beziehungsweise Verzeichnissen zuzuordnen, zu überprüfen und zu dokumentieren, ob der Fortschritt des Projekts dem Planungsrahmen hinsichtlich Terminen, Aufwänden und Ergebnissen entspricht.

Der Projektfortschritt wird sowohl auf Ebene der Projektmitarbeiter als auch auf Ebene der Projektleitung gepflegt. Die Zuständigkeiten und Aufgaben sind in den beiden folgenden Kapiteln beschrieben. Verantwortlich für die regelmäßige Projektfortschrittskontrolle und die Einhaltung der Vorgaben ist der Projektleiter. Die Projektfortschrittsdokumentation umfasst folgende Teilbereiche:
⇨ Pflege der WorkBreakDownStructure
⇨ Erstellung der wöchentlichen Statusberichte
⇨ Erstellung und Pflege von Arbeitsaufträgen
⇨ Pflege der Projektergebnisdokumente

Projektkommunikation

Kommunikation ist die wichtigste Managementaufgabe in Projekten. Neben der informellen Kommunikation bildet die Berichterstattung das wichtigste Instrumentarium. Die vom Projektleiter und seinem Team vorzunehmende Projektsteuerung ist auf ein gut funktionierendes Berichtswesen angewiesen, ohne genaue Kenntnis der Zusammenhänge ist keine fundierte Entscheidung möglich. Berichterstattung muss organisatorisch vor allem von unten nach oben, aber auch umgekehrt und horizontal erfolgen.

Projektsitzungen
Die Kommunikation zwischen allen Projektbeteiligten – und dazu zählen auch die künftigen Nutzer – ist für den Erfolg der E-Government-Vorhaben sehr wichtig. Deshalb wird der notwendige Abstimmungsprozess durch Sitzungen oder Verhandlungen sehr ernst genommen. Mit solchen Sitzungen können mehrere Ziele erreicht werden:

- ⇨ Anstehende Probleme können dem gesamten Projektteam übermittelt werden. Dies ist oft sehr hilfreich bei der Lösung dieser Probleme.
- ⇨ Noch nicht entdeckte Probleme werden herausgestellt.
- ⇨ Es wird ein einheitlicher Wissensstand im Projekt hergestellt.
- ⇨ Die beteiligten Mitarbeiter werden durch die Informationen motiviert.

Projekt-Statusberichte und Wochenberichte
Um den Projektfortschritt transparent und nachvollziehbar zu machen, rechtzeitig kritische Projektsituationen zu identifizieren sowie den Auftraggeber in geeigneter Kurzform über den Projektstand zu informieren, sind wöchentlich Statusberichte der Projekte durch die jeweils Verantwortlichen zu erstellen. Zur Wahrung der inhaltlichen Konsistenz und Nachvollziehbarkeit ist Folgendes zu beachten:

- ⇨ Die Ausführungen der Statusberichte sind so zu formulieren, dass die inhaltlichen und fachlichen Zusammenhänge bei der Prüfung nachvollziehbar sind (vollständige Formulierungen statt einzelner Schlagworte; Verweis auf den jeweiligen Aufgabenbereich).
- ⇨ Für die im Rahmen der erreichten Aufgaben, Meilensteine und Abnahmen benannten Ergebnisse ist, sofern es sich bei dem Ergebnis um ein Dokument handelt, der Link auf das zugehörige Ergebnisdokument der Projektmanagement-DB einzufügen.
- ⇨ Werden Abweichungen hinsichtlich Aufgaben, Meilensteinen, Abnahmen oder Ressourcen aufgeführt, sind auch die daraus resultierenden Lösungsansätze und Maßnahmen zu beschreiben.
- ⇨ Wird der Projektstatus (= Ampeldefinition) verändert, so ist dies im Wochenbericht zu begründen.
- ⇨ Weicht der Projektstatus über mehrere Wochen vom Status »grün« ab, muss sich der Grund hierfür aus der Erläuterung im aktuellen Bericht erschließen. Ebenso ist zu erläutern, wie aus Sicht des Projekts ein regulärer Projektverlauf (Status »grün«) wieder erreicht werden kann.

⇨ Sofern Sachverhalte (zum Beispiel Statusänderungen, Maßnahmen) bereits in vorhergehenden Berichten ausführlich erläutert wurden, kann auf diesen älteren Wochenbericht verwiesen werden; in diesem Fall ist jedoch zwingend ein Dokumentenlink auf diesen Wochenbericht einzufügen.

Projektdokumentation
Alle projektrelevanten Dokumente (mit Ausnahme des Programmcodes), die den aktuellen Stand und den Fortschritt der E-Government-Projekte dokumentieren, werden in der Projektmanagement-DB des jeweiligen Projekts unter der Ansicht Übersicht/Dokumente abgelegt. Dies gilt für alle Versionen, die den Arbeitsfortschritt dokumentieren (neben Endversionen somit auch Zwischenversionen).

Schriftstücke, die projektrelevante Ergebnisinformationen enthalten und einem Änderungsdienst unterliegen, werden nachfolgend Qualitätsdokumente genannt. Um die Aktualität dieser Dokumente zu gewährleisten ist festgelegt, dass nur die elektronischen Dokumente gültig sind (ausgedruckte Versionen unterliegen nicht dem Änderungsdienst). Eine Weiterverwendung dieser Dokumente als Arbeitsgrundlage für neue Aufgaben oder Folgeaktivitäten darf erst erfolgen, wenn das Dokument den Status »Final« erreicht hat. Um diesen Status zu erreichen, unterliegen diese Dokumente einem Revisions- und Freigabeprozess.

Sicherung des Projekterfolgs

Qualitätsmanagement
Das Qualitätsmanagement unterstützt das Projektmanagement bei der Sicherstellung des Projekterfolgs. Es soll bewirken, dass die folgenden allgemeinen Grundsätze im projektspezifischen Qualitätsmanagement umgesetzt werden:
⇨ Qualität hat sehr hohe Priorität. Der Erfolg des Projekts hängt wesentlich von der Qualität der auszuliefernden Produkte und

Dienstleistungen und der Gewährleistung eines zuverlässigen Betriebsüberganges ab.
⇨ Das Vermeiden von Fehlern ist weniger kostenintensiv als das Finden und Korrigieren von Fehlern.
⇨ Qualitätsverbesserung ist ein kontinuierlicher Prozess. Qualität lässt sich nicht auf einen Schlag verbessern, sondern ist nur über eine Verbesserung der Prozesse zur Erstellung der Produkte und Dienstleistungen möglich.
⇨ Ergebnisse müssen gemessen werden, sie müssen durch unabhängige Messungen bewertet werden können.

Ziel bei der Ausgestaltung des projektspezifischen Qualitätsmanagements sollte ein optimales Verhältnis zwischen dem Aufwand für Qualitätsmaßnahmen und der Qualität des Resultats im Sinne einer optimalen Balance zwischen Fehlervermeidungskosten, Prüfaufwand und Fehlerkosten sein. Das Qualitätsmanagement muss sowohl in der Projektplanungsphase (Erstellung des Qualitätsplans) als auch in der Projektdurchführungsphase (Durchführung qualitätssichernder Maßnahmen) erfolgen.

Risikomanagement
Unter Risiko ist der mögliche Eintritt eines Ereignisses zu verstehen, das eine negative Auswirkung auf das Projekt hat. Projektrisikomanagement beschäftigt sich mit der frühzeitigen Erfassung und Analyse von Projektrisiken, der Initiierung von geeigneten Risikominderungsmaßnahmen sowie der Verfolgung ihrer Wirksamkeit. Risikominderungsmaßnahmen zielen auf eine Reduzierung der Eintrittswahrscheinlichkeit und/oder eine Begrenzung des möglichen Schadens ab.

Der Einsatz und die Anwendung entsprechender Methoden beziehungsweise Werkzeuge in der täglichen Praxis sind jedoch nicht frei von Problemen und Konflikten, da nicht immer ausreichend Rücksicht auf die spezifischen Belange der Organisation genommen wird, in der diese Projekte abgewickelt werden. Dadurch wird die Projektsteuerung deutlich beeinträchtigt und die Erreichung der Projektziele in Frage gestellt. Schlimmstenfalls droht das »stille Versanden« oder der Abbruch. Die Gründe hierfür sind vielfältig. Die im Folgenden aufgeführten Problemfelder geben einen Eindruck der denkbaren Schwachstellen in der Projektarbeit. Es muss darum gehen, diese Schwachstellen soweit wie möglich zu eliminieren.

Schwachstellen in der Projektarbeit

Strukturgegebenheiten fehlen beziehungsweise sind nur mangelhaft ausgebildet:
- ⇨ Die Projektleitung erfährt keine hinreichende Unterstützung durch die auftraggebende beziehungsweise entscheidende Stelle.
- ⇨ Die Steuerungsverantwortung der Projektleitung bleibt unklar.
- ⇨ Die Funktionen, Befugnisse und die Verantwortung der Verantwortlichen in Linie und Projekt sind nicht hinreichend klar definiert.

Vorgehens- beziehungsweise ergebnisbezogene Regelungen sind vage oder fehlen ganz:
- ⇨ Die Definition des Auftrags beziehungsweise der Anforderungen bleibt unzureichend.
- ⇨ Eine Strategie zur Komplexitätsreduzierung (dem Prinzip »vom Groben zum Detail« folgend) wird nicht eingesetzt.
- ⇨ Phasen des Projekts werden nicht hinreichend ausdifferenziert beziehungsweise gar nicht durchlaufen.
- ⇨ Planung, Organisation, Führung, Kontrolle und Änderungen im Rahmen der Steuerung des Projekts bleiben wegen fehlender, mangelhafter oder nicht akzeptierter Ziele und Instrumente unzureichend.

Ein lebensphasenbezogener Problemlösungszyklus bleibt unerkannt:
- ⇨ Der Einsatz von Problemlösungsmethodik, die schrittweise zum angestrebten Ergebnis führt, erfolgt nicht.
- ⇨ Die Möglichkeit, in kleinen Schritten zu lernen und Anpassungsfähigkeit an veränderte Verhältnisse zu zeigen, wird nicht genutzt.

Vorgehens-, Phasen- und vom Problemlösungszyklus unabhängige Gegebenheiten werden nur unzureichend berücksichtigt:
- ⇨ Die Motivation und/oder Qualifikation von Projektbeteiligten weist Mängel auf.
- ⇨ Information, Kommunikation und Projektdokumentation sind lückenhaft, nur verbal vorhanden und personenabhängig.
- ⇨ Es besteht entweder kein Wissen über verfügbare Methoden beziehungsweise ein Überangebot an (komplexen) Methoden, was in beiden Fällen zu unmethodischem Handeln führt.
- ⇨ Eine Verständigung zwischen Linie und Projekt ist schwierig beziehungsweise nicht gegeben.

Die folgenden Informationen sind zur Bewertung des Risikos von besonderer Bedeutung und sollten in jedem Fall seriös und mit der notwendigen Detaillierungstiefe beschrieben werden:
- ⇨ exakte Risikobeschreibung mit Priorität und Eintrittswahrscheinlichkeit;
- ⇨ Bewertung des Risikos mit Quantifizierung des möglichen Schadens (= Risikokosten) und gegebenenfalls anfallenden Kosten für die Umsetzung von Maßnahmen (= Aktionskosten);
- ⇨ Konsequenzen/Auswirkungen beim Eintreten des Risikofalls;
- ⇨ Maßnahmenkatalog zur Verhinderung beziehungsweise Reduzierung der Risikoeintrittswahrscheinlichkeit mit Angabe eines Zieldatums.

Damit die Zuordnung der Priorität in den Projekten möglichst einheitlich und nach den gleichen Kriterien erfolgt, ist wie folgt vorzugehen:
- ⇨ Es sind die wahrscheinlichen Risikokosten als Produkt aus den möglichen Risikokosten und der Eintrittswahrscheinlichkeit zu berechnen. Danach sind Risiken, deren Risikokosten zehn Prozent des Projektvolumens übersteigen, als »dringend« in die höchste Kategorie einzustufen. Risiken, deren Risikokosten zwischen fünf und zehn Prozent liegen, sind in der zweiten Kategorie als »wichtig« einzustufen. Risiken, deren Risikokosten weniger als fünf Prozent des Projektvolumens betragen, sind in der dritten Kategorie als »nachrangig« einzustufen.
- ⇨ Neben der quantitativen Gewichtung muss insbesondere die Zeit bei der Priorisierung berücksichtigt werden. Dabei ist die Kategorie anzuheben bei unmittelbar anstehenden Risiken, die sehr bald zu Problemen führen werden.
- ⇨ Sind die notwendigen Informationen erfasst, so erfolgt – nach nochmaliger Bestätigung bezüglich nächster Aktivität, Verantwortlichem und Termin – die Anlage des Dokuments.

Offene Punkte und Probleme

Die Verfolgung offener Punkte und Probleme ist ein wichtiges Mittel zur gezielten Kommunikation im Projekt. Damit bietet sich ein offenes, prozessgetriebenes Forum für die Projektmitarbeiter, um auch scheinbar geringfügige Probleme zur Sprache bringen zu können. Mit dem frühzeitigen Entdecken von offenen Punkten und Problemen wird das Ziel verfolgt, bessere Möglichkeiten zu deren Lösung und zur Milderung negativer Auswirkungen zu erreichen.

Offene Punkte: In der Regel sind offene Punkte neue Sachverhalte, die nicht sofort geklärt und abgearbeitet werden können. Daher kann ein offener Punkt nach Bearbeitung, Bewertung und Entscheidung zu den folgenden unterschiedlichen Konsequenzen führen:

⇨ keine Konsequenz – der offene Punkt wird geschlossen;
⇨ Überführung in einen Change-Request durch Änderung bisheriger Ergebnisse oder Identifizierung neuer Anforderungen;
⇨ Identifizierung eines Fehlers, der im Rahmen des Fehlermanagements weiter bearbeitet wird;
⇨ Identifizierung eines Problems, das im Rahmen des Problemmanagements weiter bearbeitet wird;
⇨ Identifizierung eines Risikos, das im Rahmen des Risikomanagements weiter bearbeitet wird.

Dies hat zur Folge, dass sich aus offenen Punkten in der Projektmanagement-DB neue Dokumente ableiten, die an anderer Stelle weiter bearbeitet werden. Der offene Punkt bleibt aber zur besseren Nachvollziehbarkeit erhalten und wird nicht in ein anderes Dokument umgewandelt.

Probleme: Probleme sind Sachverhalte, die das Projekt erheblich gefährden. Sie erfordern in der Regel schnelles und entschlossenes Handeln durch das Management. Grundlage solcher Eskalationsprozesse ist die Dokumentation der Probleme in der Projektmanagement-DB, für die in der Regel der Projektleiter verantwortlich ist. Die Erfassung eines Problems beinhaltet die folgenden Angaben:

⇨ Kurzbeschreibung des Problems;
⇨ die nächsten zu erledigenden Tätigkeiten;
⇨ Verantwortlicher für nächste Tätigkeit sowie Erledigungsdatum;
⇨ Status;
⇨ Priorität;
⇨ Verantwortlicher für Problemlösungsprozess;
⇨ Eintritts-, Melde- und Erledigungszeitpunkt sowie
⇨ eingehende Beschreibung des Problems und eingeleitete Maßnahmen [1].

Literatur

[1] *Weitere Informationen sind unter www.hessen-egovernment.de abrufbar*

Zusammenfassung

Um die Ziele des hessischen E-Government-Masterplans 2004-2008 umzusetzen, wurde im Jahr 2004 eine Projektorganisation etabliert, in der die drei zentralen Säulen beziehungsweise Projekträume Hessen-Portal (Internet-Portal und Mitarbeiter-Portal), DMS und HCN (Basiskommunikationsdienste) die Schwerpunkte bilden. Darüber hinaus wurden weitere Einzelprojekte im Bereich der Fachverfahren initiiert. Vor diesem Hintergrund bestand die Notwendigkeit, gemeinsame »Spielregeln« für die Projekte und die Zusammenarbeit in den Projekten zu erarbeiten.

Ein geregeltes Projektmanagementverfahren zielt auf eine straffere, qualitätsgerechtere, schnellere und kostengünstigere Aufgabenbewältigung. Das Projekt als Organisationsform mit klar definierten Rollen, Abläufen, Inhalten und Ergebnissen ermöglicht die Konzentration der Ressourcen auf eine wichtige konkrete Aufgabe.

Für die Projektabwicklung haben sich in der Praxis verschiedene Methoden und Vorgehensweisen herausgebildet, die zum Teil von Softwareprodukten unterstützt werden. Wichtiger als die Auswahl der konkreten Methodik ist aber, dass innerhalb einer Organisation nur ein Vorgehen – eine gemeinsame »Projektkultur« – zum Tragen kommt. Dies ist insbesondere unter den Rahmenbedingungen der Öffentlichen Verwaltung ein schwieriges Unterfangen, da es für die Projektarbeit wenig Anreize gibt.

Projektmanagement am Beispiel eines kommunalen Call-Centers

Das im Herbst 2001 eröffnete kommunale Call-Center der Stadt Duisburg war das erste seiner Art. Es sollte die Ämter bei den Kommunikationsaufgaben entlasten und den Service der Stadtverwaltung verbessern. Die Zeit für die Umsetzung des Projekts war knapp bemessen. Das machte eine stringente Planung erforderlich.

In diesem Beitrag erfahren Sie:
- mit welcher Zielsetzung und mit welchem Konzept das kommunale Call-Center der Stadt Duisburg gegründet wurde,
- wie das Konzept im Projekt umgesetzt wurde und
- welche praktischen Erfahrungen bisher mit der »Call Duisburg« gesammelt werden konnten.

NORBERT BRANDSTÄDTER

Einleitung

Als Oberbürgermeisterin Bärbel Zieling am 1. Oktober 2001 »Call Duisburg« eröffnete, wurde gleichsam ein Meilenstein für die Zukunft gesetzt. Sie hatte das erste kommunale Call-Center eröffnet, das für alle Aufgaben der Stadtverwaltung zuständig sein sollte und bis heute als Vorbild für zahlreiche weitere kommunale Call-Center-Betriebe gilt.

Der Projektleiter Norbert Brandstädter hatte nur sechs Monate für die Umsetzung des Projektes »Call Duisburg« zur Verfügung und stellte sich dieser Herausforderung dennoch gern. Die sehr kurze Zeitspanne zwischen dem Projektauftrag und der Inbetriebnahme des Call-Centers setzte eine konsequente und stringente Projektarbeit und -planung voraus. Entsprechend eng waren die jeweiligen Projektmeilensteine gesetzt worden:

⇨ Vorstellung des Projektes	9.02.2001
⇨ Projektauftrag	22.02.2001
⇨ Zieldefinition, Ist-Analyse	bis 15.04.2001
⇨ Konzeption und Stellenbemessung	bis 15.05.2001
⇨ Interne Stellenausschreibung	15.06.2001
⇨ Beschluss des Rates	25.06.2001
⇨ Beginn der Baumaßnahmen für das Call-Center	1.07.2001
⇨ Auswahlverfahren	15.07.2001
⇨ Beginn der Schulungsmaßnahmen	30.08.2001
⇨ Baumaßnahmen abgeschlossen	1.09.2001
⇨ Eröffnungsveranstaltung	1.10.2001

Anhand des Beispiels »Call Duisburg« soll nachfolgend dargestellt werden, welche Projektmeilensteine und -inhalte bei der Umsetzung eines Call-Center-Projektes generell zu beachten sind.

Projektziele

Bürgerinnen und Bürger fordern als Quasi-Kunden ihrer Stadt in zunehmendem Maße eine Servicequalität von Behörden und Ämtern, die sie vergleichbar bei der Privatwirtschaft bereits kennengelernt und deren Nutzen sie erkannt haben. Das gilt insbesondere für die Bereiche telefonische Kundenbetreuung und Online-Service. Die exponentiell steigenden Zahlen der Online-Banking-User, der Bestellungen über das Internet sowie über telefonische Service-Hotlines dokumentieren das eindrucksvoll. Die Vereinfachung und Effizienzsteigerung der existierenden Verwaltungsprozesse und die Erweiterung der Dienstleistungsangebote durch die Stadt sind bei den Bürgerinnen und Bürgern eng verknüpft mit den Begriffen »moderne und effiziente Verwaltung«.

Neben dem Ausbau der Internetpräsentation stellt die Einrichtung eines Call-Centers mittlerweile ein drittes Eingangsportal zu den Dienstleistungen einer Stadtverwaltung dar.

Die Portale der Stadtverwaltung

Ziel einer modernen Großstadtverwaltung muss es sein, die Kommunikationswege und -mittel zwischen Bürgerinnen und Bürgern und ihrer Stadt zu optimieren, auf die jeweiligen Bedürfnisse einzugehen und gezielte und schnelle Informationen abrufbar zu machen. Die Erreichbarkeit der Stadt sollte sich auf folgende drei wesentliche Kommunikationswege stützen:

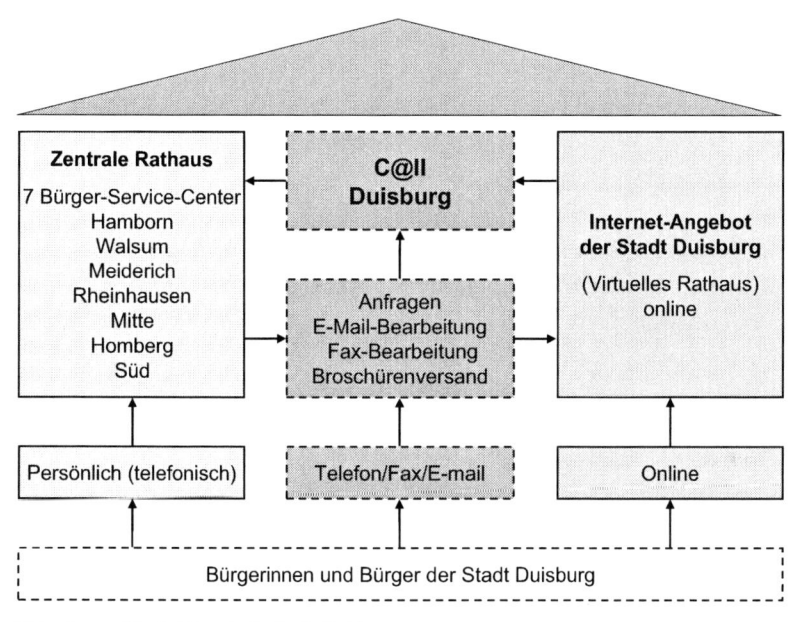

Abb. 1: *Die drei Portale der Stadt Duisburg*

Innerhalb dieser drei Portale der Stadt ist eine zunehmende Tendenz von den persönlichen zu den telefonischen und zu den virtuellen oder auch »Online-Kontakten« zu erkennen. Bürgerinnen und Bürger stellen insbesondere an Großstadtverwaltungen Anforderungen nach zeitgemäßen Serviceangeboten. Dabei wird die schnelle und kompetente telefonische Erreichbarkeit der Stadtverwaltung immer wichtiger. Die

Auswertung einer im April 2001 bei der Stadt Duisburg durchgeführten Verkehrsmessung mit der Telekommunikationsanlage ergab, dass die Erreichbarkeit der Stadtverwaltung hohe Defizite aufwies und dass rund 60 Prozent der Anrufe nicht ihr Ziel erreichten. Dieser Wert ist für Großstadtverwaltungen durchaus nicht untypisch. Eine hohe Erreichbarkeit der Stadtverwaltung ist jedoch ein wichtiger Baustein für eine Verbesserung des Bürgerservices. Außerdem ist das zeitraubende Weiterverbinden von Anrufen serviceschädlich und muss in angemessenem Rahmen auf das Notwendigste reduziert werden.

Hier setzt ein Call-Center an, indem es Bürgerinnen und Bürgern zuverlässig die Erreichbarkeit garantiert. Die Auskunft erfolgt schnell, freundlich und kompetent, wobei sich das Serviceangebot zunächst meist auf allgemeine und orientierende Interaktionen konzentriert, aber sukzessive, durch die Einbindung immer weiterer Fachverfahren, zunehmend auch einzelfallbezogene Auskünfte erteilt werden können.

Den Bürgerinnen und Bürgern bleiben hierdurch häufig unnötige Wege erspart, und sie können sich telefonisch – zum Beispiel über die benötigten Unterlagen oder über Zuständigkeiten – informieren. Durch die Beantwortung der Anfragen im ersten Anlauf wird eine Weiterverbindung in hohem Maße vermieden. Andererseits ergeben sich für eine Vielzahl der in den Ämtern/Instituten eingesetzten Mitarbeiterinnen und Mitarbeiter der Stadtverwaltung erhebliche Entlastungen. Häufige telefonische Anfragen zu allgemeinen Fragestellungen lenkten bisher viel zu oft von der Ausübung der Hauptaufgaben ab.

Vorteile für Bürger und Verwaltung

Neben den inhaltlichen Zielen sollten auch Qualitätsziele definiert werden. So sollte die Erreichbarkeit auf über 90 Prozent angehoben und ein Servicelevel von 80/20 (Annahme von Anrufen in Prozent/Sekunden) erreicht werden.

> **Positive Effekte, die sich durch die Einrichtung eines Call-Centers ergeben:**
>
> **Für die Bürgerinnen und Bürger:**
> - weniger Zeitaufwand bei Verwaltungsgeschäften,
> - längere Öffnungszeiten,
> - bessere und schnellere Orientierung,
> - höhere Erreichbarkeit der Verwaltung,
> - qualifiziertere Anrufbehandlung,
> - kürzere Bearbeitungszeiten,
> - Angebot zusätzlicher Dienstleistungen.
>
> **Für die Verwaltung:**
> - Gewinnung von Arbeitszeit,
> - bessere Arbeitsbedingungen,
> - Entlastung von Fachkräften,
> - Beantwortung von Beschwerden,
> - geringerer Bearbeitungsaufwand,
> - Verminderung von Störfaktoren,
> - Entlastung von Massengeschäften,
> - hoher Imagegewinn.

Als weitere Vorgabe wurde für Call Duisburg vereinbart, dass sich die zusätzlichen laufenden Kosten des Call-Centers durch entsprechende Einsparungen in anderen Bereichen (nach spätestens eineinhalb Jahren) amortisiert haben sollten. Ähnliche Ziele können auch bei anderen Call-Center-Projekten vereinbart werden.

Ist-Analyse

In einer ersten Phase der Ist-Analyse werden die durch telefonische Anfragen der Bürgerinnen und Bürger ausgelösten Prozesse erfasst, eingeordnet, dokumentiert und bewertet. Die Erhebung der bei der Stadt eingehenden telefonischen Anfragen sollte zunächst in den Bürgerämtern erfolgen und anschließend auf die Ämter ausgeweitet werden, die häufig telefonische Anfragen erhalten. Auf Basis der hier ermittelten häufigsten Fragestellungen und Anrufgründe kann eine Know-how-Grundlage für den Start des Call-Centers geschaffen werden.

Darüber hinaus sollte mit Hilfe der Telekommunikationsanlage eine *Verkehrsmessung* durchgeführt werden. Hieraus ergeben sich wertvolle Erkenntnisse über die Frequentierung sowie über die Verteilung der eingehenden Anrufe auf die Ämter und Institute. Diese Verkehrsmessung mit der TK-Anlage liefert später wertvolle Aussagen über das im Call-Center vermutete Anrufvolumen und ist Grundlage für die Stellenbemessung.

Im Ergebnis führt die Ist-Analyse zu aussagekräftigen Mengenangaben über das zu erwartende Anrufvolumen sowie zu inhaltlichen Aussagen über häufige Fragestellungen. Auf dieser Basis kann anschließend das Feinkonzept entwickelt werden. Ziel der Kommunikationsanalyse ist es, ein *Bedarfskonzept* zu entwickeln, die dazu gehörigen organisatorischen Maßnahmen und Anpassungen aufzuzeigen, den Kostenrahmen zu ermitteln und eine konkrete Planung der Maßnahmen und der Einführung vorzunehmen.

Parallel zur Erhebung von Mengen- und Inhaltsangaben sollten bereits in dieser frühen Projektphase geeignete Räume für das Call-Center gesucht werden, weil eine klare Vorstellung der erforderlichen Baukosten bereits im nachfolgenden Projektabschnitt (Konzeptentwicklung) benötigt wird.

Kosten

Die Investitionskosten für ein Call-Center können erheblich schwanken. Sie sind abhängig davon, welche Kosten für die bauliche Herrichtung, die Wissensmanagemant-Software und die TK-Technik aufgewendet werden. Die Kosten für den Aus- und Umbau der Räume des Call-Centers der Stadt Duisburg beispielsweise lagen eher auf einem unteren Preisniveau. Für Call Duisburg ergaben sich Investitionskosten von rund 16.000 Euro je Agentenplatz. Enthalten waren die Kosten für Umbaumaßnahmen sowie für die Beschaffung der technischen Ausstattung (Telefonanlage, PC-Ausstattung, Software, Büroausstattung).
Die Investitionskosten bei Call Duisburg betrugen für zunächst 24 Arbeitsplätze:
- Baukosten   82.000 Euro
- Elektroinstallation (Vernetzung, Beleuchtung etc.) 74.000 Euro
- TK-Technik (ACD, Endgeräte, Installation)   102.200 Euro
- DV-Technik (Vernetzung, Software)   55.000 Euro
- Mobiliar (Tische, Stühle, Sozialräume)   51.000 Euro
- Gesamtsumme: 364.200 Euro

Konzeption für das Call-Center

Nachdem im Rahmen der Ist-Analyse ausreichende Angaben über die zu erwartenden Mengen und die abgefragten Inhalte erhoben wurden, ist es an der Zeit, das Feinkonzept zu entwickeln.

Ablauforganisation/Wissensmanagement

Die Mitarbeiterinnen und Mitarbeiter im Call-Center sollen alle eingehenden Anrufe so weit- und tiefgehend wie möglich abschließend beantworten. Sie bedienen sich dazu einer besonderen Wissensdatenbank, die, mit den relevanten Informationen ausgestattet, die Mitarbeiterinnen und Mitarbeiter sicher und schnell durch die abgefragten Themenbereiche führt. Diese Wissensdatenbank übernimmt eine wichtige Schlüsselrolle. Sie prägt die Leistungsfähigkeit des Call-Centers in entscheidendem Maße.

Beim Start von Call Duisburg am 1.10.2001 war die Datenbank mit Informationen zu den zentralen Fragestellungen ausgestattet, die im Rahmen der Erhebungsphase in den Ämtern/Instituten sowie in den Bürger-Service-Stationen gesammelt wurden. Die Wissensdatenbank, auf die Call Duisburg zurückgreift, basiert im Wesentlichen auf zwei wichtige Säulen.

Grundlage aller Informationen zu den Produkten der Stadt Duisburg sind die von den Ämtern und Instituten der Stadt erstellten Seiten im Intranet beziehungsweise im Internet. Die Ämter und Institute wurden gebeten, alle ihre Produkte nach einem einheitlichen Gliederungsschema in das Content-Management-System (CMS) einzustellen. Damit ist gewährleistet, dass die Datenpflege auch zukünftig dezentral durch die Ämter und Institute erfolgt.

Parallel dazu wurde das CMS um die speziell für die Bedürfnisse des Call-Centers relevanten Funktionen erweitert. Daraus ergeben sich – je nachdem, welches Portal angesprochen wird – unterschiedliche Darstellungsformen der Informationen. Vereinfacht ausgedrückt, werden sowohl die Seiten des Internets – die Informationen für alle Mitarbeiter der Stadt – als auch die Seiten, die die Agenten im Call-Center aufrufen, unterschiedlich, entsprechend den jeweiligen Anforderungen dargestellt. Dennoch sind sämtliche Informationen in nur einer Datenbank enthalten und werden im CMS individuell präsentiert. Neben den Produktseiten im Internet werden im Call-Center zudem folgende Funktionen/Informationen benötigt:

⇨ ergänzende Informationen zu den Dienstleistungen,
⇨ Handlungsempfehlungen,
⇨ Verwaltung von Kundenkontakten,
⇨ Erzeugung von Workflows,
⇨ statistische Auswertungen.

Im Call-Center werden deshalb nicht nur die Internetseiten zu den abgefragten Dienstleistung durchsucht, sondern auch die weitergehenden Informationen und Handlungsempfehlungen für die

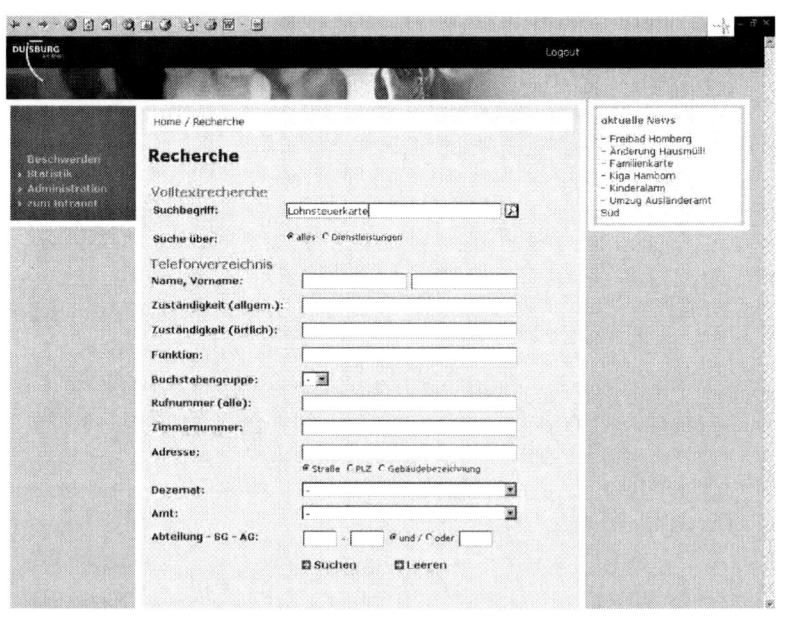

Abb. 2: *Grafische Oberfläche der Wissensdatenbank*

Agenten. Auf diese Weise ist sichergestellt, dass alle für das Call-Center relevanten Informationen in Sekundenschnelle abrufbar auf dem Bildschirm bereitgestellt werden können.

Second Level

Wenn die Agenten in Einzelfällen nicht umgehend eine abschließende Antwort geben können, wird in der Regel ein Rückruf vereinbart. In diesen Fällen müssen zur Klärung der Angelegenheit meist Sachverhalte recherchiert werden. In einzelnen Call-Centern wurde hierzu eigens ein Back-Office mit Spezialisten aus den Fachämtern eingerichtet, die für den Kunden die Antwort recherchieren und den Rückruf tätigen. Häufiger (auch in Duisburg) wird jedoch auf ein Back-Office im Call-Center verzichtet und stattdessen auf zentrale Ansprechpartner in den Fachämtern zurückgegriffen, die bei Bedarf für das Call-Center Informationen bereitstellen.

In der Anfangszeit ist hier mit einer leicht erhöhten Anzahl von Vorgängen zu rechnen. Mit zunehmender Routine und zunehmendem Wissen reduziert sich die Zahl der Recherchen und Rückfragen jedoch beträchtlich. Dies geschieht meist schon nach kurzer Zeit. Das für Call Duisburg vorgegebene Ziel – eine Beantwortungsquote von 70 Prozent nach einer Einarbeitungsphase von drei Monaten – wurde bereits nach vier Wochen erreicht. Heute sind die Agenten in der Lage, 85 Prozent aller eingehenden Anrufe zu beantworten.

Prozesse im Call-Center

Die Abläufe im Call-Center sind abhängig von der Art der Anfragen. Je nach Fragetyp werden mehr oder weniger umfangreiche Arbeitsschritte eingeleitet. Im Call-Center werden insgesamt drei verschiedene Fragetypen mit differenzierten Abläufen unterschieden (siehe Abb. 3).

Können Anfragen der Bürgerinnen und Bürger nicht sofort beantwortet werden, wird nicht weiterverbunden, sondern es wird ein verbindlicher Rückruftermin vereinbart. In diesen Fällen erfragen die Mitarbeiterinnen und Mitarbeiter die für die Beantwortung der Frage erforderliche Information direkt bei den zentralen Ansprechpartnern (Second Level) in den Ämtern/Instituten. Sobald die Antwort vorliegt (in der Regel sofort), rufen die Agenten die Bürgerin/den Bürger zurück und ergänzen die Wissensdatenbank entsprechend.

Selbst bei Fragen, die Entscheidungen oder persönliche Prüfungen der Ämter zwingend erfordern, wird nicht immer verbunden. In vielen Fällen nehmen die Agenten im Call-Center den Wunsch des Anrufers auf (Ticketsystem) und bitten die Ämter und Institute mittels eines Formulars um Rückruf. Das bedeutet für die betreffenden Stellen keine Mehrarbeit, führt jedoch zu einer wesentlichen Verbesserung des Bürger-Service. Die nachfolgende Abbildung verdeutlicht die Abläufe bei Call Duisburg:

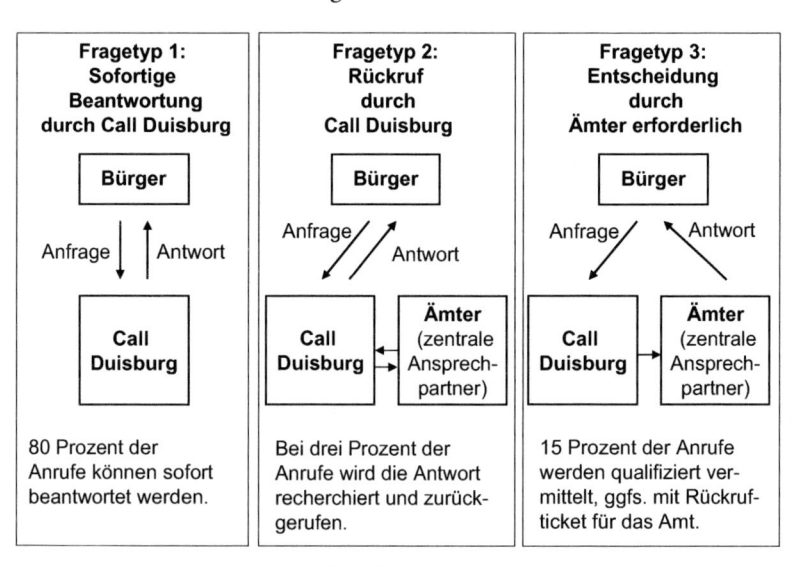

Fragetyp 1: Sofortige Beantwortung durch Call Duisburg	Fragetyp 2: Rückruf durch Call Duisburg	Fragetyp 3: Entscheidung durch Ämter erforderlich
Bürger ↕ Call Duisburg	Bürger → Call Duisburg → Ämter (zentrale Ansprechpartner)	Bürger ↔ Call Duisburg → Ämter (zentrale Ansprechpartner)
80 Prozent der Anrufe können sofort beantwortet werden.	Bei drei Prozent der Anrufe wird die Antwort recherchiert und zurückgerufen.	15 Prozent der Anrufe werden qualifiziert vermittelt, ggfs. mit Rückrufticket für das Amt.

Abb. 3: *Die drei Fragetypen bei Call Duisburg*

Die übrigen zwei Prozent der Anrufe verursachen Workflows in Form von Arbeitsaufträgen für das Fachamt, die mit elektronischem Workflowsystem (Beschwerdemanagement) aufgenommen werden. Beispiele hierfür sind Schäden an Straßen und Gehwegen, Wilde Müllkippen, Verbraucherbeschwerden und vieles mehr.

Was das Konzept noch enthalten sollte

Neben der Beschreibung der Ablauforganisation und der Beschreibung des Wissensmanagements sollte das Konzept außerdem Antworten auf folgende Fragestellungen geben:

⇨ Wie soll das Call-Center in der Verwaltung aufbauorganisatorisch integriert sein (Stabstelle, Eigenbetrieb, Abteilung)? Bestimmung von Betreibermodellen.
⇨ Welche Aufgaben sollen übernommen werden (beim Start und in der Folgezeit)?
⇨ Wie soll die interne Aufbauorganisation im Call-Center gestaltet sein (Back-Office – ja oder nein?; Teamleiter; Wissensmanagement; Supervision; Kap-Planung; Coaches)?
⇨ Wie sollen die Schnittstellen zu den Ämtern organisiert sein (zentrale Ansprechpartner)?
⇨ Soll es eine dezentrale Pflege der Produktinformationen im CMS durch die Ämter/Institute geben?
⇨ Wie soll die Stellenbemessung erfolgen (einzelübergreifende Tätigkeiten beachten – Anteile für Ausbildung, Coaching, Teamleitung, DV, Leitung)?
⇨ Wie soll die räumliche Gestaltung aussehen (Großraumbüro, Sozialräume, Besprechungsraum, Technikraum, Lagerraum)?
⇨ Liegt eine vollständige Planung aller Baumaßnahmen sowie eine Ermittlung der Investitionskosten vor?
⇨ Soll das Call-Center in die städtische TK- und DV-Infrastruktur eingebunden werden?

⇨ Liegt eine genaue Kalkulation der Kosten sowie eine Darstellung der Synergieeffekte vor?
⇨ In welcher Höhe werden die Investitionskosten im Haushalt veranschlagt?

Im Ergebnis liefert das erstellte Feinkonzept die Basis für die Entscheidungsvorlage, an der sich die politischen Gremien orientieren.

Ausführung

Kick-Off-Veranstaltung mit den Ämtern/Instituten

Nach der Beschlussfassung durch die politischen Gremien steht der Ausführung nichts mehr im Wege. Zweckmäßigerweise sollte zum Auftakt ein Kick-Off-Gespräch mit den Leitern der Ämter und Institute durchgeführt werden. In diesem Rahmen werden die Ämter über die bevorstehende Umsetzung des Call-Center-Projektes informiert. Außerdem sollten folgende Rahmenbedingungen mit den Amts- und Institutsleitungen abgestimmt werden:
⇨ Schnittstellen zu den Ämtern – zentrale Ansprechpartner;
⇨ Backoffice – ja oder nein (zentrale Ansprechpartner);
⇨ dezentrale Datenpflege im CMS;
⇨ Kommunikationswege (web, Inhouse-Server, E-Mail);
⇨ Sollbruchstellen (im Einzelfall ist festzulegen, wann Vorgänge an die Fachämter weitergegeben werden müssen).

Bildung von Projekt- und Teilprojektgruppen

Wie bei großen Projekten üblich, sollte eine Projektstruktur nach den allgemeinen Regeln der Organisationslehre eingerichtet werden. Die Projektorganisation sollte nach folgenden Kriterien gestaltet sein:
⇨ Projektlenkungsgruppe,
⇨ Projektleitung,

⇨ Projektcontrolling,
⇨ Bildung von Einzelprojektgruppen:
  – Wissensmanagement – CMS,
  – Bau (Ausräumen, Abriss, Rohbau, Klima, Heizung, Elektro, Licht),
  – Technik (TK, ACD, DV),
  – Personal (Rekrutierung, Auswahlverfahren, Schulungskonzept),
  – Marketing.

In Duisburg sind wegen der Kürze der Projektzeit einige Teilprojektgruppen, wie zum Beispiel die Projektgruppe »Bau«, regelmäßig wöchentlich zusammengetreten. Die Teilprojektgruppe »Bau« beschäftigt sich im Wesentlichen mit den Ausschreibungen der Gewerke (Bau, Raumausstattung), der Durchführung der Baumaßnahmen und der Gestaltung der Räume.

Das Projektcontrolling stellt sicher, dass die Projektlenkung (Verwaltungsführung) in regelmäßigen Abständen über den planmäßigen Projektfortschritt und über mögliche inhaltliche, zeitliche oder finanzielle Abweichungen informiert wird.

Personal

Personalausstattung
Auf Basis der Daten und empirischen Informationen, die im Rahmen der durchgeführten Analyse erhoben wurden, ist für das Call-Center eine Stellenbemessung vorzunehmen. Dabei sind folgende Aufgaben zu berücksichtigen:
⇨ Call-Center-Leitung,
⇨ Supervision (ACD-Bedienung, Warteschleifensteuerung),
⇨ Kapazitätsplanung,
⇨ Personalangelegenheiten, Urlaubsplanung etc.,
⇨ Teamleitung,
⇨ Wissensmanagement,
⇨ Coaching, Qualitätssicherung,

⇨ DV-Support,
⇨ Bearbeitung der Anrufe (Agenten).

Bei kleineren Call-Center-Betrieben können diese Tätigkeiten in Personalunion durchgeführt werden. Beispielsweise kann eine Teamleitung gleichzeitig auch die Betreuung des Wissensmanagements übernehmen, oder es können die Aufgaben der Supervision, Kapazitätsplanung und die Personalangelegenheiten in einer Stelle zusammengefasst werden.

Die Mitarbeiterinnen und Mitarbeiter sollten insbesondere in der Startphase aktiv am Ausbau beteiligt werden. Sie sind es, die die in- und externen Schnittstellen kompetent bedienen und hierdurch dazu beitragen sollen, die gesteckten Ziele zu erreichen.

Personalakquisition/Assessment

An die zu rekrutierenden Mitarbeiterinnen und Mitarbeiter werden folgende Anforderungen gestellt, die durch spezielle Qualifizierungsmaßnahmen weiter vertieft werden müssen:

Tabelle 1: Anforderungen an die Mitarbeiter des Call-Centers	
Fachwissen	⇨ allgemeine Kenntnisse der Verwaltung ⇨ lokale Kenntnisse der Kommune ⇨ gute Allgemeinbildung
Methodik	⇨ PC-Kenntnisse ⇨ klare Formulierungen ⇨ Telefontechniken ⇨ Einwandbehandlung (Beschwerden) ⇨ Sachbearbeitungskenntnisse (teilweise)
Sozialkompetenz	⇨ Freundlichkeit, Höflichkeit, Zuhören ⇨ Beratungskompetenz ⇨ Teamfähigkeit ⇨ Informationsbereitschaft
Persönlichkeit	⇨ schnelle Auffassungsgabe ⇨ Belastbarkeit ⇨ Konzentrationsfähigkeit ⇨ guter Ausdruck ⇨ Schlagfertigkeit

Durchführung eines Assessment-Centers

Um geeignetes Personal für die Tätigkeit im Call-Center zu akquirieren, wurde in Duisburg ein mehrstufiges Auswahlverfahren in Form eines Assessment-Centers durchgeführt. Das Assessment-Center bestand aus vier Teilen:
⇨ Simulation eines Telefongesprächs,
⇨ Gruppendiskussion,
⇨ PC-Test und
⇨ einem kurzen Einzelinterview.
Es dauerte jeweils drei Stunden.

Teil 1, Telefoninterview: Simulation eines Telefongesprächs mit jedem einzelnen Bewerber/jeder einzelnen Bewerberin. Das Auswahlgremium (Beobachter) soll zunächst nur einen akustischen Eindruck von dem Bewerber/der Bewerberin erhalten. Die Assessment-Anordnung wird dabei so gewählt, dass die Beobachter dem Telefonat nur akustisch, über einen Telefon-Lautsprecher, folgen können. Bewertungskriterien sind: verbaler Ausdruck; Problemanalyse/Problemlösung.

Teil 2, Gruppendiskussion: Anhand der Gruppendiskussion wollen die Beobacher sich einen Eindruck verschaffen, ob die Bewerberinnen und Bewerber in ausreichendem Maße über Teamfähigkeiten verfügen. In Duisburg wurde zu diesem Zweck eine Aufgabe analog dem »NASA-Test« durchgeführt. Die Bewerberinnen und Bewerber sollten in der Gruppe 20 Schlüsselqualifikationen für die Arbeit im Call-Center nach Wichtigkeit auflisten und diskutieren (zum Beispiel Computer-Kenntnisse, Querschnittswissen über Verwaltungsgliederung, Hilfsbereitschaft, Teamfähigkeit und so weiter). Bewertungskriterien: verbaler/nonverbaler Ausdruck; Problemanalyse/Problemlösung; Gruppenverhalten; soziale Sensibilität; persönliche Kompetenz. Dauer der Einzelpräsentation und des anschließenden Gruppengesprächs: 30 Minuten

Teil 3, PC-Test (wahlweise): An einem bereitgestellten PC sollen die Bewerberinnen und Bewerber jeweils in einer Datenbank nach Informationen zu Duisburger Themenbereichen suchen. Dauer: 15 Minuten. Bewertungskriterien: Umgang mit Technik; Problemanalyse/Problemlösung.

Teil 4, Einzelinterviews (wahlweise): In einem abschließenden Einzelgespräch sollen die Bewerberinnen und Bewerber die Möglichkeit haben, den Beobachtern individuelle Wünsche oder Erwartungen zu erläutern. Die Beobachter können ihren Eindruck durch gezielte Nachfragen erweitern. Dauer: höchstens 10 Minuten. Bewertungskriterien: freie Bewertung.

Ausbildung/Qualifizierung

Die Ausbildung der Call-Center-Agenten kann weitgehend mit eigenen Mitteln beziehungsweise eigenen Referenten erfolgen. Lediglich im Lernfeld Gesprächsführung/Kommunikation ist es ratsam, sich externer Hilfe von Trainern, zum Beispiel aus anderen Call-Center-Betrieben, zu bedienen.

In Duisburg begleitete ein Fortbildungsreferent des hausinternen Fortbildungszentrums den konzeptionellen und den praktischen Umsetzungsteil der Qualifizierungsmaßnahme. Das Aus- und Fortbildungskonzept orientierte sich an verschiedenen Teilinhalten:

Allgemeine Grundkenntnisse:
⇨ Einführung in die Philosophie des Call-Centers,
⇨ generelle Einführung in Zuständigkeiten und Aufbau der Verwaltung,
⇨ Darstellung der wesentlichsten Dienstleistungen der Ämter und Institute,
⇨ Einführung in die Prozessabläufe,
⇨ Schnittstellen zu den Ämtern/Instituten,
⇨ Eskalationsprozedere,
⇨ Rechte und Pflichten der Mitarbeiterinnen und Mitarbeiter.

Gesprächsführung (mit externen Referenten):
⇨ Grundsätze der Gesprächsführung (positives Gesprächsklima),
⇨ Gesprächsstrategien für schwierige Gesprächssituationen,
⇨ Training der Gesprächsabläufe im Rollenspiel,
⇨ Umgang mit der Telefonanlage,
⇨ Sprachregelungen und Gesprächsleitfäden,
⇨ Gesprächsstil,
⇨ Gesprächssimulationen,
⇨ Gesprächsanalysen.

Arbeitsmittel:
⇨ Nutzung und Pflege des Reporting-Systems und der Call-Center-Software,
⇨ Wissensdatenbank,
⇨ Vorgangsdokumentation,

⇨ Einführung in die im Call-Center zur Verfügung stehenden Fachverfahren,
⇨ Umgang mit der Telefonanlage (Bedienung der Agenten-Endgeräte).

Die Dauer der Ausbildung sollte mit zirka vier Wochen eingeplant werden. Anschließend sollten zwei weitere Wochen für ein Telefontraining eingeplant werden. In dieser Zeit werden Kundenanrufe und deren Bearbeitung simuliert.

Räumliche Unterbringung

Aus den hohen inhaltlichen Ansprüchen eines solchen Projektes leiten sich wichtige Gesichtspunkte zur ergonomischen Gestaltung ab. Die Anforderungen der Arbeitsstättenverordnung des Arbeits- und Gesundheitsschutzes (zum Beispiel Beleuchtung, Schallschutz etc.) haben bei der Gestaltung der Räume einen großen Stellenwert.
Die räumliche Planung sollte neben dem Großraumbüro, in dem die Agenten, Teamleiter und die Supervisoren tätig sind, weitere Räumlichkeiten berücksichtigen:
⇨ Sozialraum,
⇨ Personalküche,
⇨ Besprechungs-/Schulungsraum,
⇨ Technikraum,
⇨ Lagerraum.

Die Unterbringung der Agenten in kleineren Räumen (zum Beispiel zwei bis vier Personen je Raum) ist wegen der großen Schallentwicklung nicht geeignet. Außerdem ist bei einer solchen Unterbringung eine ausreichende Abstimmung und Hilfestellung der Agenten untereinander beziehungsweise der Agenten und der Teamleitung nicht möglich.

In Duisburg konnte die ehemalige Kantine des Bezirksamtes Süd kurzfristig so umgebaut werden, dass sie den Ansprüchen eines Call-Centers genügt.

Technik im Call-Center

Die im Call-Center erforderliche Technik wird allgemein überschätzt. Ein Großteil der erforderlichen DV- beziehungsweise TK-Technik ist im Regelfall im Netzwerk der Stadtverwaltung bereits vorhanden. Folgende Technikausstattung wird darüber hinaus für das Call-Center benötigt:
- ACD-Anlage: Automatische Rufverteilanlage verteilt Anrufe auf die Agenten. Es können mehrere Skills (Fachteams) gebildet werden und unter anderem Bandansagen und Statistiken erzeugt werden;
- Wissensmangementsystem;
- eigener Server für die Wissensdatenbank;
- Mailserver;
- Faxserver.

Bei Bedarf (nicht zwingend erforderlich):
- CTI-Schnittstelle (Computer-Telephony-Integration): CTI ist eine Technik, die die Callcenter-Telefonanlage mit dem Computernetz verbindet. Vorteile: Der Anrufer wird durch die eingehende Telefonnummer identifiziert; Telefonendgeräte sind nicht erforderlich; die Agenten telefonieren am PC.
- Personallogistik-System für das Forecasting: Software für die bedarfsgerechte, zeitgenaue Einsatzplanung von Personal.
- IVR (Interactive Voice Response): Eine aufgezeichnete Begrüßung bietet Anrufern verschiedene Möglichkeiten an, die per Tastendruck oder sprachgesteuert ausgewählt werden können.
- VoIP (Voice over IP): Telefonieren über Datennetze. Vorteil: keine zwei Netze; es muss lediglich das Datennetz beschafft und gewartet werden.

Werbekonzeption

Öffentlichkeitsarbeit

Rechtzeitig vor dem Start des Betriebs kann eine Marketingstrategie entwickelt werden, die eine umfassende Information der Öffentlichkeit über den neuen Service der Stadt sicherstellt. Bestandteile dieser Werbestrategie können sein:
- Druck von Handzetteln und Aufklebern;
- Verteilung von Merchandising-Artikeln;

⇨ Redaktionelle Mitteilungen an die Tageszeitungen, Zeitungsbeilagen;
⇨ Einsatz von Postwerbestempeln;
⇨ Präsentation in allen öffentlich zugänglichen Ämtern;
⇨ Aktionen bei Großveranstaltungen.

Interne Öffentlichkeitsarbeit

Um die Akzeptanz des Call-Centers innerhalb der Verwaltung zu erhöhen, wurde in Duisburg bereits von Beginn der Konzeption an die Arbeit der Projektgruppe in der Stadtverwaltung transparent dargestellt. Informationstafeln und regelmäßige Berichte in der Mitarbeiterzeitung der Stadt unterstützten diesen Prozess. Die Merchandising-Artikel (Tassen, Aufkleber etc.) wurden zum Teil auch an Mitarbeiterinnen und Mitarbeiter verschenkt. In Seminarpausen wurde den Teilnehmerinnen und Teilnehmern aller Seminare eine Kurzführung durch die nahegelegenen neuen Räumlichkeiten des Call-Centers angeboten. Die Berichterstattung in der Mitarbeiterzeitung wurde auch noch nach Eröffnung des Call-Centers fortgesetzt.

Risiken bei der Implementierung

Die Einrichtung eines Call-Centers wird mit großer Sicherheit bei den Bürgerinnen und Bürgern sehr begrüßt, führt sie doch augenblicklich zu mehr Kundenservice. Allein schon die Tatsache, dass das serviceunfreundliche Weitervermitteln entfällt und man stattdessen umgehend eine kompetente Auskunft erhält, dürfte die Zufriedenheit der Bürger nachhaltig steigern.

Risiken sind daher eher im internen Verhältnis zu sehen. Sie können begründet sein in einer unzureichenden Akzeptanz durch die Ämter und Institute, die das Call-Center nicht ausreichend unterstützen. Eine fehlende Akzeptanz kann zum Beispiel dadurch ausgelöst werden, dass bereits vor der Einrichtung eines Call-Centers zur Gegenfinanzierung von den Ämtern/Instituten »Opfer« in Form von Stellenanteilen verlangt werden. Werden Amtsleitungen auf diese Weise auf ein bevorstehendes Call-Center eingestimmt, zeigen sie sich oftmals nicht mehr motiviert, mit dem Call-Center eng zu kooperieren und es mit aktuellen Daten zu versorgen.

Hier gilt: Erst sähen, dann ernten! Besser ist es, das Call-Center zunächst ohne Bedingungen für die Ämter an den Start zu schicken und erst später die Auslastungen der Ämter zu untersuchen – zum Beispiel in Form einer Organisationsuntersuchung.

Schwierig wird es auch, wenn vom Start weg das Call-Center mit zu vielen Aufgaben auf einmal belastet wird. Die Einarbeitung wird schwieriger, die Qualifikation der Mitarbeiterinnen und Mitarbeiter ist zu diesem Zeitpunkt eventuell nicht ausreichend.

Optimalerweise startet das kommunale Call-Center mit einem reinen Wissensmangement, mit dem die Agenten Auskünfte zu allen Dienstleistungen der Verwaltung erteilen können. In der Folgezeit können dann sukzessive weitere Prozesse in das Call-Center integriert werden.

Call-Center-Agenten müssen erst Routine aufbauen. In den ersten Tagen werden die mittleren Bearbeitungszeiten sicher bei rund 4,5 Minuten je Anruf liegen, in den nächsten Wochen und Monaten aber allmählich auf den »normalen« Wert von rund 2,5 Minuten abfallen. Es ist durchaus sinnvoll, in den ersten Wochen einige Mitarbeiterinnen beziehungsweise Mitarbeiter zusätzlich und überplanmäßig im Call-Center einzusetzen, bis sich die Betriebsabläufe allmählich gefestigt haben.

Zusammenfassung

Das am 1. Oktober 2001 eröffnete kommunale Call-Center »Call Duisburg« war das erste seiner Art. Es sollte die Stadtverwaltung bei den Kommunikationsaufgaben weitgehend entlasten. Dem Projektleiter wurden nur sechs Monate für die Umsetzung des Projektes eingeräumt. Die sehr kurze Zeitspanne zwischen dem Projektauftrag und der Inbetriebnahme des Call-Centers setzte eine konsequente und stringente Projektarbeit und Planung voraus. Entsprechend eng waren die jeweiligen Projektmeilensteine gesetzt.
Oft genannte Argumente für die immer noch vorherrschende Zurückhaltung der Kommunen bei der Umsetzung eigener Call-Center-Betriebe konnten bei diesem Projekt entkräftet werden. Es fielen weder hohe Investitionskosten noch hohe Folgekosten durch zusätzliches Personal an. Diese und andere Erfahrungen bereits existierender kommunaler Call-Center in Deutschland belegen vielmehr, dass sich eine solche Einrichtung sehr schnell auch finanziell lohnen kann. Insbesondere bleibt festzustellen, dass die Einrichtung eines kommunalen Call-Centers

⇨ mit relativ kleinem Budget möglich ist,
⇨ die vorhandene Infrastruktur weitgehend genutzt werden kann,
⇨ dass sich die Kosten für zusätzliches Personal durch umfassende Synergien in der Verwaltung schnell amortisieren,
⇨ die Ämter und Institute in einzelnen Bereichen, insbesondere bei ständig wiederkehrenden Fragestellungen und bei »Massengeschäften«, eine sehr große Entlastung erfahren und
⇨ eine deutliche Steigerung des Bürgerservices zu verzeichnen ist.

Mit Projektmanagement Wahlkampf führen

Wahlkämpfe sind zeitlich und räumlich abgrenzbar. Von daher bietet es sich an, sie als Projekt zu organisieren und zu führen. Das tat die CDU im Wahlkreis Freiburg im Bundestagswahlkampf 2005. Die Autorin erläutert Ziele, Planung, Organisation und die spezifischen Herausforderungen des Projektes.

In diesem Beitrag erfahren Sie:
- wie sich im Wahlkampf Projektmanagement als wirksames Führungsinstrument einsetzen lässt,
- wie sich Hunderte ehrenamtlich Engagierte in eine Projektorganisation einbinden lassen und
- wie man spendenbasierte Wahlkampf-Finanzierung mittels Projektmanagement optimiert.

CONNY MAYER-BONDE

Rahmenbedingungen und Projektbeschreibung

Am 18. September 2005 wurde der 16. Deutsche Bundestag gewählt. Diese Bundestagswahl war notwendig geworden, als der damalige Bundeskanzler Gerhard Schröder nach einer Serie von Wahlniederlagen rot-grüner Koalitionen in den Bundesländern die Vertrauensfrage gestellte hatte. Der Bundespräsident löste im Juli das Parlament auf. Die für Herbst 2006 vorgesehene Bundestagswahl wurde um ein Jahr vorgezogen.

Im Folgenden wird am Beispiel des Bundestagswahlkreises 282 Freiburg dargestellt, wie der überraschend vorgezogene und verkürzte Wahlkampf als Projekt organisiert und durchführt wurde und wie dabei Projektmanagement als wirksames Führungsinstrument eingesetzt wurde. Zunächst wird der Wahlkreis dargestellt und die parteipolitische Situation vor Ort beschrieben. Im zweiten Teil des

Beitrags wird das Projekt »Bundestagswahl 2005: Wahlkreis Freiburg« mit Blick auf Projektziele, Projektorganisation sowie Projektplanung dargestellt. Im darauf folgenden Abschnitt werden zentrale Herausforderungen des Projektes sowie konkrete Lösungsansätze skizziert. Anschließend werden die wesentlichen Ergebnisse kurz zusammengefasst, und es wird die Frage diskutiert, inwieweit Projektmanagement als Führungsinstrument in Wahlkämpfen geeignet ist.

Der Bundestagswahlkreis Freiburg liegt im Südwesten des Landes Baden-Württemberg und der Bundesrepublik. Er gehört zum Regierungsbezirk Südbaden und trägt die offizielle Bezeichnung »Bundestagswahlkreis 282 Freiburg«. Der Wahlkreis umfasst die Stadt Freiburg im Breisgau und weitere 19 Gemeinden des Landkreises Breisgau-Hochschwarzwald. Im Westen fließt der Rhein, im Osten liegt der Hochschwarzwald. Der Wahlkreis befindet sich in unmittelbarer Nähe zum Elsass, die Schweiz liegt weniger als eine Autostunde entfernt. Im Wahlkreis Freiburg waren bei der Bundestagswahl 2005 rund 205.000 Menschen wahlberechtigt. Die Wahlbeteiligung im Wahlkreis lag bei vorhergegangenen Bundestagswahlen bei rund 80 Prozent.

Der Wahlkreis Freiburg gilt neben Mannheim als der für die CDU am schwierigsten zu gewinnende Wahlkreis in Baden-Württemberg. Früher vom Münster und der katholischen Kirche geprägt, setzte sich hier mehrere Wahlen in Folge eine stabile rot-grüne Mehrheit durch. In Freiburg amtierte der damals einzige grüne Oberbürgermeister einer kreisfreien Stadt, Dieter Salomon. Bündnis 90/Die Grünen lagen in den Jahren vor 2005 bei Wahlen zum Europaparlament, Bundes- und Landtag sowie Gemeinderat jeweils stabil bei über 20 Prozent und konnten damit bundesweit mit die höchsten Wahlergebnisse verzeichnen. SPD, CDU und Bündnis 90/Die Grünen lagen – das ist landesweit einzigartig – bei der Bundestagswahl 2002 mit 33,4; 30,5 und 25 Prozent Zweitstimmenergebnis fast gleichauf. Das Wahlrecht mit Erst- und Zweitstimmen bei der Bundestagswahl macht eine sogenannte Wahlempfehlung möglich. So empfahlen die Grünen in Freiburg 2002 ihren Wählern, mit der Erststimme den SPD-Bewerber zu wählen, um den Gewinn des Direktmandates der SPD zu sichern. Gernot Erler von der SPD gewann den Wahlkreis 1998 und 2002. Er sitzt seit 1987 im Bundestag. Damals war er stellvertretender Vorsitzender der SPD-Fraktion.

Die CDU hatte den Wahlkreis zum letzten Mal im Jahre 1994 gewonnen, seit 1998 war der Wahlkreis vonseiten der CDU politisch »verwaist«, das heißt, es gab seitdem keinen CDU-Bundestagsabgeordneten. Dies änderte sich 2003 mit einer Wahlkreisbetreuung durch die Verfasserin dieses Aufsatzes, die seit 2002 dem Bundestag angehörte. Über die Landesliste ohne eigenen Wahlkreis gewählt, übernahm sie im Frühjahr 2003 die Betreuung des Wahlkreises. Damit bewarben sich nach 1998 wieder zwei amtierende Abgeordnete und kämpften um das Direktmandat. Für 2005 war zu erwarten, dass der SPD-Kandidat Gernot Erler erneut vom rot-grünem Stimmensplitting profitieren würde. Auch die grüne Bundestagskandidatin Kerstin Andreae gehörte bereits dem Deutschen Bundestag an. Ihr Einzug in den Bundestag war durch eine gute Platzierung auf der grünen Landesliste gesichert.

Zusammenfassend lässt sich sagen: Der Wahlkampf im Bundestagswahlkreis Freiburg wies alle Merkmale auf, die Projekte nach der DIN 69901 gemeinhin kennzeichnen [1]: Er fand einmalig statt, und es gab eine klare Zielvorgabe. Das Projekt wies einen Anfangs- und einen Endtermin auf, und es waren Begrenzungen finanzieller, personeller und anderer Art festgelegt. Eine klare Abgrenzung gegenüber anderen Vorhaben war somit möglich. Zudem wurde für das Projekt eine projektspezifische Organisation eingerichtet.

Das Projekt brachte besondere Voraussetzungen mit sich, die eine wirksame Führung notwendig machten: Zum einen war der Wahlkampf durch die vorgezogenen Neuwahlen überraschend früh auf der Agenda. So gab es eine ungewöhnlich kurze Vorbereitungsphase, und auch die einzelnen Wahlkampfphasen waren kürzer als in anderen Wahlkämpfen. Zum anderen machte die spezifische politische Situation in Freiburg für die CDU ein Gewinnen des Wahlkreises nahezu unmöglich. Diese beiden Voraussetzungen erforderten eine besonders hohe motivatorische Leistung der Führung. Denn der Wahlkampf konnte nur mit vielen Ehrenamtlichen und Beteiligten durchgeführt und finanziert werden.

Das Projekt »Bundestagswahl 2005: Wahlkreis Freiburg«

Im Folgenden werden Ziele, Organisation und Planung des Projekts »Bundestagswahl 2005: Wahlkreis Freiburg« dargestellt. Dabei liegt ein Schwerpunkt auf den Parametern, die für die »zentralen Herausforderungen und Lösungsansätze« (siehe unten) relevant sind.

Projektziele

Das Projekt »Bundestagswahl 2005: Wahlkreis Freiburg« verfolgte seine Projektziele auf mehreren Ebenen. Diese werden im Folgenden anhand des »Magischen Dreiecks des Projektmanagements« dargestellt. Die Zielformulierungen ergaben sich im Wesentlichen aus den äußeren Rahmenbedingungen. Sie wurden in einer Kick-off-Veranstaltung festgelegt.

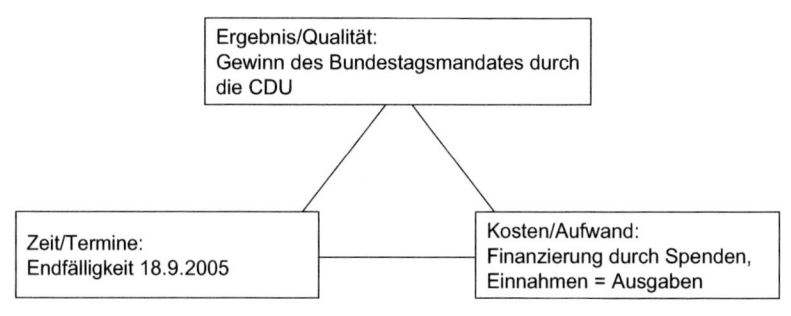

```
              Ergebnis/Qualität:
              Gewinn des Bundestagsmandates durch
              die CDU

Zeit/Termine:                    Kosten/Aufwand:
Endfälligkeit 18.9.2005          Finanzierung durch Spenden,
                                 Einnahmen = Ausgaben
```

Abb. 1: *Projektziele der CDU im Wahlkreis Freiburg*

Zeit/Termine
Der Wahlkampf war durch die kurze Vorlaufzeit und die geringe Dauer gekennzeichnet. Im Projekt gab es viele von außen vorgegebene

Termine. Die Endfälligkeit stand bereits fest: Das Projekt war mit der Bundestagwahl am 18. September 2005 abzuschließen. Daneben gab es feststehende Termine wie Rednereinsätze. Deren Terminkoordination lag bei der Landes- beziehungsweise Bundesgeschäftsstelle, so wurden beispielsweise der Termin der Kundgebung mit der Kanzlerkandidatin Angela Merkel oder der Nachmittag mit Finanzminister Gerhard Statthaus dem Projektmanagement ohne Möglichkeit einer Einflussnahme mitgeteilt. Auch die Phasen des Projekts ergaben sich durch vorgegebene Termine, wie etwa das Ende der Sommerferien. Im Projekt »Bundestagswahl 2005: Wahlkreis Freiburg« lassen sich vier Phasen abgrenzen:
⇨ Nominierungsphase (bis zur Nominierung am 1. Juli),
⇨ Konzeptions- und Organisationsphase (Juli),
⇨ Auftaktphase (August),
⇨ heiße Wahlkampfphase (September).

Kosten/Aufwand
Der Wahlkampf wurde ausschließlich aus Spenden sowie aus Eigenmitteln der Kandidatin finanziert. Beim Projekt »Bundestagswahl 2005: Wahlkreis Freiburg« war die Zielsetzung, die Ausgaben so zu gestalten, dass sie die Einnahmen nicht überstiegen. Die Einnahmen konnten zwar anhand von Erfahrungswerten der vergangenen Wahlkämpfe geschätzt, nicht aber vorher festgelegt werden. Eine exakte Quantifizierung war bis zum Ende des Wahlkampfs nicht möglich. In der Kick-off-Veranstaltung mit den wesentlichen Funktionsträgern, eine Woche vor der Nominierung, einigte man sich, einen Wahlkampf zu führen, der nicht einer »Materialschlacht« gleichkommen sollte. Dennoch war das Ziel, eine sichtbare Kandidatinnen-Präsenz im Wahlkreis zu erreichen.

Ergebnis/Qualität
In dieser Hinsicht konnte das Ziel zumindest teilweise quantifiziert werden. Es bestand darin, den Bundestagswahlkreis Freiburg 282 wieder für die CDU zu gewinnen. Dieses Ziel wurde nach innen und

außen kommuniziert und im Slogan »Wechsel wählen« herausgearbeitet. Wichtigster politischer Wettbewerber war, wie eingangs erwähnt, der amtierende Abgeordnete der SPD, der bei der Bundestagswahl 2002 48,3 Prozent der Stimmen auf sich vereinen konnte. Die damalige CDU-Bewerberin erreichte ein Erststimmenergebnis von 31 Prozent. Schon dieser erste Zahleneindruck macht deutlich, dass ein Gewinn des Wahlkreises, obgleich als oberstes Ziel formuliert, ein sehr unwahrscheinliches und nur unter günstigsten Bedingungen zu erreichendes Szenario war. Es ging in diesem Wahlkampf vor allem darum, den Abwärtstrend bei den Erststimmen zu stoppen, der seit dem letzten Sieg der CDU in diesem Bundestagswahlkreis 1994 von Bundestagswahl zu Bundestagswahl anhielt.

Tabelle 1: Erststimmenergebnisse im Bundestagswahlkreis Freiburg von 1994 bis 2002			
Erststimmen	1994 in %	1998 in %	2002 in %
CDU	42	36,5	31,9
SPD	35,6	42,3	48,3
GRÜNE	15,6	14	12,7
FDP	2,5	3,1	5,8
Die Linke (ab 2002: PDS)	1	--	1,3

Projektorganisation

Klassisch besteht eine Projektorganisation aus Auftraggeber, Projektleiter und Projektteam. Beim Projekt »Bundestagswahl 2005: Wahlkreis Freiburg« gab es keinen Auftraggeber, der Projektauftrag ergab sich aus dem öffentlichen Auftrag an die Parteien. Die Projektleitung lag in der Hand der Abgeordneten und der Bundestagskandidatin. Der Wahlkampf wurde vom Büro der Kandidatin und von den beiden Kreisgeschäftsstellen der CDU organisiert. Die Wahlkampfzentrale befand sich in den Räumen der Kreisgeschäftsstelle der CDU in Freiburg.

Im Projekt »Bundestagswahl 2005: Wahlkreis Freiburg« waren mehrere interne Projektteams aktiv. Die besondere Herausforderung lag darin, dass es sich dabei ganz überwiegend um ehrenamtliche Parteimitglieder und Anhänger handelte. Für die Projektleiterin und das Wahlkampfteam der Geschäftsstelle bestand keinerlei Möglichkeit, ein Weisungsrecht oder gar disziplinarische Maßnahmen auszuüben. Eine Entlastung der engagierten Helfer an anderer Stelle (in Berufs- oder Privatleben) war nicht möglich. Es gab rund ein halbes Dutzend interner Gremien. Folgende sind dabei aufzuführen:

⇨ *Die Wahlkampfkommission* wurde von der Projektleiterin geführt und moderiert. Die Mitglieder der Wahlkampfkommission wurden zu Beginn des Wahlkampfes von der Projektleiterin ernannt. Der Kommission gehörten rund ein Dutzend Mitglieder an (unter anderen Kreisvorsitzende, Vertreter des JU-Teams und des Teams Zukunft sowie Mitarbeiter der Geschäftsstellen). Die Wahlkampfkommission traf sich in der zweiten Phase einige Male, um grundsätzliche Entscheidungen gemeinsam zu treffen.

⇨ *Das JU-Team* bestand aus zwei Gruppen. Zur ersten gehörten JU-Mitglieder aus dem Kreisverband Freiburg, zur zweiten JU-Mitglieder aus dem Kreisverband Breisgau-Hochschwarzwald. Insgesamt engagierten sich in beiden Teams weit über zwei Dutzend junge Menschen. Das JU-Team plakatierte, unterstütze bei Aktionen im Rahmen der »Wechselgespräche«, begleitete die Kandidatin bei Vor-Ort-Aktionen und Besuchen. Des Weiteren engagierten sich die Mitglieder der Jungen Union an Infoständen und waren bei Veranstaltungen mit Rednern, vor allem bei den Großveranstaltungen mit Ministerpräsident und Kanzlerkandidatin engagiert.

⇨ *Die Finanzkommission* bestand aus drei Mitgliedern. Neben der Projektleiterin gehörten ihr ein Kreisschatzmeister sowie ein Kreisvorsitzender an. Die Finanzkommission traf sich in unregelmäßigen Abständen zu einer Lagebesprechung, die anfangs wöchentlich, später weniger häufig stattfand.

⇨ *Das Team Zukunft* war eine für den Bundestagswahlkampf 2005 entwickelte Beteiligungsform der CDU Deutschlands. Auch im Projekt »Bundestagswahl 2005: Wahlkreis Freiburg« wurde diese Aktionsform eingesetzt. Im Team Zukunft konnte jeder mitmachen, eine Mitgliedschaft in der CDU war nicht notwendig. Die Mitgliedschaft im Team Zukunft war kostenlos. Die Engagierten hatten den Vorteil, dass sie aktuelle Informationen zu politischen Themen und Einladungen zu Veranstaltungen vor Ort erhielten. Sie hatten die Möglichkeit, sich innerhalb eines klar definierten Zeitraums für den politischen Wechsel und für Angela Merkel als Person zu engagieren. Die Mitglieder des Teams Zukunft wurden vor allem per E-Mail informiert.

⇨ *Ad-hoc-Teams:* Neben den aufgeführten Teams gab es Treffen der Projektleiterin mit den Kreisvorsitzenden der beiden beteiligten CDU-Kreisverbände. Hinzu kamen in beiden Kreisverbänden CDU-Kreisvorstandssitzungen. Für die Vorbereitung wichtiger Reden der Kandidatin und zur Vorbereitung zentraler Termine wurden Ad-hoc-Teams eingerichtet. Diese Teams trafen sich ein- oder mehrmals und bestanden aus drei bis sechs wechselnden Mitgliedern. Die Zusammensetzung war jeweils dem Anlass angepasst. Anlässe für ein solches Ad-hoc-Team waren etwa die Kundgebung von Kanzlerkandidatin Angela Merkel in Freiburg auf dem Münsterplatz oder der Besuch des Ministerpräsidenten des Landes Baden-Württemberg in Freiburg. Ähnlich wurden zentrale Podiumsdiskussionen und Veranstaltungen vorbereitet.

Projektplanung

Für das Projekt wurde eine differenzierte Projektplanung vorgenommen. Dabei wurden ein Arbeits- und Ablaufplan sowie ein Finanzplan erstellt und laufend aktualisiert.

Arbeits- und Ablaufplan
Zu Beginn der ersten Wahlkampfphase, noch vor der Nominierung, wurde ein Ablaufplan des gesamten Wahlkampfes erstellt, der vor allem folgende Rahmendaten berücksichtigte: Wahlkampfphasen, Rednereinsätze, wichtige Veranstaltungen, Podiumsdiskussionen und sogenannte Meilensteine. Hier wurde auch eine detaillierte Arbeits- und Einsatzplanung der Mitarbeiter und Helfer erstellt, die ebenfalls laufend zu aktualisieren war. Wie bereits erwähnt, waren auch hier vor allem ehrenamtliche Mitwirkende aktiv.

Finanzplan
Zu Beginn des Projektes erstellte die Bundestagskandidatin gemeinsam mit der Finanzkommission einen Finanzplan für das Projekt. Dieser Finanzplan war in zwei große Blöcke unterteilt: »notwendig« und »wünschenswert«. Bei ersterem wurden große Kostenblöcke wie Plakatierung, Flyer und Verteilung, Rednereinsätze und Organisation berücksichtigt. Von vornherein eingeplant war im Finanzplan ein Budget zur Reaktion auf unerwartete Ereignisse. Darüber hinaus wurde eine Liste an »Wünschenswertem« erstellt, die vorbehaltlich einer Finanzierung umgesetzt werden sollte. Diese Liste konnte nur in dem Maße realisiert werden, in dem Spendengelder eingingen. Auch die notwendigen Ausgaben konnten nur vorgenommen werden, sobald die Finanzierung sichergestellt war. Im Ergebnis bedeutete diese Form der Finanzierung, dass ein hoher Anteil an Ressourcen für das Einwerben von Spenden gebunden war – die Projektleiterin verbrachte rund ein Viertel ihrer Zeit damit. Zudem konnte eine langfristige Planung nur schwer realisiert werden, und Finanz- und Arbeitspläne mussten laufend aufeinander abgestimmt werden.

Zentrale Herausforderungen und Lösungsansätze
Aus den bisher dargestellten Rahmenbedingungen ergeben sich folgende zentrale Herausforderungen für die Führung im Projektmanagement:

Einsatz ehrenamtlicher Wahlkampfhelfer: Einbindung in die Projektorganisation und Motivation

Im Projekt »Bundestagswahl 2005: Wahlkreis Freiburg« waren mehrere Hundert ehrenamtliche Helfer im Einsatz – einige wenige nur bei einer Veranstaltung oder mit einer Spende, andere durch vielfältigste Aktivitäten. Wie beschrieben, war das Ziel, den Bundestagswahlkreis für die CDU zurückzugewinnen, von Anfang an eher als unrealistisch einzuschätzen. Dementsprechend anspruchsvoll war es, Mitglieder und Nichtmitglieder zum Engagement und zu Spenden zu motivieren. Hier konnte die gezielte Führung des Wahlkampf-Managements als Projekt einen nicht unerheblichen Beitrag leisten.

Aktionsorientiertes und zeitlich begrenztes Engagement
In der Demokratie- und Partizipationsforschung hat sich in den vergangenen Jahrzehnten ein Trend herauskristallisiert, der sich immer mehr zugunsten aktionsorientierter und zulasten konventioneller Beteiligungsformen, wie einer Parteimitgliedschaft, entwickelt [2]. Dieser Entwicklung konnte mit dem als Projekt geführten Wahlkampf begegnet werden. Der Wahlkampf wurde als eine zeitlich begrenzte Aktionsform angeboten und kommuniziert. Die Hürde für nichtaktive CDU-Mitglieder und Nicht-Mitglieder wurde dadurch gesenkt, und so konnte ein hohes Engagement dieser Zielgruppen erreicht werden. Eine besonders wichtige Funktion hatte hier das »Team Zukunft«. Wie beschrieben, erwies sich diese Beteiligungsform als gute Möglichkeit, CDU-Mitglieder, aber auch Nicht-Mitglieder in den Wahlkampf zu integrieren. Das eigens formierte Team unterstrich den Projektcharakter des Wahlkampfes und begrenzte das Engagement für die Beteiligten auf die Zeit bis zur Bundestagswahl.

Information und Kommunikation
Eine effektive und ans Projekt angepasste Information und Kommunikation gilt als ein zentraler Erfolgsfaktor im Projektmanagement [3]. Die Führung des Wahlkampfes in Form des Projektmanagements

brachte auch hier Vorteile mit sich: Information und Kommunikation nach innen war, selbst mit einer Vielzahl von Engagierten, möglich und zielführend umsetzbar. Dabei konnte sehr spezifisch auf die Informations- und Kommunikationsbedürfnisse der jeweiligen Zielgruppe eingegangen werden. So wurde das JU-Team auf anderen Wegen angesprochen als die Mitglieder der Senioren-Union. Unterstützend wirkte hier, dass das Projekt sorgfältig und fortlaufend dokumentiert wurde und so zum Beispiel aktuelle Ablauf- und Arbeitspläne vorhanden waren und eine detaillierte Arbeitsplanung der Phasen zur Verfügung stand. Diese Informationen konnten zeitnah kommuniziert werden.

Im Projekt wurde intensiv mit elektronischen Medien gearbeitet. Es gab verschiedene thematische und nach Zielgruppen geordnete E-Mail-Verteiler. Zum anderen wurde aber auch die Informationsübermittelung per Post und Fax gewählt. Dies hing mit dem Altersdurchschnitt der CDU-Mitglieder und deren Kommunikationsverhalten zusammen. Immerhin rund 25 Prozent der Engagierten waren nicht per Mail zu erreichen. Andere konnten zwar per Mail angeschrieben werden, empfanden aber den Stellenwert eines Briefs aus dem Deutschen Bundestag höher als den einer Mail. Spendenbriefe wurden ausschließlich per Post versandt. Ähnlich wurde bei hochrangigen Rednern mit exklusiven Veranstaltungsformen vorgegangen, auch die dem jeweiligen Anlass angemessenen Einladungskarten und -briefe erreichten die Empfänger per Post.

Die Ehrenamtlichkeit der Helfer machte es notwendig, dass Informationen, neben den bereits beschriebenen Wegen, auch mündlich übermittelt wurden, und Kommunikation im Dialog zwischen Projektleitung und Helfern stattfand. Als Beispiel kann hier die persönliche Ansprache von Spendern, das telefonische Briefing mancher Referenten vor wichtigen Wahlkampfauftritten oder die Kommunikation mit Journalisten gelten. Diese Notwendigkeit verknappte die Ressourcen der Projektleitung zusätzlich.

Bei der Kommunikation des Ziels »Ergebnis/Qualität« ergab sich eine zentrale Herausforderung für die Führung des Projektes. Die

Führung von Helfern und Mitarbeitern sowie die Kommunikation nach außen erforderte eine hohe motivatorische Komponente. Es musste gelingen, trotz der schwierigen Ausgangslage einen »Winning-Team«-Geist [5] herzustellen, der die Leistungsfähigkeit bei den Mitarbeitern erhöhte und ein kontinuierliches Engagement der ehrenamtlichen Helfer erreichen konnte. Dabei war wichtig, dass dieser emotionale gruppendynamische Prozess nicht abbrach, sondern den gesamten Wahlkampf über anhielt. Das so gewonnene Selbstvertrauen galt es auch, den Wählerinnen und Wählern sowie den Medien zu kommunizieren.

Die Führung der unterschiedlichen Teams war eine der weiteren zentralen Herausforderungen des Projektes. Dem Prozess des Teambuilding konnte wegen der sehr kurzen Wahlkampfzeit nicht die notwendige Aufmerksamkeit geschenkt werden. Umso wichtiger war es, die Führungsstile den jeweiligen Aufgaben und Eigenschaften der Teammitglieder anzupassen

Dabei gestaltete sich die sonst sehr wirksame Konstellation als Kandidatin und Projektleiterin nicht ohne Spannungen. Insbesondere ein Führungsdilemma hat sich im Laufe des Wahlkampfes herauskristallisiert: Innenorientierung versus Außenorientierung [6]. Zum einen musste sich die Projektleiterin um die internen Beziehungen kümmern, ansprechbar sein und Konflikte schlichten, ehrenamtliche Mitarbeiter und Spender mussten motiviert und persönlich angesprochen werden. Diese Aktivitäten banden vor allem zeitliche Ressourcen. Die eigentliche Arbeit der Abgeordneten und Kandidatin fand aber, da es sich ja um ein Wahlkampfprojekt handelte, in der Außenorientierung statt. Repräsentation, Pflege der Außenbeziehungen, Teilnahme an Veranstaltungen, Canvassing, kampagnenspezifische Aktionsformen und vieles andere mehr erforderten den Einsatz rund um die Uhr. Dabei wäre es fatal gewesen, wenn die Innenbeziehungen an Bindekraft verloren hätte und die Wahlkampfhelfer dies nach außen kommuniziert oder die Mitarbeit am Projekt aufgegeben hätten. Ein ständiges Ausbalancieren der beiden Pole war demnach eine weitere wichtige Herausforderung der Führungsleistung.

Spendenbasierte Finanzierung als Teil des Projektes

Die Finanzierung eines Wahlkampfes ist, anders als bei Projekten im unternehmerischen Umfeld, häufig nicht von Beginn an gesichert. Dabei gibt es in der politischen Praxis unzählige Fälle, in denen eine solide Finanzierung nicht gelang und im Nachgang der Wahl zu parteiinternen Schwierigkeiten Anlass gab. Im Projektmanagement hat die Kostentreue häufig die gleiche Priorität wie die Termintreue oder ist sogar noch wichtiger [4]. Durch solche Lernerfahrungen im politischen Umfeld konnte auch der Wahlkampf in Freiburg profitieren. Denn auch im Projekt »Bundestagswahl 2005: Wahlkreis Freiburg« war eine der zentralen Herausforderungen die Finanzierung. Hier war es aufgrund der oben beschriebenen Ausgangssituation nicht leicht, Spender zum Engagement zu motivieren. Die Bereitschaft, für einen Wahlkampf zu spenden, dessen Aussichten auf Erfolg gering waren, musste durch viel Überzeugungsarbeit geweckt werden. Dabei kam diesem Wahlkampf der Ansatz des Projektmanagements zugute.

Ein klar formuliertes Ziel ist die Voraussetzung für erfolgreiches Projektmanagement. Das oberste Ziel im Projekt »Bundestagswahl 2005: Wahlkreis Freiburg« war es, den Bundestagswahlkreis für die CDU zurückzugewinnen und damit einen politischen Wechsel im Wahlkreis einzuleiten. Da dieses Ziel aber sehr unwahrscheinlich und nur unter besten Bedingungen zu erreichenden war, erschien die Ausgangssituation für die Spendenbereitschaft denkbar ungünstig. Durch eine Verknüpfung des Zieles im Wahlkreis mit dem bundespolitischen CDU-Wahlziel, die rot-grüne Koalition abzuwählen, gelang es, diese Bereitschaft und die Motivation deutlich zu erhöhen. Mit dem Wahlkreis-Slogan »Wechsel wählen« war somit sowohl ein Wechsel im Wahlkreis als auch auf Bundesebene assoziiert.

Die eigentliche Herauforderung an die Führung des Projektes bestand darin, vor allem durch persönliche Ansprache und die Aktivierung eines breiten Netzwerkes möglichst viele Spender zu gewinnen. Die unterschiedlichen Teams und Engagierten hatten differierende Vorstellungen davon, wie die finanziellen Ressourcen eingesetzt werden sollten. Hier musste die Projektleiterin steuernd und moderierend eingreifen.

Eine systematische und stets aktuelle Arbeits- und Ablaufplanung ließ eine enge Verknüpfung mit dem Spendeneingang zu. Projekte wurden geplant, deren Realisierung aber mit einem entsprechenden Spendeneingang verbunden. Die Kommunikation erfolgte, nachdem die Finanzierung absehbar war. So konnte sichergestellt werden, dass die eingegangenen Mittel zeitnah umgesetzt wurden und dass durch den Wahlkampf keine Verluste entstanden.

Ausgang der Wahl

Zusammenfassend lässt sich festhalten, dass sich der Einsatz des Projektmanagements im Projekt »Bundestagswahl 2005: Wahlkreis Freiburg« als Führungsinstrument bewährt hat. Zwar gewann die CDU den Wahlkreis – wie erwartet – nicht zurück. Das Ziel, den negativen Trend bei den Erststimmen der CDU umzukehren, konnte jedoch erreicht werden. Die CDU-Kandidatin verzeichnete in Baden-Württemberg den vierthöchsten Stimmenzuwachs bei den Erststimmen. Die Wahl gewann erneut der SPD-Kandidat Gernot Erler. Das Erststimmenergebnis ergab folgende Stimmverteilung:

⇨ Gernot Erler (SPD) 45,1 Prozent,
⇨ Conny Mayer (CDU) 34,4 Prozent,
⇨ Kerstin Andreae (Bündnis 90/Die Grünen) 11 Prozent.

Literatur

[1] BERNECKER, M. & ECKRICH, K. (2003) *Handbuch Projektmanagement.* München, Wien: Oldenbourg

[2] ISMAYR, W. (2001) *Der deutsche Bundestag.* Opladen: Leske und Budrich

[3] KUSTER, J. et al (2006) *Handbuch Projektmanagement.* Berlin, Heidelberg: Springer

[4] SCHELLE, H. (2004) *Projekte zum Erfolg führen.* München: dtv

[5] ACKERMANN, J. (2006) *Führung im globalen Unternehmen, in: Bruch, H. et al (Hrsg.) Leadership – Best Practices und Trends.* Wiesbaden: Gabler.

[6] NEUBERGER, O. (2002) *Führen und führen lassen, 6. neu bearb. u. erw. Aufl..* Stuttgart: Lucius & Lucius

Zusammenfassung

Ein Spezifikum des Projektes »Bundestagswahl 2005: Wahlkreis Freiburg« ergab sich dadurch, dass die Aussichten, das wesentliche Projektziel (Gewinn des Wahlkreises durch die CDU) zu erreichen, von vornherein denkbar gering waren – ein Szenario, das in der freien Wirtschaft kaum vorstellbar ist. Bei einer solchen Ausgangslage bedarf die Führung besonders wirksamer Instrumente. Die Lernerfahrung war, dass es in solchen Fällen umso wichtiger ist, weitere und nachrangige Ziele zu definieren, um sich nicht von vornherein mit einer völligen Demotivation aller Beteiligten konfrontiert zu sehen.

Erfahrungsgemäß stellt die Einbindung ehrenamtlicher Parteimitglieder und Sympathisanten einen wesentlichen Beitrag zum Gelingen eines Wahlkampfes dar. Mehrere Hunderte ehrenamtlich Tätige und mehr als ein halbes Dutzend unterschiedlicher Teams konnten für das Projekt gewonnen werden. Im Rahmen des Projekts war aktionsorientiertes und zeitlich begrenztes Engagement möglich. Die Organisation als Projekt erlaubte es, permanente und umfassende Information aller unterschiedlichen Zielgruppen zu gewährleisten. Die Organisation konnte auch dem Führungsdilemma zwischen Außen- und Innenorientierung wirksam begegnen.

Ein detaillierter Finanzplan wurde dem eingehenden Spendeneinkommen stetig angepasst und eng mit dem Arbeits- und Ablaufplan abgestimmt. Auf diese Weise gelang die Finanzierung des Projektes »Bundestagswahl 2005: Wahlkreis Freiburg«, und es mussten im Wahlkampf keine Schulden gemacht werden – auch dies war eine der zentralen Führungsherausforderungen.

Projektmanagement im Vertrieb von Personaldienstleistungen

Vertriebsaktivitäten lassen sich durch einen gezielten Einsatz von Projektmanagement oft erfolgreicher gestalten. Am Beispiel des Unternehmens Manpower zeigen die Autoren, wie innovative Formen des Vertriebs durch Projektmanagement sinnvoll ergänzt werden können.

In diesem Beitrag erfahren Sie:
- wie Projektmanagement-Methoden den Vertriebserfolg steigern können,
- wie das Unternehmen Manpower seinen Vertrieb reorganisierte und
- welche Rolle das Change-Management dabei spielte.

MAGDALENA KLEIN, SAŠA BOŠKOVIC

Projektmanagement im Vertrieb

Projektmanagement ist alles andere als neu und wird bereits seit vielen Jahren für spezifische Aufgaben – zum Beispiel im Baubereich und in der Software-Entwicklung – genutzt. Zunehmend wird auch in anderen Bereichen, so etwa im Dienstleistungssektor, Projektorganisation eingeführt, und Aufgaben werden in Form von Projekten gelöst. Dementsprechend steigt die Zahl der Ausschreibungen von Projektmanagement-Positionen, die mit entsprechend qualifiziertem Personal zu besetzen sind. Seit geraumer Zeit ist auch im Vertrieb eine Entwicklung hin zum mehr oder minder gezielten und nachhaltigen Einsatz von Projektmanagement zu beobachten, wobei hier – wie auch in anderen Unternehmensbereichen beziehungsweise -funktionen – der erwartbare Erfolg von einer unzureichenden Beachtung mancher der folgenden Punkte beeinträchtigt wird:

- ⇨ Es sollte klar zu unterscheiden sein, welche Aufgaben sinnvoll als Projekte zu bearbeiten sind und welche nicht oder nur begrenzt, indem lediglich einzelne Projektmanagement-Methoden zum Einsatz kommen.
- ⇨ Die jeweils gewählte »Größenordnung« der mittlerweile vielfältigen Projektmanagement-Methoden sollte der anstehenden Aufgabe entsprechen.
- ⇨ Der Projekterfolg hängt nicht zuletzt davon ab, ob Projekte an Personen mit ausreichender Projektmanagement-Qualifizierung übergeben werden.
- ⇨ Wird die Projektleitung aufgrund der Quantität durchgeführter Projekte oder aufgrund der Projektmanagement-Erfahrung im Sinne der methodenorientierten Planung, Steuerung und Kontrolle von Projekten übertragen?
- ⇨ Nicht nur die Projektziele sollten klar genug definiert sein, sondern auch der Weg, auf dem diese Ziele erreicht werden sollen: Hierzu gehört auch die Frage, ob, in welchem Umfang und in welcher Qualität Projektmanagement-Methoden einzusetzen sind. Oft wird dies vernachlässigt und spielt zum Beispiel im Rahmen der Steuerung über Zielvereinbarungen (auch im Vertrieb) keine Rolle. Die gelebte Praxis zeigt weiterhin, dass die Orientierung an den als »bürokratisch« empfundenen Methoden des Projektmanagements mehr als Hindernis denn als Hilfe wahrgenommen und von vielen Vorgesetzten weder erwartet noch positiv sanktioniert wird.
- ⇨ Projektcontrolling ist auch da, wo die Messung der Ergebnisse schwierig ist – und hier ist bevorzugt an die Qualität der Projektergebnisse zu denken –, entscheidend für den Projekterfolg. Wird die Controlling-Funktion vernachlässigt, ist mit unzureichenden Soll-Ist-Vergleichen und Anpassungen und schlimmstenfalls mit Ergebnissen zu rechnen, die nur noch als »Schrankware« verwertbar sind.
- ⇨ Mitarbeiter werden oftmals neben dem eigentlichen Tagesgeschäft mit Projekten beauftragt, ohne dabei die Personalkapazität zu

berücksichtigen und ohne die dafür benötigten Zeitressourcen durch eine Aufgabenumverteilung oder ähnliche Maßnahmen zu gewährleisten.

Wird Projektmanagement sinnvoll, systematisch und nachhaltig implementiert und genutzt, dann lässt sich der Erfolg von Vertriebsaktivitäten erheblich steigern, wie das nachfolgende Beispiel des Unternehmens Manpower zeigt. Es geht jedoch nicht darum, andere wichtige Führungskonzepte durch Projektorganisation und Projektmanagement-Methoden zu ersetzen, sondern um eine unterstützende Ergänzung, zum Beispiel im Rahmen des Key-Account-Managements. Qualifizierungsmaßnahmen zum Projektmanagement nützen nicht per se, sondern können auch im Vertrieb nur dann ihren Nutzen entfalten, wenn Projektmanagement von sämtlichen Beteiligten – von den notwendigen Grundsatzentscheidungen bis hin zur täglichen Praxis der Nutzung angemessener Methoden und Werkzeuge – gelebt wird. Speziell für den Vertrieb gilt, dass die Methoden und Werkzeuge leicht zu verstehen sowie schnell und einfach zu lernen und anzuwenden sein müssen [1].

Neuorganisation des Vertriebs bei Manpower Deutschland

1948 wurde die Manpower Inc. in Milwaukee, Wisconsin, USA gegründet – die Dienstleistung Zeitarbeit entsteht. In den darauf folgenden Jahrzehnten weitete das Unternehmen seine Tätigkeit international aus. Seit 1965 ist Manpower auch in Deutschland bundesweit vertreten – hier befindet sich auch heute noch das National-Head-Office in Frankfurt am Main. Es werden derzeit über 26.000 Mitarbeiter beschäftigt, von denen zirka 25.000 in Kundenunternehmen eingesetzt sind.

Mit seinem Kerngeschäft und allen Branchenlösungen zusammen hat Manpower Deutschland zurzeit mehr als 370 Niederlassungen im gesamten Bundesgebiet. Neben der Zeitarbeit sind auch die Dienstleistungen Outsourcing, Auswahl- und Trainingssysteme, Personalvermittlung, Beratung und Consulting sowie diverse Branchenlösungen über Töchter und spezialisierte Units im Angebot. Seit Jahren schon wächst Manpower in Deutschland meist deutlich stärker als der Markt und der Umsatz hat sich im Vergleich zu 2002 mit zuletzt zirka 580 Millionen Euro für das Jahr 2007 mehr als verdoppelt.

Manpower Deutschland wuchs nach dem Prinzip, Niederlassungen bedarfsorientiert, nahe dem Kundenstandort und häufig in großen Städten anzusiedeln. Die so über Deutschland verteilten Standorte boten Kunden verschiedenster Größen und spezifischer Branchen jeweils das ganze Dienstleistungsspektrum des Unternehmens. Auf die spezifischen Bedürfnisse weniger, ausgewählter Großkunden wurde nur mit einer kleinen Anzahl von Key-Account-Managern eingegangen.

Entscheidend ist aber, die Verschiedenartigkeit der Kundenbedürfnisse zu verstehen und ausreichend zu berücksichtigen. Während die Großkunden ein durch das Volumengeschäft geprägten Bedarf nach unkompliziertem und flexiblem, manchmal integriertem Service haben, der häufig über Ausschreibungsverfahren gedeckt wird, ist der sonstige beziehungsweise »Permanent-and-Temporary-Staffing«-Verkaufsprozess bewerbergetrieben: Hier geht es darum, qualitativ gute Bewerber zu finden, die von den lokalen Manpower-Standorten proaktiv vermarktet werden. Notwendig sind dazu gute lokale Kenntnisse und gute Beziehungen zu lokalen Unternehmen kleiner und mittlerer Größe, zu Verwaltungen und zu sonstigen Organisationen, an die geeignete Bewerber für temporäre oder dauerhafte Tätigkeiten, zumeist sogar in deren Gegenwart, auf der Basis von qualifikationsorientierten Unternehmensdatenbanken vermittelt werden.

Zurück zu den Geschehnissen vom Herbst 2005: Zu diesem Zeitpunkt sah sich Manpower Deutschland aufgrund des Kostendrucks seiner im globalen Wettbewerb stehenden Großkunden den Herausforderungen eines starken Preisdrucks und sinkender Wachstumsraten ausgesetzt. Insbesondere der Verfall der Margen bei den Großkunden sorgte für Probleme. Kunden konsolidierten die Einkaufsvolumina und erwarteten von ihren Lieferanten im Gegenzug für höhere Umsätze deutliche Einsparungen.

Angestoßen durch den Verlust einer sehr umfangreichen Ausschreibung eines Großkunden wurde die Notwendigkeit zum Umdenken und Handeln mit aller Deutlichkeit erkannt und nach Lösungen zur Steigerung der Wettbewerbsfähigkeit im preisgetriebenen und durch viele Großkunden geprägten deutschen Markt gesucht: Der Vertrieb wurde kundengruppenorientiert neu organisiert, um den Bedürfnissen der unterschiedlichen Kundengruppen besser gerecht zu werden und die Vertriebseinheiten zielgerichteter steuern zu können. Zum einen werden Großkunden durch Key-Account-Manager und zum anderen werden kleine und mittelständische, lokale und regionale Kunden durch lokale Organisationseinheiten für das »Permanent and Temporary Staffing« bedarfsgerecht bearbeitet und betreut (vgl. Abb. 1).

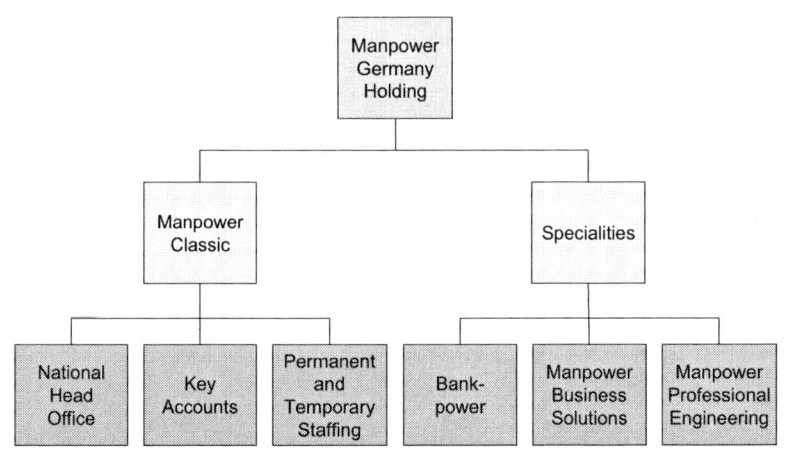

Abb. 1: *Organisationsstruktur nach der kundengruppenorientierten Neuorganisation*

Eine vergleichbare Neuorganisation war bei Manpower schon in mehreren Ländern, die sich durch »reifere« Märkte für Personaldienstleistungen auszeichnen, vollzogen worden. Aufgrund der positiven Erfahrungen mit kundengruppenorientierten Organisationsstrukturen, vor allem in den Niederlanden, fiel die Entscheidung für eine auf den deutschen Markt angepasste Übernahme dieses Organisationsprinzips schnell. Die Organisation des Geschäftsbereiches »Key-Accounts« für die auch in sich heterogene Gruppe der Großkunden zeigt die Abbildung 2.

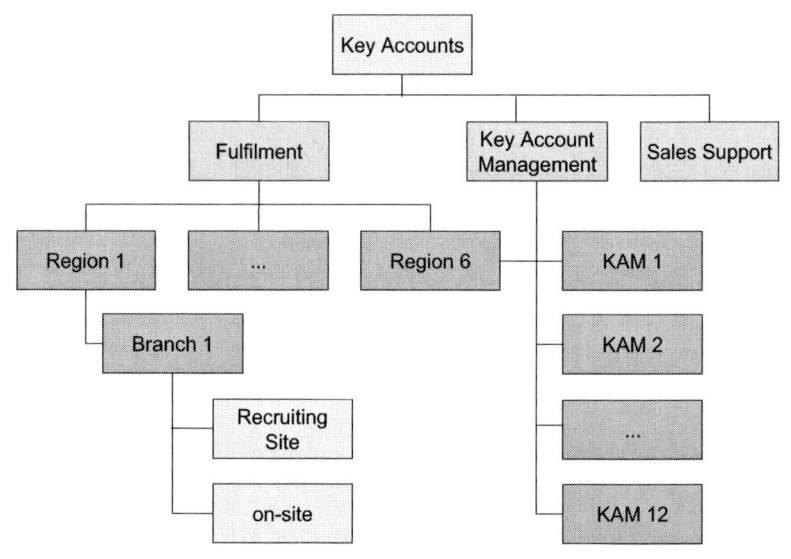

```
                        Key Accounts
            ┌───────────────┼───────────────┐
        Fulfilment    Key Account      Sales Support
            │         Management
     ┌──────┼──────┐        ├──── KAM 1
  Region 1  ...  Region 6   ├──── KAM 2
     │                      ├──── ...
  Branch 1                  └──── KAM 12
     ├── Recruiting Site
     └── on-site
```

Abb. 2: *Organisationsstruktur der Key-Accounts nach der Neuorganisation*

Die Trennung von Vertrieb (Key-Account-Management) und Auftrags-Erfüllung (Fulfilment) bietet Vorteile bei der Fokussierung auf die jeweilige Aufgabe. Ein zentraler »Sales-Support« leistet ausschließlich Verkaufsunterstützung. Das Key-Account-Management unterscheidet einerseits (inter-)nationale und andererseits regionale Kunden (Accounts), um dem unterschiedlichen Betreuungsbedarf dieser beiden Kundengruppen ungeachtet der Kunden-Wertigkeit für Manpower gerecht zu werden. Des Weiteren enthält das Kunden-Bedarfs-Modell von Manpower drei Stufen beziehungsweise Arten von Großkunden:

Projektmanagement im Vertrieb von Personaldienstleistungen

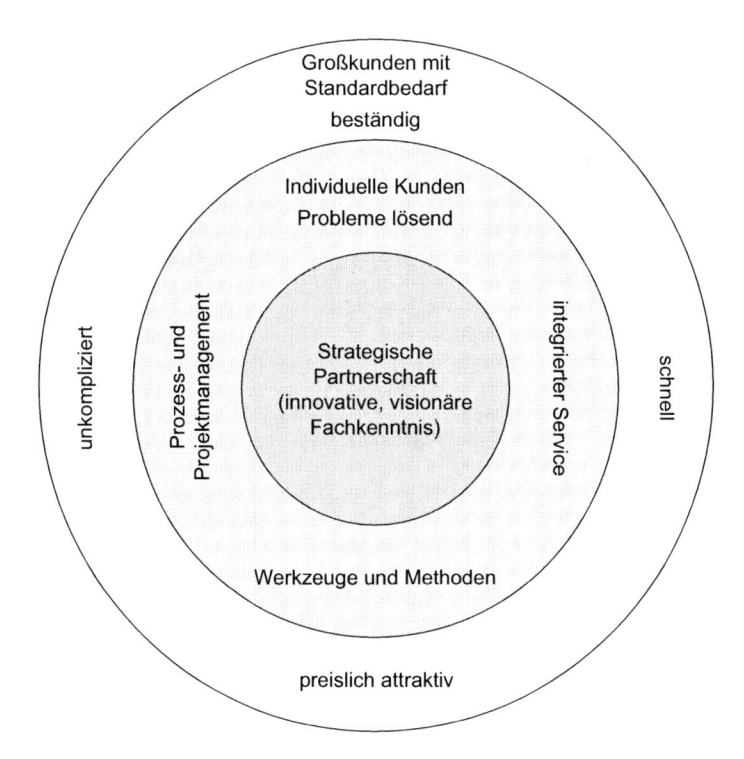

Abb. 3: *Kunden-Bedarfs-Modell von Manpower*

⇨ *Großkunden mit Standardbedarf* machen den Hauptaneil der Großkunden aus, die regelmäßig, zum Beispiel saisonal, einen bestimmten quantitativen Bedarf an Arbeitskräften haben und eine schnelle, bedarfsgerechte und gleichbleibend zuverlässige Lieferung zu marktgerechten Preisen erwarten.
⇨ *»Individuelle« Großkunden* wollen maßgeschneiderte Lösungen, weshalb diese stärker an die spezifischen Strukturen und Prozesse der Unternehmen angepasst werden müssen.
⇨ *Für Kunden auf dem Niveau der »strategischen Partnerschaft«* werden Personaldienstleistungen speziell auf regionaler, nationaler und

– idealerweise – internationaler Ebene für die Organisation des Kunden entwickelt und geleistet.

Vertriebsziel von Manpower ist, die Großkunden mit Standardbedarf zu »individuellen« Kunden und zu strategischen Partnern zu entwickeln, dabei eine stärkere Verzahnung mit den Unternehmen zu erlangen und zusätzliche Dienstleistungen in Form von Personalberatung bereitzustellen. Kunden mit einer langjährigen Geschäftsbeziehung zu Manpower erkennen zunehmend die Vorteile einer strategischen Partnerschaft. Beispiele in Deutschland sind hierfür die Deutsche Bank, Lufthansa Technik, Deutsche Telekom und zuletzt auch die deutsche Tochter des spanischen Acciona-Konzerns.

Projektmanagement im Vertrieb von Manpower Deutschland

Um speziell die Großkunden effektiv und effizient gewinnen und betreuen zu können, wird seit Anfang 2007 Projektmanagement als ein für die Gestaltung und den Ablauf der Vertriebsprozesse entscheidender Erfolgsfaktor in der Vertriebsorganisation systematisch eingeführt und vorangetrieben. Verschiedene Projektmanagement-Methoden unterstützen maßgeblich die Vertriebsprozesse – von der Stakeholderanalyse bis hin zur Lösungsimplementierung.

Vorangetrieben wurde dieser Prozess vom Leiter des Bereichs »Sales Support«, der als erster Kollege im Anschluss an eine Projektmanagement-Ausbildung als Projektmanagement-Fachmann (GPM) zertifiziert wurde und von dem Nutzen der Projektmanagement-Methoden – speziell auch für die eigene Organisation – überzeugt war. Seine Vision war die Entwicklung einer »projektgetriebenen Organisation« aus einem Personaldienstleistungsunternehmen, das vielen Veränderungen ausgesetzt war und viele Aufgaben zu erfüllen hatte, die durch den systematischen und konsequenten Einsatz bis dahin mehr oder weniger genutzter Projektmanagement-Methoden effektiver und effizienter bearbeitet werden konnten. Was zur Entwicklung von Manpower zu einer nicht nur vertriebsorientierten, sondern auch projektorientierten Organisation unter anderem fehlte, war eine fundierte Qualifikation der Mitarbeiter im Projektmanagement nach bewährten Methoden. Hierzu war die Befürwortung durch die Unternehmensleitung erforderlich, die der Leiter des Bereichs »Sales-Support« erlangte, indem er anhand seiner Erfahrungen und Erfolge in verschiedenen Projekten bewies, welche Vorteile Projektmanagement bietet.

Anfang 2006, parallel zur Neuorganisation des Vertriebes, wurde ein Standard-Verkaufsprozess eingeführt – im Kern ein Prozess, der, ausgehend vom erfahrungsgemäß typischen Einkaufsvorgehen der Kunden, den Vertrieb als lösungsorienterte Abfolge verschiedener Verkaufsschritte transparent macht. Dennoch: Der lösungsorientierte Verkauf verlangt als Voraussetzung die möglichst umfassende Betrachtung des jeweiligen Kunden, wozu ein projektorientierter Ansatz der geeignete Weg ist.

Projektorientierter Ansatz beim Vertrieb – Aussagen des Leiters des Bereichs »Sales Support«

»Im Vorfeld der Verkaufsgespräche gilt es, die jeweilige Kundensituation möglichst umfassend zu betrachten. Die erarbeiteten Informationen helfen bei den anschließenden Gesprächen, einen produktiven Arbeitsprozess mit dem Kunden zu initiieren, das Vertrauen des Kunden zu gewinnen sowie die Gesprächsinhalte zielgerichtet steuern und verarbeiten zu können. Es folgen eine Stakeholder- und Risikoanalyse und die Planung der Lösungen für den Kunden, wobei das bisher erlangte Wissen transparent eingesetzt wird. Das Vorhaben kann dabei als Implementierungsprojekt mit Meilensteinen sehr schnell und sehr konkret skizziert werden. Im Zuge dieser Vorgehensweise merken die Kunden ziemlich bald, dass hier projektmethodisch vorgegangen und auch an Dinge gedacht wird, auf die sie selbst gar nicht gekommen wären. Das ist es, was gute Beratung ausmacht!«

»Aufgrund der konsequenten Projektmanagement-Qualifizierung der Account-Manager, unterstützt durch ein Projektmanagement-Coaching seitens erfahrener Kollegen, haben wir bereits viel erreicht. Unsere Kunden bestätigen uns, dass unsere Account-Manager im Vergleich zu denen der Wettbewerber besser auftreten und eine bessere Arbeit leisten, es konnten einige bedeutende Großkunden gewonnen werden, und der Geschäftsbereich »Key-Accounts« ist in 2006 von zirka 6.000 Mitarbeitern, die an Kundenunternehmen überlassen wurden, auf fast 10.000 Mitarbeiter gewachsen. Dieses Wachstum setzte sich, wenn auch aktuell etwas langsamer, nahtlos in den Folgejahren fort.«

Aus der Perspektive des zitierten Bereichsleiters, der eine Schlüsselrolle als Initiator und nachhaltiger Promotor des Projektmanagements im Vertrieb bei

Manpower einnimmt, war die Entwicklung hin zu einer projektorientierten Vertriebsorganisation keine Selbstverständlichkeit:
»Als Leiter des Bereichs Sales-Support und aufgrund meiner nahen Position an der Führungsriege der Key-Account-Organisation konnte ich bei Manpower grundlegende Überzeugungsarbeit für das Thema Projektmanagement leisten. Bis dahin hatte man keinen Wert auf eine fundierte Projektmanagement-Ausbildung von Vertriebs-Mitarbeitern gelegt. Durch meine Reputation und Arbeitserfolge im Sales-Support sowie durch gutes Stakeholder-Management gelang es mir, die Geschäftsführung davon zu überzeugen, dass ein Investment in die Ausbildung von Projektmanagern ein notwendiger Schritt zur Sicherung der zukünftigen Leistungsfähigkeit war, sowohl in der Vertriebsarbeit als auch in der Entwicklung von Nachwuchsführungskräften. So wurde 2007 erstmals eine Inhouse-Projektmanagement-Schulung bei Manpower durchgeführt. Elf Kolleginnen und Kollegen wurden im Oktober erfolgreich nach IPMA Level D zertifiziert. Weitere Mitarbeiter haben die Ausbildung 2008 gestartet.«

Ein Anwendungsbeispiel – die Umfeldanalyse

Beim Kontakt mit vielen der Account-Manager bei Manpower wurde deutlich, dass oft keine konkrete Strategie für die Ansprache und Beratung der jeweiligen Kunden erarbeitet wurde. Ganz zu schweigen von einer Vision. Mit der Projektmanagement-Methode Umfeldanalyse wurde den Vertriebsmitarbeitern ein neuer Weg hierfür aufgezeigt.

Die Umfeldanalyse kann in diesem Kontext als Coaching-Instrument verstanden und eingesetzt werden. Dem Vertriebsmitarbeiter wird geholfen, einen klareren Blick auf den Kunden zu bekommen, indem verschiedene Analysebereiche als einfache Aufgaben heruntergebrochen und damit leichter abarbeitbar werden. Dabei werden auch Blockaden schnell sichtbar, womit sich bessere Chancen für den Account-Manager ergeben, diese abzubauen oder zu umgehen.

Die Erstellung einer solchen Umfeldanalyse – in einer wie folgt dargestellten Zusammenarbeit von Account-Manager und Coach – ist zeitaufwendig, macht sich aber in den meisten Fällen schnell bezahlt.

In der Regel entsteht so binnen weniger Stunden eine neue ganzheitliche Sicht auf den Kunden mit sehr vielen Aufgaben (neuen Handlungsoptionen) und einer Vision sowie klareren Strategien für den Account-Manager. »Dabei ist die Methode Mindmapping extrem

Projektmanagement im Vertrieb von Personaldienstleistungen

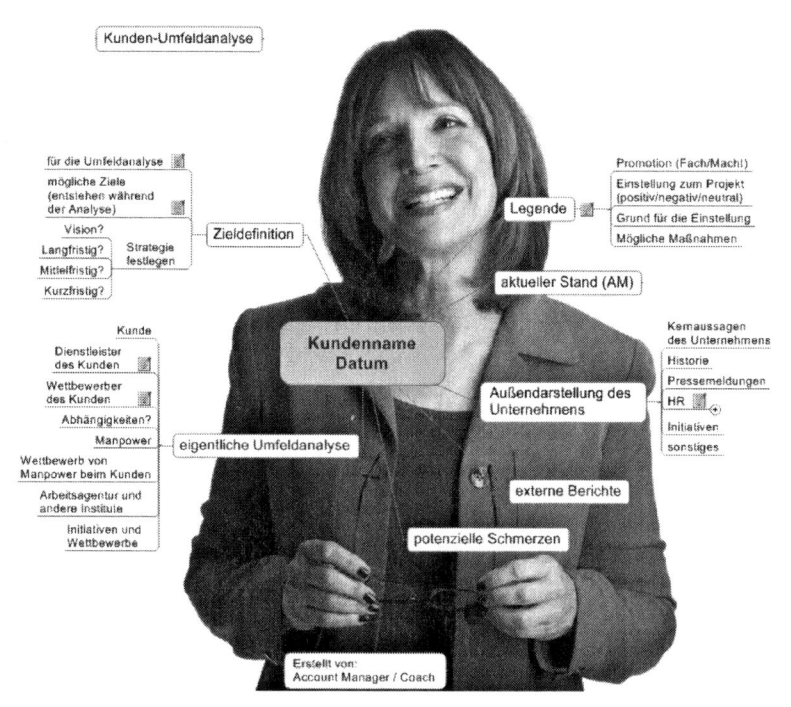

Abb. 4: *Mindmap zur Kunden-Umfeldanalyse*

Durchführung einer Umfeldanalyse

Vor der gemeinsamen Umfeldanalyse-Sitzung teilt der Account-Manager seinem Coach mit, um welchen Kunden es sich handelt und stellt den aktuellen Account-Plan mit den notwendigen Kundeninformation zur Verfügung, die anschließend vom Coach durch eigene, weitere Rechercheergebnisse ergänzt werden.
Während der Sitzung wird in folgenden Schritten vorgegangen:
⇨ Zu Beginn vereinbart der Coach mit dem Account-Manager das Ziel der Umfeldanalyse: »Informationen zusammentragen, um daraus neue Erkenntnisse zu ziehen, direkt Aufgaben ableiten zu können und möglichst eine Vision und Strategie für den Kunden zu entwickeln, die man in Form von Zielen formuliert und zeitlich herunterbricht.« Der Account-Manager berichtet über seine Sicht der Dinge und wie er den aktuellen Stand seines Kunden einschätzt.
⇨ Der Coach stellt sein eigenes Rechercheergebnis zur Außendarstellung des Kunden dar. Dabei ist sehr wichtig, dass die Kernaussagen des Unterneh-

mens herausgearbeitet werden und hinsichtlich ihres »Fits« zu den Visionen und Strategien von Manpower überprüft werden.
⇨ Dann wird die externe Berichterstattung, die sich aus verschiedenen weiteren Quellen – wie zum Beispiel der Presse – speist, hinzugezogen. Der »Selbstsicht« des Kunden wird die »Fremdsicht« anderer vergleichend gegenübergestellt. Hierdurch und anhand der oft erkennbaren Widersprüche zwischen Selbst- und Fremdsicht gewinnt der Account-Manager bereits zu diesem Zeitpunkt sehr wichtige, für ihn neue Erkenntnisse.
⇨ Über den »potenziellen Schmerz« – in einem weiteren Sinne die Probleme, die der Account-Manager beim Kunden vermutet und die es zu formulieren und zu konkretisieren gilt, um ihm eine geeignete Lösung anbieten zu können – geht es dann in die eigentliche Umfeldanalyse.
⇨ Analysiert werden Personen, Gruppen, Projekte etc., die ein Interesse an dem Vorhaben des Unternehmens (den Kunden gewinnen!) haben oder von diesem Vorhaben betroffen sind. Zu jeder Nennung wird untersucht, inwieweit es sich zum Beispiel um Fach- und/oder Machtpromotoren handelt, welche Einstellungen zu dem Vorhaben bestehen, was die Gründe für diese Einstellungen sind, und – besonders intensiv – welche Maßnahmen im Sinne eines positiven Stakeholder-Managements ergriffen werden können. Diese Maßnahmen werden möglichst im Rahmen dieses Schrittes priorisiert und als Aufgaben gekennzeichnet.

hilfreich«, betont der Leiter des Sales-Supports. »Bei einer solchen Art der methodischen Arbeit entstehen viele Gedankenblitze und man glaubt gar nicht, wie viele gute, neue Ideen einem in den Sinn kommen«.

Die Beurteilung des Account-Managers erinnert an die Forderung Beckers für die Organisation eines marktorientierten Unternehmens im 21. Jahrhundert. 2005 formulierte er bewusst reduktionistisch: »Die Prozesse als das Immerwiederkehrende und Standardisierte, die Projekte als alles, was geändert, angepasst, optimiert, neu gestaltet oder entwickelt werden soll.« [2]

Um den Vertrieb mit Erfolg zu reorganisieren und Projektmanagement nachhaltig in den Vertriebsprozess zu integrieren, sind unter anderem die folgenden Aspekte des Change-Managements entscheidend:
⇨ das unmissverständliche und verbindliche Bekenntnis zur Notwendigkeit, Dringlichkeit und Absicht der Veränderung;
⇨ die Koalition von wichtigen Schlüsselpersonen (Promotoren, Meinungsbildnern), die sich für die Veränderung einsetzen;

> **Projektmanagement-Kompetenzen im Vertrieb aus Sicht eines Account-Managers**
>
> Ein langjähriger Account-Manager und Experte für den Verkaufsprozess bei Manpower erzielte als einer der ersten zertifizierten Kollegen durch Projektmanagement deutliche Verbesserungen in seiner Vertriebsarbeit: »Aufgrund der Ausbildung zum Projektmanager hat sich meine Sichtweise komplett geändert. Ich kann jetzt viel besser die Wünsche der Kunden erkennen und erklären, wie man Probleme lösen kann, inklusive Messbarkeit der Ergebnisse. Begriffe wie Zielhierarchie und Meilensteine haben eine konkrete Bedeutung bekommen und mit einem genauen Bild von Projektabläufen vor Augen kann ich meine Kompetenzen viel besser für die Kunden zum Einsatz bringen. Indem ich zum Beispiel Stakeholder- und Risikoanalysen erstelle und mit meinen Kunden darüber spreche, entsteht eine Grundakzeptanz als Partner, die dann auch dem Umsetzungsprozess zugute kommt. Früher war das nicht so leicht.«
> Den Zusammenhang zwischen dem Standard-Verkaufsprozess und Projektmanagement beurteilt derselbe Account-Manager wie folgt: »Der Verkaufsprozess sagt einem zum Beispiel, wo man im Prozess steht und auf wen man sich wie konzentrieren soll. Er gibt einem Hilfsmittel zur Ansprache und Umsetzung, sagt aber nicht, wie die Lösung konkret aussieht. Hier helfen viele der Projektmanagement-Methoden.« Und weiter: »Letzten Endes habe ich den Verkaufsprozess ganz neu verstanden. Wer den Projektmanagement-Lehrgang gemacht hat, der versteht, dass der Verkaufsprozess eine Best-Practice-Projektakte ist, also ein Phasenplan mit Zielen und Meilensteinen, der als Prozess verpackt dargestellt wird.«

⇨ das Entwickeln und durchgängige Kommunizieren einer starken Vision und Strategie, der Umsetzungs-Maßnahmen und Erfolge;
⇨ die Verpflichtung und zugleich der ausreichende Freiraum zur Gestaltung der Veränderung, wozu auch – wie hier ausführlicher beschrieben – eine adäquate Qualifizierung der Mitarbeiter gehört, sowie
⇨ das Verankern der neuen Ansätze in der Kultur des Unternehmens.

Literatur

[1] BECKER, LUTZ: *Projektmethodische Führung in Marketing und Vertrieb, in: Albers, Sönke/ Haßmann, Volker./ Tomczak, T.: Vertrieb: Planen, Umsetzen, Optimieren, in: Digitale Fachbibliothek Vertrieb, Düsseldorf, Symposion, 2008*

[2] BECKER, LUTZ: *Projektmethodische Führung in Marketing und Vertrieb, in: Albers, Sönke/ Haßmann, Volker./ Tomczak, T.: Vertrieb: Planen, Umsetzen, Optimieren, in: Digitale Fachbibliothek Vertrieb, Düsseldorf, Symposion, 2008*

Zusammenfassung

Das Beispiel des Vertriebs von Personaldienstleistungen bei Manpower zeigt: Der Einsatz von Projektmanagement-Methoden kann den Vertriebserfolg maßgeblich steigern. Wichtig dabei ist, dass Entscheidungsträger und Anwender bestimmter Vertriebsaufgaben diese Methoden mit Überzeugung systematisch und gründlich vermitteln sowie durchgängig nutzen. Um den spezifischen und individuellen Bedürfnissen verschiedener Großkunden zu entsprechen, können die Projektmanagement-Methoden flexibel mit Standard-Vertriebsprozessen kombiniert werden. Dies nutzt dem Kunden, dem Vertriebsmitarbeiter und letztlich auch dem Unternehmen, das sich im Wettbewerb behaupten will.

Ausblick

Die Projektfirma **433**
Thomas Schlereth

**Projekte erfolgreich führen –
ein Disput der Herausgeber** **459**
Lutz Becker, Johannes Ehrhardt, Walter Gora

Stichwortverzeichnis **471**

Die Projektfirma

Projektmanagement wird, so die Prognose des Autors, künftig kontinuierlich an Bedeutung gewinnen. Am Ende dieser Entwicklung steht die Projektfirma, die ausschließlich nach den Methoden des Projektmanagements arbeitet. Wie können sich Unternehmen und Mitarbeiter optimal auf diese Situation einstellen?

> **In diesem Beitrag erfahren Sie:**
> - wie eine »Projektfirma« sich im Wettbewerb positioniert,
> - wie sich Organisation und Planung in einer Projektfirma gestalten und
> - was von den Mitarbeitern eines solchen Unternehmens erwartet wird.

THOMAS SCHLERETH

Der Markt fordert Projektmanagement

Der Weltmarkt verändert sich. Massenprodukte verlieren an Bedeutung, projektbezogene Dienstleistungen sind stark gefragt. Zum Einstieg wollen wir den Markt in seiner bisherigen Entwicklung beleuchten und einen Ausblick in die nahe Zukunft wagen.

Massenprodukt versus individuelles Produkt

Massenprodukte sterben aus, sie werden künftig mehr und mehr durch individuelle Produkte ersetzt. Menschen bevorzugen die Individualität, das Exklusive, daher werden sie entsprechenden Produkten den Vorzug geben. Woher kommt dieser Wandel und wie wirkt er sich aus?

Bis in die 90er Jahre war die Industrie bestimmt durch mengenorientierte industrielle Produktion. Dieses mengenorientierte Arbeiten war und ist geprägt durch hohe Stückzahlen, immer gleiche Produkte und ein langes Verweilen der Produkte im Markt. Dies sind typische Merkmale der industriellen Massenfertigung. Dabei steht das Produkt, beispielsweise die Waschmaschine oder das Auto, im Mittelpunkt der unternehmerischen Wertschöpfung. Skalierbarkeit und Optimierung sind meist unabhängig vom Faktor Mensch, bedingt insbesondere durch die starke Verbreitung von Maschinen.

Die Steigerung der Effektivität ergibt sich durch eine höhere Stückzahl je Zeiteinheit bei geringeren Kosten. Das wurde gerade in der Bundesrepublik Deutschland in den letzten 50 Jahren bis zur Perfektion weiterentwickelt. Durch den Einsatz von Robotern und Software für die Fertigungssteuerung wurde eine entsprechende Modernisierung durchgeführt. Der Markt verlangte immer mehr gleiche Produkte zu geringeren Preisen. Und genau das lieferten deutsche Firmen, bis sich alles änderte.

Nun hieß es: »Wir verkaufen keine Produkte, wir verkaufen Lösungen!« Das greifbare Produkt ist dabei nur noch Teil der Wertschöpfung. Dienstleistung wird in immer größerem Umfang mitgeliefert. Noch 1991 betrug der Anteil der Dienstleister am Bruttoinlandsprodukt 44,1 Prozent und der Anteil des produzierenden Gewerbes (ohne Baugewerbe) lag bei 30,6 Prozent, 2007 ist der Anteil der Dienstleister auf 51,3 Prozent gestiegen, während das produzierende Gewerbe auf 25,9 Prozent abgerutscht ist [1].

Dienstleistungen haben einen individuellen Charakter. Jeder Auftrag, den eine Firma dienstleistungsorientiert ausführt, hat eine gewisse Einmaligkeit. Diese maßgeschneiderten Lösungen erfordern hohe Qualität, aber auch marktgerechte Preise und zeitliche Präzision. Das ist die klassische Definition eines Projektes.

Viele Produkte sind nicht mehr klassisch materialistisch. Computersoftware, Beratung oder Schulung – dies alles kann digital gespeichert und übermittelt werden. Durch die globale Vernetzung entsteht dafür ein globaler Markt, der schnelllebig und transparent ist. Das erhöht den Druck auf die Unternehmen. Ihre Angebote müssen immer individueller, also immer einmaliger werden.

Unternehmen liefern heute häufig keine reinen Produkte mehr, stattdessen verkaufen sie Produkte im Rahmen von Projekten – und zwar oft weltweit. Die Projektkultur weitet sich aus. Die Individualität der Projekte ist hoch, somit auch die Einmaligkeit des einzelnen Auftrags. Statt Massenprodukten wird eine maßgeschneiderte Bedürfniserfüllung für individuelle Auftraggeber unsere Zukunft bestimmen.

Individualisierte Dienstleistungen erfordern aber einen höheren fachlichen Einsatz und eine größere Dynamik der Arbeitsressourcen. Diese Leistung können zumeist nur Menschen erbringen. Der Versuch, dazu Maschinen zu verwenden, ist bisher nicht wirklich erfolgreich. Zwar werden Massenprodukte wie Tische oder Zahnbürsten nicht verschwinden. Aber auch diese Produkte unterliegen einem Wandel. Ihr Lebenszyklus wird vor allem kürzer.

Deutlich wird das am ehemals deutschen Erfolgsprodukt Auto. Wurde das Mittelklassemodell von Mercedes zwischen 1936 und 1993 noch ungefähr alle zehn Jahre erneuert, gab es allein zwischen 1993 und 2006 drei neue Modelle, also eine Erneuerung im Fünfjahresrhythmus – Facelifts zwischendurch nicht mitgerechnet [2]. Auch in anderen Bereichen ist man gezwungen, ständig neue Entwicklungsstufen herauszubringen. Toshiba beispielsweise bringt alle drei bis sechs Monate neue Notebooks auf den Markt. Und die Geräte haben eine hohe Qualität, sind up-to-date und preisgünstig. Hersteller, die dort nicht mithalten konnten – wie beispielsweise Siemens – mussten bereits den Markt verlassen.

Auch die Massenproduktion kam nicht ohne Projekte und Projektmanagement aus. Neu- oder Weiterentwicklungen eines Produktes waren und sind typische Projekte. Da die Lebenserwartung der Produkte immer kürzer wird, steigt somit auch die Anzahl der Projekte.

Bei geringen Stückzahlen kann selbst die Fertigung gleicher Produkte zum Projekt werden. Beispielsweise bietet ein Büromöbelhersteller komplette Systeme an. Diese bestehen zwar aus Serienprodukten, müssen aber an die Bedürfnisse des Kunden angepasst und zeitgenau geliefert werden. Obwohl es sich genau genommen um ein Massenprodukt handelt, wird es projektbezogen gefertigt.

Primäres Ziel in der mengenorientierten Arbeit ist bekanntermaßen der Akkord. Es gilt, viele Produkte mit gleichbleibend hoher Qualität in kurzer Zeit zu fertigen. Ein Projekt hingegen verfolgt ein individuelles Ziel, das zu einem gewissen Zeitpunkt mit planbaren Kosten erreicht wird – interessanterweise sogar gemeinsam mit dem Auftraggeber, also dem Kunden.

Was zeichnet eine Projektfirma aus?

Unternehmen wandeln sich – von großen, schwerfälligen Megakonzernen mit hohen Stückzahlen zu kleinen vernetzten Projektfirmen. Im Folgenden soll aufgezeigt werden, mit welchen neuen Herausforderungen diese Projektfirmen konfrontiert sind, und es sollen mögliche Lösungen vorgestellt werden.

Projektkompetenz als Wettbewerbsvorteil

International agierende Firmen müssen ihren Umgang mit der Wirtschaftswelt deutlich verändern. Nur wer hier Projekte kompetent und zuverlässig abwickeln kann, wird im Markt bestehen. Jeder kennt das eine oder andere Unternehmen, das in der alten Welt der Massenfertigung beziehungsweise -dienstleistung erfolgreich war, bei dem man allerdings gut beraten ist, kein Projekt zu ordern. Unternehmen müssen sich auch im Außenverhältnis der Projektkultur nähern und diese Kompetenz kommunizieren. Das kann nur glaubwürdig gelingen, wenn die Firmen in vielen Bereichen gleichzeitig ansetzen. Folgende Ausführungen sollen einen Überblick geben.

Grundsätzlich beginnt es damit, dass Unternehmen ihren Kunden Projekte anbieten. Viele Unternehmen machen das heute bereits, allerdings auf amateurhaftem Niveau. Es ist aufschlussreich zu beobachten, wie diese Unternehmen ein »Projekt« vorstellen. Häufig werden dabei nicht einmal die grundlegendsten Kriterien berücksichtigt.

Das eigentliche Projektziel – die Messkriterien und die Teilziele, abgebildet durch Meilensteine – fehlt dabei in vielen Fällen. Gerade im Bereich der PR-Branche ist das oftmals der Fall. Auch werden die Projektabläufe selten in Netzplänen dargestellt. Stattdessen werden teilweise lustige Tabellen und fantasievolle Power-Point-Zeichnungen präsentiert. Das werden projektorientierte Kunden künftig nicht mehr akzeptieren.

Die Projektorganisation ist ein wesentlicher Bestandteil jedes guten Projektes und somit Teil des verkauften Produktes. Sie umfasst Organe wie Projektleiter und Lenkungsausschuss etc. Diese Organisation muss dem Kunden im Detail transparent gemacht werden. Eine klare Projektorganisation belegt, dass das Projekt und somit auch der Kunde ernst genommen werden.

Das Berichtswesen während des Projektes bildet die zentrale Kommunikation mit dem Kunden ab. Diese Kommunikation vermittelt dem Kunden, wie die präzise Planung und Durchführung des Projektes gestaltet sind. Ein gutes Reporting strahlt (Projekt-)Souveränität und Sicherheit aus. Projektberichte sollten entweder ereignis- oder zeitgetrieben sein. Der monatliche Statusbericht wird beispielsweise durch einen Meilensteinbericht ergänzt, der dann verschickt wird, wenn sich der Meilenstein erheblich verändert. Das wöchentliche Projekt-Update via Mail ist gut, aber nicht ideal. Projekte unterliegen eben nicht zeitzyklischen Abläufen. In manchen Phasen passiert mehr, in anderen weniger. So kann ein wöchentlicher Bericht manchmal keinen nennenswerten Fortschritt aufweisen, warum soll er also verschickt und gelesen werden?

Firmen im 21. Jahrhundert, Rennboote statt Tanker

Projektbezogene organisatorische Einheiten sind in ihrer Lebensdauer zeitlich begrenzt, sie existieren für die Dauer des Projektes und lösen sich danach auf. Diese auf Zeit angelegten Strukturen können also nicht über Jahre hinweg immer komplizierter und bürokratischer werden. Junge Firmen haben unmittelbar nach der Gründung oft eine Organisation auf »Zuruf« – es gibt keine aufwendige Verwaltung, dazu fehlt die Zeit. Alle Konzentration ist auf die Kunden gerichtet. In älteren, großen Firmen sieht es oft ganz anders aus. Hier ist es immer wieder spannend mitzuerleben, wie ganze Abteilungen sich mit Themen beschäftigen, bei denen nicht klar ist, was sie überhaupt mit dem Kunden oder den Produkten zu tun haben. Oft jagt dann eine Reorganisation die nächste.

Kleinere Einheiten sind schneller, dynamischer und kundenorientierter als große Strukturgebilde. Letzteren bietet Projektmanagement eine Lösungsoption. Dazu gründet man für Projekte eigene Firmen, die nach Projektende wieder aufgelöst werden. Diese Firmen beziehen notwendige Verwaltungsleistungen – wie »Lohnabrechnung« oder »IT« – vom »Mutterkonzern«, sind ansonsten aber selbstständig. Sie konzentrieren sich völlig auf das Kundenprojekt, sind wirtschaftlich und vor allem effizient. Unnötige Belastungen wie »Regelarbeitszeiten«, »aufwendige Betriebsräume« etc. werden erst gar nicht eingeführt beziehungsweise angeschafft. Leistungen, die zur Erfüllung des Projektes notwendig sind – wie beispielsweise die EDV oder das Fachpersonal –, müssen zudem nicht zwingend vom Mutterunternehmen bezogen werden. Sie können auch auf dem freien Markt beschafft werden, wenn das Preisleistungs-Verhältnis dort günstiger ist. Trotz dieser losen Struktur tritt die »große« Firma geschlossen im Markt auf. Corporate Identity und Vertrieb werden zentral definiert und realisiert. So zieht die Unternehmung immer noch einen Vorteil aus der eigenen Größe.

Ein solcher Prozess ist heute schon zu beobachten. Immer mehr Firmen entlassen ihre »IT-Abteilung« in die »Freiheit« und lassen sie zusätzlich auf dem freien Markt agieren. Gleiches kann in der Zukunft auch für ein erfolgreiches Projektteam gelten. Die Vorstellung, dass ein Unternehmen, statt mit überzogenen, nichtssagenden Slogans mit einem erfolgreichen Projektteam auf dem Markt wirbt, mag heute absurd erscheinen, aber unvorstellbar ist das sicher nicht. Das erfolgreiche Team und seine Leistung sind das Produkt.

Die Zukunft liegt in Lösungen, nicht in Produkten

Mit zunehmender Anzahl von Projekten steigt auch die Bedeutung der Projektorganisation im Hinblick auf den wirtschaftlichen Erfolg der Firmen. Wie ist die Situation heute in den Betrieben?

In Deutschland sind nahezu alle Betriebe hierarchisch aufgebaut. Es gibt Abteilungen, Unterabteilungen, Bereiche etc. Auf jeder Ebene gibt es einen Entscheider, bis hin zum Geschäftsführer oder Vorstand. Ein Mitarbeiter ist immer nur in einer organisatorischen Einheit angesiedelt. Die Einheiten sind fachlich oder produkttechnisch orientiert – beispielsweise Entwicklung, Konstruktion oder Lager. Jede Abteilung kümmert sich um einen Abschnitt in der Wertschöpfung des Unternehmens. Der Einkauf beschafft die Teile, die durch die Konstruktion bestimmt und die Fertigung angefordert werden. Der Vertrieb verkauft die Produkte, und die Buchhaltung verwaltet die Finanzen. Die Mitarbeiter in den Abteilungen sind somit inhaltlich an die fachliche Ausrichtung ihrer Abteilung gebunden. Der Entwickler ist in der Entwicklung tätig, der Buchhalter in der Buchhaltung und so weiter. Die Personalentwicklung erfolgt in der Fachabteilung. Zusätzliches, interdisziplinäres Wissen wird kaum erworben. Ein Wechseln in andere Abteilungen, eine horizontale Bewegung durch die Aufbauorganisation kommt selten vor.

Auf einer neuen Entwicklungsstufe sind die Unternehmen gefordert, sogenannte *Querschnittsaufgaben oder -vorhaben* zu realisieren. Es handelt sich dabei um Projekte, die nicht innerhalb einer Abteilung, sondern quer über mehrere Abteilungen angesiedelt sind. Beispielsweise musste bei der Implementierung einer neuen Buchhaltungssoftware der Buchhalter mit der IT-Abteilung zusammenarbeiten. Diese Vorhaben bezogen sich aber immer auf das Innenverhältnis der Firma, Kunden oder Zulieferer waren nicht involviert. Seltener forderte der Kunde Leistungen von mehreren Abteilungen im kooperativen Verbund ein.

Das änderte sich mit dem Verkauf kompletter Lösungen. Nun mussten Abteilungen wie Vertrieb, Service, Konstruktion, Fertigung und Montage gemeinsam für eine Auftragsserie beim Kunden bereitstehen. Und nicht nur das – häufig waren die Lösungen aus mehreren Produkten zusammengesetzt, es gab also mehrere beteiligte Konstruktionsabteilungen und mehrere Montageteams etc. Um dies zu koordinieren, war der Vertriebsmitarbeiter ungeeignet. Es wurde also ein Projektleiter eingesetzt.

Bei diesem Projektleiter handelt es sich um einen speziellen Mitarbeiter, der andere Mitarbeiter aus den verschiedensten Abteilungen für sein Projekt anfordert. Der Mitarbeiter ist nun zeitlich begrenzt in den Projekten aktiv und während dieser Zeit seinem Abteilungsleiter »entzogen«. Diese Organisationsform bezeichnet man als *Matrixorganisation*. Sie kann als Übergangsform zwischen der klassisch hierarchischen und der »reinen« Projektorganisation angesehen werden. Der entscheidende Vorteil dabei ist der Bestand der vorhandenen Abteilungen und der hier eingespielten Prozesse. Die Nachteile sind sehr vielfältig. Die Koordination der Mitarbeiter ist äußerst schwierig, da sie nun »zwei Herren« dienen – dem Abteilungsleiter und zeitweise dem Projektleiter. In der Arbeitsplanung bedeutet das auch, dass das Tagesgeschäft simultan zum Projektgeschäft abgewickelt werden muss.

Auf einer weiteren Entwicklungsstufe nimmt die Anzahl der Projekte erheblich zu. Mitarbeiter arbeiten mehr und mehr in Projekten. Die Arbeit dort ist abwechslungsreich und spannend. Außerdem wird schließlich das Geld für die Firma in den Projekten verdient, nicht in der Buchhaltung. Die klassischen Abteilungen mit den Routinetätigkeiten verlieren an Attraktivität. Dies ist eine dramatische Entwicklung für Abteilungsleiter, die nicht frühzeitig Wissen im Bereich Projektmanagement aufgebaut haben.

Heute herrschen mehr oder weniger intensiv ausgeprägte Formen der Matrixorganisation vor. Wie lange die Übergangsphase zu reinen Projektstrukturen dauern wird und ob völlig auf Projekte ausgerichtete Organisationen sich in Reinkultur je etablieren werden, ist ungewiss. Sicher ist nur, dass Projektmanager künftig ebenso machtvolle und einflussreiche Führungskräfte sein werden wie Abteilungsleiter.

Interessant wird es, sobald es einen ersten Vorstand »Projekte« bei einem DAX-Unternehmen geben wird.

Die Organisation einer Projektfirma

Projektarbeit erfordert eine andere betriebliche Organisation. Die Firmen müssen reorganisieren und umdenken.

In einem klassisch mengenorientierten Unternehmen stehen Stückzahl, Qualität und verbrauchte Zeit im Zentrum des unternehmerischen Handelns. In einer projektorientierten Firma ist das anders. Hier stehen die Projektziele im Mittelpunkt. Wie, wann und wo der Mitarbeiter an diesen Zielen arbeitet, ist sekundär.

In der Projektfirma ist der Mitarbeiter auch nicht in Abteilungen organisiert. In vielen Firmen müssen die Menschen so komplexe und umfangreiche Arbeitsprozesse erledigen, dass ein hineinstecken in eine Schublade – sprich eine Abteilung – sinnlos wäre. Der Mitarbeiter ist einfach in der Firma, egal in welcher Abteilung. Da die Wertschöpfung – der Umsatz des Unternehmens – hauptsächlich durch Projektarbeit realisiert wird, ist der Projektleiter die einzige Führungskraft. Er initiiert das Projekt, oder er bekommt es beispielsweise aus dem Vertriebsbereich etc. zugeteilt. Für das Projekt gibt es umfangreiche Rahmenbedingungen.

Der Projektleiter stellt sich nun sein Projektteam aus der Belegschaft zusammen. Er wählt die Mitarbeiter aus, die verfügbar sind und die durch ihre Qualifikation am besten geeignet erscheinen. Die belastenden und einschränkenden organisatorischen Dinge – wie Arbeitszeiten, Arbeitsort etc. – kann der Projektleiter nutzen, aber auch ignorieren. Er hat also die Möglichkeit, in seinem Projekt eine Firma in der Firma zu organisieren, wenn dies für das Projekt zweckdienlich ist. Das kann so weit führen, dass der Projektleiter tatsächlich eine eigene Rechtsform als Tochter der Firma gründet, wenn dies notwendig erscheint.

Mitarbeiter kommen und gehen, wann sie wollen, oder besser, wann sie es für richtig halten. Sie arbeiten im Team mit dem Projektleiter am nächsten Ziel des Vorhabens. Ob sie nun viel oder wenig arbeiten, hängt vom Projektbudget und den vorgegebenen Zeiten ab. Das klingt alles sehr phantastisch und nicht durchführbar. Das Gegenteil ist jedoch der Fall, und ungewöhnlich ist das auch nicht.

In kleinen Unternehmen mit fünf bis zehn Mitarbeitern, in Handwerksbetrieben oder Start-ups wird genau so gearbeitet. Diese Firmen sind ungleich leistungsstärker und produktiver als schwerfällige Konzernstrukturen, in denen die Mitarbeiter oftmals mehr mit sich selbst als mit dem Kunden beschäftigt sind.

Kann eine größere Firma ebenfalls so organisiert werden? Ja! Dazu sind jedoch folgende Dinge zu beachten: Die Projektorganisation lässt sich sehr weitgehend durchsetzen, selbst in Abteilungen, in denen eigentlich keine Projekte vermutet werden, wie beispielsweise in der Buchhaltung. Hier müssen die Firmen dem Projektmanagement entsprechend abgewandelt werden. Ziele in der Buchhaltung sind Monatsabschlüsse oder monatliche Lohnabrechnungen. Die Grundlast – Arbeiten, die nicht unbedingt in einem Projektzusammenhang stehen – ist in solchen Abteilungen höher als in reinen Projekten. Ebenso kann in organisatorischen Einheiten wie Vertrieb oder Service ein ausschließliches Projektmanagement nicht umgesetzt werden. Diese Abteilungen sind durch Anwesenheitspflichten und viel Routine gekennzeichnet. Trotzdem haben auch diese Segmente der Firma ständig Berührung mit dem Projektgeschäft. Der Vertriebsmitarbeiter »zieht« das Projekt schließlich an Land und ist während der Realisierung idealerweise ständig informiert.

Keine festen Arbeitszeiten, Standortunabhängigkeit und Bewertung der Leistung nach erreichten Zielen und nicht (nur) nach verbrauchten Stunden – diese Organisationsform ist nur durchführbar, wenn modernste Computer- und Kommunikationstechnik eingesetzt wird. Daran mangelt es in vielen Unternehmen. Es ist durchaus nicht so, dass diese Technologie nicht verfügbar wäre. Sie kommt einfach

nicht zum Einsatz. Für ein erfolgreiches Projektmanagement sollten aber folgende Voraussetzungen gegeben sein:
⇨ Mitarbeiter sollten in jedem Fall über eigene Notebooks verfügen, die sie überallhin mitnehmen können. Die Standortunabhängigkeit hat an Bedeutung zugenommen.
⇨ Das Unternehmen sollte so weit wie möglich auf Papier verzichten. Nur digitale Daten sind standortunabhängig jederzeit verfügbar.
⇨ Das Unternehmen sollte über W-LAN so vernetzt sein, dass ein Mitarbeiter auch in einem Meetingraum immer mit seinem Notebook online ist.

Den Mitarbeitern muss die Möglichkeit gegeben werden, an jedem Ort zu arbeiten, ganz gleich, ob das zu Hause, im Park oder im ICE ist. Dies ist heute technisch dank UMTS-Netzen und sicheren Verbindungstechniken wie VPN kein Problem mehr. Auch die Kosten sind so gering, das sie fast vernachlässigbar sind.

Kommunikation ist in vernetzten, projektorientierten Strukturen ungemein wichtig. Aber auch hier gibt es in deutschen Firmen oft größte Probleme. Es wird unglaublich viel Zeit damit verbracht, jemanden zu erreichen oder zurückzurufen. In den meisten Unternehmen klingelt einfach das Telefon munter weiter, wenn der Kollege »nicht am Platz« oder beim Essen ist. Ähnlich mobil wie die Computer müssen natürlich auch die Telefone werden. Projektmitarbeiter müssen immer und überall erreichbar sein. Daher sollten die Mitarbeiter komplett auf Handys umgestellt werden. Diese Handys haben sie immer dabei und können sie auch mit nach Hause nehmen. Das beliebte Argument, dass man dann ja nie aus der Arbeit herauskommt und kein Privatleben mehr hat, kann leicht entkräftet werden. Der Mitarbeiter schaltet das Handy in seiner Freizeit einfach ab.

Heute ist es immer noch ungewöhnlich, wenn ein Mensch mitten am Tag in einem Park sitzt und mit seinem Notebook eine Videokonferenz führt. Die Kamera befindet sich im Deckel des Notebooks, akustisch ist er über einen Ohrhörer verbunden (denn Fremde sollen das Gespräch nicht mithören). Mit einem UMTS-Stick hat er eine schnelle Internet-Verbindung. Durch einen sogenannten VPN-Zugang ist der gesamte Datenverkehr gegen das Abhören abgesichert. Technisch und finanziell ist all das kein Problem.

Zusammenfassend lässt sich festhalten: Organisation und Prozesse in Unternehmen werden zunehmend virtualisiert. Dazu wird modernste Computer- und Kommunikationstechnologie eingesetzt. Die Firmen benötigen dazu Know-how, und die Mitarbeiter müssen mit diesen Technologien umgehen können.

Der Projektmitarbeiter im 21. Jahrhundert

Die Arbeitswelt verändert sich zunehmend. Projektorientiertes Arbeiten ist gefordert. Im Folgenden wird aufgezeigt, welche Traditionen in der Arbeitswelt heute noch von Bedeutung sind und was Menschen in Unternehmen neu »lernen« müssen.

Der Mitarbeiter in einer Projektfirma

Für die Menschen in den Betrieben sind viele Dinge in den letzten Jahren anders geworden. Das ist aber erst der Anfang – schöne neue Arbeitswelt?

Die Leistung eines Mitarbeiters wurde in der industriellen Fertigung durch Akkord – also Stück je Zeiteinheit – gemessen. Später legte man dabei nur noch die Arbeitszeit zugrunde. Das bedeutet für den Mitarbeiter: Er hat 40 Stunden in der Woche zu arbeiten. Bleibt er länger am Arbeitsplatz, wird er durch Zuschläge belohnt und gilt als fleißig. Unterschreitet er die vorgegebene Zeit, gilt er als faul. Sitzt der Mitarbeiter abends bis 20 Uhr im Büro, gilt er als wichtig. Keiner kommt auf die Idee, dass er seine Arbeit einfach nicht richtig planen kann und offensichtlich überfordert ist.

Die Arbeitszeiten sind in aller Regel fix. Auch wenn Gleitzeit eine gewisse Flexibilität erlaubt, erscheinen und gehen die meisten Mitarbeiter immer zu den gleichen Zeiten. Dies ist durch externe Einflüsse – wie »Kinder in den Kindergarten bringen«, Nahverkehrszeiten oder einfach Gewohnheit – bedingt. Der feste Rhythmus, auch wenn es um die Mittagspause oder den Urlaub geht, verschafft dem Mitarbeiter das Gefühl von Sicherheit und Orientierung. Außerdem kann er sehr einfach seinen »Fleiß« ablesen, indem er an der »Zeiterfassung« sein Überstundenkonto genau verfolgen kann.

Natürlich spielt auch die inhaltliche Arbeit eine Rolle. Allerdings sind die Auswirkungen der eigenen Arbeit auf das Unternehmensziel nur schwer zu überschauen. Wenn ein Mitarbeiter für eine Arbeit mehr Zeit oder mehr Aufwand benötigt, ist das nicht so schlimm, gilt im gravierenden Fall sogar als »fleißig und engagiert«. Wird er um eine Abschätzung des Aufwands und der erforderlichen Zeit gebeten, gibt er hohe Toleranzwerte an, um nicht unter Druck zu geraten.

In einer Projektwelt sind die Auswirkungen der eigenen Arbeit viel deutlicher und unmittelbarer zu spüren. Das betrifft vor allem die Selbstorganisation des Mitarbeiters. Schon für Mitarbeiter, die »seriennah« arbeiten, gilt: Die Arbeit des Einzelnen wird immer komplizierter und fachlich umfassender. Er muss immer wieder neue Tätigkeiten erlernen und durchführen. Bei Projekten ist noch deutlich mehr Flexibilität erforderlich. Projekte sind zielorientiert. Das Ziel ist klar formuliert. Rahmenbedingungen wie Zeit und Geld sind ebenfalls vorgegeben. Wie der Projektleiter allerdings die Details seiner Arbeit organisiert, bleibt ihm überlassen. Es ist also (beinahe) egal, wie er das Ziel erreicht, solange er die Rahmenbedingungen einhält. Dieses Prinzip setzt sich auch bis zum Projektmitarbeiter durch. Der erhält eine Vielzahl von Aufgaben, die nur grob beschrieben sind. Er vereinbart mit dem Projektleiter Termine und Mengen (Arbeitszeit). Wie er sich allerdings organisiert, wann er also was erledigt, bleibt ihm überlassen. Er muss somit viel selbstständiger und vor allem zielorientierter arbeiten.

Die Rückmeldung über den Erfolg seiner Arbeit ist zwar unmittelbarer, aber eben auch komplizierter. Es zählen nicht einfach »nur« Menge und Zeit sowie Qualität, sondern auch seine Planungsfähigkeit. Er muss Fragen wie »Wie lange brauchen Sie? Wie aufwendig ist das Ganze? Welche Risiken sehen Sie?« etc. beantworten. Er kann an der Qualität dieser Aussagen gemessen werden und zwar als Einzelner. Das verschafft dem Mitarbeiter zwar ganz neue Freiräume und erlaubt viel selbstständigeres Arbeiten. Aber es ist für viele Mitarbeiter auch neu und ungewohnt. Manche möchten das einfach nicht.

Diese neue Selbstständigkeit zwingt auch manche Führungskraft umzudenken. Viele Führungskräfte glauben, durch diese neuen Strukturen den Einfluss auf die Mitarbeiter, sprich ihre Macht, zu verlieren. Zudem stehen sie vor den gleichen Herausforderungen, was ihre eigene Arbeit betrifft. Unzulänglichkeiten und Defizite treten hier deutlich stärker hervor, und das verunsichert Führungskräfte zunehmend.

Jahrzehntelang wurde den Menschen gesagt: »Sei fleißig und pünktlich, arbeite viele Stunden und halte dich genau an die Vorgaben. Mache genau das, was man dir sagt.« Nun ändert sich das alles. In Projekten heißt es:

⇨ »Finde selbst die Lösung, die Lösung allein ist wichtig.«
⇨ »Unternehme alles, was notwendig ist, die Lösung zu erreichen.«
⇨ »Gestalte den Ablauf im Detail selbst. Es ist unerheblich, wie lange du wann oder wo arbeitest, Hauptsache, das geplante Ziel wird erreicht.«

Der Projektmensch

Wie verhält sich der ideale Projektmitarbeiter? Der Lebensentwurf vieler Menschen hat sich in den letzten 20 Jahren erheblich verändert. Das Einfamilienhaus, der Urlaub zweimal im Jahr und der Mittelklassewagen waren bisher durch eine zumeist lebenslange Beschäftigung bei einem Arbeitgeber gesichert. Das ist heute anders. Die vertraute Sicherheit gibt es nicht mehr. Selbst traditionell als sicher eingestufte Arbeitgeber wie BMW oder Siemens sind durch überforderte Manager und deren auf Machterhalt gerichtete Kurzsichtigkeit in Schwierigkeiten geraten und müssen Mitarbeiter entlassen.

Aber am schwerwiegendsten ist die Änderung des Leistungsprinzips und der Organisation. Die Menschen wurden erzogen, das zu tun, was der Vorgesetzte sagt und möglichst viele Stunden zu arbeiten. Doch heute spielt die Zeit nicht mehr die alleinige Rolle. Der Mitarbeiter muss vielmehr zielorientiert seine Arbeit selbst organisieren. Damit sind viele Mitarbeiter völlig überfordert. In vielen Betrieben sind sie zudem völlig überlastet. Oft gilt es sogar als besonders erstrebenswert, dass Abteilungen zu 150 Prozent ausgelastet sind. Hier handelt es sich um verzweifelte Aktionen aus der alten Welt.

Und selbst im mittleren und gehobenen Management sind täglich Personen zu sehen, die gestresst von Termin zu Termin hetzen und einfachste Aktionen wie einen Rückruf oder eine Mail nicht mehr bewältigen. Diese Leute sind bis zum Anschlag überfordert, glauben aber, dass sie überaus wertvoll für ihr Unternehmen sind. Das Gegenteil ist der Fall.

In den Firmen muss ein Kulturwechsel stattfinden, der deutlich signalisiert, dass Manager, die immer zu spät zu Meetings kommen und einen Terminkalender haben, der so voll ist, dass sie nie Zeit zum nachdenken haben, keine wertvolle Leistung für das Unternehmen erbringen können. Ein Manger, der immer nur in Meetings sitzt, nie Texte schreibt und auch nicht mit modernen Medien umgehen kann, muss schnellstmöglich aus der Firma entfernt werden.

Eine völlige zeitliche Flexibilität und eine hohe Zeitdisziplin sind notwendig. Auf den ersten Blick klingt das widersprüchlich, jedoch ist das Gegenteil der Fall. Wenn Mitarbeiter keine straffen Zeitmuster vorgegeben bekommen, wenn sie kommen und gehen können, wann sie wollen, müssen sie lernen, ihre Zeit gut zu organisieren. Auch das geht nicht ohne Einsatz moderner Computer- und Kommunikationstechnologie. Der elektronische Kalender ist Pflicht – und eben auch, dass er mit dem mobilen Gerät abgewickelt wird.

Die Mitarbeiter müssen lernen, Aufwand und Zeiten richtig einzuschätzen. Denn sie geben den Rhythmus und das Tempo vor. Außerdem müssen die Menschen in den Firmen lernen, »nein« zu sagen, und das müssen sie dann auch entsprechend begründen können.

Resümierend lässt sich also festhalten: Mitarbeiter müssen lernen, Zeiten und Aufwände zu schätzen. Denn die werden ihnen nicht mehr vorgegeben. Sie müssen sich an diesen Schätzungen messen lassen. Die Mitarbeiter müssen weiterhin lernen, ihre Arbeitszeit selbst zu organisieren. Sie müssen lernen, zu planen, ihre Arbeiten zu verfolgen und zu aktualisieren. Letztendlich bedeutet das, dass sie projektorientiert arbeiten.

Planung einer Projektfirma

Projektplanung ist Firmenplanung. Die neuen Strukturen sind komplex und dynamisch. Das erfordert auch neue Methoden der Planung und Verfolgung von projektorientierten Vorhaben.

Planung in der Matrixorganisation

Moderne Unternehmen sind vernetzt und somit kompliziert. Auch die hohe Anzahl von Projekten mit komplexen, projektübergreifenden Personaleinsätzen stellt große Anforderungen an die Planungskompetenz.
Die Zukunft ist nicht exakt vorhersehbar, auch nicht mit einem Computer. In der mengenorientierten Arbeits- und Organisationsform kann die Zukunft allerdings exakter und mit einer höheren Wahrscheinlichkeit vorausgesagt werden als in Projekten. Dies ist begründet in der Weitläufigkeit der Projektarbeit und der Tatsache, dass in Projekten mehr Menschen als Maschinen arbeiten.

Hier wird der Unterschied zwischen traditionellen Arbeitsprozessen und Projekten am deutlichsten. Projekte gelten im Allgemeinen als einmalig. Es werden also Vorhaben realisiert, die so bisher nicht umgesetzt wurden. Dies entspricht aber nicht ganz der Praxis. Meistens sind die Aufgaben in einem Projekt weitgehend bekannt und wurden so ähnlich schon einmal realisiert. Trotzdem ist jedes Projekt neu. Es unterscheidet sich durch die Kunden, die Technik oder die beteiligten Menschen.

Zudem lassen sich Aktionen nicht exakt vorhersehen, auch wenn diese bereits mehrfach realisiert wurden. Hier kommt der Faktor Mensch besonders zum Tragen. Menschen arbeiten eben nicht wie

Maschinen immer gleich. Sie machen neue Fehler, die sie vorher nicht gemacht haben. Außerdem sind Menschen launisch. Ihre Leistungsfähigkeit ist unterschiedlich, an manchen Tagen besser, an manchen schlechter. Wenn kreative Arbeitsleistungen notwendig sind, können diese nicht auf Knopfdruck abgerufen werden.

Die in den meisten Unternehmen vorherrschende Matrixorganisation, also eine Mischform aus Linienorganisation und Projektarbeit, macht die Vorhersehbarkeit noch schwieriger. Dadurch steigt die Komplexität der zu erledigenden Aufgaben erheblich. Menschen müssen in den Büros an manchen Tagen Dutzende von Aktionen durchführen – bezogen auf Projekte und auch auf das normale Tagesgeschäft. Der Ansatz, solche Arbeitsprozesse und Inhalte im gleichen Stil wie eine Maschinenplanung umzusetzen, scheitert zwangsläufig.

Planung im modernen Projektmanagement

Fehlende Planung verursacht Chaos. Viele Menschen finden ihren Arbeitsplatz und das eigene Unternehmen in einer Projektwelt chaotisch: Jeder kommt und geht, wann er will. Ergebnisse werden einfach nur vorgelegt – wie sie entstanden sind, ist weitgehend egal. Der Mitarbeiter wird kaum oder gar nicht kontrolliert. Die Kommunikation zwischen den Mitarbeitern nimmt erheblich zu, alles wird transparenter, auch die Arbeit des Chefs. Das Hauptproblem liegt heute in der Planung solcher Organisationen. Die meisten Firmen sind von dieser Entwicklung völlig überrascht worden. Die Planung für Wochen und Monate ist nun weitaus komplizierter als bisher.

Es fängt damit an, dass grundlegende Prinzipien der ergebnisorientierten Planung nicht beherrscht werden. In vielen Betrieben versuchen hilflose Führungskräfte, Projektstrukturen genauso zu organisieren, wie sie in den letzten Jahren die »alten« Strukturen organisiert haben. So entstehen dann häufig lustige Excel-Tabellen und zyklische Treffen der »Planer«.

Die Projektorganisation orientiert sich schwerpunktmäßig an Netzplänen. Aktivitäten in Richtung Ziel sind voneinander abhängig. Allerdings ist der Wissensstand am Anfang dieser Projekte geringer als während des Projektes oder am Ende. Das Wissen nimmt natürlich zu, sobald die Tageslinie überschritten wird. Sobald eine Aktivität abgeschlossen ist und in der Vergangenheit liegt, herrscht Gewissheit. Es muss in der Planung abgebildet werden, wo noch Wissenslücken bestehen. Menschen machen das in der Regel intuitiv. Sie schätzen Zeiten und Aufwände nicht exakt, sondern grob, also in Bereichen: »Wir brauchen dazu ein bis zwei Wochen«, »Das muss im Oktober fertig sein, da werden wir wohl 20 bis 30 Personentage investieren«. Das sind übliche Formulierungen, die jeder kennt. So etwas muss auch in der Planung abgebildet werden. Es ist schlicht sinnlos, Arbeiten zu planen, die am Anfang noch nicht bekannt sind. Und es ist auch sinnlos, alles exakt zu dimensionieren, wenn man es noch nicht weiß. Die Planung, die man anfertigt, muss eine gewisse (hohe) Wahrscheinlichkeit haben. Sie darf kein politisches Papier sein.

Auch wenn manche Führungskräfte Planungen, die nicht ihren Vorstellungen oder Wünschen entsprechen, ablehnen – die fachliche und kaufmännische Einschätzung der Fachleute sollte respektiert werden.

Ein weiterer Aspekt ist die Präzision. In der monotonen, sich immer wiederholenden Produktion kann jeder Schritt bis ins Detail geplant und überwacht werden. Bei der projektorientierten Firma ist das jedoch nicht sinnvoll. Für das Management gilt hier: Je grober die Planung, desto besser, die Mitarbeiter kümmern sich schon darum.

Ein großes Problem bei aller projektorientierten Planung ist die sogenannte Grundlast – ein prozentualer Verbrauch von Arbeitszeit pro Tag oder Woche für Aufgaben, die nicht genauer zu spezifizieren sind. Dieser Wert – geschätzt zwischen 10 und 20 Prozent, in der Praxis häufig mehr – umfasst alle »anderen« Arbeiten, die nicht in Projekten oder sonstigen planbaren Aktivitäten stattfinden. Man könnte »überspitzt« auch sagen: unnötige Arbeiten. Das wichtigste ist, diesen Wert ungefähr zu kennen, denn er beeinflusst die verfügbaren Kapazitäten und somit auch die Planungsfähigkeit erheblich. Der Wert sollte beispielsweise über die Arbeitszeiterfassung erhoben werden. Ein solcher stabiler Wert kann dann in die Planung einfließen. Diesen Wert zu senken, ist ein zweiter Schritt.

Die Planung verändert sich ständig. Es kommen neue Projekte dazu, Mitarbeiter verlassen überraschend das Unternehmen etc. Daher ist es wichtig, nicht zu detailliert zu planen. Es muss sich lohnen zu planen, und es sollten nur Sachen geplant werden, die es auch wert sind. Wenn im Unternehmen genügend Besprechungsräume vorhanden sind und die Wahrscheinlichkeit gering ist, dass jemals alle besetzt sind, dann brauche ich diese Räume nicht zu verplanen. Wird zu detailliert geplant, ist der Aufwand, die Planung ständig anzupassen, hoch. Am Ende wird diese Aktualisierung vernachlässigt. In einem Unternehmens-Meeting erzählte mir ein Mitarbeiter, dass die Jahresplanung für die Geschäftsleitung Anfang Januar erstellt würde, Ende Januar stimme alles schon nicht mehr. Auf meine Frage, ob die Geschäftsleitung das Anfang Januar wisse, sagte der gute Mensch: »Klar wissen die das, aber sie wollen es eben so haben«.

Der Plan stellt nicht den optimalen Wunschverlauf eines Projektes, sondern die zu erwartende Realität dar, und die ist manchmal schlimm. Man plant ja nicht zuletzt, um schlimme Entwicklungen zu vermeiden.

Planung in einer Projektfirma muss also immer ungenau, mit angemessenem Detailgrad erfolgen. Das gilt für die »Wer-macht-was-wann«-Planung. Früher oder später wird es auch in die unternehmerische Finanzplanung Einzug halten. Die Umsatzerwartung ist dann eben zehn bis zwölf Millionen in diesem Jahr. Die Wahrscheinlichkeit, dass wir in diesem Korridor bleiben, sollte immer größer als 50 Prozent sein, dann läuft alles gut. Jeder weiß heute, dass solche exakten Umsatzplanungen nicht genau eingehalten werden können. Aber die klassische Buchhaltung und die darauf aufbauende EDV kann mit ungenauen Einschätzungen, denen Wahrscheinlichkeiten zugrunde liegen, nicht umgehen. Das wird sich in den nächsten Jahren durch die Einführung leistungsfähigerer Softwarelösungen ändern.

Resümierend lässt sich zur Projektplanung feststellen: Alles Zukünftige ist ungenau – je ferner es in der Zukunft liegt, desto ungenauer. Je weiter ich zeitlich plane, desto grober werden die Aktivitäten und desto ungenauer die Zeiträume und Aufwände. Eine Analyse der Situation erfolgt nicht exakt, sondern über Wahrscheinlichkeiten. Ganz sicher wird es erst dann, wenn ein Projekt erledigt ist, also in der Vergangenheit liegt.

Der Computer in der Projektfirma

Das Arbeitsmittel Computer gewinnt an Bedeutung, gerade in den Projektfirmen. Im Folgenden wird gezeigt, welche Potenziale die IT heute und künftig bietet.

Der Einsatz von Computern in der Projektfirma

Durch projektorientiertes Arbeiten nehmen die Komplexität und der Kommunikationsbedarf zu. Nur mit dem richtigen Einsatz von Computern kann das bewältigt werden.
Projekte sind gemeinsame Aufgaben des Projektauftraggebers (Kunde) und der Projektmitarbeiter. Die Informationen und Situationen ändern sich ständig. Der Empfänger von projektrelevanten Daten muss jederzeit Zugriff auf den aktuellen Projektstand haben. Jederzeit heißt, er kann sich online immer den aktuellen Projektstand und die aktuelle Planung anschauen und sie gegebenenfalls auch verändern. Dies gilt für den Projektleiter, den Auftraggeber und den Projektmitarbeiter gleichermaßen. Die Daten müssen aktuell sein, also in Echtzeit vorliegen.

Die meisten Menschen in unseren Betrieben sind jedoch durch die Informationsflut in vielen Fällen überfordert. Der Grund besteht zum einen im Versenden nutzloser Informationen, die häufig nur für den Absender wichtig sind, zum anderen im lässigen Umgang, gerade mit dem Medium E-Mail. Häufig werden Daten verschickt, aber eben keine Informationen. Im 21. Jahrhundert entscheidet der Empfänger, welche Informationen wann für ihn wichtig und interessant sind, und nicht der Absender, der sich mit seiner Nachricht darstellen möchte.

Wöchentliche Berichte über Projekte, der Quartalsreport etc. müssen verschwinden. Das Versenden von Projektplänen via E-Mail und riesige Berichte mit meist nutzlosen Daten sind unnötig, kosten nur Zeit und schaffen Verwirrung. Tolle Grafiken sind meist der Ausdruck schlechter Informationskultur, die nur tolle Effekte in Excel oder PowerPoint nutzen will. Besonders beliebt sind die sogenannten »Prosaberichte«. Hier soll der Projektleiter den aktuellen Projektzustand in freiem Text beschreiben. Das ist verwirrend und macht Projekte nicht wirklich vergleichbar.

Diese Beispiele rühren häufig von fehlendem Know-how im gehobenen Management. Die betroffenen Führungskräfte sind davon getrieben, möglichst jedes Detail genau zu wissen – eine Kontrollsucht, die sie zumeist völlig überfordert. Dadurch werden Entscheidungen blockiert und verzögert und eigentlich gute Projekte gestört.

Projektmanagement heißt, dass unterschiedliche Personen auf unterschiedlichen Ebenen das Vorhaben bearbeiten. Der Projektleiter ist eben kein Sekretär für die Projektdokumentation, sondern ein Leitungsträger. Das Management hat eine Art Vogelperspektive auf die Projekte. Nur generelle Projektdaten und Meilensteine sind interessant und wichtig. Was darunter passiert, also einzelne Aktivitäten und Probleme, sind interessant für den Projektleiter, nicht aber für den Chef. Wenn der Vorgesetzte sich hier einmischt, stellt er nicht nur die Kompetenz des Projektleiters in Frage, er stört in den meisten Fällen sogar das Projekt. Er kann sich nicht in die Details von Dutzenden Projekten einarbeiten, die Wahrscheinlichkeit von Fehlentscheidungen ist extrem hoch.

Besonders amüsant ist die zuweilen erhobene Forderung des Managements, eine Liste der Projekte zu erhalten, die »nicht gut laufen«. Auf die Frage, was damit gemeint sei, kommen in aller Regel nur nebulöse Antworten. Die Führungskraft weiß eigentlich gar nicht, was sie will. Also wird sie mit Daten zugeschüttet und verliert den Überblick. Der Entwurf eines funktionierenden, hierarchieübergreifenden

Berichtswesens muss berücksichtigen, dass gerade vom mittleren bis zum höheren Management das Wissen und die Erfahrung über Projektmanagement mit seinen vernetzten Strukturen gering ist.

Sehr spannend ist es immer wieder zu sehen, wie »tolle« Projektfirmen während der Vorstellung eines Projektes auf die Frage reagieren: »Wie hoch ist denn in diesen Projekten bei Ihnen die durchschnittliche Soll-Ist-Abweichung?« Geradezu naiv ist die Befürchtung von Projektfirmen, der Auftraggeber könne nervös werden, wenn man ihm die Risikoanalyse eines Projektes offenlegt. Dies gilt übrigens auch bei innerbetrieblichen Projekten. Wenn der Chef nervös wird, weil ein Projektleiter mögliche Risiken und deren Auswirkungen aufzeigt und darstellt, dass dieses Projekt auch scheitern könnte, sollte der Chef ausgetauscht werden. Ein Projektplan stellt nun einmal nicht die ideale Wunschvorstellung dar (Disneyland-Planung), sondern die zu erwartende Realität, und die ist manchmal alles andere als rosig.

Risikoanalysen werden auch mittels moderner Computerprogramme erstellt. Die Risiken, Auswirkungen und möglichen präventiven Maßnahmen werden dort visualisiert. Nur der vernetzte Computer ist in der Lage, gleichzeitig alle Projekte eines Unternehmens und deren Auswirkungen zu berücksichtigen. Multiprojekt- und Multiressourcenmanagement gehören zum täglichen Geschäft der modernen Projektfirma, und das ist nur mit hochwertiger Computertechnologie zu bewältigen.

Computergestützte Projektplanung

Computer sind mehr als Datenspeicher und digitale Aktenordner. Sie können all diese unsicheren Szenarien sehr schnell in Wahrscheinlichkeiten umrechnen und verständlich anzeigen. Vergleichbar ist dieser Prozess mit dem Wetterbericht. Würde der »Wettermann« vorhersagen, dass in fünf Tagen in Ihrem Hof um 13:23 Uhr exakt 250 Milliliter Regen (mit 19 Grad Wassertemperatur) fallen, würde das niemand glauben. Daher wird der Wetterbericht auch anders formuliert. Temperaturangaben beziehen sich in aller Regel auf Bereiche, ob Regen fällt oder nicht, wird mit einer gewissen Wahrscheinlichkeit angeben. Eine Tatsache ist dem Zuschauer aber häufig nicht bewusst. Der Wetterbericht entsteht dadurch, dass Computer eine Vielzahl von Messpunkten auswerten und mit komplexen Modellen eine Vorhersage berechnen. Die Ergebnisse werden dann im Fernsehen durch Grafikprogramme aufbereitet präsentiert.

Ähnlich wird auch in projektorientierten Firmen gearbeitet. Messpunkte sind Schätzungen und Meldungen von Vorhaben, der Computer berechnet Trends, Werte und Wahrscheinlichkeiten und gibt diese grafisch ansprechend aus. Eine Planung ohne Computer ist unmöglich, wenn es sich um komplexe mathematische Modelle handelt.

Auch im Bereich der Kommunikation muss der Computer konsequent eingesetzt werden. Videokonferenzen und E-Mail werden kombiniert mit Echtzeit-Planungs- und Simulationssystemen. Informationen werden nicht mehr zyklisch erstellt und geliefert, sondern die Maschinen halten die Daten immer in Echtzeit abrufbereit. Der Mitarbeiter bestimmt, wann er welche Information will und bekommt sie auf Anfrage. Es wird nichts unaufgefordert geliefert. Der wöchentliche Projektbericht verschwindet. Manche Projekte bewegen sich in einer Woche nur gering. Da gibt es dann nichts zu berichten.

Das unternehmensweite Computersystem erzeugt eine virtuelle Abbildung der realen Welt. Mit den Möglichkeiten der vernetzten Maschinen werden die Daten verrechnet und zeigen eine mögliche beziehungsweise eine wahrscheinliche Zukunft – eine Prognose. Auf dieser Basis entscheiden und handeln die Menschen. Sie betrachten diese virtuelle Welt aus verschiedenen Blickwinkeln und bewegen sich in diesen Simulationen zeitlich auch in die Zukunft. Dabei gibt es nur ein aktuelles Modell in der zentralen EDV. Das verändert sich ständig, da sich auch die reale Welt ständig verändert. Dabei ist wichtig, dass die Daten möglichst reduziert werden. Nicht für die Computer, denn sie können unbegrenzt rechnen, aber für den Menschen. Der Mensch geht anders mit Daten um als die Maschine. Und das muss berücksichtigt werden.

Literatur

[1] *Quelle: Statistisches Bundesamt, Wiesbaden, 15. Januar 2008, »Entstehung und Verwendung des Inlandsprodukts«*

[2] *Quelle: http://de.wikipedia.org/wiki/Mercedes-Benz_E-Klasse, Mercedes-Benz_E-Klasse, 8. August 2008*

Zusammenfassung

Projektunternehmen müssen sogenannte Querschnittsaufgaben realisieren. Es handelt sich dabei um Projekte, die quer über mehrere Abteilungen angesiedelt sind. Häufig sind Lösungen aus mehreren Produkten zusammengesetzt, es gibt also mehrere beteiligte Konstruktionsabteilungen und Montageteams etc. Um dies zu koordinieren, benötigt man einen Projektleiter. Da der Umsatz des Unternehmens hauptsächlich durch Projekte realisiert wird, ist der Projektleiter die einzige Führungskraft. Er initiiert das Projekt, oder er bekommt es beispielsweise aus dem Vertriebsbereich etc. zugeteilt. Der Projektleiter stellt sich sein Projektteam aus der Belegschaft zusammen. Er wählt die Mitarbeiter aus, die verfügbar sind und die durch ihre Qualifikation am besten geeignet erscheinen.

In zielorientierten Projekten sind die Auswirkungen der Arbeit jedes Mitarbeiters unmittelbar zu spüren. Dem Projektleiter bleibt die Organisation der Arbeitsdetails selbst überlassen. Und auch der Projektmit-arbeiter erhält eine Vielzahl von Aufgaben, deren Erledigung er selbst organisieren muss.

Die Projektplanung stellt nicht den Wunschverlauf eines Projektes, sondern die zu erwartende Realität dar. So lassen sich Schwachpunkte im Projekt von vornherein eingrenzen, und die Projektleitung kann gegensteuern. Das unternehmensweite Computersystem erzeugt eine virtuelle Abbildung des realen Projektes. Mit den Möglichkeiten der vernetzten Maschinen lässt sich eine aktuelle Prognose erstellen. Auf dieser Basis entscheiden und handeln die Projektleiter.

Projekte erfolgreich führen – ein Disput der Herausgeber

Lutz Becker, Johannes Ehrhardt, Walter Gora

Es ist nun schon eine lieb gewonnene Tradition, dass die Herausgeber der Buchreihe »Die Neue Führungskunst – The New Art of Leadership«, statt Nachworte zu verfassen, ein Streitgespräch führen, das nicht immer bierernst gemeint ist. Wir beanspruchen nicht, die Weisheit gepachtet zu haben. Stattdessen wollen wir anregen, die Themen des Buches zu überdenken und Raum für weitergehende Fragen zu schaffen. Wir würden uns freuen, wenn wir die Leserinnen und Leser animieren könnten, die Positionen des Bandes nochmals kritisch zu durchleuchten und selbst neue Perspektiven zu entwickeln. Wir laden Sie in diesem Sinne ein, an unserem Gespräch über Projektführung und Projektmanagement teilzuhaben.

Walter Gora: Projektführung und Projektmanagement – haben wir es in diesem Buch geschafft, eine Klassifikation zu liefern sowie Aufgaben und Funktionen transparent zu machen? Welchen Nutzen haben wir in Bezug auf Führungsmethoden und Führungstile geschaffen? Haben wir hier genügend Wissen gesammelt, um sowohl kritischen als auch konstruktiv gemeinten Fragen ausreichend begegnen zu können?

Lutz Becker: Selbst jemand, der sich schon von Berufs wegen tagtäglich mit den unterschiedlichsten Führungspersönlichkeiten und Führungsstilen auseinandersetzen kann und darf, wird immer wieder überrascht, welchen Facetten von Führung es im wahren Leben draußen gibt. Ich schätze, dass 90 bis 95 Prozent aller Probleme, auf die wir in Projekten stoßen, mehr oder weniger auf Führungsaspekte zurückzuführen sind. Ich spreche bewusst von Führungsaspekten und nicht von Führungsdefiziten, denn zur Führung gehören immer zwei Seiten. Vielmehr wird die Hebelwirkung, die Führung im Guten wie im Schlechten hat, meist unterschätzt. Kleine Inkonsistenzen zwischen Rolle und Verhalten oder Eigen- und Fremdwahrnehmung setzen sich nicht nur in der Organisation von oben nach unten und von rechts nach links fort, sondern sie verstärken sich noch. Wir haben in sozialen Netzwerken, wie es Unternehmungen nun einmal sind, nicht nur mit Filtern, sondern auch mit Verstärkern zu kämpfen. Aus mancher Mücke ist schon ein dicker fetter Elefant geworden. Deshalb bedarf es Mechanismen, die solche ungewollten und kontraproduktiven Abweichungen reduzieren. Das ist zum Beispiel ein Leitbild, das nicht nur aus zusammenkopierten Power-Point-Seiten besteht, sondern im Kopf, im Bauch und im Herzen aller Beteiligten gelebt wird. Wenn diese Grundlage geschaffen ist, sollte eine schriftliche Führungskonzeption her, die dann in Form einer projektbasierten Führung umgesetzt wird.

Walter Gora: Bevor wir das diskutieren, zuerst einmal die ganz grundsätzliche Frage: Haben wir am Ende des Buches ein gemeinsames Verständnis geschaffen, was ein Projekt überhaupt ist? Ich frage das deswegen, weil der Begriff heute in der Praxis für alles Mögliche und leider teilweise auch für Linien- beziehungsweise Regelaufgaben verwendet wird. Wenn schon in der TV-Werbung von »Projekten« gesprochen wird, besteht die Gefahr, dass alles und jedes als Projekt bezeichnet wird.

Lutz Becker: Dem kann ich mich nur anschließen. Wenn kleine Routineaufgaben zum Projekt hochstilisiert werden und kritische Projekte neben dem Tagesgeschäft herlaufen, ohne mit adäquaten Methoden geplant, gesteuert und kontrolliert zu werden, ist etwas faul im Staate Dänemark.

Johannes Ehrhardt: Projekte sind gruppenbezogene Kooperationsformen, die gewinnsteigernde, innovative Bewegung in Geschäftsabläufe bringen sollen. Damit ist ihnen eine Spannung zwischen zu viel Struktur und zu viel Bewegung vom Ansatz her eingegeben. Bei zu starker Betonung der Struktur wird das Projekt blockiert, bei zu starker Bewegungsdynamik diffusiert das Projekt. Eine gute Projektführung hält die Balance zwischen den beiden Seiten. Sie bringt das Projektziel mit dem gruppeninternen Konsens so zusammen, dass innovative Funken sprühen können, ohne den Projektrahmen zu sprengen. Hierzu ist es notwendig, dass die Projektführung den allgemeinen Konsens repräsentiert und zugleich das übergreifende »Wozu« des Projekts.

Walter Gora: Meiner Ansicht nach müssen wir die Marke »Projekt« vor einer zu oberflächlichen Verwendung schützen. Wir müssen aufpassen, dass der Begriff »Projekt« nicht zu einem Etikett wird, dessen Inhalt und Bedeutung fragwürdig wird. Der Projektbegriff wird heute an vielen Stellen beliebig interpretiert und jede noch so kleine Aufgabe als Projekt hochstilisiert. Dies hat dann unmittelbare Auswirkungen auf das Führungsthema. Wenn ich Allerweltsaufgaben als Projekte klassifiziere und keine eindeutige Definition schaffe, kann auch der Nutzwert einer Projektarbeit nicht mehr ausreichend kommuniziert werden. Führung in Projekten bedeutet für mich zunächst, dass ich nur das als Projekt aufgreife und umsetze, was von der Einzigartigkeit der Zielsetzung und der Komplexität der Aufgaben her eine besondere projektorientierte Organisation benötigt. Der ganze Overhead einer Projektorganisation einschließlich der damit verbundenen Führungsfragen ist nur dann wirklich sinnvoll, wenn es sich um ein »echtes« Projekt handelt. Die Diskussion um »projektbasierte Führung« beginnt damit, dass wir uns fragen müssen, ob ein konkretes Projekt auch vorliegt.

Johannes Ehrhardt: Im Projekt kann die Essenz auf den Kern gebracht werden. Also: Komplexitätsreduktion, Klarheit und flexible Gradlinigkeit. Ist das nicht ein Widerspruch? Nein, wenn die Projektleitung mit dem Projekt wirklich die Essenz der Aufgabe zur Leitlinie macht. Dann kann das Umschiffen unnützer Komplexität wirklich der geradeste Weg sein. Absolute Geradlinigkeit – das sagten schon die Taoisten – gibt es nur im Kopf, nicht in der Wirklichkeit.

Walter Gora: «Der Zweck heiligt die Mittel« – so lautet die ebenso bekannte wie umstrittene Maxime machiavellistischer Politik. Sie fordert und ergibt eine Moral, die sich an vorgeblich »absoluten« Normen orientiert und um keiner wie auch immer gearteter Ziele willen bereit ist, sich die Hände schmutzig zu machen. Ist das nicht ein Leitbild für Projektmanager? Sollen die sich nicht vom Üblichen des Alltags – ich meine damit die Linienorganisation – erheben und ein freies Forschertum zur Maxime erklären?

Lutz Becker: Na ja, heute gilt bei vielen Führungskräften die Devise: »Der Scheck heiligt die Mittel«. Gut, du hast Recht, Projektmanager und Vertriebler sind die letzten »Lonesome Rider« in unseren Unternehmen – ein wenig Pionier, ein wenig Exot und immer in Verdacht, ihr eigenes Ding zu fahren. Aber das soll uns jetzt nicht irritieren. Um mit den Worten von Tom Peters dagegenzuhalten: »All work is projectwork«. Soweit möchte ich gar nicht mal gehen, denn das Nebeneinander von Linie und Projekt ist Stand der Dinge – oder sollte man sagen: *noch* Stand der Dinge? Aber eines ist wichtig – die standardisierten Prozesse, also das, was in der Linie geht, ist keine Führungsaufgabe. Führungskräfte müssen ihre knappen Führungskapazitäten bei den Non-Standards, bei komplexen Problemstellungen unter Unsicherheit – sprich bei den Projekten – bündeln. Ich habe nie ein Geheimnis daraus gemacht, dass ich »projektbasierte Führung« für den Königsweg hin zu einer »guten Führung« halte. Es gibt viele Dinge, die dafür, und einige, die gegen eine projektorientierte Führung sprechen. Lasst mich mal provozieren: Projektbasierte Führung hebt das »Oben und Unten« zum Teil auf. Die Rollen im Unternehmen können sich in Projekten deutlich verschieben, der Linienvorgesetzte ist vielleicht einfaches Mitglied eines Projektteams und der Mitarbeiter auf einmal Projektleiter. Die unsägliche Trennung – »die da oben« und »die da unten, Entscheiden und Ausführen, Lenken und Denken einerseits und willenloses Verrichten anderseits – wird aufgehoben. Dieses geradezu feudalistische Rollenbild, das in vielen Unternehmen herrscht, hat doch nur den einen Vorteil, dass weder der Geführte noch der Führende wirklich denken muss.

Walter Gora: Na ja, das mit dem feudalistischen Rollenbild ist sicherlich überzogen. Und wenn es denn doch noch vorkommt, muss man sich ernsthaft fragen, warum Unternehmen mit dieser Führung weiterhin erfolgreich sind.

Lutz Becker: Genau! Wir kennen das doch aus unserer Beratungspraxis. Da gibt es die Klienten, die nicht wissen, wie sie ihr Wachstum stemmen können, die sich uns als Berater holen, weil sie Vorkehrungen für eine erfolgreiche Zukunft schaffen wollen. Das sind die Unternehmen, die geringes hierarchisches Gefüge, Partizipation und Mitarbeiterautonomie leben. Dort wird auch Projektführung gelebt. Und dann gibt es die anderen, denen das Wasser bis zum Hals steht. Und das sind oft die Unternehmen, die patriarchalisch und wenig partizipativ führen. Projekte bedeuten da nur die ungeliebte Verrichtung von Vorgaben,

Walter Gora: Ja, was das Gros der Fälle angeht, hast Du sicherlich recht. Vielleicht gibt es Themen und Branchen wie beispielsweise die Call-Center- oder die Fast-Food-Branche, wo Führung wirklich nur in der Arbeitsverteilung und Überwachung der Qualität der Ausführung besteht. Andererseits beschäftigen wir uns in diesem Band der Führungskunst mit Projekten. Projekte in der Fast-Food-Branche kann ich mir so richtig nicht vorstellen. Projekte beschäftigen sich meiner Ansicht nach immer mit Innovationen. Innovationen erfordern aber auch die Mitwirkung von Mitarbeitern, die offen sind für Änderungen und Herausforderungen. Dies ist für die Projektführung eine besondere Anforderung, denn ohne das Mitdenken und aktives Einbringen von Ideen und Lösungsansätzen wird kein Projekt gelingen.

Lutz Becker: Im Prinzip sind wir uns einig. Ich gebe nur zu bedenken, dass in der Fast-Food-Branche Dienstleistungsinnovation eine tragende Rolle im Wettbewerb spielt. Dann sind wir wieder bei projektbasierter Führung.

Johannes Ehrhardt: Eine innovationsbezogene und zugleich strukturgebende Projektführung wird das wirklich Wesentliche durchschauen, die Projektgruppe dazu bringen, es gemeinsam anzupacken und den Umsetzungsprozess zugleich dynamisieren und in Bahnen lenken. Das fordert eine dichte kommunikationsbezogene Präsenz.

Walter Gora: »Kommunikationsbezogene Präsenz« ist meiner Ansicht nach eine gute Formulierung für den wichtigsten Erfolgsfaktor in einem Projekt. Management durch das Vorgeben detaillierter Verhaltensregeln und Anweisungen ist in einem Projekt nicht adäquat. Aber auch eine Führung durch Zielvereinbarung muss scheitern, wenn verschiedene Teilprojekte koordiniert und auf ihrem Weg zum gemeinsamen Ergebnis gelenkt beziehungsweise gesteuert werden müssen. »Optimale« Ideen in einem Bereich können negative Implikationen auf anderen Feldern bewirken. Die Projektführung ist hier gefordert, stufenweise vorzugehen und die Teilergebnisse gegenseitig immer wieder abgleichen und bestätigen zu lassen.

Lutz Becker: Wenn ich meine pathetischen fünf Minuten habe, spreche ich auf Vorträgen und Seminaren mit Spitzenmanagern aus Wirtschaft und Verwaltung gerne darüber, dass Management und Führung nichts anderes ist als eine Reise, auf der es uns von Etappe zu Etappe treibt. Der Zweck und das große Ziel der Reise ist profitables Wachstum. Nennen wir die Reise »Strategie« und die Etappen einfach »Programm und Projekt«.

Johannes Ehrhardt: Manchmal hebt die Projektleitung dabei sogar zu einem Höhenflug ab, um den Überblick neu zu bekommen.

Walter Gora: Ja, solche Höhenflüge habe ich auch schon erlebt. Allerdings war die Landung nicht in allen Fällen weich. Ich denke da an einen Projektleiter, der die Arbeit von zehntausenden von Mitarbeitern revolutionieren und überflüssig machen wollte. Dass er am Ende an der Realität gescheitert ist, war kein Wunder, hat aber zirka 100 Millionen Euro gekostet. Da das ein Projekt im öffentlichen Bereich war, haben wir alle als Steuerzahler letztlich diesen Schaden tragen müssen. Projekte benötigen daher immer einen Controller, der die Höhenflüge des Projektteams auf eine realistische Flughöhe begrenzt. Nobelpreisverdächtige Ideen sollten der Wissenschaft vorbehalten sein, im Rahmen von Projekten ist es meines Erachtens besser, sich an einer durchschnittlichen Umwelt zu orientieren und die zukünftigen Nutzer nicht zu überfordern.

Lutz Becker: Ich nenne das die balistische Kurve des Projektmanagements, ein Start mit viel Getöse, auf halber Strecke geht die Luft aus, und dann folgt die harte oder weiche Landung. Aber aufgrund genau dieser Komplexität und Dynamik haben wir doch wieder ein gutes Argument für die projektbasierte Führung auf dem Tisch. Projektbasierte Führung hilft, Komplexität und Dynamik zu bewältigen, das Unternehmen beweglicher zu machen und die riesige Lücke zwischen strategischer Planung und erfolgreicher Strategieumsetzung zu schließen. Ich erinnere an die Komplexitätstreiber Interdependenz, Unsicherheit und Flux, die der St. Gallener Kollege Professor Wolfgang Amann im Band »Führungskultur und Führungspraxis« so anschaulich darstellt, aber auch daran, dass – wie er schreibt – 90 Prozent der geplanten Strategien niemals so umgesetzt werden.

Walter Gora: Interessant wäre es zu wissen, ob es gut oder schlecht ist, dass 90 Prozent der geplanten Strategien so nicht umgesetzt werden. Allerdings ist das eher eine rhetorische Frage, denn empirische Untersuchungen zur Wirksamkeit von Strategien sind eher Mangelware, zudem von Strategien, die in der Schublade vor sich hinschlummern. Mitarbeiter von Großunternehmen kennen die Situation, dass sich die Strategien und Organisationsprojekte im halbjährlichen Rhythmus abwechseln. Hier muss meines Erachtens auch zwischen positivem und negativem Führungsverhalten sowie zwischen positiven und negativen Organisationsprojekten unterschieden werden.

Johannes Ehrhardt: Der entscheidende Punkt bei der Frage nach der Strategie scheint mir die Planung zu sein. Eine Planung hinter der weder die Führungskraft noch die Mannschaft emotional steht, ist das Papier nicht wert, auf dem sie vielleicht ausgedruckt wird. Viele gute Strategien erscheinen erst gar nicht als Strategie in diesem Sinne, sondern als Änderung der Perspektive, als Wechsel in den Handlungsweisen, als Umbruch im »mindset«, und sie werden erst dadurch zur Strategie, dass eine mutige Führungskraft – vielleicht erst einmal in einem Projekt – sie aufgreift und dann verallgemeinert.

Lutz Becker: Sehr gutes Argument. Ich drehe den Spieß einmal um. Im Rahmen eines geplanten Buchprojektes in unserer Reihe »Die neue Führungskunst – The New Art of Leadership« konnte ich an dem vom bekannten Präventionsmediziner Dr. Gunther Frank initiierten Forum «Leadership and Health" am Wolfsberg, der Kaderschmiede der Schweizer UBS AG, teilnehmen. Die dort präsentierten Forschungsergebnisse dokumentierten in erschreckender Weise, wie schlechte Führung, belastendes Betriebsklima – vor allem durch belastende Vorgesetzte – sowie der Mangel an Partizipation, positiver Führung, Fairness und Vertrauen geradezu zwingend zu hohen Krankenständen und Nichterfolg führen. Ich erlebe in meiner Beratungspraxis immer wieder, dass gerade emotional nicht akzeptierte Strategien, ungeeignete Formen der Zielvereinbarung sowie Unklarheit über die wirklich zu erbringenden Leistungen negativen Stress auslösen. Eine projektbasierte Führung zwingt, wenn sie richtig implementiert wird, beide Seiten zu mehr Disziplin und klaren Vereinbarungen.

Walter Gora: Ich denke da an den Projektmanager, der morgens am Kaffeeautomaten von seinem Vorgesetzten angesprochen wird mit den Worten: »Sie haben doch bestimmt Interesse, ein Projekt zu leiten«. Bürodarwinismus nenne ich das – zum falschen Zeitpunkt am falschen Ort. Nur die Glücklichen haben die Wahl! Der Rest muss schauen, wie er sich mit diesen Aufgaben arrangiert. Häufig spielen Ängste eine Rolle, wenn Projektmanager einen Projektauftrag nicht kritisch hinterfragen. Sie wollen dem Management nicht vor den Kopf stoßen und sehen sich insbesondere in der Pflicht, ihre Management- und Informationsaufgaben zu vereinbaren. So in die Ecke gedrängt, meinen sie, sie würden mit diesem Projekt schon fertig. Ich bezweifle, dass dies ein gutes Omen für Projektverantwortung ist.

Johannes Ehrhardt: Wenn zu viel Struktur das Fließen blockiert, entsteht Stress, mit anderen Worten kontraproduktive Reibung, innerlich und äußerlich. Das Fließen braucht man nicht zu implementieren, man muss es nur zulassen.

Walter Gora: Über das »Fließen« in Projekten habe ich eine eigene Auffassung vor dem Hintergrund vieler Reviews in Großprojekten. Lutz hat ja schon darauf hingewiesen: Projektarbeit wird häufig auch als Möglichkeit der eigenen Selbstverwirklichung verstanden, das heißt, ich kann endlich in einem Bereich etwas ausprobieren oder machen, ohne dass ich sofort an Grenzen oder Widerstände stoße. Projektarbeit hat aber dort ihre Grenzen, wo Teilprojekte oder Arbeitsgruppen in hoher Autonomie vor sich hin »wursteln« und nicht am gemeinsamen Ganzen arbeiten. Der Aufbau einer Fabrik oder eines Kraftwerks ist ein Projekt, wo ein hohes Maß an Disziplin und Zielorientierung notwendig ist. Bei IT- und insbesondere bei Organisations-Projekten sieht man häufig das Gegenteil, nämlich dass man das Ziel aus den Augen verliert und dies bei komplexen Projekten auch nicht sofort deutlich wird. Einhergehend mit einer schwachen Projektleitung, führt dies zu Situationen, wo viel Aufwand und Geld in Ergebnisse investiert wird, die in dieser Form niemand haben wollte. Mehr noch als in einer Regelorganisation ist es bei Projekten elementar, die Ziele und die Erwartungshaltung klar und transparent zu definieren sowie die Projektarbeit einem permanenten Controlling zu unterziehen. Ansonsten besteht die Gefahr, dass aus einer gut gemeinten Idee wieder ein Projekt wird, das nur negative Schlagzeilen im Unternehmen oder sogar in der Öffentlichkeit macht.

Johannes Ehrhardt: Ich glaube, in der Einschätzung, dass »Leadership by Wurschtelei« nicht gerade die ideale Strategie ist, sind wir uns nun wirklich einig. Projektmanagement heißt, tägliche Konflikte zu erleben und zu managen, mit Macht und Unternehmenspolitik umzugehen und gezielt Autorität einzusetzen. Projektleiter müssen vorrangig Macher-Qualitäten beweisen und Prozesse gestalten. Methodik und Fachwissen sind zwar auch nützlich, helfen dem Projektleiter jedoch kaum, wenn er in komplexen Entscheidungssituationen steckt.

Lutz Becker: Das ist ohne Zweifel so. Aber sind wir da nicht schon wieder bei unserem alten Führungsproblem? Kürzlich hatte ich die Gelegenheit, den Managementguru John Naisbitt kennenzulernen. Er beschwerte sich darüber, dass offensichtlich nur die schlechten Nachrichten Nachrichtenwert haben – er zumindest glaube nur noch dem Sportteil. Ist das nicht in den Firmen genauso? Der »Flurfunk« ertrinkt in kleinen und großen Katastrophennachrichten. Ich erinnere daran, was wir eben zu der Hebelwirkung von Führung gesagt haben. Da werden schon wieder Mücken zu Elefanten gemacht – Hauptsache, die Nachricht ist schlecht. Und nach der schlechten Nachricht kommt dann wieder der »Wir-hier-unten-und-die-da-oben-Fatalismus«, die Organisation paralysiert sich selber, die Abwärtsspirale dreht sich und die Nachrichten werden noch schlechter. Ich glaube, dass eine projektorientierte Führung dem ein wenig entgegentreten kann.

Walter Gora: Wenn projektorientierte Führung bedeutet, dass das Ergebnis im Vordergrund steht und ein permanenter Abgleich von Zwischenergebnissen erfolgt, sehe ich das genauso. Projekte setzen einen hohen Informations- und Kommunikationsfluss voraus, so dass

Projektarbeit durchaus als Beispiel für eine »lernende Organisation«
stehen kann. Das Wissen im Projekt vermehrt sich nur dann, wenn
alle Teammitglieder darauf Zugriff haben und dieses Wissen nutzen
und ergänzen können. Die Wahrnehmung von Verantwortung ist nur
dann mehr als ein Schlagwort, wenn die erforderlichen Voraussetzungen im Sinne von Information und Kommunikation geschaffen
sind.

Lutz Becker: Genau das – offene Kommunikation und soviel Führungsanteile wie möglich an die Mitarbeiter geben. Das setzt aber
klare und eindeutige inhaltliche Ziele, eine kurze Frequenz von Zielvereinbarungen und vor allem die Bereitschaft voraus, nach jedem
Meilenstein alles in Frage zu stellen und nach neuen Optionen zu
suchen. Der Philosoph Heinz von Förster sagte einmal, dass nur derjenige, der frei sei und deshalb auch anders handeln könne, wirklich
verantwortlich handeln kann. Dazu benötigt er Entscheidungsfreiheit.
Projektbasierte Führung ist meines Erachtens wiederum der Königsweg, dispositive Freiheiten und Verantwortung in die Organisation
hinein zu verlagern um damit in der Organisation verantwortliches
Handeln zu ermöglichen.

Walter Gora: Ich glaube, wir benötigen beides, Führung in Projekten
und Führung in der Linie. Dieser Spannungsbogen kann einerseits
sehr produktiv sein, andererseits auch zu Konflikten und Problemen
führen. Dies zu lösen, ist Aufgabe der Führungskunst.

Stichwortverzeichnis

A
Abnahme
  42, 46, 138-139, 234, 328, 355, 362, 364-365, 368
Adjustment
  295, 302-303, 305-306
Anspruchsgruppe *siehe* Stakeholder
Audit *siehe* Review
Aufgabe *siehe* Projekt

B
Balanced Scorecard (BSC)
  34-35, 147, 163, 199-200
BD *siehe* Business Development
Begleitung *siehe* Coaching
Behavioural-Perspectives
  293
Betreuung von Großkunden
siehe Key Account Management
BSC *siehe* Balanced Scorecard
Business Development (BD) 303

C
Change Management
  221, 248, 276, 278, 280-282, 310, 327, 359, 415, 426
  – *Management of Change* 248
Change Request
  26, 230, 248, 278, 327, 355, 373
Coaching
  26, 134, 182-185, 281, 359, 387, 389, 423-424
  – *Management Coaching*
    134
  – *Supervision*
    182, 185, 387, 389-390

Constraint
  17, 48
Contingency-Perspectives
  293

D
Datenerfassung *siehe* Supervisory Control and Data Acquisition (SCADA)

E
E-Government
  335-336, 338-342, 363, 365, 374, 375
  – *Real Time*
    81, 275, 278
Engpassmanagement
  151, 153, 172
Entlohnungssystem für Projektmanager
  227 f.
Entwicklungsprozess
  139
Finanzcontrolling *siehe* IT-Controlling

F
Fremd- und Selbstbild *siehe* Stereotyp
Führung 18 ff., 63 ff., 167
  – *Führungsaufgabe*
    38, 45, 52, 66, 100-101, 107, 110, 112, 122, 216, 248, 462
  – *Führungsebene*
    19, 25, 39, 44-45, 64, 99, 100, 188, 311 ff.
  – *Führungsmethode*
    27, 207, 459
  – *Führungsorganisation*
    286

471

- *Führungsqualität*
  213, 224
- *Führungsstil*
  64, 65, 67, 71, 271, 283, 288, 293 ff., 410, 459
- *Führungsstruktur*
  99, 101, 102, 109
- *Leadership*
  11, 48, 50-51, 64, 226, 250, 282, 286, 292-293, 413, 466, 468
- *Leitfigur 64*
- *Leitung*
  18, 21, 30, 40, 56, 65-66, 82, 126, 213, 219, 221, 315, 358, 387, 389 390
- *Lenkung*
  40-42, 126, 136, 189, 215-216, 221, 232-234, 252, 278, 324, 437
- *Neue Form der Führung*
  251 ff.
- *Strategische Führung*
  15 ff.

Führungskompetenz
51, 213, 216, 225 ff., 232, 243, 293

G

Geschäftsprozess
38, 129, 131-133, 187, 256, 312

Globe-Studie 65

Gruppe *siehe* Team

Gruppendynamik
71, 182-183, 280

H

Hauptkunden
siehe Key-Account-Management

I

Implicit-Perspectives
293

Indikator *siehe* Kennzahl

Internationale PM-Standards
127

Intervision *siehe* Kollegiale Beratung

IT-Controlling
187 ff.

- *Finanzcontrolling*
  235, 357

K

Kapazitätsplanung
296, 389

Kennzahl
125, 143 ff., 192, 199-200, 228, 259

- *Indikator*
  49

Key Performance Indicator (KPI)
21, 199

Key Account Management
45, 420

Kollegiale Beratung
173, 175, 180, 183, 185

- Intervision
  185

Kollegiale Supervision
siehe Kollegiale Beratung

Kollegiales Teamcoaching
siehe Kollegiale Beratung

Kostenart
193-194, 357-358

Kostencontrolling *siehe* IT-Controlling

Kostenstelle
161, 194, 357

Kostenträger
194, 357-360

KPI *siehe* Key Performance Indicator

Kultur
75

L

Leadership
  11, 48, 50-51, 64, 226, 250, 282, 286, 292-293, 413, 466, 468

Leadership-Perspektive 286, 293

Leitfigur *siehe* Führung

Leitung *siehe* Führung

Lenkung *siehe* Führung

M

Management of Change
siehe Change Management

Management von Wandel
siehe Change Management

Management-Cockpit
siehe Projektleitstand

Meilenstein
  26 ff., 164-165, 228, 347 ff., 377, 423, 427, 437 ff.

MPM *siehe* Multiprojekt-Management

Multiprojekt-Management (MPM)
  20, 122, 125-126, 143, 162, 164, 172

- *Portfoliomanagement*
  192, 210
- *Projektcontrolling*
  56, 174, 179, 191, 195 ff., 235-236, 247, 259 f., 310, 389, 416
- *Projektplanung*
  123, 148, 253, 258 f., 301, 335, 337 f.,
  400, 406 f., 448 ff.
- *Projektprogramm*
  146, 156, 158, 160, 171

O

Operational Excellence
  31

P

Parallelisierung
  25, 33

PgM *siehe* Programm-Management

phasenbezogene Aufgabe
  138

Phasenmodell
  176-177

Plan *siehe* Projekt

Planung
  154 ff.

Planungsphase
  139, 196, 203

PM *siehe* Projektmanagement

PM *siehe* Projektmanager

PM-Standard 127

PMO *siehe* Projektmanagement-Office

Portfolio
  49, 53, 121, 154, 156, 170, 192, 197-198, 200, 210, 226, 310, 347, 350

Portfoliomanagement
siehe Multiprojekt-Management (MPM)

Portfoliomanagement
siehe Projektportfoliomanagement (PPM)

PPM *siehe* Projektportfoliomanagement

Profitabilität
  21, 49, 231

Programm
  11, 30, 40, 42, 121 ff., 213, 224, 226, 335-336, 339, 359, 361-362, 365, 369, 464

Programm Manager
  133

Programm-Management
  121-122, 121 ff.

Programm-Management-Prozess
  129, 131, 141

Project Management Office
siehe Projektmanagementbüro

Project Management Software
siehe Projektmanagementsoftware

Project Management Solution
siehe Projektmanagementsoftware

Projekt
37 ff.
- *Plan*
  57, 159-160, 165, 172, 182, 238, 259, 332, 345, 353-354, 357, 361, 366, 425, 451

Projekt-Cockpit *siehe* Projektleitstand

Projekt-Portal *siehe* Projektleitstand

Projektantrag
153, 157, 163, 172

Projektarbeit *siehe* Projektmanagement (PM)

Projektbüro
25, 44, 53, 358

Projektbüro *siehe* Projektmanagementbüro

Projektcontrolling
56, 174, 179, 191, 195-197, 200-201, 235-236, 247, 259, 310, 389, 416

Projektcontrolling
siehe Multiprojekt-Management (MPM)

Projektfreigabe
350

Projektführung
11, 15-16, 20, 36, 44, 53, 459, 461, 463-464

Projekthandbuch
331, 335-338, 360, 365

Projektleiter
224 ff., 342 ff.

Projektleitstand
164-167, 169-171

Projektmanagement (PM)
122 ff.
- *Projektarbeit*
  173, 195, 231, 295, 303, 306, 323, 327, 351, 360, 362, 371, 375, 377, 397, 441, 448, 461, 467-469
- *Projektorganisation*
  137, 326, 336-337, 340, 344, 350, 353, 375, 388, 399-400, 404, 417, 437, 439-440, 442, 450, 461

Projektmanagement-Office (PMO) 25

Projektmanagementbüro
25, 44,

Projektmanager (PM)
213 ff.

Projektoffice *siehe* Projektmanagementbüro

Projektorganisation
siehe Projektmanagement (PM)

projektorientiert
11, 44, 121, 127-129, 131-132, 140-141, 423-424, 437, 441, 443-444, 448, 450, 452, 455, 461-462, 468
- *projektorientierte Unternehmen*
  128
- *Projektorientierung*
  127-128

projektorientierte Unternehmen
siehe projektorientiert

Projektorientierung
siehe projektorientiert

Projektplanung
siehe Multiprojekt-Management (MPM)

Projektportfolio-Management
121, 125 f., 129, 140

Projektportfoliomanagement (PPM)
20
- *Portfoliomanagement*
  192, 210

Projektprogramm
siehe Multiprojekt-Management (MPM)

Prozess
121 ff., 154 ff.

Q

QM *siehe* Qualitätsmanagement

Qualifizierung
174, 223-224, 226, 352, 390-392, 416-417, 423, 427

Qualitätsmanagement (QM)
127, 138, 227, 235, 332, 337, 360, 369-370

Realisierung
75, 84, 129, 136, 139, 167, 188, 191, 210, 220, 259, 310, 313, 321, 359, 412

Realisierungsphase
139

Ressourcenanalyse
152

Ressourcenkonflikt
125, 144, 151-152

Ressourcenmanagement
58

Review
48, 51, 187, 201, 205-206, 220, 235-237, 304, 354-355, 358, 467

Risikomanagement
44, 201, 235, 248, 275, 280, 283, 330, 341, 350, 358, 365, 370

Rollenkonflikt
35, 133-134

S

Sales Support
227, 420, 422-424, 426

SCADA *siehe* Supervisory Control and Data Acquisition

Schlüsselkunden *siehe* Key Account Management

Schulung
26, 44, 136, 139, 168, 358-359, 363-364, 378, 389, 393, 424, 434

Scorecard
34, 49, 51, 146-147, 155, 192, 199-200, 208, 210

Sequenzialisierung
23

Spannung *siehe* Tension

Stabilisierung
17, 33

Stakeholder
26, 123-124, 226, 422-424, 426-427

– *Anspruchsgruppe*
30

Stakeholderanalyse
422

Stereotyp
77, 288-290, 294, 300-301

Steuerung
siehe Supervisory Control and Data Acquisition (SCADA)

Strategie *siehe* Strategische Führung

Strategische Führung
15, 18 ff., 22, 26, 99

Strategische Ziele
26, 144-145

Strategisches Management
32, 51, 145, 162, 171-172

– *Strategisches Controlling*
160, 162, 164, 172

Supervision *siehe* Coaching

Supervisory Control and Data Acquisition (SCADA)
163-165

– *Datenerfassung*
162

– *Steuerung*
162 ff., 180 ff.

– *Überwachung*
46, 126, 141, 340, 353-354, 360, 463

T

Task Force *siehe* Team

TCO *siehe* Total Cost of Ownership

Team
55 ff., 68 ff., 133 ff.

Teamdynamik *siehe* Gruppendynamik

Teilprozess
131, 133

Tension
17, 48

475

- *Spannung*
  17, 19, 21, 33, 53, 125, 226, 269, 278, 283, 320, 410, 460, 469

Test
  139, 329, 341, 359, 361-362, 391

Total Cost of Ownership (TCO)
  194

Trait Based Perspectives
  293

Transformation
  17, 33, 293

Transformational Perspectives
  293

U

Umfeldanalyse
  424-426

Unternehmensführung
  15, 25, 42, 47, 50, 51, 143 ff.

Unternehmenssteuerung
  122, 135

V

Vertriebsunterstützung *siehe* Sales Support

Veränderungsmanagement *siehe* Change Management

Vorhaben *siehe* Projekt

W

Wirtschaftlichkeit
  151, 155-157, 163, 187, 190-194, 197, 257, 310, 312-314, 330, 333-334

Wissensmanagement
  173, 179, 185, 383, 387, 389-390

Z

Zielkonflikt
  213, 223, 230, 239, 351

Die Neue Führungskunst
Band 1: Führungskonzepte und Führungskompetenz

Was zeichnet erfolgreiche Führung aus und unter welchen Bedingungen funktioniert sie heute? »Die neue Führungskunst« beschreibt verständlich die neuen Regeln und Konzepte guter Führungskunst in Wirtschaft, Politik und Verwaltung.

Die Autoren analysieren Voraussetzungen und Barrieren erfolgreicher Führung und konzentrieren sich dabei auf Fragen mit hoher Praxisrelevanz: Wie stellen sich Führungskräfte den Anforderungen wachsender Komplexität und Unübersichtlichkeit? Welche Konzepte, Techniken und Instrumente sind für ein strategisches Management geeignet? Wie kommunizieren Führungskräfte richtig?

Das Buch behandelt diese Fragen im Rahmen der folgenden Themenfelder:
⇨ Führungskonzepte und -methoden
⇨ Führung in Politik und Verwaltung
⇨ Entrepreneurship
⇨ Führung als Organisationsaufgabe
⇨ Führung und Kommunikation
⇨ Team- und Personalentwicklung

»Die neue Führungskunst« vermittelt neben aktuellem Methodenwissen vielfältige praktische Anregungen und versteht sich als unkonventioneller Wegweiser für querdenkende Führungskräfte.

Die Neue Führungskunst
Führungskonzepte und Führungskompetenz
L. Becker, J. Ehrhardt, W. Gora
Hardcover mit CD-ROM,
492 Seiten mit zahlreichen Abbildungen
ISBN 978-3-936608-80-9
Preis 69,– (incl. MwSt. und Versandkosten)
Symposion Publishing, Düsseldorf

Bestellung per Fax: 0211/86 69 32 3

Leseproben unter:
www.symposion.de/fuehrung

symposion

Management und Führungspraxis
Digitale Fachbibliothek auf USB-Stick

In Zeiten von globalem Wettbewerb und steigender Komplexität sind Führungskräfte mehr denn je gefordert, Projekte erfolgreich zu lenken, Innovationen voranzutreiben und Visionen zu entwickeln. Bewährte Managementmethoden und praxisorientiertes Führungs-Know-how sind hierzu unerlässlich.

Was Sie als Führungskraft heute und in Zukunft wissen und können müssen, zeigt diese Digitale Fachbibliothek.

Sie finden hier Fachwissen auf über tausend Seiten und in über sechzig Powerpoint-Präsentationen und Excel-Tools. Die Bibliothek bietet Ihnen zahlreiche Funktionen für eine effiziente Wissensarbeit: etwa die praktische Volltextsuche, die Sie schnell zum Ziel führt, oder die Favoriten-Funktion, mit der Sie das Werk ganz nach Ihrem Bedarf gliedern.

Den USB-Stick können Sie sofort ohne Installation nutzen. Sie können Ihre Bibliothek online aktualisieren – schnell, mobil und wann Sie wollen.

Management und Führungspraxis
Herausgeber: Lutz Becker
Digitale Fachbibliothek auf USB-Stick, über 1.200 Seiten mit zahlreichen Arbeitshilfen, Powerpoint-Präsentationen und Excel-Tools.
ISBN 978-3-939707-46-2
Preis 201,11 Euro (inkl. MwSt. und Versandkosten)
Symposion Publishing GmbH

Die Digitale Fachbibliothek bietet umfassende Informationen zu

- ⇨ Gestaltung/Veränderung der Unternehmenskultur
- ⇨ Führung und Controlling von Projekten/Prozessen
- ⇨ Anwendung bewährter Managementmethoden und -Tools
- ⇨ Nutzung von modernen Führungsmethoden/-prinzipien
- ⇨ Handhabung von Zielvereinbarungen
- ⇨ Lösung von Konflikten

Bestellung per Fax: 0211/8669323
Leseproben unter:
www.symposion.de/fuehrung

symposion